天喜文化

中华文化经典课

上

郭继承

著

天地出版社 | TIANDI PRESS

目录

第四讲　《易传》

第七讲 《庄子》

让人民看懂，让人民受益

图书出版的目的到底是什么？对我个人而言，如何尽一个知识分子的本分，用中华文化的智慧润泽社会，用简洁、清晰的语言把文化背后的智慧和道理讲出来，让读者开卷有益，得到实实在在的收获，提升自己的人生价值。

我们常说中华文化伟大，其实任何一个文化体系是不是伟大，最根本的评价尺度不是人的主观评判，而是其是否经得起历史长河大浪淘沙的检验。五千多年以来，在人类历史的长河中，当中国之外的文明古国都烟消云散、当人类历史上曾经出现的伟大帝国消隐在历史深处的时候，中华民族、中华文化能够绵延不息、历久弥新，经历无数的艰难险阻而依然呈现出勃勃生机，这是中华文化伟大的最好证明。因此，我们应该好好学习中华文化，让五千多年中华文化的智慧成为我们每一个中国人的精神营养和成长阶梯。

在观察人和事的时候，有些人容易为外在的表象所迷惑，在评价一个人的时候，往往看重外在的光环，诸如拥有多大权势、多高的地位、多少的财富，等等。其实，一个人真正的境界、智慧和内在的性体并不是由外在的光环所决定。在无数最平凡的工作岗位上，有无数平凡的劳动者，他们勤勤恳恳，兢兢业业，忘我地奋斗，脚踏实地，没有妄求，把自己的本分做到极致，在平凡的日常中成就人生和人格的伟大，这才是真正的英雄，是我们学习的典范。反之，有一些人，在读大学、取得硕士和博士学位的时候，在追逐名利、地位和权势的过程中，心性被污染，成为精致的利己主义者，丧失了人生最宝贵的善良和淳朴，失去了为人民服务的初心，这才是人生最大的悲哀。

我们常说一个人有福报，其实最大的福报不是外在的地位、权势、金钱、名利等等，而是有正确的认知，坚定地走人间正道。

任何一个人在垂垂老矣的时候，回望自己的人生，地位、权势、财富，等等，都不再重要，唯有经过种种历练后未被污染的心性，才是一生成就的证明。真正有智慧、有觉悟的人，会把自己所有的经历，都视为人生的洗礼；把遇到的所有考验、磨难、困苦、坎坷，等等，都视为对自己人生的成全。无论是遇到风雨，还是遇到鲜花，智者都不会迷失在人生的路途中，而是在"止于至善"的境界中，不忘初心，笃定前行。

等人生落幕的时候，真正有智慧的人会发现：人生中真正的成就，不是做了多大官、拥有多高的地位，更不是出了多大名，而是在经过人生的历练之后，内心所达到的境界和高度。

人民是我们最好的老师，人民身上有需要我们学习的高贵品质。人民伟大，国家就伟大；人民的精神状态，决定了国家的风气和面貌。为了人民写作，争取用简洁、清晰的语言把道理说清楚，把智慧讲明白，让读者在繁忙的生活节奏中有实实在在的收获，这是我写作和出版本书的初心。但鉴于能力很有限，图书中还会有很多不足，敬请读者朋友批评指教。

愿每一个人都能够不被物欲、名利、权势等束缚，做生命真正的主人，将人生中的一切历练视为对自己的成全，善用其心，将自己所有的阅历视为人生的正资产，不管是喜悦还是痛苦，都能从中汲取前行的力量。

郭继承

2024 年 1 月 7 日

第一讲

鸿蒙之初

神农氏尝百草：成就自我的第一路径

我们以神话传说为本书的开始。

为什么要先讲中国早期的神话传说？因为中华民族历史悠久，中华文化源远流长，中国神话传说特别多，从盘古创世到女娲造人，从精卫填海到大禹治水，从神农氏尝百草到刑天舞干戚，无不体现着中华民族的古老智慧。神话传说是古人对自然和社会的一些想象，它们寄托着古人对美好生活的向往，往往蕴藏着一个民族的早期生活状态。通过对神话传说的解读，我们可以追溯一个民族精神的源头，探寻其文化的基因，预知其未来的发展趋势，进而梳理出这个民族的发展轨迹和脉络。

我首先想给大家分享的就是神农氏尝百草的故事。神农氏这个人物，在《史记》《淮南子》《本草衍义》等典籍中都有记载。神农氏是传说中的农业和医药的发明者，为中华民族做了很多贡献。由于年代久远，各种典籍中对神农氏的记载也略有不同，综合来看，他生活在尧、舜、禹的时代之前，至少与炎帝、黄帝同一时代，也可能比他们更早。他是一个农耕部落的首领。中华文明正是以农业文明为起点的。

从一个"农"字，可以很清楚地看出中华文明和地中海文明（包括古希腊爱琴文明）有明显的区别。地中海沿岸发展出的文明，如迦太基文明、古希腊文明等，都属于工商和航海文明。作为农业文明的中华文明的发源地主要在黄河、长江中下游，这些地方土地肥沃，灌溉条件好，非常适宜农业种植。

农业有几个特点影响了中华文明。

第一个特点是它让人们可以定居，不需要到处迁徙。这是农业文明与游牧文明、工商文明和航海文明的最大不同。

第二个特点是它与自然的关联性特别强。比如，南方的水稻，如果在立秋之前种，还能收一场；如果在立秋之后种，收成就不一定。再比如，黄河中下游的葱，在秋分之前种，来年春天就会出现开花、变老、停止生长等现象；在秋分这天或者之后种的，就都能正常地生长。农业生产讲究应时应季，过了季节再去播种，就有可能颗粒无收。中国先民不仅对天时、季节的领会极其深刻，而且对自然界、对宇宙，包括对人类生命的领会都有独到之处。比如，中国人认为，作为大自然和宇宙的一部分，人类生活的方式要永远和自然、宇宙协调一致，"道法自然"。

早期人类的生存之本是什么？就是农业。掌握了生存之本，并且在生存之本上做出成就、取得成绩，就能在人类文明中处于领先地位。因此，我们就明白为什么中华文明能够在人类历史的某些时期处于领先地位了。

农业文明不需要迁徙的特性使得中华民族的每一代人都可以在前一代人的经验基础上提高，中华文明就这样一代一代地探索，一代一代地累积，不断地发展壮大。后来，工业时代、信息时代到来了，有些人就认为，早期的很多文化丧失了合理性，农业文明已经过时了。

这是很幼稚的看法。重视农业应该是人类文明永远的主题。无论是从前、现在，还是未来，无论生活方式发生多大的变化，人类对农业都有着深深的依赖。在工业文明时代、信息时代，人类文明的内涵在不断地扩展，但是人类对农业的依赖与农业对人类的重要影响是永恒的，不会过时。

中华先民体会到的很多道理，尤其是人和自然的关系，反映了人类文明的永恒特质。前面提到了"道法自然"，这种深刻的体会在整个人类文明的进程中永远有价值。相反，工业社会和信息社会追求效益和产值，社会因此急剧变化，人类对自然界、宇宙、人类生命自身，以及人和自然的关联的体会，有些并不如农业文明时代的人类深刻。

在神农氏时代，由于火还没有普及，人类吃的多是生食，很容易得病。因此，神农氏提出了两种基本的应对方法：

一种是种五谷，另一种就是用草药。中国先民善于从自然中寻找某些植物来治疗疾病，这是在长期的生存发展过程中自然形成的生活经验。比如，当一个人吃得特别饱、特别撑，积食便秘的时候，服用某些中草药就可以迅速解决。中国先民还会向动物学习疗伤的方法。有些蛇受伤时，会用某种植物给自己治疗；有些小动物被蛇咬了，也会用植物给自己治疗。中国的先民就总结出哪种草药能够治疗伤口，哪种草药对蛇的咬伤有治疗作用……

中国先民长期与自然界的各种植物打交道，并对植物的各种性能进行观察和总结，找到了很多利用身边的植物治疗身体疾病的办法，中医理论由此产生，伴随着中医理论问世的是相关经典，如《黄帝内经》。

神农氏尝百草，讲的就是人类寻找能够治病的中草药的故事。神农氏作为部落的首领，发现部落里的很多人容易得病，就想办法寻找治病良药，对哪一种植物治疗哪一种疾病有作用进行探索和总结。神农氏尝百草，据说一天中毒几十次，但他无怨无悔。有一次他吃了一种草，这种草叫断肠草，有剧毒。神农氏未能及时找到解毒的办法，献出了自己的生命。这是一个永远值得我们怀念和尊重的先人。

神农氏尝百草的故事折射出的中华民族精神、价值观，以及这个故事对中国历史的影响，都值得我们总结和思考。

从整个人类文明的视野来看，中华民族的价值观有什么特点？神农氏为解人们的疾病之苦，不惜以身试药，乃至一天中毒几十次，体现了舍"小我"为"大我"的奉献精神。从神话时代开始，中华民族所歌颂、赞扬、钦佩的人，大都是让"小我"的生命融入"大我"的福祉中的人。

有生活经验的人会发现，无论露珠多么美丽，太阳出来以后，也很快就蒸发了。那么，一滴水怎样才能不干涸呢？就是融入大海。当这一滴水融入大海，与大海成为一体，大海就是这一滴水，这一滴水就是大海，永远都不会干涸。"小我"就是这一滴水，"大我"就是大海，就是民众，就是所有生命。把"小我"的这一滴水融入"大我"的大海，"小我"就能获得永恒。近代以来西方文化的核心价值观是尊重个体，强调"小我"的自由，很多年轻人觉得这特别合理，觉得强调将"小我"奉献给"大我"的价值观太高尚了，有一种疏远感、距离感。

关于"小我"与"大我"的问题，值得我们客观、冷静地来分析一下。人类社会的苦难，如冲突、战争和血腥统治，背后的根源是什么？为什么那么多人有人际关系方面的困扰，在和别人交往时，内心有那么多纠结和挣扎？为什么那么多人活得那么痛苦，有那么多烦恼？为什么那么多人的生命中有很多外界带来的冲突，导致他的内心无法释怀？

中国有个成语叫"过犹不及"。如果一个人过于注重"小我"，过于注重自我的价值，他在工作和生活中就必然会面临各种冲突。比如，一个职位，大家竞争上岗，如果一个人只认"小我"，觉得自己志在必得，就很有可能和同事剑拔弩张，即便他成功上岗，也不容易带领团队做出成绩来。再比如，为什么有的学生处理不好与舍友的关系？因为他们以自我为中心，只关注自己的利益，不顾别人，甚至连打扫卫生也只顾自己的小天地。

个体的很多烦恼、痛苦、纠结和冲突，都和"小我"的过度膨胀有关。放眼整个人类社会，近代以来，人类和自然的关系高度紧张，人类追求自我利益最大化，向自然"开战"，妄图征服自然，大量地攫取自然资源，这样做势必导致人类和自然之间的尖锐冲突。

近代以来的两次世界大战，从价值观的角度看，实际上就是某些国家和民族以自己的利益为重，不关注也不尊重国际的规则、其他民族的利益和人类的共同利益造成的。

无论是近代以来人类对自然的过度开采与破坏，还是个体面对诸多纠结、痛苦、分裂，还是以国为单位的群体之间的战争和冲突，都反映了人类价值观出了问题，对全体人类的共同发展造成了伤害。

如果每个人都不仅有"小我"的价值尺度，还有"大我"的立场，不仅重视自己，而且重视别人，关注自己的集体，关注自己的国家，甚至站在整个人类命运的角度去思考，就很容易心情舒畅，在与别人互相理解、互相支持的氛围中得到想要的幸福。

在全球化的时代，有一个问题是我们需要思考的：应该如何协调"小我"与"大我"的关系？对个体而言，应该是重视"小我"，同时一定要重视"大我"，既关注自己，也关注他人，关注自己的国家与其他国家的正当利益乃至整个人类的命运。

几千年以来，中国文化一直倡导"小我"和"大我"的和谐统一，强调要将"小我"这一滴水融入"大我"的大海，将个体的幸福与集体、国家的命运、全体人类的命运紧密相连，只有这样，世界才有"大同"，"小我"才能幸福喜乐。

理解了神农氏尝百草的精神，理解了"小我"与"大我"的关系，我们就能更好地理解中国文化、中国精神，也能更好地理解西方社会的理念。

舜从修身到治国：从小人物到大人物

在中国早期神话传说中，舜是一个重要人物。他命运多舛，其人生经历能为我们带来重要的启示。

相传，舜天生异相，眼睛里有两个瞳仁，所以取名"重华"。他的父亲被称为瞽叟，"瞽"就是双目失明的意思。舜的生母去世早，他的父亲后来又娶了一个妻子，就是舜的继母。继母生下了一个孩子，叫象。象桀骜不驯，但是舜的父亲对他宠爱有加。舜的父亲、继母、弟弟都不喜欢舜，他们都想杀掉舜，舜在这个家里的处境非常艰难。

舜二十岁时就因为孝顺出了名，但他的人生依旧磨难重重。为了生计，他卖力干活，在历山耕过田，在雷泽打过鱼，在黄河岸边做过陶器，在寿丘做过各种家用器物，在负夏做过买卖。由于德行高尚，他在历山耕田时，历山人都互相推让地界；他在雷泽捕鱼时，雷泽的人都互相谦让便于捕鱼的位置；他在黄河岸边制作陶器时，那里做出来的陶器就很少有次品。在舜的影响下，一年的工夫，他住的地方就成为村落，二年就成为小城镇，三年就变成大部落。

舜三十岁时，部落的首领是尧，尧选接班人的时候，问谁可以治理天下。四岳推荐了舜，说舜这个人对家里人很好，无论家里人给他带来多大伤害，他都没有怨气。那么舜是这样的人吗？他是否具备部落接班人的素质呢？尧采取最直接的考察方式，把自己的两个女儿嫁给了舜，让她们观察舜在家的德行是否真如大臣们所说。舜居住在妫水岸边，他在家里做事非常谨慎。尧还派自己的九个儿子去和舜相处，观察舜在外的为人。尧的九个儿子在舜的感召下，更加笃诚忠厚。

见了这些，尧就赐给舜一套细葛布衣服，给他一张琴，为他建造仓库，还赐给他牛和羊。

舜的父亲瞽叟仍然想杀他。有一次，瞽叟让舜去用泥土修补粮仓，他爬上去之后，他父亲就在下面放火，想把他烧死。舜用两个斗笠保护着自己，像长了翅膀一样从粮仓上跳了下来。借着风势的缓冲，他逃开了，保住了性命。自己的家人竟然要取自己的性命，一般人都会特别愤怒、难过，但是舜毫无怨言，仍然尽好为人子的本分，对他的父亲和继母非常孝顺，对他的弟弟也非常好，一天比一天忠诚、谨慎。

《史记·五帝本纪》中这样记载："舜顺适不失子道，兄弟孝慈。欲杀，不可得；即求，尝在侧。"舜仍旧恭顺，遵循着子女对待父母时应遵循的道德，友爱兄弟，孝顺父母。他们想置他于死地的时候，他就让他们找不到他，不让他们得逞；他们有事需要找他的时候，他总是在身边侍候。

尧把两个女儿嫁给舜之后，还发生了一件事。舜的父亲让舜去挖井。在舜挖到深处的时候，他的父亲和弟弟象把绳子剪断，再往下倒土把井填上，想用这种方法把舜杀死。幸好舜早有准备，他挖井的时候悄悄在井的侧边凿出一条通道，从这条通道逃走了。

瞽叟和象很高兴，以为舜已经死了。象说："这个主意是我出的。牛羊和谷仓，就归你们两位老人了；舜娶过来的尧的两个女儿，还有尧赐给他的琴，归我了。"

说完，象兴高采烈地到舜住的地方，却看到舜回来了。象非常惊愕，又装作很痛苦的样子，说："哥哥，我正在为你伤心呢！"这件事情之后，舜对他家人的态度仍然没有改变，一如既往地孝顺父母，爱护弟弟。经老百姓口耳相传，舜的德行就在部落里面传扬开来，他成了大家学习的榜样。舜在复杂的环境里心性不改，善良不改，他的胸怀、格局很大，他有能力成为部落首领。

后来，尧就把部落首领的位置禅让给了舜，舜把整个部落治理得井然有序。在春秋战国时代，很多圣人都把尧、舜、禹的时代当作一个理想的时代进行歌颂。

中国文化强调修身、齐家、治国、平天下，特别注重一个人在家庭中承担自己的角色和处理复杂的家庭关系时所表现的品质，认为一个人在家庭中得到的教养和历练，将积淀成他人生的底色。舜孝顺自己的父母，也会敬重其他老人，这种现象在心理学上叫迁移。一个人特别孝敬父母，从心底敬重自己的父母，每次开口说话都会考虑父母是否能够接受，生怕父母听了自己说的话会心里不舒服，他在社会上会怎么样？他会自我反省、自我观照。一个在家里对父母、兄弟姐妹特别好的人，到了社会上对领导、对同事也会好。

《尚书·尧典》里也明确写道："克明俊德，以亲九族。九族既睦，平章百姓。百姓昭明，协和万邦。"华夏文明是农业文明，"子又生孙，孙又生子；子又有子，子又有孙"，子子孙孙在一片土地上生存，自然而然就会形成大家族，家族里各种复杂的关系相互粘连，这是中国家庭的特色。

一个人真想成为大才，首先，要培养自己的德行，要像舜一样，宽容大度、有格局、孝敬父母、爱护兄弟、有仁爱之心。"克明俊德"——弘扬自己美好的品德，展现自己博大、清净、正直的心。"克明俊德"后自然能够"亲九族"。一个有高贵品质的人，一定会在家族里孝敬、尊重长辈，爱护平辈，因此自然能够把家庭关系处理好。如果一个人能把家族中的各种复杂关系都处理好，他自然能把老百姓照顾好，这就是"九族既睦，平章百姓"的意思。只有把老百姓照顾好了，"百姓昭明"，才能把部落和部落之间的关系、国家和国家之间的关系处理好，这就是"协和万邦"。

在舜的故事中，尧选舜做接班人的理由，舜在复杂的原生家庭里接受的各种考验和历练，以及这些考验与历练对舜的德行、能力、品格养成的意义，都对我们有所启发。我们应该如何看待原生家庭的不足？如何应对原生家庭带给我们的伤害？心理学研究表明，一个人在成年时期所表现出来的人格、德行和品质的缺陷，都和他的原生家庭带给他的伤害有关。因此，很多人把成年以后遇到的各种问题都归因于原生家庭，把心里的怨气都撒向原生家庭，怨恨自己的父母。实际上，这种做法有偏激的地方。面对原生家庭的各种问题，正确的态度是什么呢？我们可以把原生家庭的各种问题看作是来成全我们的力量，勇敢地去面对它们。舜的原生家庭很差，问题也很多。他的父母对他不好，并没有逼得他走上极端狭隘、自私的人生道路，也没有改变他的善良本性。他更加博大、宽容，更加有智慧、有能力处理好生活中的各种难题和挑战。

人这一辈子会面临很多问题，如果我们能妥善地处理这些问题，就能拥有良好的德行、健全的人格和健康的心理状态。

我们不能把自己人格、德行的缺陷和人生面临的问题简单地归结为原生家庭不足，更不能单纯地怨恨、指责父母，那样对事情的解决没有任何帮助，对我们的人生没有任何意义。任何一个原生家庭都是不完美的，只是问题的严重程度不同而已。我们应该向舜学习，把原生家庭带来的问题视为人生的历练，当作对我们的考验，在历练和考验中塑造我们的人格，让我们的人生得到升华。

举个例子，我身边就有这样一家人：父母偏心，他们对某一个孩子特别好，对其他孩子不是那么好。受冷落的孩子没有埋怨自己的父母，也没有因为父母对自己不公平而不孝敬父母，反而引以为戒，下定决心，如果自己以后有了孩子，绝对不会对孩子区别对待。因为在原生家庭里遭受了不公平的对待，所以绝不会让自己的下一代再感受到这种不公平，这就超越了原生家庭的不足和原生家庭给他带来的伤害，从而完善了自己的人格。

现在有很多独生子女家庭，我们需要反思。多子女家庭的孩子要与兄弟姐妹处理好关系，有了好东西要去分享，要照顾别人的感受，等等，这样的孩子走入社会、走上工作岗位以后，大多会体谅同事，照顾别人的感受，保护公司的利益，这是一个能够适应社会的人必备的素质。而在一些独生子女家庭中，一家人奋斗都是为了孩子，孩子就容易形成以自我为中心的行为习惯和价值观，他们走向社会以后，就容易与其他独生子女产生冲突，感觉不适应，甚至会很痛苦。这是我们需要注意的一个社会问题。

通过舜的故事，我们可以理解中国文化的逻辑和中国社会治理的逻辑，懂得个人、家庭、社会之间的内在关联。一个人只有自己修行好，把家庭关系处理好，才能在走向社会之后处理好更多、更复杂的关系。我们要以一种积极的人生态度看待原生家庭对自己的考验，这些考验是我们成长的台阶，正是在一个又一个考验中，我们的生命才得到升华，才更加完善。

大禹治水：我命由我不由天的最早启示

大禹治水是国人耳熟能详的经典神话传说，凸显了中国传统文化的基因和民族精神。

据夏商周断代工程考证，大禹治水距今大概4100年。那时候，中国大地上发生了洪水。其他民族早期也有洪水神话，如挪亚方舟的故事。可以推测，地球曾经历了一个洪水时期。应对洪水灾难，不同民族体现出不同的精神气质以及文化特点。

> 尧遭鸿水，黎人阻饥。禹勤沟洫，手足胼胝。言乘四载，动履四时。娶妻有日，过门不私。九土既理，玄圭锡兹。
>
> （节选自《史记·夏本纪》）

上文这段话是说，尧的疆土遭洪水，老百姓出行受阻，饥饿不堪。禹勤于疏通水道，手足生茧，他乘着四种交通工具，全年都在行动。大禹为了治水，娶妻有一段时间了，在外劳苦数年，经过家门也不回家。禹把九州的水患治理好后，舜赐予他玄圭作为奖赏。

其实一开始负责治水的不是禹，而是他的父亲鲧。鲧居住在黄河下游，大臣们认为他有治水经验，当时的部落首领尧便命令他去治水。鲧用的是共工氏修筑堤防的办法，并逐年加高、加厚，堤防达到三仞高，积压了大量洪水。这种方法适用于山川地区，但在平原就失去作用了，堤坝一旦被冲垮，带来的灾难更大。九年的时间过去，洪水仍然泛滥不息，鲧治水没有取得很好的成效，被革职流放到羽山，后来就死在那里。

舜代尧成为首领后，他征求大臣们的意见，看谁能治退大水，大臣们都推荐鲧的儿子禹，因此治水的重任又落在禹身上。禹因父亲治水无功、受罚而难过，苦苦思索，研究水的规律。既然水是往下流的，禹就把河道疏通好，把土地上肆虐的洪水疏导到大江大河中，让它们最终都流到大海里。禹采用的办法得当，治理洪水的效果也很好，水患从根本上得到了解决，禹给了天下人第二次生命。禹治理洪水有功，受舜禅让而继承帝位，人们为表达感激而尊称他为大禹。

在治水的过程中，大禹在当时能力和条件许可的情况下，对中国的地理板块做了初步的划分，分为九州：冀州、兖州、青州、徐州、扬州、荆州、梁州、雍州、豫州。龚自珍写的诗句"九州生气恃风雷"中的"九州"指的就是大禹划分的九州。为了方便农业生产,加强部落间的交流,大禹对当时主要的山脉、河流的走向进行了研究,疏通了河道,开通了山脉。大禹划定九州,对中国的多民族大规模统一具有积极意义。

大禹治水的故事暗含的中国文化的特点和中华民族精神,值得我们好好总结。

大禹治水为什么能成功?

第一,大禹治水的故事表明,中国人特别注重对自然规律的总结和探索。大禹从研究水的规律入手,发现"水曰润下",利用水往低洼处流,疏通河道,把滔滔洪水引到大海里,从根本上解决了水患。尊重规律,对一个国家、一个民族的发展至关重要。只有认识规律、顺应规律,一个民族在社会生产活动中才能取得主动地位。

《道德经》中有一句话:"人法地,地法天,天法道,道法自然。""道法自然"一句告诫我们,在自然面前,在各种客观规律面前,我们绝不可狂妄自大,要有高度的自觉,尊重规律、研究规律、认识规律、掌握规律,利用规律来为人类谋福。

第二,大禹治水三过家门而不入,甚至化身巨熊开山拱石，与黄河展开殊死战斗。为了整个部落，为了整个国家，为了广大老百姓的福祉，大禹没办法顾及自己的小家，公而忘私地奉献，忧国忧民。客观地说，一个国家不可能人人都高尚，但是一定得有像大禹一样高尚的人做民族的脊梁，用一生的心血和汗水为国家做贡献，让国家的经济、政治、国防各个方面壮大起来。正是靠着这些人的奋斗，一个民族才能真正崛起，老百姓才能获得福祉和安宁。

第三，大禹治水之所以会成功，还因为他依靠了人民的力量。大禹有再大的力量，也无法一个人把河道疏通好。洪水会威胁所有部落人的生命安全，大禹因势带领广大人民群众一起去疏通河道，成功地治理了水患。中华民族对人民非常重视，"水能载舟，亦能覆舟"，"水"指的就是老百姓。这句名言与大禹治水所体现的要依靠、团结广大劳动人民一起解决困难的思路是一致的。中华民族相信，只要代表的是人民的声音，就能得到老百姓的拥戴，人民的支持是领袖成就事业最雄厚的基础。

大禹治水的故事，还展现了中华民族自强不息的精神——在遇到重大困难时，没有把命运简单地交付给人之外的神秘力量，而是自己掌握命运，自己来努力克服困难。我们的民族在文明之初就懂得自己决定自己的命运，中华民族的文化值得我们尊重，也值得我们自豪。

第二讲

《尚书》

"人心惟危，道心惟微"：关于人性最精彩的解读

《尚书》是儒家"五经"之一，是最早的中华文化传世经典著作之一。

《尚书》是上古的书，记载的是虞、夏、商、周四代的历史，是中国最早的社会政治文献集，记录了政治家和当时领导人进行筹划的事迹，其中大部分是帝王的号令，小部分是君臣相告的文字等。如果我们想要了解两三千年前中国人的精神状态、文化状况和社会生活，就一定要读《尚书》。

《尚书》有今文尚书和古文尚书两种版本。《尚书》中，记录君主平时讲话的篇目称为"诰"，战时所作的军事誓词称为"誓"，君告臣的叫"命"，臣告君的叫"谟"。"谟"的意思是筹划、运筹、商量，有一篇《大禹谟》非常出名，主要记述的是大禹和臣子们一起谋划事情的经过。那个时候领导者的更迭形式是禅让制，部落首领要在生前选出贤能、公正的人，把部落领袖的位子让给他，同时要把自己毕生的经

验与教训传授给他，下一代部落领袖吸取了前一代部落领袖的经验与教训，争取少犯错误，把部落治理得更好。《大禹谟》里记载了舜把帝位传给禹的时候说的话，这些话也是舜一生政治经验的集中概括。

> 人心惟危，道心惟微，惟精惟一，允执厥中。

（节选自《尚书·大禹谟》）

南宋思想家朱熹把这句话概括为"十六字心传"，简称"危微精一"。这句话成为心心相传的个人修养和治理国家的原则，是中国文化的重要内容。这句话的意思是，人心是危险难测的，道心是微妙难明的，要精纯专一，公允执守它们的根本和中心。

我们先来看前八个字。"人心惟危，道心惟微"，从字面上讲意思是，人心的特点就是危险、可怕，道心的特点就是微细、微妙。

要想把这八个字的秘密揭示出来，首先，要弄清楚什么是人心，什么是道心。如果不理解人心和道心，就无法参透这八个字，也没有办法真正理解流传了五千年的中国文化。

中国人对人性的看法绝不简单，用善、恶的属性对人性加以概括并不严密。中国先贤把人性分为两种：一种是引人堕落的弱点，就是人性的弱点，包括贪财好色、虚荣攀比、自私狭隘等，叫作人心；另一种是积极向上的力量，包括知耻、善良、正直、勇敢、慈悲等，叫作道心，也就是老百姓常说的"良心"。

为什么说"人心惟危，道心惟微"？"人心惟危"背后的含义是，有的时候不是我们的人生中本来就有苦难，而是我们咎由自取、自作自受。我们这一辈子犯的所有错，栽的所有跟头，除了极个别是天灾外，基本上都是人性的弱点导致的。"道心惟微"的"微"其实还有一个解释，就是微弱。比如，有一些官员明明知道违法乱纪是不对的，还照做不误，为什么？因为道心和欲望相遇，往往败下阵来的不是欲望，而是道心。良知的光芒有的时候透不过欲望的铜墙铁壁。

"人心惟危，道心惟微"这八个字，对我们的启发和教育特别多。

第一，重新认识、定义人性。一般人谈人性时都简单地将其归结为人性善、人性恶，这是不够严谨的。人性极其复杂，绝不能简单地以善和恶区分。真性情的大英雄也有欲望，为非作歹的恶人身上可能也有人性的闪光点。

第二，要思考面对人性的弱点时，我们应该怎么办。正因为人性有弱点，所以我们不能天真、想当然，要用法治为人性的弱点竖起防护墙，让想做坏事的人没有机会做坏事，这就是依法治国。同时要有道心，一定要用文化、信仰、道德培养和发展道心，这就是以德治国。我们要把依法治国与以德治国结合起来。依法治国极其重要，但绝不能只看到法治的作用，而忽视道德的作用。人有了浩然之气，有了明辨是非对错的三观，才能少犯罪。如果说近代以来西方给人类提供了依法治国的理念，那么几千年以来中华民族也给人类提供了极其宝贵的理念，那就是以德治国。

道德和法律哪一个更为根本呢？比如，两个人结婚了，是对婚姻和家庭的忠诚重要，还是婚姻法重要？如果夫妻俩对婚姻不忠诚，对家庭不忠诚，单纯地用法律去约束对方，是不会幸福的，婚姻法管不住一颗想离婚的心。所以说，婚姻中最重要的不是一纸法律，而是对对方的爱、对家庭的珍视、对爱情的忠诚。

和人心相比，道心更为根本。道心越强大，人心就越弱；反过来，欲望越大，道德的力量就越弱。我们既要重视法律、制度的作用，用法制把人性的弱点看住，也不能忽视道德的作用，要用道德、文化和信仰来培养道心，保护道心，做堂堂正正的人，正气存内，邪不可干。

第三，要明确提高修养的方向。我们经常说要加强个人修养，那么我们要"修"什么？"人心惟危，道心惟微"说得非常清楚，就是修道心。提高自己的修养，就是让道心的力量越来越强，让人心的力量越来越弱。修到最后，缺点越来越少，甚至没有，优点越来越多，甚至占据了整个生命，就会被人尊为圣贤。有年轻人问我："老师，我怎样才能提高自己的修养？"我的看法是：只有一个方法——培养、发展、保护自己的道心，在这个过程中，人心会慢慢地减弱，道心的力量会越来越强大。等道心完全呈现出来，你就脱离了低级趣味，摆脱了人性弱点的影响，成了一个纯粹的人。

第四，阅读好书扩充道心。如果有一本书，让人越来越有智慧，越来越大气，越来越宽容，越来越有能力，越来越有德行，它就是好书！因为它开启、培养了人的道心。在读书的问题上，我想提醒家长们，对孩子看的书要适当地把一把关。家长对孩子看什么书不要有太多的限制，如果是能培养孩子的道心的，就是好书，就可以让孩子多读；如果是鼓吹人性的弱点的，就是不好的书，就不应该让孩子读。比如，传世几百年、几千年的经典作品，能够把道心的力量激发出来，给人生赋能，是好书，可以让孩子多读。

同样，什么是好朋友？凡是能引领我们发展自己的道心，往更好的方向成长的朋友，就是好朋友，值得我们珍惜；凡是利用人性的弱点让我们走向堕落，甚至犯罪的，就不是好朋友，我们一定要远离他们。有些朋友格局大、智慧高、德行好，会给我们赋能，是真正值得珍惜的好朋友。他们能够让我们越来越大气，越来越干净，越来越崇高，越来越有能力，甚至能干出一番利国利民的大事业。

"人心惟危，道心惟微"八个字，对我们理解人性、提升修为很有启发。希望每个人都能不断地净化自己的心灵，养护自己的道心，减少苦难，获得丰盛、喜悦的人生。

"惟精惟一，允执厥中"：成大事者的必修课

上一篇文章中我们学习了"十六字心传"的前八个字，这一篇我们学习后八个字："惟精惟一，允执厥中。"

"惟精惟一"的重点是两个字，一个是"精"，一个是"一"。要明道，必须在道心上下功夫；要安民，必须有公正、平衡、和谐的好办法。"精"，代表了一个人的心灵和精神层面的东西。"一"和"多"是对应的。"惟精惟一"，意味着要把心神、精神、念头集中在一个地方。从提高道德修养的角度看，"惟精惟一"就是专注于道心的开启与护养。"允执厥中"讲的是在拿捏一件事情的时候，要寻找到影响事情的不同力量的平衡点，就是"中道"。"中道"是一种高妙的管理智慧，掌握了"中道"，就能在面对非常复杂的关系时游刃有余，将各种要素驾驭得当。

实际上，"惟精惟一"告诉我们一个成功的要诀或者秘密——精研专一。如何理解呢？举一个例子。我们小时候玩过的凸透镜，中央较厚，边缘较薄，把它放在阳光下，当阳

光透过它集中在一个点上时，往这个点上放一根火柴，不用等多久，火柴就着了。但是不依靠凸透镜，把这根火柴直接放在阳光下，即便晒一天，也着不了。其实，"惟精惟一"讲的就是心神要像阳光经过凸透镜集中到一个点一样，这种智慧就叫"一"；如果内心的各种念头和想法非常杂乱，就意味着心神像没有被凸透镜集中过的阳光一样分散。

"惟精惟一"告诉我们，人要想在一生中有所成就，就一定要学会把心神收在一个点上。

1988年，被誉为"棋圣"的中国围棋界领军人物聂卫平去日本参加世界桥牌锦标赛的选拔赛，得了冠军。他十分得意，在赛后的晚宴上借着酒兴与朋友大聊桥牌。在他眉飞色舞之际，一旁也应邀参加宴会的围棋泰斗吴清源听到后，走过来很认真地对他说了一句话："搏二兔，不得一兔。"聂卫平当时内心咯噔一震，知道自己在围棋前辈面前表现轻飘了。

走在田野里，遇见两只兔子，一东一西跑了。如果太贪心，东边这只兔子追上200米，西边这只兔子再追200米，希望把两只兔子都抓到手，结果就是兔毛也没抓到。如果盯住一只兔子，沿这只兔子的方向下功夫一直追下去，就算追到筋疲力尽也得逮着它，这样才是没白费精力。这个比喻十分贴切，也很让人警醒。

人这一辈子精力有限，时间有限，机会也有限，不可能在所有领域都独占鳌头，取得杰出的成就。要想有所得，就必定在某一时段甚至一生之中专注于一个核心目标，还要抵制各种诱惑，克服各种干扰。吴清源就是如此。他自觉地抛弃杂念，专注于围棋。退役后的三十年，他依然夜以继日地打谱摆棋，还定期举办研究会，为大家复盘，从未间断对围棋的研究，因而成就了大师的美名。

　　我们作为普通人，可能没有大师那么有毅力，很难达到无比专注的境界，但我们一定要懂得"惟精惟一"，不要让心神散乱。当一个人的心神凝聚在"一"上时，是最容易在某一个领域做出成就的。央视《大国工匠》系列节目曾报道过沪东中华造船集团的一名焊工张冬伟，他在焊接精密仪器方面是全国一等一的高手。船上的钢板薄如纸，将一块块钢板焊接起来犹如在钢板上"绣花"，需要极精湛的技艺和超出常人的耐心。张冬伟就喜欢焊接，他的愿望就是用一辈子的时间做中国最好的焊工之一。

　　很多年轻人不知道这个"一"意味着什么，总是三心二意，这山望着那山高，虽然天资聪慧，但是心神散在了不同的地方，无法在一个点上长时间去累积、去攻坚，所以很难做成一件事。比如，有的人频繁地换工作，觉得这是能力强的体现。实际上，任何成功都需要累积，在一个点上积累，到了一定程度，才能成为佼佼者，得到大多数人的认可，收入等也才随之增加。再比如，每年高考结束，总有不少家长给我打电话，询问给孩子报什么专业好。其实，当我们讨论哪一个专业好的时候，在某种程度上已经陷入误区了。一方面，哪个专业都能出人才，关键是能不能位列前茅，做到顶尖；另一方面，专业的好与不好是相对而言的，随着时代发展，这几年所谓的"好"专业，过几年可能就"不好"了，就业就不那么理想了；或者现在就业形势不被看好的专业，未来几年可能会成为大热门。一切都在发展变化中，不是固定不变的。家长应该怎样帮孩子选专业呢？要根据孩子的兴趣来选。如果孩子能钻研自己的某个兴趣，能做到"一"，不患得患失，相信都能有所长，甚至成为某一领域的专家。

"惟精惟一"是我们要做一辈子的功课。很多人心里有很多念头，一会儿想这样，一会儿想那样，非常散乱。有鉴于此，我们更要人为地、主观地努力，争取做到"惟精惟一"。开始的时候会比较困难，心会不断地产生妄念，慢慢地养成把心收回来的习惯，一以贯之、矢志不移、心无旁骛，这样坚持下去，平凡人将不再平凡。

"惟精惟一"和"允执厥中"有什么逻辑关系呢？"惟精惟一"说的是把整个心神放在一个点上，专注在一个点上累积。注意，不能急功近利，做任何事情都需要念兹在兹，长期地浸润，深入地钻研，才能有一天云破天开，智慧大增，游刃有余。那么，做到"惟精惟一"后会怎样？就是"允执厥中"，有了把握"中道"的智慧。

有人问，"惟精惟一"与"博学多闻"矛盾吗？不矛盾。人这一辈子需要"博"，也就是说，人需要了解各种知识和其他人的见解，提高自己的眼界和见识，让自己的胸怀更加宽广。但"博"和"专"要结合。在了解各种知识，让自己变得博学的过程中，一定要找一个点钻研下去。"博"有利于"专"，见识得多，才能找到关键兴趣"点"，才能在一个点上达到一定的深度，开拓出局面，取得成就；"专"也有利于"博"，钻研一个点，才有深刻的体验，才能更好地去观察、分析其他问题。简单来说，在一个点上钻研下去才能成为专家，同时多听多看，令自己见识广博，才能成为大家。既"专"又"博"，心无旁骛又不封闭自己，方可成就一番事业。

"民之所欲，天必从之"：从天意到民意的转换

我们读商代历史时，会发现这样一种现象：商代的文化、社会，具有一个鲜明的特点——重鬼神。商代人奉行"先鬼后礼"，认为神居于天上，具有独占性，不仅有意识，还有主导吉凶的权力；人的魂魄赋予人生命、知识和智慧，肉体消亡后，魂魄能继续存在，便是所谓的"鬼"。《竹书纪年》《尚书》等古书中有明确记载，商代人特别重视天命以及政治的合法性，无事不卜筮，什么事情该做、不该做，都要听天命、鬼神的启示。甲骨文就是主要契刻记载卜辞的。占卜用的主要是兽骨和龟甲，卜官在占卜时，用燃着的紫荆木柱烧灼龟甲或者兽骨，使骨质的正面裂出裂纹，根据裂纹的走向来推断卜问事情的吉凶。

商朝的社会治理，以事鬼敬神为主。鬼神之说的核心思想是"人死有知"，相信人死以后，魂魄生活在一个鬼神的世界，墓葬便是墓主在另一个世界的居所，一切按照"事死如事生，事亡如事存"的礼制办事。魂魄享用献祭的财物，

依然具有意识和权力，能祸福于人。在这种理念认知下，一些掌权者为了死后延续自己相对奢侈的生活，殉葬品也很奢侈，甚至有活人殉葬，他们需要仆从们和他们一起"前往"那个世界，以供其死后奴役驱使。因此，殉葬制度应运而生。

考古发现的中国最早的殉葬制度始于商代，如此残暴血腥的殉葬制度在我国古代社会中延续了很长时间，直到清代才被康熙废除。《孟子·梁惠王上》借孔子之口谴责殉葬制度："始作俑者，其无后乎？""俑"是中国古代用来殉葬用的木偶或者土偶。不要说拿活人去陪葬，就是用陶俑，用土烧制的土偶去做陪葬，象征性的陪葬也不应该存在。周礼只能用草人殉葬，略带点人形就可以，后来有人用木偶或者土俑来殉葬，这些东西也太像人了，本质上还是视人命如草芥，以至于有可能又发展到用真人来殉葬，社会风气日益恶化。孔子就批评那个首先用木偶或者土俑来殉葬的人，也就是"始作俑者"，他是带坏社会风气的第一人，他的脑子里还是残留着人殉的思想，难道他没有子孙吗？

对鬼神的绝对信仰和崇拜，忽视了对人的关注。"天佑我商"这句话说明统治者认为自己的权力来自天命和鬼神。商人认为，商王是上天的"元子"。所以，上天赋予商王统治大地的权力，不但是必须的，而且是不可更改的。

商汤有德行，但纣王残暴荒淫、草菅人命，比干直言劝谏却被剖心。尽管如此，纣王对自己的统治也有着绝对的自信：老百姓骂我，别人指责我，大臣劝谏我，我都不必去听，因为我的合法性、我的正当性，我手中的所有权力来自天命和鬼神。据记载，西周灭掉商的附属国黎，纣王的统治岌岌可危，但纣王仍坚信天命："呜呼！我生不有命在天？"

武王伐商大会遍告广大诸侯的誓师词，历数了商纣的暴虐：

> 惟受罔有悛心，乃夷居，弗事上帝神祇，遗厥先宗庙弗祀。牺牲粢盛，既于凶盗。乃曰："吾有民有命！"罔惩其侮。
>
> （节选自《尚书·泰誓上》）

纣王受（纣王的名字）没有改过的心，仍然傲慢无礼，不侍奉天地神灵，舍弃他先人的宗庙不祭祀。祭祀用的牲畜和黍稷也都被恶人盗食了。他却说："我有老百姓，有天命！"不知道停止自己的傲慢。

商纣王认为他拥有天下的老百姓。谁给他的这个权力？"有天命"，老天给的。如果整个政权的合法性来自天命与鬼神，那么，整个社会治理就面临着非常严重的问题：这个王当得好不好，一个政权好不好，谁来裁断？错误如何去纠正？

那周武王有什么资格带领当时中国西部的诸侯去讨伐纣王呢？他行动的依据是什么？推翻纣王合法性的理由是什么？按照原来的天命观，纣王代表天命，因此，武王伐纣没有合法性，这样是不会得到社会各界支持的。

武王伐纣的时候，怎么向天下解释伐纣是对的，是应该得到民众支持的？

为了解决这个问题，周人重构了一个天命观：

天矜于民，民之所欲，天必从之。

（节选自《尚书·泰誓上》）

重构的天命观以德为核心，以德配天，天命有德，德行高者都有当天子的资格。德行高指的不仅是个人修养高，还指这个人在社会治理方面能实施德政。

"矜"就是怜悯的意思。"天矜于民"，上天怜悯老百姓，在除恶树善方面与民众是一致的。"民之所欲，天必从之"，老百姓希望办到的事，上天必定顺从。老百姓想做什么事，老天是会支持的。重构的天命观涉及政权转移和主权问题，凸显了天民的一致性。这表达了一个观点：天意是每一个人都不敢妄断的。

对这个观点，武王还有更明确的说法：

天视自我民视，天听自我民听。

（节选自《尚书·泰誓中》）

天的意志，天对问题的看法，是通过老百姓的看法表现出来的，老百姓对什么满意，对什么不满意，其实就代表了上天的想法。

武王伐纣做动员的时候，用这些话清晰地表达出了自己的主张，整个商朝重天命、重鬼神的观念，发生了重大变化。商纣王荒淫无道，残害百姓，诛杀大臣，民怨沸腾，老百姓对他不满意，就代表着上天对他不满意。这样，武王伐纣去建立一个新王朝，就具备了合法性。

王国维说："中国政治与文化之变革，莫剧于殷周之际。"商周之际，是中国思想史、中国文化史、中国政治思想史的一个转折时期。武王为了伐纣，巧妙地将天命转换为民意，指出听民众的声音，做顺乎民心的事，就是在顺应天命。

殷鉴不远。周武王提出"人为万物之灵"，周朝以后，人的地位越来越重要，重鬼神的思想逐渐被人本位思想取代。

"向用五福，威用六极"：洪范九畴中的人生哲理

周武王在主政之后，向当时商代的贵族遗臣箕子求教治理国家的一些基本方法，箕子对周武王讲述了从大禹一直到西周，治理社会所遵循的九条大法，也就是"洪范九畴"的内容：

> 初一曰五行，次二曰敬用五事，次三曰农用八政，次四曰协用五纪，次五曰建用皇极，次六曰乂用三德，次七曰明用稽疑，次八曰念用庶征，次九曰向用五福，威用六极。

> （节选自《尚书·洪范》）

解读"洪范九畴"，一方面，可以了解中华民族的先人治理社会的基本状况，了解他们用了哪些方法，治国的基本结构是什么；另一方面，可以通过对照那个时代中国人的精神状况和社会治理状况，看看当时人们的想法对我们当下的

生活来说有什么意义。

第一，五行，即金、木、水、火、土，讲的是大自然的规律。

> 五行：一曰水，二曰火，三曰木，四曰金，五曰土。

> （节选自《尚书·洪范》）

五行的关键就在"行"这个字上，它是个动词。五行讲的不仅是元素，而且是宇宙中五种能量的运行和变化。能量具有和平、存实、承载的性质，称之为土；生发的状态称之为木；生发到一定程度，向上燃烧的称之为火；能量收敛的是金；收敛到寒凉的程度，能够滋润万物的就是水。

有一个哲学概念叫"朴素唯物主义"，它指的是在人类历史的早期，由于认知水平的限制，人类把某种具体的物质形态看作世界的物质本原和物质基础，是用某种或某几种具体物质形态来解释世界本原的学说。而中国文化所强调的"五行"，不是指五种自然元素，而是指自然宇宙演化的动态过程。金、木、水、火、土不是静止的。那么怎么描述它们呢？

水曰润下，火曰炎上，木曰曲直，金曰从革，土
爰稼穑。润下作咸，炎上作苦，曲直作酸，从革作辛，
稼穑作甘。

（节选自《尚书·洪范》）

"水曰润下"，"润"指湿润，说明水是向下流淌的，而
且可以滋润万物；"火曰炎上"，火向上燃烧，而且会让人感
到炎热；"木曰曲直"，木可曲可直；"金曰从革"，"革"意
为变革，金能够顺从人意，变成各种器物；"土爰稼穑"，土
可以用来种植百谷。

《尚书》对五种元素的味道也进行了描述："润下作咸"，
向下流淌的、润湿的水生咸味；"炎上作苦"，向上燃烧的火
生苦味；"曲直作酸"，可曲可直的木生酸味；"从革作辛"，
顺从人的意愿、能够改变形状的金属生辛味；"稼穑作甘"，
能够种植百谷的土生甘味，就是甜味。

五行讲的是整个自然界能量的运行状态，它对中医的发
展产生了极为重要的影响。中医主要是根据五行的特性、五
种元素之间的关系，分析、研究机体的脏腑、经络、生理功
能，阐释它们在人生病时的相互影响与相互作用。

五行运用在人的五脏六腑上指的是器官的功能。心属
火，心阳，有温煦的功能；肝属木，有疏泄的功能；脾属

土，有消化水谷、运输精微的功能，而且是气血生化之源；肺属金，有宣发、肃降的功能；肾属水，有代谢、排泄及藏精的功能。举个例子，"火曰炎上"，人上火的时候，表现为嗓子发炎，眼睛红肿，症状都在人体上半部分。"炎上作苦"，烧焦的东西有苦味，中医在用药的时候，很多降火的药都有苦味，像黄连、栀子、连翘、蒲公英，等等。"水曰润下"，比如，肾病发展到一定程度，四肢也会呈现出病态，尤其是腿，会浮肿。如果用药，药里有点咸味的话，可以滋阴补肾。"土爱稼穑"，土具有包容、储藏、融合、承载、生化、受纳等功能。我们整个身体的器官中，具有承载性力量的就是脾胃消化系统，吃了东西，脾胃运化水谷精微，将能量送到身体各部位，营养五脏六腑、四肢百骸。很多补脾胃的药都有点甜味，比如，甘草，就是甜草，能够补脾益气、滋阴补肺。

第二，"敬用五事"，这是每个人都应遵循的言行准则。

五事：一曰貌，二曰言，三曰视，四曰听，五曰思。貌曰恭，言曰从，视曰明，听曰聪，思曰睿。恭作肃，从作乂，明作哲，聪作谋，睿作圣。

（节选自《尚书·洪范》）

第一个"貌"，就是容貌、容仪。做事时要让自己表现得恭敬一些，不能让人感觉到轻薄猥琐，恭敬能心生肃敬。第二个"言"，就是言论、辞章。言论要正当合理，说话不能不负责任。第三个"视"，就是观察，观察要明白，要能辨别是非。第四个"听"，就是听闻、察是非。听闻要广远，在听的时候，一定要记住"兼听则明，偏听则暗"的道理，听全各种信息，有选择和辨别的能力。第五个"思"，就是思考，心虑所行，能够通达地思考问题，人就能圣明。

第三，"农用八政"。

八政：一曰食，二曰货，三曰祀，四曰司空，五曰司徒，六曰司寇，七曰宾，八曰师。

（节选自《尚书·洪范》）

民以食为天，一个政府管理国家的时候，最基本的就是让老百姓有饭吃，所以"农用八政"第一个说的就是管民食，第二个是管财货，第三个是管祭祀。再往下就是管工程；管教育，教民众礼仪；管盗贼（司法）；管朝觐，以礼接待宾客；管军事，士卒必练，建立军队提防盗匪敌寇，安全保民。

第四，"协用五纪"，实际上讲的是天文历法。

五纪：一曰岁，二曰月，三曰日，四曰星辰，五曰历数。

（节选自《尚书·洪范》）

推算日月运行所经历的周天、度数，老百姓到了什么季节要干什么事，和日月星辰的运行要保持一致。我们的农业文明之所以能够绵延不息，就是因为种植、播种、收获都建立在对天象、季节变化的准确把握上。

第五，"建用皇极"。

皇极：皇建其有极。

就是用中道建立君权，这句话为每一个官员，包括执政者指出了规范。

第六，"乂用三德"，讲的是执政者在管理社会、与老百姓打交道的时候必须具备的德行。

三德：一曰正直，二曰刚克，三曰柔克。

（节选自《尚书·洪范》）

第一个是"正直"，正直的君主要中正平和，不刚不柔，公正才能得到别人信服。第二个是"刚克","刚"指的不是过分刚强、倔强，不能亲近人，而是说刚能立事，为政者要刚强、果断。第三个是"柔克"，柔和也能成事。世强御不顺，以刚能治之。世和顺，以柔能治之。为政者应当远离刚强不能接近的人，推崇和顺可亲的人，及时补正社会治理过程中不够公正、中庸之处。

第七，"明用稽疑"，讲的是明用稽考疑难的方法。

> 稽疑：择建立卜筮人，乃命卜筮。
>
> （节选自《尚书·洪范》）

古代卜筮会有卦象，推演是吉是凶。古人虽然重视卜筮，但还要综合考量。如果为政者有重大疑难，先要自己考虑，再与大臣商量，再听听百姓的心声，最后卜筮。这样在做决策的时候就综合了几种力量和几种因素，比较全面。

第八，"念用庶征"，讲的是用五种天气变化的征兆思考农业收成与国家治理的问题。

> 庶征：曰雨，曰旸，曰燠，曰寒，曰风。曰时五者来备，各以其叙，庶草蕃庑。
>
> （节选自《尚书·洪范》）

有五种天气变化的征兆：雨天、晴天、温暖、寒冷、刮风。这个治理大法是针对农业的。农业的收成直接关乎国运，水稻种下能不能丰收？在管理水稻田的时候，有经验的人能根据天上的征兆做出预判。如果说一年中五种天气齐备，根据正常的次序发生，天气的运转是有规律的，百草就会茂盛。反过来讲，如果五种征候中某一种天气过多或过少，气候走向极端，比如，总是晴天不下雨，或者总是下雨，没有晴天，粮食产量就会大受影响。

管理国家也是如此，为政者主政，就像一年四季；高级官员就像月份，统属于年；普通官员就像一天，统属于月。为政者肃敬，就像及时降雨；为政者为政安定太平，就像天及时放晴；为政者明智，就像天气及时变暖；为政者善谋，就像天气及时变冷；为政者明理，就像及时刮风。为政者狂妄，就像总是下雨；为政者办事错乱，就像一直晴天；为政者贪图安乐，就像天气一直炎热；为政者严酷急促，就像天气总是寒冷；为政者昏庸愚昧，就像总是刮风。

第九，"向用五福，威用六极"，讲的是用五福和六极劝勉臣民。那么，五福和六极分别指什么呢？

五福：一曰寿，二曰富，三曰康宁，四曰攸好德，五曰考终命。六极：一曰凶短折，二曰疾，三曰忧，四曰贫，五曰恶，六曰弱。

（节选自《尚书·洪范》）

"五福"指的是人生五种幸福，比较好理解，它包括长寿、富贵、健康安宁、修养德行、寿终正寝。

"六极"指人生的六种困厄，就是人生不好的六个方面。第一个是"凶短折"，就是短命、夭折，这样的情况一旦发生，对自己、对家庭来说都是一个巨大的灾难；第二个是"疾"，就是疾病，谁都不希望疾病缠身；第三个是"忧"，指患得患失，内心恐慌；第四个是"贫"，指生活困顿；第五个是"恶"，它与善相反，人无德行就是邪恶；第六个是"弱"，表现为愚懦不壮毅，志气弱，而非身体弱。

"向用五福，威用六极"实际上就是引导老百姓，让老百姓有明晰的核心价值观，这样社会才能井然有序，风清气正。

与先人相比，现在很多人对幸福的理解真的是太浅薄了。比如，祝福别人时首先想到的就是"恭喜发财"，好像幸福就是发财。实际上五福人生的富，指的是财丰备，不贫乏，而没有暴富的意思。有的人有钱却不长寿，人生也有巨大的遗憾；有的人富贵，但是健康出了大问题，极端痛苦，要花费大量的钱去维持生命；有的人有钱了，但不遵行美德；有的人有钱了，但喜欢瞎折腾，甚至没事找事，不懂得珍惜，最终可能不得善终。所以，五福人生应该是圆满的人生。"洪范九畴"的第九条大法，明确地指出人生在世，有幸福、困厄，为善就会获得幸福，为恶就会导致困厄，劝勉为政者行善，追求五福人生，避免困厄的六极。

第三讲

《易经》

符号系统:学习《易经》的敲门砖

　　《周易》的内容分为符号和文字两部分。符号即"六十四卦",文字包括"经""传"。什么是"易"? 在这里我要对这个字做一个本源性的解释:"易"有很多解释,但就其基本的含义而言,就是"变化"。我们生活在宇宙空间中,整个世界都处在变化之中,《易经》研究的就是变化的规律。

　　佛学有两个字叫"无常",佛家说"万法无常""无常世界"。常是不变,无常是随时随地在变。佛学对世界的判定是"无常",跟《易经》对世界的判定——"易"——有着相同的内涵。

　　孔子对世界的状态也有判断。有一次他带着学生去河边,看着滔滔的河水奔腾不息,说了一句:"逝者如斯夫,不舍昼夜。""逝"就是流动,世界不分昼夜地变化。孔子对世界的判断就是"易",就是无常,就是变化。

　　东汉大学者郑玄著有《易赞》,他在这部书中将《易经》所研究的内容和总结的规律分为三方面:"《易》之为名也,一名而含三义：易简一也，变易二也，不易三也。"

《易经》的第一个含义就是变易，这个世界一直在变动，一阴一阳，变化无穷，由阴阳变化生成四象，由四象生成八卦，八卦两两组合形成六十四卦，六十四卦衍生出万事万物。这个结论意义重大。这个世界随时随地在变动，会深刻地影响我们每一个人对世界的看法，我们也要了解什么是世界恒定的规律，既要与时俱进，又要善于把握"变"背后的规律。

有个成语叫作"刻舟求剑"，刻舟求剑的行为荒唐在哪里？某人乘船时，宝剑掉到了河里，此人就应该立即下去，有可能捞上来。如果宝剑掉下去的时候在船舷上刻个符号，等船靠岸了，再在刻符号的地方跳下去捞宝剑，让人觉得荒唐可笑。因为船已经行了很远，宝剑不会随着船移动，整个时空都发生了巨大的变化，死守教条，不懂得变通地处理事情，结果肯定是失败的。"变易"提醒我们，这一生不要拘泥成法，不要以为自己曾经取得的经验放之四海而皆准。有个词叫"随缘"。"缘"是什么？就是时空，就是条件，这些东西随时在变，而不是我们期待变就变，我们期待不变就不变。

《易经》的第二个含义就是"易简"，这个世界看似变动不居，其实背后有几条很简单的道理。因为我们的认知、智慧以及经验不够，所以无法认识、解释天地之间的奥秘。实际上，这些奥秘都有规律。探究规律、把握规律，我们看世界就会主动。解开奥秘，我们就会觉得原理很简单。比如，我们觉得手机、电视很简单，是因为我们知道它们背后的原理，但是古代人就会觉得这很复杂。不要自以为是地嘲笑智慧不如我们的人，因为宇宙的奥秘无穷无尽，有很多的规律和原理需要我们去探索。

《易经》的第三个含义就是"不易"，《易经》与天地永远是一致的，看似千变万化，其实背后有一个永恒的东西，可谓整个世界的秘密所在，这就是"道"。永恒的东西是本源性的，可以生出万物万事。道的规律和顺序不变，而且在某个特定时空和节点的运行规则是不变的。了解了这一点，就能知道有所为，有所不为。

阳爻　　　　阴爻

《易经》的卦都是通过阴阳符号来表达的。有两个基本符号，完整的一横叫阳爻，两横（中间断开了）叫阴爻。

乾　　　　　坤

三个阳爻的符号上下排在一起，叫乾；三个阴爻的符号上下排在一起，叫坤。乾为天，坤为地。

没有概括就没有哲学，一个民族的概括能力，某种程度上代表了这个民族智慧的高度。阳和阴，不是对千变万化的世界表象的描述，而是对世界表象背后的规律进行的高度概括。

中国先人认为，宇宙中所有的事物按属性可分为两类，一类属阴，一类属阳。这是一种抽象的概括，观物取象，万物交感、生化、作用，比植物、动物的分类概括更加抽象。太极生两仪，两仪是纯阴和纯阳。

阳是奇数、天数，阴是偶数、地数；阳为顺，地为逆；阳刚的、上进的、敢于承担的力量是阳，牵制的、被动的、辅佐承载的力量是阴。阳为天，阴为地；气是阳，质是阴；阳生火，阴生水。太阳主动发光，照耀万物，就是阳的代表；月亮自己不发光，要反射太阳的光，是阴的代表。一阴一阳之谓道。阴阳是不能完全分开的，阴中有阳，阳中有阴，顺中有逆，逆中有顺，阳极成阴，阴极成阳。阴阳交流感应，相辅相成，万事万物从道生一开始，一生二，二生三，三生万物。

《易经》先有代表象数的符号，再有代表宇宙、自然、人生、社会规律的义理。太极生两仪，两仪生四象，四象生八卦。阴爻和阳爻这两种符号根据天、人、地"三才"的道理排列组合，每三个组成一个符号，总共八个，卦序是一乾、二兑、三离、四震、五巽、六坎、七艮、八坤。乾、坤、震、巽、坎、离、艮、兑分别代表天、地、雷、风、水、火、山、泽。"天地定位，山泽通气，雷风相薄，水火不相射。"乾坤、震巽、坎离、艮兑在八卦中两两相对，每一对都含有阴阳、顺逆、奇偶，阴中含阳，阳中含阴，阴阳错综交变。

先天八卦，相传是伏羲氏根据河图所画，又名伏羲八卦，象征宇宙的万事万物，是最早的表述符号。这就涉及中国人观察世界的方式。宇宙间的万事万物，如果一个一个地去描述，根本说不完，中国的先人就将万事万物抽象化，概括成八种宇宙元素。凡是具有高远、刚健有为、自强不息属性的都归为天，凡是柔顺、厚重博大、承载的都归为地。在一个国家里，人民就是地，承载着一个国家。在人类社会中，乾、坤分别为父、母；震、坎、艮分别为长男、中男、少男；巽、离、兑分别为长女、中女、少女。

后天八卦，相传是周文王根据洛书而作，又称文王八卦。后天八卦：坎一、坤二、震三、巽四、乾六、兑七、艮八、离九（五为中）。六十四卦是怎么回事呢？就是八卦中的每一卦都和另一卦搭配组合，总共是八八六十四卦。每六爻组成一个符号，象征各种自然现象和人事现象，实际应用较多。

六四，括囊，无咎无誉。

六五，黄裳，元吉。

上六，龙战于野，其血玄黄。

用六，利永贞。

（节选自《易经·坤》）

坤卦的卦辞与乾卦的卦辞类似又有区别。

"元，亨"，初心守正，初始亨通。"牝马"，母马。"利牝马之贞"，像母马那样保持温顺的德行是有利的。牝对牡为柔，马对龙为顺。坤卦的"贞"和乾卦的"贞"不同，坤卦的"贞"以守顺乾之正为利。坤意味着配合，是辅佐者和帮助者的角色。它解释了怎样做好下属，怎样做好副手等问题。

"君子有攸往，先迷；后得主，利。""攸"，水行也，本意是使水平缓地流动，也指处所、地点。"有攸往"，有所往。君子或有所作为的人，去某个处所或外出远行，或准备做什么事，都是找朋友、找志同道合的人一起做。"先迷；后得主，利。""先"指当前，"迷"指未曾找到自己清晰的定位。开始的时候，辅佐者还对自己的角色不是很清楚，有些迷茫。当他真正明白了坤的角色后，就能更好地理解乾和坤代表主导与辅佐、领导力和执行力，从而把辅佐者的责任担起来。从人生的经验来讲，真正在大风大浪中历练几年，了解到自己不是做领导的角色，应该德行宽厚，配合好领导，做好执行的工作，去承担一些事情，这才是正确的定位。

"西南得朋，东北丧朋"，是根据周文王后天八卦所做的布局。周在商的西南，商在周的东北。西北是乾位，西南方向是坤位。地，重势。君子看到地势坤，厚德载物。从季节来讲，东方是春天，南方是夏天，西南是秋天。大家知道，从夏到秋是万物孕育的时候。位居西南意味着做人宽厚、大度、隐忍、奉献；"得朋"，意味着会得到和你志同道合的人，很多人会围在你的身边。一个很随和、有谦卑心态，能够团结别人、重视别人、认可别人的人更容易交到朋友，也容易得到别人认可。一个趾高气扬、自以为了不起、觉得自己处处高人一等的人，很难会有志同道合的人。东北是艮，艮就是山，代表障碍，代表趾高气扬，自以为是。东北不相合，所以说"东北丧朋"。

"安贞吉"，坤卦指导的是领导和执行的关系，执行者德行厚，在适合自己角色的位置上发挥作用，结果就是好的。"贞"，对辅佐者来说是忠贞、有操守，"安贞"，就是反省自己是不是清晰地知道自己的角色，顺乎自然而积极有为，刚柔并济。

"初六，履霜，坚冰至。""履"指用脚踩踏行走。从字面意思来看，踩到霜，就应该清楚结成坚冰、非常严寒的时候快到了。知道了"坚冰至"，就要在情况还没有发生的时候，在很多事情露出一点苗头的时候，清楚不利之处，做好万全之策。作为下属，要帮助领导把事做好、做成。做事要趁早谋划，应该未雨绸缪，在万事未生时，防患于未然。不能等到严峻的事情发生了，还没有准备好。

"履霜，坚冰至"对我们每一个人都有启发。看到小的坏习惯，就要知道如果不去改正，将来会到什么程度，要有高度的警觉性。大到国运，小到个人发展，都要清楚"预则立，不预则废"。还有一种说法，说这一爻形容的是双方关系冷淡，冷冰冰的季节就要来临，所以要积极主动地改变，将趋势扭转。

"六二，直方大，不习，无不利。"不同的学者对这句话有不同的解释方式，在不同的地方断句，它的含义也是不一样的。总的来讲，这句话说的是我们作为一个助手应该具备什么品质。大地会反映天的光，地道明，显露本性，是美德。地的本性是直方大，广大无边。"直"，正直。"方"，做事要有原则。"大"，大局。什么是大局呢？就是大胸怀、大格局。"不习"指的是自然而然，由内心而生，不需要人为修习，不能装。

"六三，含章，可贞，或从王事，无成有终。""含章，可贞"，与乾卦的"君子终日乾乾，夕惕若厉。无咎"正好形成对照。"含"，实际上是低调、隐藏的意思，引申为含蓄，不急着表现。内涵比外在重要。"含章"，就是不张扬，不居功自傲。"或从王事"，是指假如从事为天下服务的公事。"无成有终"，意思是由于谦卑谨慎，即便是没有大成，也会善终。

"六四，括囊，无咎无誉。""括囊"，字面意思是扎紧袋子，指谦卑谨慎。"无咎无誉"，既没有过错，也没有美名。这个当位的第四爻接近第五爻，需要考虑得更加长远，谨言慎行。哪怕你很有才能，也要内敛一些，隐藏一些，不要追求多大的名声，不要把功劳揽在自己身上，这是助手应该具备的一种修养。如果能做到这一点，就没有灾祸。

"六五，黄裳，元吉。"从第一爻"履霜，坚冰至"，一直到第五爻，实际上代表着能量进一步发展，地位进一步提升。"黄"是土的颜色，与每种颜色都能够很好地搭配。当能量越来越强，甚至走到权力中心，就更要不断地提升人生境界，做好协调工作，样样尊重领导者，找到合理点和共同点，不要功高震主，不要去争风头，不要把光环聚拢在自己身上，也就是说，越走近舞台的中心，越是位高权重，越要谦卑，越要自觉地把自己隐在老百姓中间。

"上六，龙战于野，其血玄黄。"这一爻忽然有血有战，描述了一个画面：乾龙和坤龙交战，流出青黄色的血。此时，阴极向乾转化。天龙与地龙交战，两败俱伤。地讲究势，求上进最安全的办法是修养自己的品德，审时度势，量力而行，并且适可而止。

"用六，利永贞。"一个辅佐者，发展到一定程度，难免会与领导者发生冲突。在一般情况下，辅佐者要恪守本位。但也有例外的情况，假使领导者不称职，不能很好地为人民服务，辅佐者也要勇敢地承担起自己的使命，该进则进，不可僵化固执。《易经》并没有僵化地规定一定要怎么样，而是根据不同的情况灵活处理。但不管怎样灵活，都必须有一颗全心全意为人民服务的心。利于永远坚守正道，其实就是讲一个人不管遭遇什么，美好的品质都不能丢。

坤卦给我们的启示是，作为辅佐者，不管在哪一步，一定要认清自己的位置，尽好自己的本分，不夸功，不邀功。格局要大，要有非常好的德行，对社会、对国家、对人民都有深切的感情，有发自内心的责任感，有成全别人的美德。

从"泰"到"否"：为何泰卦之后是否卦？

中国人对"泰"字很熟悉，经常用它来表达美好的祝福，比如，"国泰民安"。当一个人倒霉的时候，我们常常用"否极泰来"这个成语来安慰他，劝他不要担心，不要难过。"否"有不如意、不吉祥等含义。实际上，《易经》先展示的是泰卦，后展示的是否卦。卦象包含了非常丰富的智慧。接下来我就从整体上对这两个卦的结构所展示的道理进行分析，看看这两个卦对我们当下的生活有何意义和价值。

卦是中国文化表达哲学思想的一种非常重要的方式，它不直接说里面是什么或者包含什么，而是像把一幅字挂在那里一样，把"象"放在那里，让你通过"象"去解读哲学和人生的智慧。因为语言是有限的，有的时候没办法说清楚。

"泰"和"否"这两卦要对照着看，互动相错，但又相综。泰卦的卦象，上面三个阴爻，是坤，就是地；下面三个阳爻，是乾，就是天，合起来叫"地天泰"。否卦正好相反，上面三个阳爻，是乾，就是天；下面三个阴爻，是坤，就是地，合起来叫"天地否"。

泰卦　　　否卦

泰卦，上面三个阴爻，表示阴的能量往下沉；下面三个阳爻，表示阳的能量往上走，形成了能量的互动态势。泰卦又叫"交感卦"，《易经》有个专有名词，叫交互感应。天地相交，生化万物。

否卦，上面三个阳爻，表示阳的能量往上走；下面三个阴爻，表示阴的能量往下沉。本应是顺应自然，天在上，地在下，但否卦阳气一路向上走，阴气一路往下沉，导致能量没有任何交感互动，正好相悖，互相排斥。

为什么泰卦是一种好的状态？如果我们进行深度分析就会发现，这是中国先人对整个社会的结构和能量状态极其深刻的概括。

结构很复杂的社会，其实可以分为两部分，一部分是管理者，一部分是老百姓，管理者在上，老百姓在下。泰卦上面的往下沉，意味着管理者倾听人民的声音，观察人民的需求，知道老百姓的困难和需要，深入了解社会问题，扎根群众，根据群众的需要做出正确的决策；下面的往上走，意味着老百姓倾听并服从领导者、管理者的正确见解、战略和主张。小往大来，上下努力同心，"上下交而其志同"，所有人负起让天下太平的责任，这样的社会治理和能量的状态是最优的。

否卦呢，上边的往上去，意味着管理者高高在上，不管老百姓的苦难、老百姓的问题、老百姓的喜怒哀乐；下边的往下去，就意味着老百姓对管理者发布的命令置之不理，只过自己的生活。一句话，就是管理者与老百姓离心离德，没有互动。

更深地去分析否、泰，对我们探索和建构更为优质的制度有重要的启发。17、18世纪以来，人类的整个政治制度发生了巨大的变化，西方以洛克、孟德斯鸠等为代表的启蒙运动思想家提出了民主制度的思想主张，表现为三权分立，包括普选制度等。西方的民主制度，反对神权和专制独裁，对推动社会进步、凝聚民心、激发普通公民的创造力和参与的热情，起了巨大的作用。

民主制度是一个巨大的进步，释放了老百姓的活力，激发了他们参与政治的热情，这是有目共睹的事实。它基本上把民意、把老百姓的选举和选票作为取舍和判断的标准。但也要防止一些利益集团利用、操纵民意，走向民粹。

下面结合泰卦和否卦的卦象，谈谈我个人的看法。

泰卦代表社会各阶层一定要实现良性互动。领导者和管理者一定要走到人民中间，倾听人民的声音，对人民提出的问题要迅速地解决，民意要有反映、表达的渠道；老百姓提出建议后，有管理国家经验的政治家集团或者各个阶层的佼佼者，要一起做出决策，形成社会的整体意志。这是关乎国运的重大政治决定，老百姓要倾听、遵循、服从。

从个人的角度看，泰卦代表一个人的事业、人生都很顺利，各方面风生水起。那么，在这种情况下，是居安思危、非常谨慎、善于倾听批评，还是飘飘然？很多人有一点成就，就会张狂、忘形，必然走向否卦代表的状态。

因此，在前行的路上，我们一定要谨慎、自警。越是发展得好、成长得好，越要谦虚、戒骄戒躁；成绩越大、名声越大、权力越大，越要待人随和，与人为善、常怀谦卑之心。永远不忘初心，永远知道自己是谁，永远能够倾听别人的批评和指教，广结善缘，这样才能一步步地往前走，尽可能避免灾祸。

泰卦对我们建立良好的人际关系也有很重要的启发。人与人的关系，包括朋友之间、夫妻之间、领导和下属之间，最好的状态是互动。对待朋友不要颐指气使，不要觉得自己高人一等，非得让别人听自己的；对待丈夫或妻子，不要高高在上，觉得自己学历高、家庭背景好、聪明一点，就指手画脚，不给对方说话或者表达意见的机会；身为领导，一定不要刚愎自用、自以为是，要经常倾听下属、客户、老百姓对问题的看法；身为下属，不能为所欲为，随意冲动。只有不同力量互动、交感，才能尽可能地避免失误，集思广益，形成良好的态势。

谦卦："谦"字包含哪些智慧？

六十四卦的第十五卦是谦卦。这一卦非常特殊，因为《易经》的六十四卦中，几乎每一卦都有一两个爻的爻辞令人高度警惕，而谦卦的六爻皆吉。其中的意蕴、道理何在？

谦卦

先看这个卦象。上面是坤，是地，下边是艮，是山，就是"地山谦"。一般放眼看去，山是在土地的上边，巍峨耸立，但谦卦恰恰上面是地，下面是山，高高的大山，深深地埋藏在地里面，地中有山，表示充分的谦虚，把空间都礼让出来，给人守本分的感觉。谦卦只有一个阳爻，是从坤卦演变而来的。乾卦的九三进入坤卦，就成了谦卦。

高山代表着那些有大成就、大情怀、大能力的人，"高山仰止，景行行止。虽不能至，心向往之。"土代表什么？

代表人民。天道下济而光明。有大能量的人恰恰在下面，不是高高在上地发号施令。无论有多大的成就、多大的名声、多大的功劳，都不盛气凌人，而是很谦卑、随和，隐藏锋芒，谦恭待人，在欲望面前要学会知足常乐。

总体来讲，这一卦的卦象都比较顺利，君子如果占到了这一卦，做事有始有终，最终能够实现愿望或者达成目的。

谦：亨。君子有终。

初六，谦谦君子，用涉大川，吉。

六二，鸣谦，贞吉。

九三，劳谦，君子有终，吉。

六四，无不利，撝谦。

六五，不富以其邻，利用侵伐，无不利。

上六，鸣谦，利用行师征邑国。

（节选自《易经·谦》）

谦卦的卦辞："谦：亨。君子有终。"君子若是能奉行谦虚的美德，就会有美好的结果。

"初六，谦谦君子，用涉大川，吉。"一个很谦卑的君子，能够涉大川，就是能够干成一番事业，修己安人、秉持谦道。

"六二，鸣谦，贞吉。""鸣"，字面意思是鸣叫。鸣叫，就是显现出来，一个人在与别人打交道时，显现出很谦卑的态度。《易经》通例，第二爻多誉。被称赞时表现要更好，这里要提高警惕，要踏实，不重虚名。

注意第一爻和第二爻之间的逻辑。第一爻是谦谦君子，一个谦卑的君子能干成一番事业。谦谦君子是怎么表现的？"鸣谦"，就是待人非常谦卑，不是装的，如果言谈举止谦卑而内心很高傲，那就是装的，装的就不"贞"。"贞吉"，就是说人守正，内外一致，诸事才能顺利。也就是说一个人的谦卑，不仅表现在言谈举止层面，而且要发自内心，表里一致。

"九三，劳谦，君子有终，吉。"这是谦卦中唯一的阳爻，主爻。人走到了山顶。三多凶。上承下接，劳倦于谦。"劳谦"，指在劳动、工作过程中非常谦卑。不懂的，向别人请教，当别人指点的时候，我们非常欢迎；当别人批评的时候，我们也听得进去，这就是劳动中的谦卑之心的体现。

第二爻讲的是言谈举止过程中要谦卑，说话是谦卦的重点，一定要说妥当话。第三爻讲的就是在劳动、工作的时候一定要谦卑，不要夸耀自己的能力，要有真才实学。当别人批评你、指出你的问题的时候，要非常谦卑地接受。

"六四，无不利，㧑谦。""㧑"，发挥。承五用谦顺，只要发挥谦虚的美德，就不会发生不好的事情。这一卦告诉我们，不要违背自然的法则，要发自内心地保持谦虚，不虚伪。仅仅是嘴上的谦虚不持久，而且虚伪。"扐谦"讲的是另外一种状态，表示在辅佐别人的时候、在干一番事业的过程中都是谦卑的，也就是说，一个人无论是当别人的助手，还是自己当领导，带领众人做出一番事业，都非常谦卑。

"六五，不富以其邻，利用侵伐，无不利。"不用财富贿赂，就能得到邻里的帮助。六五居于尊位，用谦与顺，将财物周赡邻里，邻自归之，因此不待丰富而能用其邻也。"利用侵伐"，指的是针对国外，用谦虚征服不服从德化的人，以谦得众。在处理邻里关系的时候，即使身居高位，也要谦卑随和，充分发挥亲和力的作用。

"上六，鸣谦，利用行师征邑国。"上六当位，和九三相应。以谦为主，秉持谦德，都不会凶、咎、悔、吝。"鸣谦"，有声名之谦，可以指责不谦虚的人。有足够的威势，行使影响力，和九三不同。通例是物极必反，只有谦卦例外，没有止境。帝王或者领导者，谦卑地团结众人一起去做一番事业，没有问题，是吉祥的；带领一些人，带领一个部队对那些没有德行的国家进行征服是正当的，也是吉利的。

谦卦的爻辞、卦辞说得非常清楚，在每一个生活细节里面都保持谦卑，最后得到的结果就会是好的。谦卑和自信一点都不矛盾，实际上，谦卑的人才是真正自信的人；表现不谦卑，往往是内心不自信，要故意证明给人看。越有自信、有能量的人越谦卑，越华而不实的人越容易张牙舞爪。做人谦卑，做事就容易成功。

首先，谦卑的人有自知之明，能看清楚自己，知道自己是谁，能正确认识自己的优点和缺点，一辈子都很清醒。有的人对自己缺乏正确认知，好高骛远，就会出现《易传·系辞传下》中所说的"德薄而位尊，知小而谋大，力小而任重，鲜不及矣"的情况。"及"，及于祸难。才德微薄而居尊位，见识很短而谋划大事，力量很小而担负重任，很少不招致祸患的。一个有自知之明的人，知道自己的能力强在哪里、弱在哪里，该做什么、不该做什么，不做超出自己能力范围的事，不做危险的事，得到的结果当然就都是好的。

其次，谦卑的人小心谨慎，被别人批评的时候会虚心倾听，取得成功也不会膨胀，很多时候能避免灾祸。

再次，谦卑的人不盛气凌人，做人很随和，有很强的团队管理能力，能够把更多的人团结在自己的身边。他能把有能力、有个性、有特点、有棱角的人聚拢起来，承认每一个人的优点，也不苛责小缺点，该宽容的都宽容，所以能干成一番事业。

最后，谦卑的人会珍惜一切时间去读书、去成长，向老师学、向朋友学、向人民学，在实践中学，只要是发现了长于自己的地方，就会像海绵一样去吸收，从而提升自己。

从"随"到"蛊"：如何冲出包围规律?

六十四卦的第十七卦是随卦，第十八卦是蛊卦，两卦相综。随卦和蛊卦，讲了人生的两种状态，"随"是追随，"蛊"是蛊惑。

随卦　　　　　　蛊卦

第十七卦"随"，上卦是兑，兑就是泽；下卦是震，震就是雷，泽中有雷，为"泽雷随"。"随"讲的是人生的一种状态，优秀的人总是被别人追随。要知道追随的时候会遇到什么问题，要遵循什么原则。比如，领导做出正确的决策以后，我们要明确表态追随，去完成事业。

第十八卦"蛊"，上卦是艮，艮就是山；下卦是巽，巽就是风，为"山风蛊"。"蛊"也是人生中常遇到的情况。如"干父之蛊"指我们要避免被蛊惑，要继承、发扬伟大的精神；"干母之蛊"指要防止对物质上瘾。

下面结合人类历史上发生的一些重大事件，来谈一谈"随"和"蛊"给我们的启发。

先说"随"。在人类历史上有一种现象，叫"包围定律"：一个人一旦有了大的权力、名声、财富，有了一定的能量，可以给身边的人带来巨大的利益的时候，就会有无数人聚拢在他身边，追随他，他就有可能被蒙蔽、蛊惑。这个有能量、有能力的人或许原本是睿智的，但由于被身边的人层层包围，他已经没有条件去了解真实的情况了。他听到的都是围在身边的人带来的消息，这些消息都是经过过滤的，很多已经失真了。他如果不坚守正道，随时调整自己，不冲出包围，了解真实的情况，就可能会犯大错。比如，一个君王成就一番大事业之后，无数人围在他的身边，这些人都为江山社稷着想、为天下的黎民苍生着想吗？显然不是。很多人就是为了一己之私，巧言令色骗得君王的信任，进而谋取更大的利益，达到不可告人的目的，这就叫"蛊"。

"随"之后就有"蛊"，这两个卦合在一起，体现了我们的先人对人、社会和人生的深刻洞察。希望我们都能冲破历史的包围定律，无论自己取得了多大的成就，有多少人围在自己身边，都不被蛊惑，能够对事物做出正确的判断，这才是我们学习《易经》的目的。

那么，怎样才能冲出包围定律，不丧失对身边的人和事的判断和辨别能力呢？

第一，一定要认识到，当一个人拥有了权力、财富、名声和社会地位之后，势必有很多人围在他身边，歌功颂德、鼓掌送鲜花等等。被人追随，这是一种客观的现象，无从逃避，但务必保持高度清醒。

第二，我们要知道，正确的决策来自对客观情况的准确了解，要正确而全面地了解情况，在这个基础上，凭我们的能量、能力和智慧，就可以不犯错误或少犯错误。

比如，做汇报，从基层职员到中层管理者到部门经理到主管、高管、副总一直到老总，如果都是简单地根据材料汇报，那么过程中究竟发生了什么，员工有没有意见，客户到底满意不满意，对产品的看法到底是什么，老总恐怕就会被蒙蔽。所以除了看材料，还要了解实际情况，掌握客观真实全面的现实，这非常考验老总实事求是的能力。

第三，一定要有正确的判断能力。要清楚说话的人价值立场是什么，他为什么提这个建议。比如，有很多人对政务提出批评，如果是为了发现问题并找出对策，那么对这种批评一定要重视。但是有些人提出批评，是为了混淆是非，扭曲事实，这种人的立场是可疑的，对这种批评一定要警惕。对任何一个观点，都要看提出者的出发点是解决问题，还是宣泄情绪。而且，要调查考证言语是否与客观情况相符，是否有利于事业的进步。

希望通过分析这两个卦，我们要时时清醒，做到主观与客观相一致，做出正确的判断和决策，把我们的事业和人生推向更高的层次。

从"剥"到"大畜"：怎样在逆境中奋起？

人人都希望成功，但现实却是几乎每个人都会有走背运的时候，人生之路都有艰难曲折之处。面对这种情况，有的人非常不适应，极度痛苦、消沉，甚至毁了自己的整个人生。因为他们没有把人生看清楚，没有正确地认识到走背运的时候应该怎样度过，以及背运对自己有什么样的意义和价值。

《易经》的第二十三卦到第二十六卦中蕴藏的智慧告诉我们，当处境比较艰难时我们应该何去何从，怎样才能由被动变为主动，怎样在逆境中奋起。

第二十三卦是剥卦，卦象上面是艮，是山，下面是坤，是地，叫"山地剥"。阳顺而止之。剥卦的卦辞："剥：不利有攸往。"

剥卦

在一般人看来，山不就是在大地上巍峨伫立吗？山附于地，基础松动，山随时可能崩为地，很凶险。在自然界中，高高伫立的山最容易受到风雨的侵蚀。"剥"指的是人要面对各种风险，经受各种考验。这一卦象预示，君子容易受到打压，损失一些东西。

人生必然会遇到失败。面临人生的严峻考验，我们应该具备什么态度？"不利有攸往"，就是当形势非常严峻的时候，要看大环境，适度应变，千万不要折腾，不要轻举妄动，不要惊慌，要以静制动，以待来日，要非常谨慎小心。

遇到剥卦，大家就想，要倒霉了，但剥极必复。下一卦是第二十四卦——复卦，叫"地雷复"。

复卦

复卦的卦象上面是坤，是地；下面是震，是雷。雷在地中，地下有雷，是一种动的状态，一个人走背运或者倒霉到一定程度，就会"触底反弹"，处境就会开始变好。卦象六个爻，上边五个都是阴爻，最底下是阳爻，这个阳爻意味着事情整体上虽然还是有点阴暗，可是最下面的能量已经蓄势待发。好比经过严冬的考验，在春风吹拂下幼苗即将破土而出。动而以顺行，一个人经过长期的打压，情况开始好转，改正过失，一阳来复，七日来复。这个时候不要急于求成，要顺理而行，把握时机，时常反省，循序渐进。

剥卦与复卦要一起看。这两卦背后的逻辑非常清楚：剥卦告诉我们，走背运的时候，要认清形势，不要轻举妄动，不要太难过，要沉下心来去思考、反思，要接受别人的批评，并时常自我批评，事情就会出现转机；复卦告诉我们，要在事情的恢复期把握住机会，顺理而行，不迷失方向。

第二十五卦是无妄卦。上卦是乾，是天；下卦是震，是雷，震在天下，故曰"天下雷行"。

无妄卦

"无妄"就是说形势非常严峻，处境非常艰难，虽然事情有一点起色，但是整体上形势仍然不好，一定不要轻举妄动，否则结果会很糟糕，这就是"天雷无妄"的意思。那么我们到底该怎么办呢？

第二十六卦是大畜卦。上卦是艮，山；下卦是乾，天，意思是行动。天在山中。"畜"就是畜养、积累、储蓄。"大畜"就是深厚的积累。记住前人的教训，畜止刚健，笃实辉光，安常守分，大公无私，回馈社会，把自己变成德高望重的人，利于守正。

大畜卦

《易经》不失时机地告诫我们要"无妄"，没有妄念，让理性指导感性，一切顺其自然，才能避免无妄之灾。那么，如何去迎接一个大的局面？"大畜"告诉我们，要做好充分的积累，加强全方面的学习，为人生的转机、事业的腾飞做好充分的准备。

人生总会遇到艰难的环境，如何改变背运，这是人生的必修课。

第一，遇到困难的时候，千万不要觉得一切都没有希望，要相信事情到了一定程度就会有转机，这是必然的逻辑。在面对困难与挫折的时候，我们往往会学到更多的东西。问题常常带来机会，只要深刻反省，我们就会看清楚自己平时想不到的问题、看不到的缺点和弱点，当我们愿意去改正的时候，我们的生命能量就开始变化，事情就有了转机。正因为有挫折，我们才对自己的人生有了更加深刻的领悟，今后才能走得更长远，事业才能更辉煌。

第二，遇到困难的时候，不要轻举妄动，此时能力很弱，调动资源的能力、智慧方面都不足，必须守正谨慎，修养自身，谋定而后动。

第三，面临大考验或者处境艰难的时候，一定要想想大畜卦对我们的提示。在所谓"不好"的大形势下，依然有人事业蒸蒸日上、兴旺发达。我们能做的，就是提升自己的格局，全面地学习，日新其德，逐渐由被动走向主动。

从无妄卦到大畜卦，《易经》是在告诉我们，在人生的实践中，我们应该自处积德，坚守正道，无论面对的是顺境还是逆境，都要通过自己的努力，取得人生中更大的辉煌。

从"损"到"益"：有付出，才有收获

我曾经听一个年轻人说，他工作了一段时间，感觉很压抑，受了很多委屈，而且提升的空间不大，虽然自己很渴望快速成长，可现实中没有好的环境。我就问他在什么单位工作，他说在电视台做电视节目编辑，快三年了。了解到这些信息，我们大概就能知道这个年轻人的问题出在何处。

大学毕业走向工作岗位还不到三年，可能连整个单位的情况还不够了解，从专业到职业的路才刚开始，还需要一段时间去了解单位、行业，去判断所学的东西到底有没有用。如果所学的东西不能在现实中发挥太大的作用，那么需要在实践中学，向同事学、向领导学、向客户学，等等，这也是一个过程。急功近利、躁动不安，这是做事业的大忌。

年轻人这么容易对工作感到失望，放弃努力，有可能是因为单位的培养机制有些问题，但年轻人也需要反思。人人都需要好的收入、好的环境、好的发展机会，但事物的逻辑是，如果想拥有，就需要付出。所以我们首先应该问问自己，我们为单位做了多少贡献、为社会创造了多少价值，否则容易变得急功近利。

《易经》的第四十一卦和第四十二卦，解读了奉献和回报之间的关系：损中有益，益中有损。

第四十一卦是损卦，它的象是"山泽损"。"泽"，沼泽。山沉陷在沼泽中，不断地往下沉。损，总体上讲，就是奉献、付出。有付出，才有回报，舍小利而获大利，损时间、损金钱、损精力，有原则地奉献。

损卦

我曾经到一家企业做培训，有个年轻人提问："老师，领导总是让我加班，别人五六点钟就下班了，我却总被留下来加班，我很纠结，很痛苦，您说我该怎么办？"我说："领导为什么让你加班？"他说："我没有想过。"我说："领导让谁去加班可不是随便选择的，像你这样的小伙子，领导让你去加班，应该是因为对你有几个基础判断：第一，你很可靠；第二，你很诚恳；第三，你很踏实。领导觉得你值得信任。如果这些条件缺了一条，他都不会让你加班的。领导表面上是让你受损，可是你要想一想，将来领导最先提拔的人是谁？是把时间奉献给工作的人，还是没什么贡献的人？任何一个年轻人，如果想得到好的发展机会，都需要上下的支持，让别人心服口服。一个人没有任何功劳，没有任何业绩，就突然被提拔，这种情况非常少见。"

"少年辛苦终身事，莫向光阴惰寸功"，一个人在青少年时期一定要用功读书，不要只想着去游山玩水，去打游戏，要把时间和精力用在值得的地方，尽可能地吸纳更多的能量，为将来做出一番事业做准备。成功的背后，是打得牢牢的基础，要想成功，就要踏踏实实地付出。没有好好努力积累的人，是没有能力真正在这个世界上立足的。

我们都希望朋友多，有人脉，但别人喜欢你、认可你，其实都是因为你的奉献和付出，因为你与人为善。

从国家层面来讲，治国也需要用好"损"的智慧。比如，要处理好实体经济和虚拟经济的关系。近年来，很多学生在填报高考志愿时首选的都是金融类专业，当然，个人的选择无可厚非。但是，金融业作为服务行业，属于虚拟经济，是依附于实体经济的。实体经济就像大树，虚拟经济就像藤蔓，大树根深叶茂，藤蔓才能有所依附；如果大树死掉了，上面的藤蔓就无所依附，也就死掉了。所以要坚持以实体经济为重，不能脱实向虚。如果虚拟经济过度膨胀，但是实体经济严重下滑，经济结构就会失衡。因此，国家要对经济进行宏观调控，扶持实体经济，理好实体经济与虚拟经济的关系。

损卦的后面就是第四十二卦——益卦。上卦是巽，是风；下卦是震，是雷，为"风雷益"。"损上益下，民悦无疆。"益是什么？就是让谁受益或者重点地去发展什么。一个国家，如果想获得很好的发展，社会稳定，就一定要让人民受益。政府把钱用于建设公共设施，增益于民，人民从内心喜悦，中正有庆，人与人之间关系和谐，最终就能互惠互利。

益卦

"益"也是我们人生的必修课。修身、齐家、治国、平天下，在这个过程中，一定要注意我们的德行，文化素养要跟上，做到能用正确的态度对待物质财富。人有德行了，物质条件也变好了，还要对家庭负责，孝敬父母，让自己的家人受益，这是一个人最起码的社会责任。除此之外，还应该让自己身边更多的人受益。为学日益，与时偕行，针对当前的情况，顺着时代做合理的调整，见善则迁，有过则改。

《易经》的第四十一卦"损"和第四十二卦"益"有内在的因果联系，止损就是增益。希望我们每一个人都能够领悟损的智慧、益的智慧，该奉献就好好地奉献付出，当"益"来临的时候，能够把自己的能力用在恰当的地方，心中没有怨气，时刻学习，不断精进，让自己拥有良好的修养。

从"革"到"鼎"：大变革之后，如何恢复元气？

人类社会的制度或者思想，都是在特定的历史条件下产生的，历史在不断变化，整个时空，包括自然环境、人的生存条件都在不断变化。随着历史的发展、时代的变革，制度体系、思想观念不可避免地会遇到巨大的挑战和冲击，往往会越来越不合时宜。有的制度有着极大的弹性以及自我修复的能力，能够实现扬弃和自我提升的目的，与时俱进。如果制度自身没有扬弃和升华的力量，被废除是必然的。

《易经》的第四十九卦——革卦阐释的就是这个道理。革卦的上卦是兑，兑为泽；下卦是离，离为火。泽中有火，水火相息，其志不得。意思是说君子要改变，要自觉地随着时代的变化而变化，让主观和客观保持一致。

革卦

人类在日新月异、不断发展变化的社会中，要时刻怀揣着"革"的思想。一个人在成长过程中，思想观念和整个价值系统会打上特定的时代烙印。如果他保持开放的心态，能够随着时代环境和人生境遇的变化不断地调整自己、完善自己、升华自己，同时敢于否定自己，他的人生就会提升。反过来，一个人如果拘泥于特定的思维模式，在人生境遇发生巨大变化时，无法随之调整，那么他就很容易被时代淘汰。

　　"革"是人类社会和每一个人生存发展过程中必然发生的事情。所谓"大人虎变，君子豹变，小人革面"。"大人虎变"，大人不仅能够预见到变革，而且能够主动变革，甚至要通过自己的变革带动整个时代的风气。"君子豹变"，豹子是奔跑速度最快的陆地动物之一，当外在的环境发生变化的时候，豹子可以迅速地做出调整，面对环境的变化，它观察敏锐细致，反应迅捷，但是它没有像老虎一样虎虎生风，带动整个世界格局和外部环境的变化。"小人革面"，有一个成语叫"洗心革面"，只是革面没有洗心，就意味着普通人面对整个形势变化时，认识不深刻，更谈不上积极主动地去适应，只是表面上对变革表示赞成和理解，而思想或者行动并没有做到与时俱进，没有跟上时代的潮流。我们的思想观念、看问题的很多角度，在特定时期所形成的一套制度，都打着特定时空环境的烙印，随着时代、环境的变化，我们应自觉打破和新环境不适应的条条框框，真正做到主观认识与客观环境的变化相一致。

"革"之后怎么办？第五十卦——鼎卦为我们做出了回答。鼎卦的卦象是"火风鼎"，上卦是火，下卦是风，中间加水，火越旺水越多，水火相生，于是生变成熟，坚硬烧成柔软。

鼎卦

鼎最初是用来烹煮食物的器具，后来被当作祭祀的礼器，又渐渐地成为国家和权力的象征。治理天下就像烹调食物一样，有很多讲究，比如，要把不容易熟的放在底下，容易熟的放在上面，等等。

"鼎颠趾"，鼎足颠倒，几十斤、几百斤的鼎倒了，怎么象征的还是吉祥呢？鼎要洗干净，要倒掉旧的，甚至发霉的食物，清除洗刷，弃秽纳新，把更新鲜的食物装进去，比喻改革成功，除旧布新。

鼎卦和革卦要合在一起看。首先，把旧的去掉以后，才能产生新的东西，俗话说"旧的不去，新的不来"，改革是必需的。改革能够洗刷旧的痕迹和污垢，从而容纳和产生新的东西，为事物更高程度的发展做准备。其次，为了保证鼎不倾覆，使其具有耐用性，要及时对其进行加固，做好修复工作。当发生重大变革的时代到来时，我们要把不合时宜、旧的东西去掉，吐故纳新，跟上时代的发展。

经过大的变革之后，休养生息是一个必然的选择。秦始皇灭了六国，经过多年的战争，老百姓需要休养生息，但秦始皇没有这么做，结果到了秦二世的时候，秦朝的统治就土崩瓦解了。汉高祖刘邦经历了多年战乱，在建立汉朝以后，他对治理社会最深切的体悟就是要休养生息。这其实就是鼎卦告诉我们的一种智慧，经过大的时代变革就不能再折腾了，要稳定，给老百姓喘息的时间。汉高祖推行的休养生息政策，经过惠帝、文帝、景帝，实行了六十多年，汉代的国力大增。有史书记载，汉朝国库里穿钱的绳子都烂掉了，这表明休养生息政策取得了巨大的成就。

我们一生中所有的思想认知和观念，都是在特定环境下产生的，随着环境的变革和时代的发展，我们的思想要和客观事实保持一致，自觉地与时俱进，跟上时代的潮流，用开放的眼光去看世界、看人生，这样我们才能知道变革之后怎样恢复和发展，这就是我们从革卦和鼎卦的含义中得到的启发。

从"震"到"艮"：居安思危，才能长长久久

一个国家发生大的调整之后，应及时休养生息，不断地积蓄国力，国力充实到一定程度，奋发有为的时代就到来了。那么，这个时候需要注意什么呢？我们可以从第五十一卦震卦和第五十二卦艮卦中得到一些启示。

我们先看第五十一卦，震卦。"震"，就是雷，它的卦象是上震，下震，象征雷声的震动。

震卦

纵观人类的历史就可以发现，一个伟大的时代刚开始的时候，其实就是"鼎"，"鼎"指的是文火慢炖的过程，也就是休养生息的时期。当国家发展到一定程度后，它必然会有所作为，因为国力充实到一定程度，守成之象就会变成进取之象。震卦代表春雷滚滚，它警醒世人：奋发有为也要把握

好尺度，如果一味进取，超出了能力范围，社会的盛世之象就容易走向反面。这也是我们国家多次强调的无论多强大，永远不争霸的道理所在。

震卦之后，第五十二卦是艮卦。它的卦象是上艮，下艮。艮代表山。山太高，就该止了，安静下来，反省一下，怎么活下去。国家在积极进取的时候，应该敏锐地把握社会和民心的变化，让政治和民心结合起来，真正地顺应民心、引领民心。

艮卦

理解"震"和"艮"的时候，有几点需要注意。一个时代来临的时候，整个国家或者每一个人应该如何适应？比如，汉代开始休养生息的时候，匈奴入侵，大汉王朝采取的政策就是和亲，而和亲某种程度上是屈辱的对外政策。后来经过惠帝、文帝、景帝，到了汉武帝的时候，推行建元新政，准备做一番事业，但由于推行休养生息政策的代表人物窦太后还在，建元新政迅速失败了。但汉武帝并没有改变对整个形势的预判。窦太后去世以后，汉武帝积极地调整国策。在经济方面，经过六十多年的休养生息，整个汉代的国力已经非常充盈，有了奋发有为的基础。汉武帝改变了以往"黄老之学"提倡的无为而治的思想，主张儒家的大一统理论，把权力集中在中央。

儒家精神里有很多进取之象，比如，孟子讲"我善养吾浩然之气""至大至刚""富贵不能淫，贫贱不能移，威武不能屈"，孔子讲"杀身成仁"，孟子又加了四个字，叫"舍生取义"，孔子讲"岁寒，然后知松柏之后凋也""三军可夺帅也，匹夫不可夺志也"，这些实际上都是积极进取的力量。

一个国家经过国力积蓄之后，"震"是必然会到来的。就像我们每一个人，在少年的时候发奋图强，去读书，去历练，去成长，在青年的时候，去观察社会，增长才干，力量积蓄到一定程度以后，也会面临"震"，这个"震"就是二三十岁的时候崭露头角。在这个过程中，如果能够把握住机会，人生的灿烂时期就会到来。但是，当我们奋发有为、积极进取，做出一番事业的时候，千万要注意，自己的主观愿望和自己的实力一定要匹配。如果志大才疏，说明积累的力量并没有那么深厚，或者多年的积累已经用得差不多了，这个时候如果提出一些不切实际的目标，往往会事与愿违。这就反映出下一卦"艮"，知止。

很多人认为年轻人就得挥斥方遒，指点江山，不能唯唯诺诺。实际上，我们越是有成就的时候，越要知道边界在哪里，越得掂量自己的实力，知道自己哪里有不足，哪些事情能做，哪些事情不能做，如果被胜利冲昏头脑，做出了错误判断，就有可能犯颠覆性的错误。

当我们有足够的积累之后，自然要把握机会，做出一番事业，成就人生的辉煌，但是在辉煌的时候要懂得停下，不要因为自己主观认识不当而走向个人的没落，这不是我们所期待的。

希望每个人都好好地体会震卦和艮卦，把这两个卦的道理学通，让自己的人生少一些坎坷和苦难，多一些成就和喜悦。

从"既济"到"未济"：要认清事物发展的趋势

我们都读过童话，而且童话往往对我们一生的影响极其深远。西方童话故事里的王子和公主经历了千难万险后，最终都过上了幸福的生活，仿佛那便是王子和公主最后的人生结局，让我们对未来充满了憧憬与期待。但在现实生活中，我们实现了曾经对未来的美好向往之后，还会面临很多新冲突、新挑战、新问题，乃至新风险。这个时候，我们应该用什么样的心态、什么样的智慧去应对？《易经》的第六十三卦既济卦和第六十四卦未济卦给了我们一些启示。

首先，看第六十三卦，既济卦。它的卦象上面是水，下面是火，水在火上，就像做饭的样子，用火来烧水。这个卦象所表达的是一个人已经具备了做事和实现愿望的条件，各方面都比较顺利，有利于实现目标和理想，这就是"既济"。

既济卦

既济：亨小，利贞；初吉终乱。

初九，曳其轮，濡其尾，无咎。

六二，妇丧其茀，勿逐，七日得。

九三，高宗伐鬼方，三年克之，小人勿用。

六四，繻有衣袽，终日戒。

九五，东邻杀牛，不如西邻之禴祭，实受其福。

上六，濡其首，厉。

（节选自《易经·既济》）

它的卦辞："既济：亨小，利贞；初吉终乱。"条件都具备了，不是特别好吗？"亨小"，是小亨通，不是大的亨通；"利贞"，刚柔正位，有利；"初吉终乱"的意思是，开局良好，但是可能会冒失急躁，会被冲昏头脑，会轻举妄动，会思虑不周，这些都会导致事情一步一步向坏的方向转化。这个卦象表达的是事情已经成功，但只是小亨通；水火一时平安，水浇火熄，但终将发生变故。成功之后是失败。在很顺利的时候，不要被一片大好的形势冲昏头脑，要提高警觉，保持自己良好的德行，居安思危，思患预防，及时做出调整。

"初九，曳其轮，濡其尾，无咎。""曳其轮"的意思是把车的轮子拽住，不让它行得太快。"濡其尾"，指小狐狸过河，尾巴湿了。深层次的意思是说，成功在望，形势特别好的时候，人难免急躁，顾虑失周，因此千万不要躁动，要沉下来、静下来，思虑周全，不要大意，要谨慎，以防目标被冲垮。

"六二，妇丧其茀，勿逐，七日得。""茀"，指遮蔽车子的竹席。女子在坐车的时候，遮蔽车子的竹席掉了，意味着车速太快了。人在顺利的时候，最容易犯的毛病就是轻举妄动，考虑不周全，急躁地采取行动，这是我们应该提防的一个大忌。

"九三，高宗伐鬼方，三年克之，小人勿用。""高宗"，指殷高宗武丁。"伐鬼方"，鬼方是北方一个比较偏僻的国家，殷高宗决定出兵征伐，"三年克之"，就是说他花了几年的时间才把鬼方攻克下来。告诫是"小人勿用"，一个人在做大事时，如果用很多小人，或者关键的岗位被小人把持，可能会带来颠覆性的灾难。这个爻辞实际上是告诉我们，一个人在顺利的时候，做大事一定要注意"小人勿用"，千万要把人才选拔好，如果因为用人不当而失败，就浪费了大好的形势。

"六四，繻有衣袽，终日戒。""袽"，破旧的衣服，破布。"济必有舟"，船漏水了，用破衣服堵漏。大家可以想想，漏的船在水上，坐在船上的人是什么感觉？就是"终日戒"——战战兢兢，如临深渊，如履薄冰，非常危险。这句话其实是告诫我们，越是觉得一切没问题的时候，越会忽略小问题，对潜伏的危机要有所戒备。

"九五，东邻杀牛，不如西邻之禴祭，实受其福。""东邻"，指殷商；"西邻"，指西周。当时殷商就在现今河南、山东、安徽一带，而西周在西安、洛阳往西的泾水和渭水一带。"牛"指牲祭。"禴"，指薄礼祭拜，祭品只用饭菜，不用杀牲。殷商杀牛祭祀，非常隆重；西周只用饭菜祭祀，却更能享受天神降下的福泽。为什么这么讲呢？关键是"用心"。西周的"禴祭"虽然简洁，但它体现了对天地万物的怜悯和爱护，这对一个伟大的王朝兴起非常重要。这句话告诉我们，做人、做事的时候，发心比形式重要。比如，我们在交朋友的时候，并不一定要送给朋友特别贵重的礼物，重要的是对这个朋友是不是用心，是不是很真诚。

"上六，濡其首，厉。""厉"，危险。被水淹没了头，不久就会沉没，全身落水，很危险。这句话意味着，面对大好形势，如果因为慌里慌张、轻举妄动，导致自己头脑发昏，考虑和决策不周全，以至于没有抓住机会，那最终面临的就是"厉"。"厉"指的是情况变得危机四伏，这也印证了既济卦最开始说的"初吉终乱"。

既济走出一步，就进入了坎险。接下来我们看未济卦。

未济卦

未济卦的卦象与既济卦恰恰相反，它上面是火，下面是水，火在水上。这一卦讲的是形势不好，整体的客观条件都对我们不利的时候，我们应该怎么办。

未济：亨。小狐汔济，濡其尾，无攸利。

初六，濡其尾，吝。

九二，曳其轮，贞吉。

六三，未济，征凶，利涉大川。

九四，贞吉，悔亡；震用伐鬼方，三年，有赏于大国。

六五，贞吉，无悔；君子之光，有孚吉。

上九，有孚于饮酒，无咎；濡其首，有孚失是。

（节选自《易经·未济》）

它的卦辞："未济：亨。小狐汔济，濡其尾，无攸利。""亨"，顺利。"汔"，接近。小狐狸即将渡河，湿了尾巴，没有利。

"初六，濡其尾，吝。"小狐狸过河的时候尾巴湿了，速度就会慢下来。形势不好的时候，更应该稳住，不认输，但要量力而行，不要强行用事。

"九二，曳其轮，贞吉。""曳其轮"就是拽住车轮，形势不好的时候，绝对不可急躁冒进，一定要稳。形势紧迫的时候最考验人的定力，能够非常冷静地对客观形势做出准确判断的人不多，更多人会乱了阵脚，乱了方寸。一个人在情况紧急的时候，一旦方寸大乱，往往就会错上加错。所以未济卦第一爻是"濡其尾"，第二爻是"曳其轮"，一再告诫我们，形势不好的时候不要轻举妄动，一定要有定力，叫"谋定而后动"。"贞吉"就是一定要保持良好的品质。

"六三，未济，征凶，利涉大川。""未济，征凶"，没有渡过，征伐有凶险。形势不妙，情况很危险，不要采取行动，要稳下来。也就是不要轻举妄动，可以创造条件，为将来打个翻身仗做准备，这叫"利涉大川"。

"九四，贞吉，悔亡；震用伐鬼方，三年，有赏于大国。""贞吉"提示我们，保持良好的品质、正直的德行，坚持自己的原则。"悔亡"，虽非一帆风顺，但没有后悔。"震用伐鬼方，三年，有赏于大国"，说的是整体环境不好的时候，不利于做大事，但是别人做大事时，可以跟随着去发挥作用，也能得到赏赐。比如，你的整体情况不好，客观情况也对你不利，没有资金，也没有人脉，这个时候创业就不合适。但是你可以加入其他创业者的团队，在这个过程中，别人取得成就的时候，你也会获益。这句话告诉我们，在自己形势不妙，不利于做大事的时候，可以追随那些有德行、有能力的人去干一番事业。

"六五，贞吉，无悔；君子之光，有孚吉。"以良好的修为和美好的品质作为基础，以柔行刚，用君子之德的光辉照亮别人。无论客观形势怎样不好，只要保持良好的品质、德行，善养浩然之气，得到人民的信任与拥护，结果就不会差。

"上九，有孚于饮酒，无咎；濡其首，有孚失是。""有孚于饮酒，无咎"讲的是形势不好时，很多人就会拉人脉、结交朋友，自己有诚信，能够得到别人的信任，积累人脉，这是好事。"濡其首"说的是在饮酒的过程中，因为自己失态，没有节制，出现了很窘迫的局面，那就有失体统了。"有孚失是"告诉我们，即便做人很好，非常诚信，品质很好，但是失态了，对我们自己没有好处。

未济卦的六个爻告诉我们，人在总体形势不利、做事面临很多障碍的时候，要稳住，一定要有良好的品质，要善于借力，要善于积累人脉，而且一定要有节制，注意把握分寸，千万不能失态，等等。

《易经》的既济卦和未济卦向我们揭示了事物发展的规律和趋势。在童话故事里，王子和公主幸福地生活在一起就是结局，而《易经》则让我们明白，这只是童话故事的结局，而不是人生的结局。在现实人生中，一个人在顺利地追求到自己想要的东西以后，往往会面临更多的挑战与危机。比如，一个人在创业的时候，就想着如果能把公司做大就好了，随着公司规模逐渐增大，盈利逐渐增加，他个人以及公司各方面的能力都会受到极大的挑战。如果他没有能力驾驭这个局面，就会心力交瘁，甚至身体也会出现不好的状况，活得还不如刚开始创业时自在。人生没有刀枪入库、马放南山的时候，位置越高，面对的挑战、风险越大。永远在奋斗、永远在处理层出不穷的问题，这就是人生的常态。

第四讲 《易传》

"一阴一阳之谓道"：如何让一切和谐？

《易传》是《易经》的导读，能够帮助我们更好地理解《易经》。《易经》和《易传》是什么关系呢？"易"分为两部分，一个是"经"，就是六十四卦；一个是"传"，就是战国时期解说和发扬《周易》的论文集。《易传》的作者是谁？有人认为是孔子，"韦编三绝"这个成语说的就是孔子五十岁以后迷上了《易经》，他在翻看《易经》的竹简的时候，连竹简的绳子都断了好几次，可见孔子对《易经》的沉迷和喜爱。《易传》解读、阐发了《易经》所包含的深刻思想。孔子有着深刻的人生阅历和体悟，因此对《易经》内核的理解尤为深刻。还有人根据考古研究，认为《易传》为孔子的后学所编。

《易传》共七种十篇，称为"十翼"，包括《彖传》上下篇、《象传》上下篇、《文言传》、《系辞传》上下篇、《说卦传》《序卦传》和《杂卦传》，是对《易经》的卦爻辞、哲学内涵、六十四卦的顺序等不同方面所做的导读和解释。理解了《易传》，就能更好地理解《易经》，以及《易经》的智慧内核了。

我选出集中代表了《易传》的智慧，也比较集中代表了《易传》对《易经》解读的十几句话，帮助大家更好地去学习《易经》和《易传》，让我们对自己的人生的方方面面有所体悟。

凡是在人类文明史上称作"经"的，都是对宇宙、社会、人生规则、规律、真理，或者大道的概括和论述。《易经》就是讲道、讲规则的。那么《易经》到底讲了什么样的道呢？大家知道，大道是很难用语言来概括的。我们对道、对宇宙规则的描述，尤其是我们这个世间的道，就是我们生活的这个空间的规则，或者内在的秩序，要用清晰的语言把它描述出来，这样我们才能更好地去顺应规则、利用规则。

在《易传》中，有一句话讲出了《易经》对整个宇宙秩序和规则的概括：

一阴一阳之谓道，继之者善也，成之者性也。

（节选自《易传·系辞传上》）

"一阴一阳"，表示两种相辅相成的能量，阴阳的互动造就了基本的秩序。"阴"和"阳"到底是什么？有人把"阴阳"比作男女，这种比喻过于简单了。"阴"和"阳"，是我们的先人对整个宇宙运作规律的概括。某种能量状态，是生发性的、能动性的、创造性的、主导性的，就是"阳"；另一种能量状态，聚集在"阳"的周围，是辅佐性的、成全性的、帮助性的，就是"阴"。

"一阴一阳之谓道"，宇宙形成今天这个样子，生生不息，就是依靠着阴阳两种能量间的互动、交织、交感，我们生活的这个世界的每一件事，或者每一个细节，背后都是这样的阴阳的结构。

"继之者善也"，"继之者"，懂得了宇宙的秩序和规则，照着做，顺应它。"善也"，可以理解为"好的""吉祥的"。有人不顺应道，就会遭遇很多坎坷、磨难、折磨、痛苦。

为什么这个世界的秩序是"阴阳"，不是别的？"成之者性也"。一阴一阳，"性也"，本来如此，这体现了中国文化的特点。中国对宇宙秩序的理解不同于西方，西方人认为世界秩序由一种神秘力量——上帝创造。中国人认为世界本来如此，"道法自然""法尔如是""本来如是"。

中国人没有把宇宙秩序形成的原因归结为神秘力量的创造，而是特别重视人的力量，讲究顺道而为。

"一阴一阳之谓道，继之者善也，成之者性也"，这句话对我们有什么启发呢？如果理解对了这句话，我们在生活、工作、家庭中就会变得更加从容，更加自在，更容易走向成功。因为它把整个世界的秩序、宇宙的秩序告诉我们了，我们能够顺道而为。如果我们仔细观察，就会发现我们生活中的很多方面都可以用"一阴一阳"这个结构来解释。

比如，校园里的各种建筑、景物设置，就是"一阴一阳"。校园里有高高的教学楼、宽敞明亮的教室，这个就可以看作"阳"。校园里还有幽静的小树林、小湖泊，这其实就可以看作"阴"。学生们在高楼大厦里学习、读书，下课后到小树林里去散步，到小湖边去聊天，这就是一阴一阳的关系。如果校园里只有供学生上课、读书的一幢幢高楼，供学生休闲的小树林、小湖泊都没有，学生们内心就容易躁动，不利于他们身心的健康发展。反过来讲，如果一个学校都是花草树木，没有高楼林立，那这个学校环境实际上缺少一个"阳"，整个学校的结构也是有一些缺陷的。校园的布置，要讲究动态平衡。

我们住的房子也要讲究阴阳平衡，客厅里光线充足，可以接待朋友，和朋友一起喝喝茶、聊聊天。晚上要到卧室休息的时候，卧室里面光线就不能太亮了，而是要柔和一些，就很适合休息。

我们交朋友，与朋友的性格也要阴阳调和。脾气火暴，一点火就着的性格，可以称作"阳"；谦卑、随和，能够听得进去别人批评的，可以称作"阴"。如果两个人脾气都非常火暴，一言不合就要吵起来，恐怕朋友也做不好；如果两个人都很柔，遇到事情的时候没有人决断，没有人承担责任，实际上也不好。朋友之间，如果能够性格互补，性格"阳"的人敢拍板、敢决策、敢承担，开阔大气，性格"阴"的人很随和，听得进别人的批评和建议，遇到事情时沉得住气，朋友之间会相处得更加和谐，对彼此的人生发展也有裨益。

爱情和家庭比较和谐的，一般也是这个结构。传统上男性居阳位，女性居阴位，男主外，女主内。但如果说男人就是"阳"，女人就是"阴"，这种理解就简单化了，并不能把"阳"和"阴"简单地对应到男女两种性别上，它们指的其实是两种能量，"阳"的能量会更主动积极，开拓进取，"阴"的能量比较包容。在今天这个时代，男女平等，女人也到社会上工作，有自己的事业，不像旧社会时守在家里。有一些女性在阳位，她在家里很强势，男性可能就会穿上围裙，拖拖地，洗洗碗，辅导孩子做作业，也挺好。在一个家庭中，有的时候男人占阳位，有的时候女人占阳位，两种能量配合起来，家庭更容易和谐。

对一个团队来说，领导者必须刚健有为、果断，拥有"阳"的能量，小到单位、公司，大到国家，都非常需要这种能量。其他管理者则应该更好地去辅佐、成全领导者，让他的决策更合理，阴和阳两种能量配合起来，做事得到的结果就是比较理想的。

道，是用来实践、感悟的。我们经常说要让人生幸福、快乐、简单，但没有真正了解整个宇宙背后的秩序和规则，很容易听信一些"心灵鸡汤"，困扰依旧得不到解决。想让我们的人生幸福、快乐、简单，就应该领悟、顺应宇宙秩序和规则，凭良心有所得，从而获得生命的自觉。

"天行健，君子以自强不息"：成就自我的法宝

了解整个世界和宇宙的运行规则之后，我们应采取什么样的态度去生活？关于这个问题，我们可以从《易传》的《象传》中得到一些启示。《象传》的"象"，分为大象、小象。大象解释卦象卦义，小象解释爻辞。大象是对整个卦象的总概括，概括了六十四卦的每一卦的卦象所体现的精神实质。

清华大学的校训"自强不息，厚德载物"就引用了《易传》的乾坤大象。清华大学的前身是清华学堂，于1911年成立，主要培训留美学生，是留美的预备学校。1912年清华学堂更名为清华学校，不仅培训留美学生，而且自己培养学生。1914年冬，校长周诒春邀请著名学者梁启超做了一场讲座，题目是"什么叫真君子"。梁先生引用了乾卦和坤卦的象辞"天行健，君子以自强不息；地势坤，君子以厚德载物"，勉励学子们去美国学习，然后回来报效祖国，要有观照天下的胸怀，要海纳百川。台下的周校长深受感动，于是

将"自强不息，厚德载物"定为校规，作图制徽。1917年，清华学校建大礼堂，"自强不息，厚德载物"成为校训。

天行健，君子以自强不息；地势坤，君子以厚德载物。

（节选自《易传·象传上》）

这两句话可谓中国文化的两根柱子。本篇我们来学习第一句话。

"天行健"讲的是整个宇宙的状态。那么人应该怎么做？就是"君子以自强不息"。这句话看似简单，却清楚地描述了宇宙的运行状态，以及人在宇宙天地间应该怎么做。天，就是宇宙，古往今来是"宇"，四方上下就是"宙"。宇宙涵盖了我们生活的整个时空。"行"，讲的是运动状态。宇宙不是僵化不动的，而是时时刻刻都在变。

近代以来，西方哲学特别反对形而上学，拒斥形而上学，其实是反对由绝对不变、绝对静止不动的东西来作为世界的本体。"天行健"，说明世界本来就是"易"，就是在"变"，坚固的东西也会烟消云散。"健"代表宇宙的运行不是来自外部力量的推动。这一点和西方哲学不一样，牛顿晚年思考宇宙的第一推动力，认为地球围着太阳转，九大行星（现在是八大行星）的运动非常巧妙，他觉得是上帝的手在推动。

中国文化认为，"天行健"的"健"是整个宇宙的大化流行。宇宙的周流不息靠的是自身的力量，外部打压不了，决定不了，也操纵不了，本身就是自己运行的状态。天的运行不受任何外部力量的扰动或者操纵，天是自己在运行。

"君子以自强不息"，"自强不息"的重点在"自"，要永远将力量放在自己这个基点上，要通过自己的奋斗，创造自己的人生，把握自己的命运。人应该效法天，没有什么外部神秘的力量，也没有他人操纵你的命运，命运是由自己决定的。人活到一百岁就算高寿了，但是对整个宇宙来说，一百年真的只是一瞬间。人性中有个极大的弱点，就是当有限的人生面对无限的宇宙，会有种幻灭感和无助感，希望能找到依靠。"自强不息"的"自"告诉我们，真正能够依靠的只有自己。自助者，天才助；自助者，人才助。

"强"，表达的是一个人无论面对多大的考验、苦难和折磨，都要勇敢地面对。人生活在天地宇宙中间，很少有一帆风顺的。面对人生的苦难和考验，我们无处可逃。怎么办？正视它、研究它、超越它、征服它，只有这么一条路。每个强大的人、活得精彩的人，都是经过了无数磨难淬砺，人生才烁烁发光的。所以，无论遇到多大挫折和考验，都要面对、历练。

"不息"，意味着永不懈怠，去迎接挑战，不断地去创造。人终有一死，怎么死体现了在生命的终点人的价值到底是什么。"人固有一死，或重于泰山，或轻于鸿毛。""不息"，代表了一种态度，就是永不懈怠、永不僵化。生命不止，奋斗不息。

在求学问题上，更要依赖于自觉，而不是外在的逼迫和压制。比如，《易经》的蒙卦，讲"匪我求童蒙，童蒙求我"。"童蒙"就是孩童，孩童如果真想学东西，一定是本身有着强烈的学习愿望去求老师，而不是老师整天求他跟自己学。做教育，一定要注重主体性开发，注重内驱力培养，一个人如果没有内驱力，没有强大的理想，单靠外部的力量是不可能有成就的。

"天行健，君子以自强不息"这句话对我们最大的启发，就是让我们觉悟到生命的真谛——人要自强不息，这是自觉。自觉以后就是自强，生命不断前行，我们所经历的每一个考验，是成为成长的洗礼，还是成为滑铁卢，完全取决于我们自己。

自律是要管好自己，也是自强的重要表现。人如果管不住自己贪财、好色、虚荣、自私、狭隘等人性的弱点，是做不成一番事业的。自律，最关键的就是能战胜自己，看清自己人性中的弱点，知道自己该做什么，不该做什么，还要懂得自省，一定要随时观照自己的内心，发现并改正自己的错误，不断超越自己。

有的人会说："为什么要如此强调自强不息呢？难道外部的力量不起作用吗？有贵人相助不重要吗？"外部的力量、贵人相助当然重要，但根本上还是取决于我们自己有没有能力接得住、把握住这些机会。所以，无论一个人还是一个国家，如果将自己的命运寄托在他人身上，基本上就已经输了。自己强大，是获取人生幸福的一个重要基点，撑起一生的前程，才能把外部帮助我们的力量利用好，创造属于自己的幸福。

"地势坤，君子以厚德载物"：成就自我的基石

地势坤，君子以厚德载物。

（节选自《易传·象传上》）

"地"指我们脚下的大地。"势"代表形势、气势。"坤"，顺，"万物皆致养"，引申为女性、母亲，代表着承载、养育和培育。"地势坤"，大地像母亲一样，对所有的生命起着承载的作用。山、河、树木，所有地球上的生命都在大地上生存、扎根、发芽。我们吃的东西，都是从大地上生长出来的，这是养育。此外，大地对我们的人生还起着引导作用。举个例子，水往洼处流，就是"地"的一个象。不要小瞧这种自然现象，它告诉我们一个人生道理，做人一定要谦卑，不要高傲，绝对不要张狂，否则就不会得到别人的尊重，也吸引不来人才。

大地是这样的状态，人呢？"君子以厚德载物"。"厚"主要指量上的丰厚、多、大。"德"是什么？这个"德"不

是"小德"，是"厚德"，实际上是"大德"。"载"，是承载和托起。有了厚德，能够承载和托起什么？"物"，可以总结为生命之外的一切成就，比如，金钱、地位、权力、名声、尊重、荣誉，等等。一个真正的大德之人，才能承载得起外在的大成就。这样的人在处理人和人的关系、人和世界的关系时，处于一种无我、利他的状态，能够全心全意地把自己奉献出去。

究竟怎么做才是真正的有德行？厚德不是一个虚幻的、不可捉摸的道德概念。有德行的第一个表现是拥有抵制诱惑的力量。抵制诱惑能力越大，德行越笃厚。比如，金钱，再多的金钱都是过眼云烟，不会对你造成诱惑，这就是厚德。反过来讲，表面上高高在上，实际上早已成为金钱的奴隶和俘虏，被别人抓住了弱点，就非常可悲了。诱惑不仅是金钱，所有能够挑战人性弱点的东西都是诱惑。无论环境好坏，无论做什么事，一个人若是没有美好的品德，一定会有大凶。有德行的第二个表现是服务的人多，喜欢帮助别人。去掉内心的杂质，不自私，有一颗纯净的、至善纯美的心，外在的表现就是为别人着想，服务很多人。有人不仅为自己活，而且孝敬父母，对兄弟邻居都很好，回报自己的家乡，这种人叫"乡贤"，他是一个地方的道德表率、众人学习的模范，能够带动一个地方的风气。超越小我，为整个国家做事，服务的人就更多了。"为中华之崛起而读书""身无分文，心忧天下"，这种境界就是"大德"，是把宇宙众生的福祉都挂在了心上。

"载物"，包括金钱、地位、权力、荣誉，等等。一般来说，父母如果想留给孩子一些东西，首先会考虑金钱。但一定要懂得，金钱需要有德行来承载，只有厚德的人才留得住金钱，如果孩子的德行不够，给他的钱越多，他犯错的概率就越大，甚至会有牢狱之灾。

一个人拥有地位和权力以后会面临极大的诱惑，因为他有的时候可以直接决定别人的利益。如果他能够管住自己，不去做以权谋私的事，那么他的权力再大也没有关系。如果他抵制诱惑的能力没那么强，不能正确地把握和使用权力，就会把持不住了。

"厚德载物"是人生的真理，如何才能有"厚德"？

第一是要自净其意，就是让自己的优点越来越多，让自私、虚荣、攀比、狭隘、贪财、好色等人性的弱点越来越少，从而提升自己的德行。只有这样，才可能获得成功，拥有更好的生活。那些在历史的风口浪尖上风生水起的人，有那么高的地位、那么大的权势，还能立得住，都是因为有德行作为依托。如果德行不够，时刻都有可能面临巨大的风险，甚至会有家破人亡的灾难。自我净化不是苛求年轻人，而是让年轻人提升自己的德行，以承载人生中更大的成功。

第二是要历练。只有在生活和工作的历练中积累的德行才是最真实的。我们都懂得要见贤思齐，不要嫉妒别人。这句话说起来容易，但面对优秀的人时，比如，在工作中有人比你出色，成绩比你好的时候，你会不会心生嫉妒？有些人看见别人优秀心里就不舒服，笑不出来。这是大忌，一定要踏踏实实地历练和践行，让德行有个落脚点，在点滴中提升。

还有一点要特别注意，并不是有了厚德就一定能够成就一番事业。要想真正成就一番事业，除了要有厚德，还要有做事的能力、方法和手段。中国文化不仅有道，而且有术，圣人不太讲方法，是怕我们在没有完全体悟道或者修养好自己的德行的情况下，过于强调方法，那样就很容易行邪道。

《易经》强调要有良好的美德，想拥有光鲜的生活，请先拥有创造光鲜生活的能力；想拥有万贯家财，请先拥有驾驭万贯家财的德行。"厚德载物"，我们一定要记住，只有夯实德行的地基，才能盖起人生的高楼。

"圣人之大宝曰位"：在天地间找准自己的位置

中国文化特别强调，人活在天地宇宙之中，智慧与行为规范，都应该从天地宇宙中得到启发和指引。

> 天地之大德曰生，圣人之大宝曰位。何以守位？曰仁。何以聚人？曰财。理财正辞，禁民为非曰义。
>
> （节选自《易传·系辞传下》）

天地最大的德行是化育生长，对圣人来说，最宝贵的是方向、地位。用什么来保持方向、地位？仁。用什么来把民众聚起来？财。管理财富，聚财用财，名正言顺，端正言行，禁止民众为非作歹，这就叫道义。

先看"天地之大德曰生"。"天地"，它的德行用一个字概括就是"生"。比如，"德配天地"，心中没有"小我"，和天地宇宙、万事万物融为一体，这叫"大我"。一个人的修为到了什么样的程度，达到了什么样的境界，才可以称为"德配天地"？"生"可以理解为滋养、成全、养育。所有的生命能够存活下来，都是因为有天地的能量。天地滋养、成全、养育了万事万物，需要回报吗？阳光照到我们身上，无私地洒向大地，没有要求任何回报。购买生活用品需要钱，那也不是天地要的，是人类在加工的过程中付出了劳动，应该获得回报。达到了"德配天地"的境界的人，把成全别人、帮助别人视为自己天然的责任，不求任何回报，起心动念都是无我、利他的，所以他们会在人类的文明史和思想史上永垂不朽，成为典范。当然这是很不容易的，我们总是被"小我"包裹，在意自己的悲欢离合、成败得失，人类的很多苦难、战争和冲突都是因为一部分人过于重视"小我"的利益。人活在天地间，一定要去领会天地的德行，无私地帮助别人、成全别人。

"圣人之大宝曰位"，就是一定要摆正自己的位置。在天地宇宙中，在整个人类社会中，每个人都有很重要的位置。我们要和天地宇宙共生共荣，绝不能坚守人类中心主义，狂妄自大地把天地宇宙简单地视为工具，不断地去征服自然、掠夺自然，以此满足自己的贪欲。实际上，我们只是沧海一粟，没有资格对整个宇宙指手画脚，我们要摆正自己的位置。在社会关系中，我们会有很多身份：在国家里，是公民；在组织系统里，或许是领导，或许是中层干部，或许是普通员工；在家里，是丈夫、妻子，是爷爷、奶奶，是儿子、女儿，等等。作为领导，要念兹在兹地为整个单位发展着想，尽可能让自己的单位创造更多的价值去造福社会，为员工的生活和发展着想，为员工成长创造好的条件。作为中层，要做好上传下达工作，既把领导的意思领会好，创造性地执行，又要把每个员工爱护好、保护好。作为普通员工，要听领导的安排，把自己的工作做好。作为长辈，要以身作则，率先垂范。作为丈夫、妻子，要尽到自己的责任。作为儿子、女儿，要好好孝敬父母，好好读书。无论处在哪个位置上，都不鼓吹自己的能力多强、德行多好，先把自己的位置摆正，检视自己，不骄傲，自我警醒、自我反思，不断地完善自己，能做到这些就很了不起了。

要想真正摆正自己的位置，一定要具备"仁"的品德，仁爱天下，懂得关心人民疾苦，利济天下苍生。我们这一生一定要有一个自觉，就是关心人民的疾苦，有了权力绝对不刁难老百姓，不吃拿卡要，而是实实在在地为人民做事，让人民感到幸福，这才是"仁"所自然生发的作为。

"何以聚人？曰财。"把大家团结起来共同完成一番事业，就是布施钱财。不能只讲情怀，人得吃饭、生活，所以一定要去布施钱财，照顾别人的利益，在这个过程中才能真正地去团结别人。

"理财正辞，禁民为非曰义。"做社会管理，第一个办法就是理财，财的来路要正当，花得要公平。"正辞"，说出来的话要有正能量，让社会风清气正，让百姓觉得有希望。

"禁民为非"，为非作歹伤害别人，这种行为一定要管住。把财理好，把社会导向引导好，严禁为非作歹的行为。"曰义"，指的是，"禁民为非"就是有道义的，就是在做正确的事。领会天地宇宙的规律，就是为了落实在自己身上，落实在社会管理者身上，让整个社会井然有序、越来越好。

在自己的本位上做到极致，这是获得人生成就的根本。一个人的成就、得道，并不是悬空而谈，而是附着在自己该承担的责任、担当上。种田、做工、科研、为官等等，只要人们能尽好本分，在各自的岗位上全心全意为人民服务，人人可成，人人能成。

"积善之家必有余庆"：无须费尽心机，种好因就好

很多人认为《易经》是本占卜书，但是荀子在《荀子·大略》中说："善为易者不占。"意思是，理解《易经》的人不进行占卜。一个真正了解《易经》的智慧，理解其精神内核的人，会按易理办事，但不会依赖占卜。而不太了解《易经》，对《易经》理解得比较片面的人，会认为《易经》是用来占卜的工具。

《易经》中有大道规律，有对整个宇宙、社会、人生的秩序的探讨。为什么包括孔子在内的圣贤和先哲，都主张"善为易者不占"呢？这是为了引导我们去了解命运背后的规律和逻辑，在这个基础上，真正地顺应这个规律，做生命的觉者。

积善之家必有余庆，积不善之家必有余殃。

（节选自《易传·文言传·坤文言》）

"积"，积累，指并不是一次两次，而是把与人为善、乐善好施，以及帮助别人、成全别人当作习惯。"余庆"指先代的遗泽，"积善之家必有余庆"意味着积善之家不仅这一辈人会受到社会尊重，而且会绵泽子孙。"余殃"，指多余的灾祸。"积不善之家必有余殃"，警示人们不要忽视微小的不良行为，否则不仅自己遭受祸患，而且会祸及子孙。

那么，这句话在现实生活中有哪些意义呢？它其实为我们揭示了人生命运背后的逻辑和脉络。生活中看起来有很多偶然，实际上，串起一个个偶然的就是因和果。我们做任何一件事的时候，都要准备各种条件，比如，种庄稼，当土壤、水分、气候、温度、阳光等条件具备的时候，种子就破土而出了。管理土壤、水分、温度、阳光、养料等各种条件，这就是因；当各种条件齐全时，种子自然就会破土而出，成长起来，开花结果，这就是果。人也是这样，人的很多行为都不是莫名其妙地做出的，行为的背后，其实已经在很长的时间里起心动念，不断地准备条件。命运背后的逻辑和脉络，就是自己种因，自己受果，懂得了这一点之后，再去观察社会现象，就可以看到很多事情的走向和结果。比如，雷锋，他做的并不是什么改变历史命运的大事，都是生活中的小事，如帮助同事、帮助老百姓，等等。他把与人为善当作人生信条，坚持做了很多件善事，这就是"积善"。雷锋同志虽然去世了，但他一直被我们缅怀，这就是"余庆"。

自己种了什么样的因，准备了什么样的条件，就会得到什么样的结果，这是很自然的。想要通过一个神秘庄严的仪式、通过各种占卜得到自己想要的结果，这是不可能的。任何时候，我们所得到的结果都不是平白得来的，而是以前长期的积累所呈现出来的东西。如果想过上美好的生活，想得到好的结果，就要踏踏实实地去奋斗。比如，你在公司里想得到领导的重用，职位有所晋升，就要努力地工作，尊重自己的领导，团结自己的同事，提升自己的业绩，犯了错误的时候倾听别人的批评，不断地自我反省和改正。把这些"因"种好之后，"果"就是你的能力越来越强，业绩越来越好，领导越来越喜欢你，同事越来越认可你，客户也越来越尊重你，你自然就会得到重用。

《文言传》里对《易经》的概括，就是把整个《易经》背后的逻辑和脉络清晰地呈现出来，没有神秘化。所以，其实不用通过一种程序去测算结果会怎么样，种了什么因，准备了什么条件，付出了多少努力，已经决定了结果。如果你准备的条件够，迟早会心想事成；如果你准备的条件根本不够，就不要心存侥幸，占卜也不会让你成功。

每一个人的生活轨迹背后的逻辑都是因和果，都是有迹可循的，并不是不可捉摸的。虽然《易经》有测算的功能，但其更伟大之处是揭示了命运的规律，圣贤之所以引导我们不要去占卜，就是为了引导我们真正地去了解命运背后的规律和逻辑，该种因的时候好好种因，才能取得应得的成果。

"唯变所适"：时刻准备接受"变"的考验

如果以为用《易经》可以算出人生的每一步该怎样走，并照着做，就万事大吉，这其实是没有真正体会到《易经》的智慧。那么，《易经》在讲什么？

> 《易》之为书也，不可远，为道也屡迁，变动不居，周流六虚，上下无常，刚柔相易，不可为典要，唯变所适。
>
> （节选自《易传·系辞传下》）

"《易》之为书也，不可远"，这句话的意思是说，《易》这本书所反映的真理和道理，就在我们的生活中。《中庸》中有一句话，叫作"道不远人，人之为道而远人，不可以为道"。我们在读圣贤书的时候，如果觉得它非常遥远，听起来很玄妙，看起来很高妙，与我们的生活没有多少关系，基本上这个方向就错了。大道就在我们的日常生活中，不要把它讲得离人民的生活非常遥远。书在历史上存在时间的长短，取决于老百姓觉得它有用还是没有用。

"为道也屡迁，变动不居，周流六虚"，这个宇宙空间没有一个僵化的、固定的道，道是通过我们生活的大千世界、芸芸众生，通过春夏秋冬的四时变换，通过生生灭灭，通过兴衰成败的人类历史等显现出来的。"变动不居"是说，没有一个不动的东西，一切都在变。"周流六虚"，"六虚"指东、西、南、北、上、下六个方位，宇宙空间全包括了。道不是一个凝固、僵化的东西，它是在生生灭灭的流转过程中体现出来的。

"上下无常"，曾经低洼的地方，可以成为高山；曾经是高山的地方，也可以成为大海。比如，读小学的时候，班里学习最好的同学，可以称为"上"；学习不好的同学，可以称为"下"。二三十年以后，他们谁发展得好，谁发展得不好，不一定，所以"上下无常"。

"刚柔相易"，阳刚与阴柔也可以互相转化。以男人和女人为例，一般我们认为女人柔弱一些，其实不是，比如，带孩子，一个女性带几个小时孩子也不觉得厌烦，可是一个男性可能带几分钟就不耐烦了。一个人，在这个场合是阴柔的，可能在另外一个场合就非常刚烈。

"不可为典要，唯变所适"，千万不要让思维变得僵化、固执，不要以为测算出一个什么样的结果，人生就被定住了。这个世界唯一要遵循的真理就是"变"，这就意味着在生活和工作中，没有一个僵化的、一成不变的真理等着我们，也没有一把能够开启所谓人生甘露法门的万能钥匙。因为，我们要有一种智慧，不论情况怎么变化，总是有好的应对办法，不论遇到什么样的新情况，总是能找到解决的方案，这叫"唯变所适"。

因为没有完全做到"唯变所适"，我们国家在历史上是吃过一些亏的。近代以前，我国一直走在人类文明的前列，结果就形成了一种自大的心理，自以为是"天朝上国"，以为自己很了不起，不肯接受新生事物，闭关锁国。到鸦片战争的隆隆炮声打开中国国门的时候，就揭开了100多年的苦难史和血泪史。国际大环境随时都在变，我们要"解放思想，实事求是"，懂得世界大势，跟上整个人类的潮流，及时调整，主动变革，与时俱进，未雨绸缪，走出兴亡成败的自大迷梦，走到人类文明的前沿，避免重蹈落后挨打的覆辙。

不仅一个国家、一个民族要知道"唯变所适"，一个人，如果不懂得这个道理，也会尝到一些人生的痛苦。比如，有的小孩从小学到高中学习成绩一直很好，考上大学以后忽然发现自己变得黯淡无光，曾经自信的支点、快乐的支点荡然无存。这是因为，他确实是在小学、初中、高中都很优秀，但到了大学，他的身边都是像他一样优秀，以及比他更优秀的人。再比如，有的人考上了很好的大学，研究生、博士也都考上了很好的学校，可是走上工作岗位以后发现，自己还没有一个普通大学的毕业生的工作业绩好，也不如人家会为人处世，就非常痛苦。

我们这一生，一定要准备接受"变"的考验，脑袋里边不要有一丁点的僵化、固执、呆板的思想，不要被任何固定的东西束缚，面对千变万化的社会和千变万化的人生，随时做好调整的准备，这样无论遇到什么新情况、新挑战、新问题，总是有办法解决。就算现在有权力、有地位、有身份、有名声，也要记住一切都有可能变，要战战兢兢，如临深渊，如履薄冰，千万不要因为自己的不慎，而让已经取得的成就付诸东流。

"自天佑之，吉无不利"：做人做事要遵循规律

平时在生活中，当我们遇到困难和考验的时候，经常会说"老天保佑"；当我们做成一件事或者有一点好运气的时候，经常会说"谢谢老天保佑"；当我们突然遇到危险和惊吓的时候，经常会说"我的天啊"……这里的"老天"指的是什么？就是我们生活的天地宇宙。那么，老天到底会不会保佑我们？我们怎样才能得到老天的保佑？

《易》曰："自天佑之，吉无不利。"子曰："佑者，助也。天之所助者，顺也；人之所助者，信也。履信思乎顺，又以尚贤也。是以'自天佑之，吉无不利'也。"

（节选自《易传·系辞传上》）

《易》说："来自上天的护佑，吉祥而无不利。"如果我们做事的时候得到老天的保佑，就会吉祥、顺利。但是需要注意，老天不是替我们做事，是帮助我们，是我们做事的助

缘。孔子说"佑者，助也"，也就是说有一种力量督促着我们、成就着我们，绝对不是替我们做。那么老天会帮助什么样的人呢？

"天之所助者，顺也"，天所帮助的是能顺应大道的人。按照自然规律去做人做事，顺应大道，把握规律，遵循规律，自会得到老天的保佑。比如，黄帝、尧帝、舜帝，他们能够顺应事物发展的规律，顺则变，变则通，通则久，不蛮干、瞎干。

"人之所助者，信也"，人所帮助的是笃守诚信的人。人和人之间非常重要的是信任、诚信和信誉。比如，遇到困难时向别人借钱的人，若是能够履行自己的诺言，说什么时候还就什么时候还，当他再遇到困难的时候，还是有人愿意帮他，这是良好人品的表现。选择结婚伴侣也一样，如果不是绝对信任彼此，不可能把一生托付给彼此。别人对我们的信任是极为宝贵的财富，我们要珍视它，好好地呵护它。

"助"只是辅助的力量，主体性的力量在自己。所以，绝不是说我们什么都不做，得到帮助就能够得到好的结果，而是要自强不息，尽一切努力去追求美好。

"履信思乎顺，又以尚贤也"，做事的时候一定要认识规律、了解规律、把握规律、尊重规律。一个人若是蛮干、瞎干，不去认识事物的规律，像无头苍蝇一样到处乱撞，老天是没法帮他的，所以我们必须要遵循规律，同时要完善自己的人格，提升自己的品质，做到德才兼备。这才是"自天佑之，吉无不利"这句话的真正内涵。

做成一番事业，靠的都不是单打独斗，都是凝合了各种看得见、看不见的力量，这叫众缘和合。我们想得到各种力量对我们的帮助与成全，就一定要懂得夫子对我们的教导，那就是我们这一生，不能简单地依靠别人。外在的力量对我们起的作用只是助缘，我们自己一定要发愤图强，自己承担责任，绝不懈怠。

老天愿意帮助的人，一定是顺应大道、遵循规律的人；朋友愿意帮助的人，一定是讲信用、有信誉的人。那么，我们在生活中就要做到两条：第一，要做个有智慧的人，认识规律、尊重规律；第二，要做个有德行的人，守信用，与人为善，利济天下，这样我们自强不息、发愤图强地去做事的时候，才能"自天佑之，吉无不利"。

"憧憧往来，朋从尔思"：天下大同会实现吗？

"天下大同"，出自《礼记·礼运》，托名孔子表达的政治理想："大道之行也，天下为公。选贤与能，讲信修睦，故人不独亲其亲，不独子其子，使老有所终，壮有所用，幼有所长，鳏寡孤独废疾者，皆有所养……是谓大同。"

"天下大同"使无数中国人为之憧憬，为之奋斗。那么，天下大同有没有可能实现？它的理论依据是什么？今天全世界的民族、文化差别非常大，如果想把不同民族、不同文化聚合在一起，真的形成世界大同的局面，形成"老有所终，壮有所用，幼有所长，鳏寡孤独废疾者，皆有所养""男有分，女有归""外户不闭"这样一个美好社会，到底有没有可能？我们就借助《易传》对这件事情做一下分析。

> 《易》曰："憧憧往来，朋从尔思。"子曰："天下何思何虑？天下同归而殊途，一致而百虑。天下何思何虑？……"
>
> （节选自《易传·系辞传下》）

"憧憧往来，朋从尔思"是《易经》六十四卦中咸卦九四的爻辞，"咸"，通"感"，"咸卦"讲的是朋友之间的感应。"憧憧往来"，指内心像有小鹿在乱撞，胡思乱想。比如，一个人特别想和别人交朋友，做出大胆的举动之后，心里很忐忑：别人会拒绝还是会答应？会不会翻脸啊？我这样是不是有些莽撞？"朋从尔思"，不要忐忑不安，不要纠结挣扎，其实别人是喜欢你的，是愿意和你交朋友的，他会接受你、尊重你。

孔子在读《易经》的时候，没有局限于《易经》的爻辞，而是把它所含的意义哲学化了，把这句话给升华了。孔子说"天下何思何虑"，天下的事，有什么忧愁的？有什么事能让人心神不宁、忧愁苦闷？没必要忧愁，因为"天下同归而殊途，一致而百虑"。天下人的思想文化形态不一、观察问题的思路、解决问题的路径不一样，就像登山一样，从东边登、从西边登、从南边登、从北边登，路径千条万条，其实终点都是一个地方。所以，为什么要为天下的事思虑不定呢？

在中国文化里，儒、释、道其实是三位一体的。儒家提倡人性向善，比如，浩然正气、杀身成仁、舍生取义、与人为善，等等，更多的是把人性里积极向上的内容激发出来。了解了儒家文化，就知道如何接受考验，如何活成一个堂堂正正的、大写的人。道家讲清静无为，告诉人们不要这样做，不要那样做，有些人就认为道家是消极的，这是错误的想法。道家是看到了人性的弱点带给人们的伤害，所以倡导人们采取超然的姿态，从而少一些苦难，少一些血泪，因此儒家与道家是一体两面。佛家诉诸圆满，如何得圆满？要把弱点去掉，充实人性里积极向上的力量。这样看来，儒、释、道三家都是追求人生的觉悟，追求彻底的自觉、彻底的觉醒，就是"殊途而同归"。懂得了这个道理，就不会盲目地去攻击儒家、道家、佛家了。

中国文化和西方文化在某种程度上也有一致性。比如，古希腊哲学家苏格拉底有句经典的名言："我唯一知道的事就是我一无所知。"这与《论语》中的"吾日三省吾身""君子求诸己""三人行，必有我师焉"是一个道理，都是讲人类一定要认识到自己的局限，一定要适时反思，不可狂妄自大，不可对人性的弱点丧失警惕。

中国人认为"自助者，天助之；自助者，人助之"，归根结底要靠自己。而西方人特别强调外在的力量，这叫外在超越。从表面上看，两者是不太一样，实际上背后仍然有一致的地方。人性有两种力量，一种力量是积极向上的，中国人看到了这种力量，所以走上了自我超越的路。西方人对人性的恶、人性的弱点认识得很深刻，所以他们认为人几乎不可能自己救自己，所以追求借助外在的力量得到救赎和超越。中国文化与西方文化都看到了外部力量对人的作用，只是对于外部力量如何对人发挥作用存在一些不同的看法，也都有自己的道理。

中国文化讲究中道、圆融，给人非常大的启发。世界上有不同的文明，不同的文明形态之间要相互学习，寻求共识，和而不同，让人类不同的民族和文化形态在地球上共生共荣。

"形而上者谓之道"：探究万事万物背后的规则

《易传》里有一句话叫"形而上者谓之道"，这是每一个学哲学的人都会思考的问题。不同于物理、化学、生物这些研究自然界存在的一些现象的学科，哲学探究整个世界背后的秘密，探究世界存在什么样的终极动因、规则、秩序，这些规则又因什么而存在。

> 是故形而上者谓之道，形而下者谓之器。化而裁之谓之变，推而行之谓之通，举而措之天下之民谓之事业。
>
> （节选自《易传·系辞传上》）

"形而上者谓之道，形而下者谓之器"，这个世界中看得见、摸得着、感触得到的东西，就是有形的，如山、河、树木等，称作"器"。为什么世界这样变化，不那样变化？是一种什么样的力量和原因，造成了世界是这个样子，而不是别的样子？形而上的，指的是我们生活的世界背后的动因、规则，称作"道"。

"化而裁之谓之变"，演化而有裁断称为变，比如，阳气之化不能久长，用阴雨裁节。阴阳之化，自然相裁，圣人也法此而裁节。道不是僵化的，它在显现的时候，会变化为万物，表现为新事物的产生和旧事物的灭亡，不断地生生灭灭。

"推而行之谓之通"，推动而能运行称为通。顺沿变化而推行，无不通。就好像亢阳之后变为阴雨，因为阴雨而变化推行，物得开通。我们如果真正领会了这个规律，照着这个规律去做，做事业也好，做人也好，方方面面都容易顺水顺风。比如，一个年轻人在单位里，和领导、同事、客户打交道的时候，哪怕这些人某些地方不如自己，也没有丝毫的骄横和飞扬跋扈，能够非常谦卑、诚恳、虚心地向别人学习；哪怕掌握了权力，也不去刁难别人，能提供帮助就提供帮助；领导给自己分配任务的时候，不是牢骚满腹，而是任劳任怨……如果做到了这些，自然会得到客户的称赞、同事的支持、领导的欣赏，处境就会越来越好。反之，如果不按照这个规律去做，就会障碍重重，最后难免山穷水尽。

"举而措之天下之民谓之事业"，实施有益于天下民众的措施被称为事业。事业是用来帮助人的，实行符合自然事物变化的举措，施加于天下万民，民众得以将其作为事业。中国文化中真正能称作事业的只有一种，就是一个领会了大道，按着大道去做的人所做的利人、利己、利天下的事。我们不妨检讨一下，我们做的到底是不是事业？我们怎样才能发展好？一定是顺着道。当我们能够去成全别人、帮助别人、服务别人时，我们自己才能发展好。能真正称作事业的，一定是符合大道、利济苍生的。

这一段给我们的启发特别多。学经典，要体会、感受，从中吸取智慧，让我们在当下过得更好。我们生活的这个世界并不是僵化的、不动的，而是不断发展、变化、流动着的，所以我们一定不要局限于对事物的现象的认识，而是要探究万事万物背后的动因、规则、秩序，就是道。我们如果想看问题看得深刻，能够不被表象迷惑，就一定要懂得"形而上者谓之道"。

"与天地合其德，与日月合其明"："大人"的境界

学习经典最重要的是实践，只看不做，还是离经典很远。我们学《易传》或者《易经》，要用心体会，然后实践，再反复读，努力成为真正有修为、有智慧的人。

> 夫大人者，与天地合其德，与日月合其明，与四时合其序，与鬼神合其吉凶，先天而天弗违，后天而奉天时。天且弗违，而况于人乎？况于鬼神乎？
>
> （节选自《易传·文言传·乾文言》）

乾卦九五有"利见大人"之辞，这句话是解释九五的爻辞。"大人"，指圣明德备之人，是真正领会了大道，领会了宇宙规则和秩序的人。这种人不会违背天地化育万物的规则，知进退存亡之理而不失正道。

"与天地合其德"，真正的大人和天地的德行是一致的，像天地一样覆载万物，无私地供养、滋养、抚育万物。万事

万物都从天地中吸取能量，但是天地并没有要求任何回报。真正的大人也应该有这种德行。中国历史上所有值得我们敬重的人，都有类似的德行：为了民族，为了人民，把自己家庭的利益，甚至自己的身家性命都放下了，真正地超越了"小我"。为了人民的利益、国家利益、社会的进步，甘洒热血写春秋，这是"与天地合其德"。

"与日月合其明"，其圣明与日月相合，像日月一样普照大地。太阳的明和月亮的明，是在不同状态下的明。太阳散发着光和热，不只是照到整个地球，整个太阳系星球的光源都来自太阳。月亮不一样，它是反射太阳的光，只有光没有热，但也有自己的作用，对地球气候、生物活动、人体健康都有影响。在我们的社会组织中，有的人的角色是太阳，有的人的角色是月亮。如果不能成为太阳，我们不妨好好地做一个月亮，默默地去照亮别人。

"与四时合其序"，"四时"就是春夏秋冬，"大人"施政与四季次序相合，教民生息像四时一样井然有序，春生、夏长、秋收、冬藏，当生就生，当长就长，当收就收，当藏就藏。人这一生，像春夏秋冬一样，面临各种境遇，要珍惜年华，分析当下的时节因缘，看清楚、把握好机会，活出智慧来。春天万物生发，意味着迎来了好机会，但乍暖还寒，意味着不能放纵；夏天，草木枝叶茂盛，拼命地吸收能量，意味着学习、成长，然后去孕育果实；秋天是丰收的时候，但空气转凉，要做好准备；冬天，寒冷沉寂，意味着遇到了比较大的困难，大的环境不太适合做事，应该休养生息，保存实力。但也正是在最寒冷的季节，生发的力量也在积累。

"与鬼神合其吉凶"，"鬼神"，可以理解为神秘的力量，我们生活在宇宙天地中，有些东西我们看不见、摸不着，它们也在起作用。这些看不见的力量也有内在的规律。诸如谦虚让自己进步，骄横会带来祸患；与人为善会让自己处境越来越好；妒贤嫉能会让人才远离；等等。这些都是我们遵循为人之道时要注意的。"有的时候我们会发现很多人做什么事情都很顺利，总有莫名其妙的好运，这往往是因为他们内心里有好的想法，能够成全别人、帮助别人，德行比较好。

"先天而天弗违，后天而奉天时"，宇宙本来是生成变化的，在生成时，秩序或者道和规律就存在了。天地自然生成演化的时候，也内在地遵循宇宙之道。而在天地自然中生生不息的众生万物，也必然按宇宙的规律演化。任何一个人在规律面前都不能狂妄自大，最好的态度就是认识规律、遵循规律。

"天且弗违，而况于人乎？况于鬼神乎？"这样的大人，领会到了天地宇宙的规律，不逆天而行，道法自然，顺道而为，天都不会违背他，何况人呢？何况鬼神呢！

这句话总结起来就是，真正的大人一定有德配天地的境界，能够真正地去成全别人、帮助别人，滋养万事万物。我们这一生就像春夏秋冬一样，会面临各种境遇，不同的境遇对我们的影响不一样，一定要注意，不可妄动，要随着时节因缘把握好外部的环境，领会天地宇宙的规律和秩序，并真正遵循这种规律和秩序去做事。

"知进退存亡而不失其正"：我们该有的人生态度

金庸的武侠小说中有一种功夫，叫"降龙十八掌"，招式简明而劲力精深，凭强猛取胜，连环往复，一遍又一遍地使出，使对方疲于招架。降龙十八掌的第一式叫"亢龙有悔"，取自《易经》。"亢龙"，自然之象，上九亢阳之至，大而亢盛。"有悔"，久居亢极，物极必反，有小过失、小缺点。亢龙有悔，盈不可久，蕴含着还没到顶，就要预留余地的道理，圣人要设法戒除骄亢。

"亢"之为言也，知进而不知退，知存而不知亡，知得而不知丧。其唯圣人乎! 知进退存亡而不失其正者，其唯圣人乎!

（节选自《易传·文言传·乾文言》）

这句话是解释乾卦上九的爻辞"亢龙，有悔"的。这句话的意思是，"亢"是说只知前进而不知后退，只知存在而不知消亡，只知获得而不知丧失，这是圣人吗？知进退存亡之理而不失正道，这才是圣人吧！

"知进而不知退"，一味冒进、不知反思的倨傲者不免有祸。有些事开始做的时候，可能大环境允许，做得比较顺利，可是做着做着，整个时空环境发生变化，事情已不适合再做下去了，很多人太相信自己的能力可以胜过一切，觉得已经付出了很多的心血和精力，放弃太可惜，勉强继续去做，结果并不如意。预留退一步的策略，找寻时机稳步发展，是需要极大的智慧的。生活中知进知退的例子比比皆是。比如，有一些投资了项目的朋友，付出了很多心血后，发现项目有严重的问题，如果他们读了《文言传》，就会知道该放下了，必须及时止损。这时候如果追加投资，可能最后就是一场噩梦。再比如，有人一时迷失，参加赌博，参与其中以后发现这是一个巨大的陷阱，会让自己妻离子散，甚至家破人亡。这时候就要果断地放弃，绝不能想着一定要捞回本，一定要靠赌博赚大钱。这就是智慧。

"知存而不知亡"，"存"，可以理解为存在、生存。任何事情都有两面性，只知道存在不知道消亡，没有预见有享乐就有灭亡，知道生却不知道死，会出现很多问题。无论是贫民，还是亿万富翁，人生终点都是一个，就是死亡。"死亡"这个词并不能单纯地被判断为好或者坏，但死亡问题是个重大的问题。而我们在死亡面前，才能把为什么要活着、为什么要做这件事想清楚。很多人，一辈子辛苦操劳，甚至蝇营狗苟地去赚钱、去争权夺利，最终死亡来临的时候，会觉得自己追求的这一切，真的是如梦幻泡影，放下才是解脱。人如果想通了死亡问题，就不会再有大困惑了。

"知得而不知丧"，人大多害怕失去，不愿失去，精于算计，一心打如意算盘，没有远见卓识，知道胜利却不知道失败。但这个世界就是有得有失，有进有退，有存有亡，有舍有得，钱财、荣誉、地位、爱情等，得失沉浮，起起落落，很多得到、抓到的东西都会失去。只知道得而不知道放手，会徒增痛苦。

放下，说起来简单，做起来很难。抓在手里的荣誉与机会该放就放，赚到的、得到的该放就放，不管多么不舍得，该放下就放下，该进则进，该退则退，该存则存，该隐则隐。无论进退得失，永远守正道，懂得利济天下苍生，这种人才是真正的圣人。

人的一生，会遇到无数的考验、无数的风险、无数的环境和时空的变化，有的时候就得放下，有的时候就得示弱，这些都是人生的智慧。而每个人生活的环境不一样，时空不一样，我们没办法用一个标准去衡量到底什么时候该放下，什么时候该争取，什么时候该前进，什么时候该退缩，需要凭借自己内在的智慧，做出合理、适当、准确、及时的判断。

"《易》无思也，无为也"：揭开《易经》的奥秘

《易传》中有这样一段话，它告诉我们《易经》为什么那么神奇，作《易经》的这个人，为什么那么"神通广大"：

> 《易》无思也，无为也，寂然不动，感而遂通天下之故。非天下之至神，其孰能与于此？
>
> （节选自《易传·系辞传上》）

《易经》的精妙之处超越了人们后天的思虑，没有肆意妄为，但用真诚感动它，遂能通晓天下的事。如果不是天下最为神妙的，怎么能达到这种程度？

"《易》无思也，无为也"，《易经》中没有妄念，不像一般人一样，坐在那里，一分钟都会冒出很多个念头。为什么有的学生学习成绩不好？他们坐在那里，看似在听课，其实把控不住自己的心神，脑海中已经起了无数的念头，全然不知老师讲了什么。"无思也，无为也"就是心里没有各种

念头纷飞的状态，就像一轮明月那样，"寂然不动"。"感而遂通天下之故"，一个人的修为达到了这种状态，天下的事都知道，宇宙的很多道理他都懂。实际上这句话揭示了《易经》的作者能够悟出那么多的道理和"神通广大"的原因。

《易经》里的话实际上讲出了中西文化在认识论问题上的一个巨大差别。西方文化认识这个世界，有什么特点呢？比如田地，中国人是怎么表达田地的意思的呢？"田"字，一个大方框，中间一个"十"字，就像农村种田的时候，把一块块的地给分开。田地的英文是"land"，它是由一个一个字母组成的英语单词，然后告诉你，它就是土地。西方人要用一定的字母组成单词，由单词按照一定的逻辑结构组成句子，句子和句子之间，再经过一定的逻辑结构表达一定的思想。所以西方人特别强调中介的作用，在这个过程中，逻辑、语言、概念变得非常发达。而中国人不是这样的，你看田地的"田"，它直接就是田地的样子。比如，女人的"女"，甲骨文的"女"字就是正在哺乳的母亲的样子。比如"井"，它就是一口井的样子，农村的井有井沿，把它给保护起来，你一看就知道是"井"。中国人在认识论上不强调借用中介符号，而是直接就把宇宙的实相和真相告诉我们，强调物取真相。

可是我们怎样才能直接领会宇宙的真相呢？中国文化中

有一个"擦镜子"理论，它也能解释中国人为什么不强调中介的符号，而是直接认识这个世界的真相。中国文化认为人类的认识靠"心"，这个"心"不是西医讲的跳动的肉团心，它指的是人类的认识能力。"心"就像一面镜子，如果这面镜子很脏，上面有很多灰尘，就是自私、贪欲、狭隘等人性的弱点，它能不能照清楚这个世界？不能的。我国的圣贤发现这个秘密以后就告诉我们，如果想把整个世界看清楚，包括把自己看清楚，就一定要把心灵这面镜子上的灰尘擦掉。有很多圣人都告诉过我们怎样"擦镜子"。比如，曾子讲"吾日三省吾身"。"三省吾身"就是把附着在我们心灵镜子上的灰尘擦掉。孔子告诉我们"非礼勿视，非礼勿听，非礼勿言，非礼勿动"，就是要防止心灵上增加新的灰尘。佛家讲的"五戒十善"，如不杀生、不偷盗、不邪淫、不妄语等，都是在讲这件事。禅宗有一个大师叫神秀，曾经写过一首诗："身是菩提树，心如明镜台。时时勤拂拭，莫使惹尘埃。""时时勤拂拭"，就是"擦镜子"。镜子有山照山，有水照水，世界的真相都可以在镜子里映现出来。所以中国文化跟西方文化在认识论上有重大差别，西方人特别强调符号，依靠一套中介的符号才能认识世界，这就使得它们的逻辑、语言、概念非常发达。所以逻辑学、语言学，包括概念学在西方都是很重要的学科，因为这是西方人认识整个世界的供给系统。而中国人强调，人可以直接认识世界的真相，秘密就是我们的心是一面镜子，只要我们擦亮了这面镜子，整个世界的真相自然就会显现出来。这是中西方在认识论方面的一个差别。这两者各有特点，各有优势。我们应该好好地学学西方的这种具有中介性质的体系，在逻辑学、语言学和概念学上有所提升。西方人也应该好好地学一学"擦镜子"的理论，学习怎样通过明澈的内心悟出这个世界的真相。

通过《易经》所说的"无私也，无为也，寂然不动，感而遂通天下之故"这句话，我们懂得了《易经》的作者给我们提供了那么多非常好的人生哲理、那么多人生的大智慧。同时我们也要懂得，《易经》的作者之所以能够做到这些，就是因为"无私""无为""寂然不动"，其实就是把心灵的镜子擦亮了。一个人把心灵的镜子擦亮以后，再看这个世界，可谓光照寰宇，乾坤自现。我们想做到吗？只要我们能擦亮心灵的镜子，圣人能，我们也能。

第五讲

《黄帝内经》

懂得中医病理学说，更好地理解生命奥秘

现在称传统医学为中医，是相对于西方医学而言的。中国古代并没有"中医"这个词，有多种说法，如岐黄之术。岐黄，就是黄帝和岐伯两个人的简称。

黄帝，即轩辕黄帝，是上古的部落领袖。相传，他为了部落百姓无病，子孙无忧，来往于丛山之间，寻医学道。访广成子，问岐伯医学大法。岐伯是医学大师，发明了一套完善的生命科学理论，发现了生命的真谛。

《黄帝内经》是中国汉族传统医学四大经典著作（《黄帝内经》《难经》《伤寒杂病论》《神农本草经》）之一，也是我国最早的典籍之一。《黄帝内经》全书分为《素问》《灵枢》两部分。《素问》重点论述了脏腑、经络、病因、病机、病证、诊法、治疗原则以及针灸等内容。《灵枢》是《素问》的姐妹篇，内容与之大体相同。除了论述脏腑功能、病因、病机之外，还重点阐述了经络腧穴、针具、刺法及治疗原则等。

《黄帝内经》的基本精神及主要内容包括整体观念、阴阳五行、藏象经络、病因病机、诊法治则、预防养生和运气学说，等等。"整体观念"呈现了"自然—生命—心理—社会"整体医学模式，强调人体本身与自然是一个整体，同时人体各个部分都是彼此联系的。"阴阳五行"是用来说明事物之间对立统一关系的理论。"藏象经络"是以研究人体五脏六腑、十二经脉、奇经八脉等生理功能、病理变化及相互关系为主要内容的。"病因病机"阐述了各种致病因素作用于人体后是否发病以及疾病发生和变化的内在机理。"诊法治则"是中医认识和治疗疾病的基本原则。"预防养生"系统地阐述了中医的养生学说，积极倡导重视预防及非医学技术干预的养生延年术，是养生防病经验的重要总结。"运气学说"研究自然气候对人体生理、病理的影响，并以此为依据，指导人们趋利避害。治未病，贯彻养生之道是中医的宗旨。

《黄帝内经》介绍及论证了从生活习惯干预到心理干预，从经络原理到经络治病术，从疾病的诊断治疗以及相关人体解剖、生理病理到使用药物原则及注意事项等内容，是我国影响最大的一部医学著作，被称为"医之始祖"。

后来的中医大家，对治病防病都有比较好的经验总结。比如，华佗、孙思邈、张仲景、叶天士、葛洪、朱丹溪，等等，他们既是中国医学发展史上的代表性人物，也是推动中医发展划时代的人。

那么，中医与西医有什么区别呢？

严格地讲，现在的西医是随着整个自然科学和科学技术的进步，凭借现代的诊疗手段和治疗手段，而突飞猛进地发展起来的。在疾病的诊断上，西医一般是只针对病灶，这是一种对抗的方式。而中医认为，如果人的身体能量能够保持平衡的状态，是很难产生疾病的。不管病毒是什么样子，只要人身体健康，病毒就很难让人得病。在中医看来，人身体内部各要素的平衡被打破了，才会得病。人得病后，经过中医调理，病毒没办法在身体里生存，身体逐渐恢复健康。中医和西医的真正区别在哲学上、文化上。中医思维是系统地保证人体中各种能量维持动态的平衡。理解中医，必须理解中医思维。中医认为，人的内部是一个系统，中医在下处方的时候，辨证论治，针对每个人的具体情况，从整体上用药、布局。

中医并不是只看病本身，而是分为两层——第一层把人看作一个整体，第二层把人放在天地之间来看。所以，中医看待疾病，不是就某一点，而是把身体各个要素整合在一起来看。中医不是单独对某一种病下手，比如，发烧，中医认为肺和大肠相表里，除了服用麻黄这种退烧药，还有一个很重要的方法就是通过服用杏仁等药通便，有的时候很快就能解决发烧的问题。再比如，胃不舒服，中医认为是肝胃不和。肝属木，脾胃属土，木克土，木的力量太大，肝胃就不和，这时候就不能只用药恢复胃动力，还需要一剂药，比如，桂枝、柴胡，把肝气输出去，使得肝木脾土的能量保持平衡。

人为什么得病？中医认为，一个人之所以得什么样的病，或者每个季节容易得什么病，实际上与整个大气候的运行是有关系的。那么这个大气候是怎么推算的呢？中医里有一个独特的理论，叫"五运六气"。"五运"就是金、木、水、火、土，"六气"就是风、热、火、暑、湿、燥。五运六气在不同的年份，某一方面强和某一方面弱是不一样的。哪一年的年景比较好，就是金、木、水、火、土各种能量比较中和，人就不容易得病，但是当某一种力量比较强或者比较弱的时候，就容易得病。一年之中，哪一种力量比较强、比较弱，容易得什么病，都是可以根据天干地支推算的。所以，中医看问题绝不是就病灶本身来看，而是看人身体内部的心、肝、脾、肺、肾之间的联系。除此之外，还要看人和外部环境的关系，比如家庭的关系，和朋友的关系，和天地宇宙变化的关系，等等。中医在治疗疾病的时候，会把人的身体看作一个整体，放在天地之间去看。

医易同源，中医的基本概念遵照阴阳五行，金、木、水、火、土，对应的是什么？是人的五脏。肝是木，肺是金，心是火，肾是水，脾胃是土。肝脏、肾脏、血液等，有形的称为阴。那么阳是什么？看不见摸不着，无形的属于阳。

在西医看来，心就是那个肉团心，跟拳头大小差不多。而中医从功能的角度去看，整个身体如何有效地运转呢？看肝重在看生发的功能。我们吃进食物以后，经过胃的运作，经过胰腺的消化之后，转化的能量要输送到全身，负责把能量，包括血液输送到全身去的就是心、肝等脏器。反过来讲，我们身体中的杂质，要不要把它收敛一下，然后把它推出去？这种收敛力量的源泉就是肺。脾胃是什么？它是土，土是承载的力量。

所以，看待中医的时候一定要用中医的思维，不要用西医的框架去看。中医经过几千年的发展，已经形成了自己的框架，有自己的一套体系，中医是在这套框架和体系下不断地生成和发展的。如果简单地用西医概念去比较，没办法真正理解中医的智慧。如今，越来越多的人重视学习中医内涵和文化，学习中医的思维方式和看问题的角度，同时也很重视现代医学的诊疗方式和治疗手段，将中医和西医有机结合起来。

在治疗方法上，中医讲究望、闻、问、切，比如，扁鹊见蔡桓公，扁鹊为什么一看就知道蔡桓公有没有病？看舌头、看气色，等等。层次高的就是通过望气，望人身上的经络能量。西医的治疗方法一般就是吃药、做手术，而中医除了吃药还有很多治疗方法，比如，艾灸、拔罐、针灸等等。刚刚生病时就做艾灸，把经络能量通道打通，人的身体说不定就好了。病程继续发展下去，病到了脏腑，就需要用药，中医用药讲究君、臣、佐、使。还有一种治疗方式是用气去导引，比如，按摩。

关于中医的治疗方法，我给大家讲一段亲身经历。我高中时学习非常用功，上了大学又决定考研究生，整天看书，基本不锻炼，有段时间就非常不舒服，坐也难受，站也难受，睡觉也难受。我就去附近的医院检查，拍了片子也没发现什么大的问题。我的外祖父是中医大夫，他给我号脉后告诉我，这是气血瘀滞，通过脉搏觉察得很清楚。他说不用吃药，用针灸把整个经络疏通开就行。我躺在床上，外祖父从我头上的百会穴沿着太阳经一直扎，扎到委中穴（腿弯那里）时，他说："你身上气血瘀滞的病气都聚集在这里了，我马上就用针，这次反应会比较剧烈，做好准备。"外祖父一扎我的委中穴，我就感觉腿突然一聚，就像能量聚在一起，然后啪一下爆炸了一样，忽然觉得腿没了。我很紧张，马上问:"我的腿怎么没有了?"外祖父就笑了,他说:"你的病没事了。"病气集中到委中穴,这一针把它打散,病气就没有了。我歇了十多分钟,再站起来,浑身轻松。外祖父还专门提醒我,一定要每天抽出时间锻炼身体,如果我不锻炼身体,将来这个病还会复发。通过这件事,我发现了中医的神奇疗效。我们应该正确看待中医与西医,它们各有优缺点,我们不能贬低一个而抬高另一个。

近代中国,社会经济状况异常复杂,关于中医的争议不断,中医的命运受到了严峻的挑战。一个民族的健康问题,事关民族兴衰、生死存亡。几千年来,中国发生过很多次瘟疫,中医对瘟疫的防治、救治发挥了很大的作用。

那么,我们应该怎样看待中医的命运?我们在看《黄帝内经》这本书的时候,首先要对中医有个比较中道、客观的看法。近代以来,人文社科、自然科学的学术框架都是西方的,比如物理学、化学、医学、法学、政治学、哲学,等等。西医在学术上、在整个医疗的决策上影响巨大。但是,外国的经验并不适用于中国的国情。传承与发展中医,必须尊重中医自身的规律与特点。

新中国刚成立时,生产力水平非常低,整个国家非常贫弱,如何保障老百姓的医疗卫生的难题就摆在面前。国家从保护和发展中医药的角度着重指出,一定要走中西医结合的路子，而且要大力发展中医药事业。要重视民间的中医，他们既担负着救死扶伤的责任，又起到传承中医的作用。

改革开放以后，我国提出了中西医并重、中西医结合的理念。如今，中国存在三合一医疗体系，即中、西治疗及综合疗法的混合。日常使用的中医疗法如针灸、推拿、草药汤剂等，都有西方理论或设备作为辅助，比如生化检查、CT、核磁共振，吸氧机，等等。先进的自然科学手段不分中医和西医，在这个基础上，建构中医的学科体系，有些东西需要调整，有些东西需要改进，有些东西如理论体系、中草药体系、诊断体系、治疗体系、康复体系、培养体系等需要系统化。从《黄帝内经》开始，中医自己的体系一直在发展，也在与时俱进，以更适用于人们的生活方式。

2006年国务院批准文化部确定的第一批国家级非物质文化遗产名录，传统医药作为第九大类共9个项目位列其中。中医这个丰富的遗产不仅属于中国，也属于全人类。我们要爱护自己的文化遗产，并加以整理、扬弃，好好地用在当下，这才是对待作为本国文化遗产的中医的正确态度。

"德全不危": 养生的积极意义

对普通人而言, 读读《黄帝内经》, 不见得特别精通, 不见得全部读完, 也能明白养生的道理, 注意不同的养生方法和结果, 懂得精神上的修养, 调节好自己的饮食起居, 适应环境气候, 保持身体健康, 预防疾病, 延年益寿。

> 昔在黄帝, 生而神灵, 弱而能言, 幼而徇齐, 长而敦敏, 成而登天。
>
> 乃问于天师曰: "余闻上古之人, 春秋皆度百岁, 而动作不衰; 今时之人, 年半百而动作皆衰者。时世异耶? 人将失之耶?"
>
> (节选自《黄帝内经·上古天真论》)

这段话是说, 过去有个黄帝, 生下来就非常有灵性, 很小的时候就善于言谈, 幼年时敏慧, 观察力、领会力强, 长大后笃实敏捷, 最后完成一生的修行, "登天"实际上是指羽化成仙。

黄帝是道家始祖，是个大成就者。天师是黄帝对岐伯的尊称，他是帝王的老师。

黄帝问天师："我听说上古之人，年龄都超过百岁，动作不显衰老，完全不像一百多岁；现在的人，年龄半百，动作就衰老了，这是因为时代不同，还是因为今天的人失去了健康长寿的方法呢？"

岐伯对曰："上古之人，其知道者，法于阴阳，和于术数，食饮有节，起居有常，不妄作劳，故能形与神俱，而尽终其天年，度百岁乃去。"

（节选自《黄帝内经·上古天真论》）

岐伯回答：上古之人，那些懂得养生之道的，取法于天地阴阳自然变化之理而加以适应、调和，使之达到养生的标准，饮食有节制，作息有规律，不乱操劳，所以能够形神俱旺，协调统一，活完自然的寿数，超过百岁才离开人世。

上古之人的生活方式具体是怎样的呢？

"法于阴阳"，做事合乎宇宙法则，一阴一阳，该休息就休息，该起来劳作就起来劳作。今天很多小孩凌晨一两点都不休息，玩手机；早晨九十点钟太阳照屁股了还不起床，这就是悖于阴阳。"和于术数"，用合适的养生方法来调理身体。"术数"是一种非常重要的文化。合于自然的规律，就是人做什么事，呼吸之数，经脉走向，阴阳造化之端是有数的。"食饮有节"，该吃什么、吃多少，不能没有节制，要适度，不可胡吃海喝、暴饮暴食。"起居有常"，什么时候睡觉，什么时候起床，都有规律。昼醒夜眠，要养成睡子午觉的习惯，不睡眠颠倒，不熬夜，不赖床。"不妄作劳"，不做让自己的身体消耗大的事。

上古之人的养生之道完全符合自然规律，饮食起居都有规律，结果就是精神好、身体好，活一百岁没问题。

现在的人是怎么生活的呢？

> "今时之人不然也，以酒为浆，以妄为常，醉以入房，以欲竭其精，以耗散其真。不知持满，不时御神，务快其心，逆于生乐，起居无节，故半百而衰也。"

> （节选自《黄帝内经·上古天真论》）

岐伯说，现在的人就不是这样了。

"以酒为浆"，把酒当水喝，对身体伤害很大。"以妄为常"，把乱行当成正常，把非常规的当成常规的。"醉以入房"，酒后乱性，自制能力差，醉酒后肆行房事是养生大忌，会伤肾耗精，损神折寿。"以欲竭其精"，让欲望耗尽五脏六腑的精气，主要是肾精及生殖之精，沉溺其中不知节制，过欲伤人。"以耗散其真"，明耗、暗耗，消耗、散去了真元之气。真元之气就是经络之气、元气，如果长期失眠，真气会耗散。"不知持满"，不知道保持精气的盈满，不知足，不懂得适可而止。"气为血之帅，血为气之母"，养护肾精非常重要，要储存能量，不可整天消耗自己的身体，追逐欲望的释放。"不时御神"，不善于调养精神，不懂得把握时节，根据天地自然的春夏秋冬来调御心神，反而乱耗神气。"务快其心，逆于生乐"，心藏神，务快其心，丧其神守。只追求身心世俗的快乐，这不是自然的快乐，贪图一时畅快，追求高强度的刺激，放弃了养生的根本，最终损伤了身体。"起居无节，故半百而衰也"，生活方式决定寿命的长短，饮食起居没有节制，耗其精，不能积精全神，因此半百之年就衰老了。

> "夫上古圣人之教也，下皆为之。虚邪贼风，避之有时，恬淡虚无，真气从之，精神内守，病安从来？"
>
> （节选自《黄帝内经·上古天真论》）

岐伯说，上古得道的圣人在教导普通人的时候，都说要及时避开虚邪贼风等异常的气候变化和外界的致病因素。这样一来，内心安静朴素，心无杂念，真气顺畅，精神内守，疾病又能从哪里来呢？

"虚邪贼风，避之有时"，就是要注重预防疾病，适应自然气候。宋代名医陈无择有"三因学说"。一是"内因"，伤于精神情志，人体喜、怒、忧、思、悲、恐、惊"七情"失调，引起内因病。二是"外因"，感受六淫邪气，自然界风、寒、暑、湿、燥、火"六淫"侵袭，引起外因病即外感病。三是"不内外因"，说的是饮食失宜、劳逸失当以及跌打损伤、虫兽咬伤、烧烫冻伤等；饮食、劳逸引起内伤病，其他引起外伤病。容易得病的场合或者因素，我们是可以规避的。比如，春天，天气还没有完全回暖的时候，天凉了就得加衣服，热了就适当减衣服，出汗了不能直接吹空调，等等，否则容易生病。

"恬淡虚无，真气从之"，不为外物所蔽，淡泊名利、声色，少了欲望就会少了烦恼。如果私心杂念和欲望太多，真气会不调和，让人身心疲惫。

"精神内守，病安从来"，正气、精气、神气守持于内，真气充盛，让疾病无从发生。

"是以志闲而少欲，心安而不惧，形劳而不倦。气从以顺，各从其欲，皆得所愿。故美其食，任其服，乐其俗，高下不相慕，其民故自朴。是以嗜欲不能劳其目，淫邪不能惑其心。愚智贤不肖，不惧于物，故合于道。所以能年皆度百岁而动作不衰者，以其德全不危故也。"

（节选自《黄帝内经·上古天真论》）

"是以志闲而少欲"，恬淡无为，因此思想安闲清静，少有嗜欲。放下欲念，活在当下，享受已经拥有的生活。"心安而不惧"，精神内守，因此安定没有恐惧。"形劳而不倦"，形体虽然是在劳作，但不会过分疲倦。情志失调、劳倦过度是常见的内伤致病因素，因此要避免。

"气从以顺"，真气调达和顺，即要注意调摄精神，避免情志过激和精气妄耗，保持真气充盛，使疾病无从发生。"各从其欲，皆得所愿"，懂得养生的人，不会被那些导致不健康的、扰乱心智的、消耗身体的欲望吸引。

"故美其食，任其服，乐其俗，高下不相慕，其民故自朴"是说上古之人无贵贱贤愚，皆德全不危，所以不追求酒色等外物而合于养生之道。

"是以嗜欲不能劳其目"，就是任何消耗人的欲望都不能吸引他。"淫邪不能惑其心"，色情的东西不能扰乱他的心智。"愚智贤不肖，不惧于物，故合于道"，无论是愚笨的、聪明的、有能力的、没能力的，都不追求身外之物，总是心平气和地和别人打交道，这种状态就是合于道，生活在规律里边，和养生的规律是一致的。"所以能年皆度百岁而动作不衰者，以其德全不危故也"，上古之人得圣人之教化，内修养生之道，外避贼害之邪，所以寿命都超过百岁了，动作举止还不显得衰老。

养生的实质就是四个字——德全不危，意思是养生之道完备而无偏颇。德者，所得乎天之明德也。全而不危者，不为物欲所伤也。庄子曰："执道者德全，德全者形全，形全者神全，神全者圣人之道也。"养德，就是养生。修身养性，正气存内，邪不可干。真正懂养生的人都知道，身体健康其实和人的内在德行紧密相连。一个有德行的人，身心都符合自然规律，他的身体自然健康。

当然，对于今天的人来说，顺应自然规律是非常艰难的事。互联网、自媒体、形形色色的电子产品等都对人们形成巨大的扰动，由此也产生了各种各样奇怪的病症，这需要我们高度警惕。

四季养生：适应气候变化的摄生法则

神藏于五脏，故宜四气调之。五运六气，讲的是天地的变化、大环境的变化怎样影响人的健康。我们的身体只有和天地宇宙的步调保持一致，才能健康。适应气候变化，是养生的关键。在不同的季节，应该怎样适应气候变化？怎样注意自己的饮食起居？要以预防为主，因为违反四时气候的变化规律，会导致疾病发生。

> 春三月，此谓发陈。天地俱生，万物以荣，夜卧早起，广步于庭。被发缓形，以使志生。生而勿杀，予而勿夺，赏而勿罚。此春气之应，养生之道也。逆之则伤肝，夏为寒变。奉长者少。
>
> （节选自《黄帝内经·四气调神大论》）

"春三月，此谓发陈"，"春三月"指农历的正、二、三月，是万物生发的季节。"天地俱生"，万物都欣欣然张开了眼，一副生长的样子，这个时候我们最好能"夜卧早起"。天黑以后，九十点钟就要睡了，这叫"夜卧"。"早起"，太阳出来就起床了。"广步于庭"，多走一走。"被发缓形"，因为春天是生发的季节，不用把头发扎得紧紧的，衣服也穿得宽松一点，让身体能得到舒展。这个时候"以使志生"，内心可以有很多畅想或者憧憬。

以一年四季类比，老人属于冬天，孩子属于春天，不谙世事的孩子就容易说大话，比如，会说自己以后要当科学家，要当文学家，等等。一个九十多岁的人躺在床上，就不会想自己要当什么家的问题了，觉得能多活一段时间就挺好。所以春天的时候应该憧憬未来，叫"以使志生"。

而且，《黄帝内经》告诫我们，这个时候要"生而勿杀，予而勿夺，赏而勿罚"，心里不要起杀念，多一些美好的憧憬，多想怎么奋斗，而不要总是自我否定，或者与外界隔绝，待人接物的时候也要多鼓励别人。这种行为与春季相应，和春天生发的环境保持一致，这就是春天的养生之道。

有人偏不顺应节气，那就"逆之则伤肝"，就容易伤肝。伤肝以后，夏天就不行了，夏天是火，因为伤了肝，夏天的火就不足。"夏为寒变"，夏天人就容易得寒病。"奉长者少"，能够适应夏天的人就不多了，或者说适应夏天的能力减弱了。

所以，顺应万物生发的季节，内心很畅快，愿意与人交流，出去走一走、看一看，早睡早起，然后身体也舒展，行动也舒展，内心有很多憧憬，这是春天的养生之法。

到了夏天：

> 夏三月，此谓蕃秀。天地气交，万物华实。夜卧早起，无厌于日。使志无怒，使华英成秀。使气得泄，若所爱在外。此夏气之应，养长之道也。逆之则伤心，秋为痎疟。奉收者少。
>
> （节选自《黄帝内经·四气调神大论》）

"夏三月"，指农历的四、五、六月，草木繁茂，这就是"蕃秀"，天地的气交结在一起，各种草木开花结果了。你会发现到夏天的时候，枣树、梨树、苹果树，等等，那个果实一天天变大，这叫"万物华实"。这个时候我们应该和春天一样，"夜卧早起"。早晨起来，"无厌于日"，不要讨厌白天。人到了夏天会有一个通病，就是不喜欢被太阳晒，实际上该热的时候要热，该冷的时候冷，很自然。有些北方人到了冬天喜欢到三亚过冬，去了几年以后就不去了，他们说该冷的时候不冷，不是冬天该有的样子。"无厌于日"，到了夏天，炎热的阳光晒的时候，自然有它晒的道理，我们固然不能暴晒，但是适当地晒晒太阳还是可以的。"使志无怒"，这个时候不要生气。"使华英成秀"，夏天是生发的季节、结果实的季节，"使气得泄"，人的气息要宣泄出去，不能把气憋在心里。就是一个人的情绪可以表现在外，不要憋闷在心里，比如，有些不高兴的事，与朋友谈谈心、唱唱歌，这就是"所爱在外"。"此夏气之应，养长之道也"，这种内心的活动和行为方式与夏气相应，这是"养长之道"。

如果不这样做，"逆之则伤心，秋为痎疟"，夏天属于火，火就是心。夏季伤了心，到了秋天就容易得痎疟，就是一冷一热的病。"奉收者少"，到了秋天，这种人的身体就很难应付。

到了秋天：

> 秋三月，此谓容平。天气以急，地气以明。早卧早起，与鸡俱兴。使志安宁，以缓秋刑。收敛神气，使秋气平。无外其志，使肺气清。此秋气之应，养收之道也。逆之则伤肺，冬为飧泄。奉藏者少。
>
> （节选自《黄帝内经·四气调神大论》）

"秋三月，此谓容平。天气以急，地气以明"，"秋三月"指农历的七、八、九月，秋天是个丰收的季节，各种果实都长得非常丰硕，这叫"容平"。到了秋天，一阵凉风吹来的时候，树叶哗啦啦地落下来，就叫"天气以急"。地气是什么？秋高气爽，这叫"地气以明"。"早卧早起"，这个时候要睡得比春天和夏天早一些了。春天和夏天要"夜卧早起"，这个时候就要"早卧早起"。"与鸡俱兴"，活得像鸡一样，天还没有黑的时候鸡就飞到窝里去了，天黑了，鸡就看不见了，所以有一种病叫鸡蒙眼，症状就是黑天看不清楚东西。所以到了秋天的时候，天还不怎么黑，就得上床睡觉了。什么时候起床呀？天刚刚亮的时候，鸡就从鸡窝里出来了，人也应该起床了。这叫"早卧早起，与鸡俱兴"。

"使志安宁"，秋天是肃杀的季节，人容易伤感悲秋，所以心智要保持安宁，叫"以缓秋刑"。"收敛神气，使秋气平"，这个时候人的神气不能大放，如果大放，再加上秋天的肃杀之气，人的身体就会受伤害，人就会莫名其妙地掉眼泪，莫名其妙地伤感。所以内心要保持平静，来缓和秋天的肃杀之气。"无外其志，使肺气清"，一个人内在的心智不要外泄得太多，要让肺气很清明。"此秋气之应，养收之道也"，这就是和秋季相应，是养收的方法。

如果在秋天不这么做，结果是什么呢？"逆之则伤肺，冬为飧泄"，秋天是肺金当令的时候，肺金一旦伤了，冬天的时候就容易消化不好。"奉藏者少"，一旦秋天伤了肺，到了冬天就很难应付。

到了冬天：

> 冬三月，此谓闭藏。水冰地坼，无扰乎阳。早卧晚起，必待日光。使志若伏若匿，若有私意。若已有得，去寒就温。无泄皮肤，使气亟夺。此冬气之应，养藏之道也。逆之则伤肾，春为痿厥。奉生者少。

> （节选自《黄帝内经·四气调神大论》）

"冬三月，此谓闭藏。水冰地坼，无扰乎阳"，"冬三月"指农历的十、十一、十二月，这三个月万物开始闭藏，水也结冰，大地都冻得干裂了，这叫"水冰地坼"。这个时候千万记住"无扰乎阳"，不要打搅自己的阳气，将阳气紧紧收在内部，在肾阳里面。所以不要泄，一旦泄，身体就会出问题。"早卧晚起"，这个时候不要早起，什么时候起床呢？"必待日光"，最好太阳升起来以后再起床。"使志若伏若匿，若有私意"，使情志像军队埋伏，就像鱼鸟深藏，就像人有隐私，就像心有所获一样。"若已有得"，就是内心里仿佛有所收获。"去寒就温"，就是不要去寒冷的地方，要保持温暖。"无泄皮肤"，就是尽可能不要让皮肤暴露在寒冷的空气中。"使气亟夺"，千万要把气温养起来，不要让它发散掉。"此冬气之应，养藏之道也"，这叫与冬气相应，就是冬天养生应该注意的事项。

"逆之则伤肾"，不这么做，就会伤肾。男人伤肾以后肾经不足，女人伤肾以后生育能力会出问题。无形之中，肾经表现为我们的精气神，而表面有形的就表现为生殖能力。"春为痿厥"，伤肾以后会出现手脚发凉等症状，男人甚至会阳痿。肾气受伤导致能量不足，所以"奉生者少"，到了春天的时候，这种伤肾的人，就没办法应付春天这一生发季节的需要，就会变得萎靡不振。

春夏秋冬究竟怎么做，《黄帝内经》给了我们一点启发。我们作为普通人，也许在现在的生活节奏中不可能完全按照《黄帝内经》的指示去做，但是应该按照其指出的方向，尽可能地调节自己，尽可能地按照春夏秋冬四个季节养生，这样我们会离健康近一些，让疾病远一些。

第六讲

《道德经》

"道可道，非常道"：《道德经》到底在讲什么？

　　如何理解"道德经"这三个字？这是学习和领会《道德经》的第一步。《道德经》到底讲了什么？首先，我们对《道德经》讲"道"的几处文本做一下总结和梳理，由此就可以更好地理解这本书到底传达了什么。

　　在《道德经》第一章中，老子讲：

　　　道可道，非常道；名可名，非常名。无名，万物之始；有名，万物之母。故常无欲，以观其妙；常有欲，以观其徼。此两者，同出而异名，同谓之玄，玄之又玄，众妙之门。

　　　　　　　　　　　　　　（节选自《道德经·第一章》）

　　通过这段话我们可以很清楚地感觉到，老子想给我们讲"道"这个概念。"道"是什么？可道之道，可名之名，指事造形，非其常也。道是不可法说、不可命名和定义的，可法可名的，不是恒常的道。"道"代表抽象的法则、规律，以及万事万物背后的真理，或者称之为形而上的本源。

在第四章中，老子又说：

> 吾不知其谁之子，象帝之先。

（节选自《道德经·第四章》）

道到底是从哪里来的？老子说："我不知道，但是在我们这个世界形成之前，它就存在了。"

在第二十五章，老子又讲"道"，他说：

> 有物混成，先天地生。寂兮寥兮！独立而不改，周行而不殆，可以为天地母。吾不知其名，字之曰道，强为之名曰大。

（节选自《道德经·第二十五章》）

"道"在整个宇宙诞生之前就存在，它蕴含在整个宇宙生成、变化的过程之中，无声无形，独立存在，周而复始、永无止境地运行着，可以说是天地万物的根源。我不知道它的名称，给它一个字——"道"，勉强为它命名"大"。

在第四十二章中，他也讲了"道"：

道生一，一生二，二生三，三生万物。

（节选自《道德经·第四十二章》）

"一"是阳，"二"是阴，阴阳和合，生化万物，也就是"三"生万物。

《道德经》内涵是要讲"道"，刚才列举的几章，就含有《道德经》最基础的概念。

通过老子的话我们知道，"道"的第一个含义是宇宙有"道"，我们看到的大千世界，背后是有规则的。"道"可以用语言去说，但是用语言描述出来的"道"只是文字的道，并不是"道"本身。对这样的一种力量，或者这样的一种规则，可以去描述，但是那并不是它本身。理解了宇宙有道，万事万物不是杂乱无章的，而是有内在的规则之后，"道"的另一个含义就出来了。

下面我结合东西方哲学，对"道"进行深度阐发。黑格尔在《哲学史讲演录》中表达的观点是，真正的哲学一定要有清晰的逻辑和概念，如果概念说不清楚，而且在表述的时候没有清晰的逻辑，就不叫哲学。这是从西方哲学的学科框架来看的。西方哲学非常注重概念的清晰和逻辑的清楚。于是，很多人对中国的"道"有偏见，进而对中华文化产生了不自信。但我们要明白，《道德经》等经典反映出的中国人体会世界的层次和西方人是不一样的，中国人对整个宇宙背后大道之源的体会和领悟超出了语言的描述。

康德在《纯粹理性批判》中表达的观点是，我们可以通过感官认识到各种外部现象，但这些现象并不一定就是物体本身的样子，事实上，他认为我们的认知能力永远也无法认识到物体本身为何，被他称为"物自体"的就是各种现象背后的真正实存之物，但我们的感官无论如何认识到的也只是各种现象而已。康德认为这些现象没有提供关于事物本身的任何知识，因而物自体是绝对不可知之物。举例来说，当我们看到一棵树时，自然有一棵树的影像通过光线从眼睛进入我们的大脑，这样我们就通过感官经验看到了一棵树。但表象背后到底是什么，并不可知。

我们所有的认知能力和认知工具，只能对现象的世界和我们生活的这个世界进行描述，现象世界背后的那个世界真实的面貌到底是什么？康德说认识它超出了我们的能力，给它起了个名，叫"物自体"，或者叫"自在之物"。

后来维特根斯坦在《逻辑哲学论》中表达了自己的观点。他认为，整个世界分为两部分：一部分是语言可以说的，可以说清楚的；还有一部分是超出语言的，称为世界的本体（形而上学），或者本源。对超出语言的那部分，我们应该怎么办？维特根斯坦给出的答案是，不能说的就不要去说，因为越说越乱，越说越容易引起人类认知的迷惑。

所以，"道"的第二个含义是，它是超出语言的。用语言描述出来的"道"和真正的"道"是不一样的。老子讲的"道"，不是简单地对我们生活现象的描述，而是对现象世界背后支配性的力量的描述。所以，我们理解"道"的时候，一定不要拿着西方哲学的框架去生搬硬套。

"道"的第三个含义是，"道"是衍生万物的力量之源，"道生一，一生二，二生三，三生万物"。"道"这个原生性的力量，虽然我们看不见、摸不着，但它促成了、衍生了、推动了我们生活的这个宇宙。

"道"的第四个含义是，"道"表现为规制着世界的规律，"人法地，地法天，天法道，道法自然"，"法"是遵循，规则与真理客观地在那里，无论我们认识到它还是没有认识到它，它都会起作用。人类如果想掌握主动，想获得人类生活的觉悟，或者想取得成功，就不要在大道和规则面前表现出丝毫的狂妄，而是要真正地去认识、领会、践行。

总结起来，"道"是超语言的，我们很难用语言对它进行描述；"道"是现象背后支配性的力量，人类只能去领会，去顺应，去遵循。如果一个人可以遵循大道，掌握大道，那么他就会是得道的高人，但是凡夫俗子很难做到。为什么？原因就是心灵这面镜子上的灰尘太多，杂质太多，认识大道的能力被严重弱化了。如何净化心灵，消除人和大道之间的障碍，从而真正地领会大道、遵循大道，就是《道德经》讲的内容。

净化心灵，消除和超越人性的弱点，是一个人德行、人格不断完善的过程。有德的人，才能领会"道"；有德的人，才能成为有道之人。反过来讲，一个真正有道的人，必定是心灵得到了净化，消除了人和大道之间的障碍的有德的人。

在矛盾对立的世界里，我们何以立身处世？

　　《道德经》的本意是希望我们掌握规律，在这个基础上赢得主动。世界不是杂乱无章的，是有内在规律的，懂得规律，按照规律去办事，才能赢得主动。那么，我们要掌握的到底是什么样的规律呢？

　　　　故有无相生，难易相成，长短相形，高下相倾，音声相和，前后相随。

　　　　　　　　　　　　　　　　（节选自《道德经·第二章》）

　　"有无相生"，有从无中来，无从有中来，有无互相依存而生。我们可以从另一个角度来理解，比如，人在这个世界上，本来就有吗？其实我们的肉身是由看不见的各种元素慢慢积累起来的。物理学家霍金曾经假设这个世界是一个奇点，后来爆发，形成了这个世界，就是"有"是从"无"中来，叫无中生有。我们现在都活得好好的，可是一百年以后我们在哪里？我们还活着吗？恐怕一百年以后，很多人连骨灰都不知道在什么地方了。所以"有无相生"，其实是讲了我们这个世界的一种规律，或者一种现象：有和无是互相转化的。

"难易相成"，难易互相转化而成。"长短相形"，因为有短的东西在，才能映衬出另一个东西长，或者说，因为有长的东西在，才能显示出另一个东西的短。

"高下相倾"正因为有巍峨的高山，才能显示出山谷之深。反过来讲，正因为山谷深，才显示出山的高。高和下相互衬托，没有平地不显高山。"音声相和"，有这样一个音，就有这样一个声，它俩也是紧密相连的，声与音互相应和而和谐。"前后相随"，有前就有后，前后互相循环而接随。

这句话揭示了世界的规律。我们生活的这个世界，实际上是一个矛盾对立的世界，各种事物相对相生，互相依存。有无、难易、长短、高下、音声、前后或相依存，或相转化。有好，就有坏；有喜悦，就有悲伤；有欢乐，就有痛苦；有伟大，就有平凡。有这一面，就有另一面，这是规律。这种规律，对我们如何在这个世界上好好生活有很大启发。

看问题要看本质，应该看到除了这一面，还有另一面，甚至还有很多面。万事万物是在变化的，相辅相成、相互依存、互为条件、互相转化，变化并非单独存在，双方或多方在满足因缘的条件下互相转化。一切事物都在不断变化中升华，不能孤立静止地看待。

喜怒同根，是非同门，故不可得而偏举也。当一件事情在低谷的时候，往往蕴含着转机，回身就是路，再努力就会找到出口；而有时形势一片大好，往往潜藏着危机，一不小心人就会陷入迷惘；平淡往往孕育着突破，取得大成就之前，很多人都是默默无闻的，经过长期的积累，到了临界点，就会风生水起。而到达最高点的时候，前面就是下坡路了，不要自满，要开始一个新的阶段了。比如，表面上好的事情，背后有着巨大的风险；表面上不好的事情，背后有着巨大的机会。较大的权力，必定意味着较大的责任。知道了这个变化的规律，就不会被眼前的景象迷惑，就能够全方位地看到事情面临的各种可能，在事情转化前未雨绸缪，主动适应变化。

"物壮则老，谓之不道"：树立辩证翻转的思维

在日常生活中，我们会发现这样的规律：乐极就会生悲，而极大的痛苦往往也会生出极大的力量；一个人事业发展得特别好的时候，其实面临着重大的考验。老子在《道德经》中也论述了类似的道理。

> 反者道之动，弱者道之用。
>
> （节选自《道德经·第四十章》）

"反者道之动"，一件事情发展到极致之后，就会向相反的方向转化。有了反者，才有正者。大家可以看看太极图，阴阳鱼中间有一道反"S"形曲线，把太极图分为两半，一半是黑的，一半是白的。白里边有个黑点，黑里边有个白点，代表了阴极而阳生，阳极而阴生。

"弱者道之用"，一个真正有道的人，他显示的状态就是谦卑、柔弱。曾经有一个人向老子请教："什么样的人最强

大？什么样的人更长寿？"老子听了以后说："你看看我还有牙吗？"当时老子已经年龄很大了，来的人一看，老子的牙几乎都掉光了，于是说："没有了。"老子又问他："你看我的舌头还在吗？"来的人说："还在。"这个时候老子就告诉他："牙是不是很坚硬？你看，没了。舌头很柔软，但它还在。"这是一个很小的故事，但它反映了一个道理，就是真正有道、有智慧的人，是以谦卑与柔弱的方式存在的。这样的人能够以空杯心态面对时空变化，做到与时偕行。

观察大自然，春天和夏天，生机勃勃的小草是踩不折的。到了秋天，草枯死之后，直直地指向天空，这个时候来一阵风，一吹就断了。杨柳枝在春天万物生发的时候发芽，虽然柔嫩，但是很难折断，因此小孩才能把杨柳枝编成花环戴在头上。

真正有道、有智慧的人，会表现得谦卑、柔弱，能够保持活力；而无道、缺乏智慧的人，则表现得傲慢、强势，容易招灾招祸。

孔子是一个世界级的思想家，他是什么状态？"三人行，必有我师焉。择其善者而从之，其不善者而改之。"孔子非常随和、谦卑，选择好的方面学习，看到不好的方面就对照自己，去改正自己的缺点。有一次，孔子对人做了个评价，刚评价完，马上就有人批评他，孔子觉得批评得有道理，当场说："我真是幸运，如果有错，大家一定会知道。有人批评我，我就能改正了。"

> 物壮则老，谓之不道，不道早已。

（节选自《道德经·第五十五章》）

"物壮则老"，就是事情一旦发展到极致，实际上就已经开始向衰败的方向转化了。

一件事情发展壮大到了极点后，就会走向衰亡。"谓之不道"，说的是如果能一直保持在发展巅峰，那就不符合道了。这个规律对我们做人做事有极大的启发。我们鼓足干劲，奋力拼搏，在发展好的时候，一定要提醒自己居安思危，有忧患意识，永不懈怠，永不僵化，永不满足，永远反思自己、批判自己，永远倾听批评，永远向别人学习。这种精神应该成为我们民族的基因。只有这样，我们才能一直走在前进的路上。否则，一旦觉得自己了不起了，往往就会开始走向衰败。

"不道早已"，"早已"就是死亡，不符合规律的，就会快速灭亡。人也是一样，大家看四五十岁这一代人，他们青少年的时候，正是改革开放初期，他们发愤图强，吃苦耐劳地拼搏，到了四五十岁，有车有房，社会地位也有了。如果这些人没有大的抱负和追求，往往人生的困惑就来了。我经常对一些朋友说，当我们的理想非常大的时候，我们就会一直走在奋斗的路上，这一辈子无论怎样奋斗，都有干劲，无论取得多大的成就，都觉得很渺小，无论多么成功，都觉得微不足道。

我们要懂得"反者道之动"的道理，树立辩证思维，用发展的眼光看待事物，不断向前迈进，获得人生的意义感和价值感。

"及吾无身，吾有何患"：我们为何很难领会大道?

领会大道，尊重真理，这是多么重要的状态，但在现实中却非常不容易达到。

吾所以有大患者，为吾有身。及吾无身，吾有何患?

（节选自《道德经·第十三章》）

老子说："我之所以有大的忧患，或者大的毛病、问题，是因为我有身体。""我身"，可以引申为因为有这个身体而产生的"我执"，即"小我"的观念。"及吾无身"，如果我能够把身体放下，把"我执"的观念放下呢? 老子的结论是"吾有何患"，意思是我还有什么样的大的问题存在呢?

在老子看来，使得人和大道之间不能契合的那个障碍，就是身，一个是身体及因人性的弱点而产生的各种贪欲，一个是由此而产生的"我执"。

人类想认识宇宙、认识大道、认识规律、认识真理，实际上是要靠内在的智慧。智慧像什么呢? 就像太阳一样，太阳的光照耀着整个世界，事物在太阳下面现出形状来，让我们看得清清楚楚。但是如果浮云把太阳遮住了，叫"浮云蔽日"，太阳的光就没办法清清楚楚地照在每一个事物上。我们还可以把智慧比作镜子，镜子可以映照世界，照出宇宙万象。但是如果这面镜子上的灰尘很多，那就无法映照世界了。这里讲的浮云和灰尘，实际上就是我们的身体以及由此而产生的"我执"，是人性深处的种种弱点。

人性的弱点有哪些？中国文化里有很多精彩的分析，以佛家的概括最为精准，叫财、色、名、食、睡。第一个是财，就是见钱眼开，很多人倒霉，都是毁在财上。第二个是色，是物理世界对我们产生的诱惑，可以狭义地理解为美色，很多人行为不当，违法乱纪，甚至身陷囹圄，都与财和色有关。第三个是名，喜欢虚名。比如，面对职称问题，别人是教授，自己是副教授，不舒服；别人已经是博士生导师了，自己却不是，不舒服，等等。第四个是食，当然，如果你对美食不是特别着迷，只是单纯地喜欢，可以成为美食家，但是有的人会贪，见到美食以后不能自控，导致身体出现一些问题。第五个是睡，代表懒惰，比如，有的人早晨起不来床，做事拖拖拉拉，等等。财、色、名、食、睡，其实就是身体带给我们的种种欲望，以及欲望背后的那个"我执"、那个"小我"。这实际上就是人类不能很好地领悟大道的原因。

老子在《道德经》其他的章节里，对这个观念进行了进一步的阐发。

> 五色令人目盲，五音令人耳聋，五味令人口爽，驰
> 骋畋猎令人心发狂，难得之货令人行妨。
>
> （节选自《道德经·第十二章》）

"五色令人目盲"，缤纷的色彩看得太多，伤害人的眼睛。"五音令人耳聋"，纷繁的音乐听得太多，伤害人的耳朵；"五味令人口爽"，美食吃得太多，伤害人的味觉。"驰骋畋猎令人心发狂"，在田野打猎的时候，杀戮之心、追逐之心就会被激发出来。"难得之货令人行妨"，对难得之货的追求其实表现为贪财，比如，执着于收集不易得到的东西，珍珠、金银或者首饰，等等，收集这些东西实际上也会让人生起贪爱之心。老子明确地告诉我们，能蒙蔽一个人智慧的东西，就是五色、五音、五味、畋猎、难得之货，等等。

至此，我们知道了，人类的智慧的灵性实际上是束缚在肉体之中的，必然受到肉体的制约。那么如何开启我们智慧的甘露之门？要防止人性的弱点被激发出来。对于能够激发人性的弱点的事物，我们要保持警惕。欲望在一定程度内可视为正常，但人一旦成为欲望的奴隶，必然智慧丧失，身心受损。我们要开启灵性之门，让智慧涌现，领会大道，遵循规律，只有这样，才能掌握主动。

"道法自然"：老子说出了做人做事的大原则

学习了《道德经》，我们就会懂得这个宇宙空间有道，道也可以称为真理、规律。人和规律之间是什么关系，人活在天地宇宙中应该采取什么样的态度，这是《道德经》所关注的一个主题，或者说是《道德经》最核心的内容。

故道大，天大，地大，王亦大。域中有四大，而王居其一焉。人法地，地法天，天法道，道法自然。

（节选自《道德经·第二十五章》）

宇宙中有四大法："道""天""地""王"。这里的"王"是作为人的代表出现的，人是天地宇宙极其重要的组成部分。这四者是什么关系呢？"人法地，地法天，天法道，道法自然"，"法"，指效法，遵守。"人法地"，是说人在天地宇宙中的言行应该效法地，一定要尊重、顺应大地所折射的真理。从表象上看，"地"指的就是大地，它承载着山河，各种植物、动物、微生物在大地上繁衍生息。人也生活在大地的生态系统里，更应该效法地的厚生和承载。厚生，就是要爱护生命。对大地而言，所有的生命都是平等的，都需要被爱护，爱护生命有利于生态环境的平衡，有利于人类自身。

"地法天"，大地的运行效法天。"天"，就是宇宙，直观地看，宇宙很高远。一个人，看问题、解决问题的思维一定要高远。效法地是厚生、厚德，效法天是睿智、高远。

"天"背后的规律是"道"，"道法自然"。天之所以是这样子，其原因就是，本来如是，法尔如是。天这样运行的根本原因，就在于它自己，道本身决定了它自己，而不是外来的力量决定或者操纵的。这是中国哲学的一个特点。

西方历史有一个黑暗的中世纪阶段，就是公元5世纪后期到公元15世纪中期，神学控制西方世界，为什么？那个时候西方社会的理性还没有得到伸张，启蒙运动还没有展开。文艺复兴和启蒙运动之后，人类的理性被大声地呼喊出来，被开启出来，人类的世俗政治才开始占据统治地位。中国人认为道法自然，是道本身决定了它自己，而不是一种外来的什么力量，这对我们看问题、做事情有非常大的启发。因此，中华文化没有神学控制人类生活的基因。我们的人生为什么这样？不是因为外来的力量操纵，而是因为我们的所思、所想、所行，我们的选择，工作勤奋与否，等等，这些我们过去的状态决定了我们现在的成就。

　　某些人看待事情之所以比较偏狭、片面，主要就是因为做事的时候总会有主观倾向，会带着自己的主观期待，就很容易被蒙蔽，不能正确地看待世界和处理事情。比如，在培养孩子的问题上，不是父母想让孩子成为什么样的人，孩子就能成为什么样的人，而是孩子本身的特点决定他能成为什么样的人。父母的培养只是在成全孩子的天性，而不是人为地扭曲孩子的天性。"道法自然"，规律就在那里，不因主观期待发生变化，也不受任何外来力量的操纵。明白了这一点，我们就能够突破自己的主观期待，对世界有一个整体的认知，正确地处理各种事情。

"为学日益，为道日损"：人生的加法与减法

　　读书一定要掌握窍门和方法。就如同登一座楼，这座楼有几百个房间，每个房间里都很独特，如果想把每个房间都看遍，那就需要找到通向每一个房间的通道。我们可以乘坐电梯到每一层楼、每一个房间里去查看，电梯就是我们进入每层楼的一条通道。读书也是这样，只有找到了这样一条通道，才能曲径通幽，真正把握一本书的主旨，领略到这本书中的每一个观点。

　　我们读《道德经》的时候，一定要抓住这本书的文眼，这样就掌握了开启《道德经》之门的钥匙。我认为，第四十八章可以作为《道德经》的文眼。

　　　　为学日益，为道日损。损之又损，以至于无为。无为而无不为。取天下常以无事，及其有事，不足以取天下。

（《道德经·第四十八章》）

"为学日益，为道日损"，"为学"，是指学习知识和技能，"为道"是指求道。现代人都希望自己能掌握更多的知识和技能，但越来越不知道道在哪里，以及如何行道、明道，因此容易为知识所累。所以，除了"为学"还要"为道"，"为学"不会阻碍"为道"，不适合道的不是好的知识，要减去。"为学"与"为道"互相成就，但不能偏。

"为学日益"，学习的知识和技能越来越多，积累越来越多，是在做加法。比如，当你通过学习拿到大学英语六级证书以后，你储备的知识和技能就多了一个；当你通过刻苦用功，拿到计算机等级考试的证书以后，你就又多了一项技能。在知识层面和技能层面，我们学一个就增加一个，所以学习是个做加法的过程。为了更好地适应社会，在社会上立足，得到认可，这个加法我们一定要做。

"为道日损"，求道就是不断地做减法。假如我们把内心当作一面镜子，如果它上面蒙上了各种灰尘，是映照不出来宇宙的真实面貌的。想让我们心灵的这面镜子朗照大千，领会宇宙社会之中蕴含着的内在支配性的力量，那就需要擦除镜子上的灰尘，这是个做减法的过程。

我们为什么要悟道？因为道是现象背后支配性的规则和力量，如果我们掌握了这种力量，领会了这种力量，并且顺道而为，做事就能掌握主动性；如果我们不懂这个规则，盲动、乱动、妄动，最终就会事与愿违，甚至可能折戟沉沙，遭遇人生重大的挫败。我们真正在做减法的时候，净化人性的各种弱点、心中各种杂质的过程绝不是一蹴而就的，要经过艰苦的磨炼，甚至人性的斗争。

"损之又损，以至于无为"，"无为"，不是不作为。我们所接触到的很多知识都真假难辨，要用道来筛选、衡量，看每一样知识合不合理，如果合理就去实证，去做；如果不合理就不去实证，不去做。"无为而无不为"，"无不为"，什么都可以做，这样的无为就无所不为，一切都在规律的正确支配中。一个人若想真正有所作为、承担大使命，就要去掉人性的各种弱点，让自己的智慧与浩然之气涌现出来，尊重真理，顺应规律。去掉人性这面镜子上的各种灰尘是一个十分艰苦的过程，要经过无数的磨炼，所以叫"损之又损"，损到什么程度呢？"以至于无为"。

很多人对道家有误解，认为道家强调无为，所以很消极。无为绝不是消极，无为指人把蒙蔽在心灵上的各种灰尘去掉之后的状态，这就意味着人不会因为人性的弱点而胡乱作为，不会因为贪财好色、自私、虚荣、攀比而盲目地行动，甚至违法乱纪。当我们把人性的弱点去掉以后，才会生发出浩然之气与全心全意为人民打拼的力量，才能把自己的命运与国家的命运、人民的命运融为一体，肝脑涂地地为国家、为人民去打拼，这种状态才是真正的大智大勇。正因为我们无为之后内心特别清净，不做欲望的奴隶，才能领会大道，真正地去遵循大道、顺应大道，这样才能掌握主动权，做生命的主人，这就叫"无为而无不为"。

"取天下常以无事，及其有事，不足以取天下"，治理国家要以平稳、安定为本，如果经常妄作政令去改变老百姓的生活，那就容易引发社会的动荡。

"取天下常以无事"，想要夺取天下，就要因物之性。我们内心的杂质去掉了，去掉了人性的弱点之后的状态，就叫"无事"，恰恰是无为的境界、无事的状态，才能取天下。"及其有事，不足以取天下"，失去了无为无事的根本，肆意妄为，是不能取天下的。

对于老子的无为、无不为，我们不要理解错了。不要以为追求知识就可以获得一切，求知与求道要有机统一。

"常使民无知无欲"：老子真的主张愚民吗？

有人说，老子是反智的，或者说是愚民的，说老子就是主张让老百姓变得愚蠢。其实，老子是一个伟大的圣人，他提倡开启人的智慧，而绝对不是让人走向蒙昧。

> 是以圣人之治，虚其心，实其腹，弱其志，强其骨，常使民无知无欲。使夫智者不敢为也。为无为，则无不治。

（《道德经·第三章》）

"圣人之治"，圣人治理天下的最好状态是什么？最理想的治理社会的状态，是要把人性中的自私、贪心、狭隘这些弱点给去掉。

"虚其心"，使老百姓心胸开阔，少欲，把贪念去掉，让内心没那么多自私的想法，不会绞尽脑汁地为自己谋求私利。"实其腹"，让老百姓把肚子填得饱饱的，满足他们基本的生活需要。"弱其志"，让老百姓不要那么钩心斗角、自私自利，不要总是想着打压别人。"强其骨"，让老百姓的身体强健，多劳动，多保健，增强意志力。

"常使民无知无欲"，使老百姓没有伪诈的心智，没有争夺私利的欲念，不争名夺利，没有贪念。"知"和"欲"，指的并不是智慧，而是想尽办法去贪财，违法乱纪，占小便宜。

"使夫智者不敢为也"，使有聪明才智的人不敢自作聪明，胡乱作为。如果小聪明的人狡诈妄为，就会导致社会认知、价值观、秩序混乱，造成民不聊生、官不聊生的局面。

"为无为，则无不治"，意思是依照无为、顺其自然的原则来治理国家，国家就会大治。人心中的弱点减少了，光亮的东西就会增加，就像一个仓库一样，把垃圾清除了，好东西才能放进来。道法自然，顺道而为，尊重规律，才能秩序井然，生机勃勃。

宇宙有道，人一定要去悟这个道、遵循这个道、顺应这个道。但是，人和大道之间有一堵墙，这堵墙是由人类的贪心、狭隘、虚荣等筑成的，我们一定要把这堵墙拆掉。从人性不断净化的角度来说，消除这些是一个很不容易的过程，所以要先削弱，然后再消除。比如，有的人很贪色，后来不怎么贪色了；有的人很贪钱，后来不那么贪钱了；有的人特别自私，后来不那么自私了；有的人很虚荣，后来不怎么虚荣了；有的人非常嫉妒别人，后来不那么嫉妒了。人性的净化、升华有一个自然过程，不能拔苗助长。

小聪明和大智慧是不一样的，小聪明其实会害人害己，真正有大智慧的人能够看清利害，知道是非，很清楚什么该做，什么不该做。老子告诉我们，圣人治理国家不是用小聪明，不是把人性中的弱点激发出来，而是用人性中积极向上的力量，来实现可持续发展。人性中的弱点是客观存在的，要去削弱它。自私、贪欲、狭隘、钩心斗角，容易消耗一个人，让人走向堕落，让社会走向衰败。人性中的弱点减少后，社会才会生机勃勃，这就是老子强调的"常使民无知无欲"。

老子的学说绝对不愚民，更不反智，而是在告诉我们怎样才能正确地治理好社会。一个民族真正的进步，一定是把人性里的正直、善良、上进、奉献、爱国等积极力量激发出来，然后产生持续不断的动力。

"圣人不仁，以百姓为刍狗"：老子为何这么说？

天地是有情还是无情？圣人是有情还是无情？如果天地有情，人类为什么遭遇那么多大旱、洪涝呢？世间为什么不能永远风调雨顺呢？

> 天地不仁，以万物为刍狗；圣人不仁，以百姓为刍狗。天地之间，其犹橐籥乎？虚而不屈，动而愈出。多言数穷，不如守中。

（节选自《道德经·第五章》）

"天地不仁"，天地无所偏爱。"刍狗"是什么呢？用草扎成的狗，专用于祭祀，用完烧掉或扔掉。"天地不仁，以万物为刍狗"，天地遵循自然之道，不做不造，万物自相治理，所以天地不讲仁爱，不施仁恩，公正无私。天地对万物一律平等，给每一个生命机会。天地的规律就是道，春夏秋冬，每一个季节都有该做和不该做的事，如果每一个生命都按照道去做，就都能得到生存和发展的机会。人很难做到平等地看待万物，看问题总是带着主观情感，总是自找麻烦。让我们扪心自问，生活在地球上的所有生命中，对自然界破坏最大的是不是人类？假如不自我约束，人类征服自然和破坏自然的能力是最强的。

为什么有些好人活不长，有些坏人反而很长寿？这其实和善恶无关，要从健康的规律来看。好人长寿的很多，品质不太好的人也有长寿的。如果好人不遵循身体健康的规律，一日三餐不及时，不锻炼身体，就很容易得病。反过来讲，饮食起居有规律，该吃吃，该喝喝，该睡睡，经常锻炼，哪怕小病不断，也能长寿。善恶有善恶的因果，长寿有长寿的因果，善良的人不仅要种下道德的因果，而且要遵守长寿的规律，这样才能又受尊重又长寿。

天地不会格外地垂青谁，照顾谁，而是对所有生命一律平等。好人遵循宇宙的规律，自然会顺利吉祥。千万不要以为心好、善良就一定能发财，一定能长寿，不是这个意思。所以，任何人都不要自负，不要以为自己是好人，就应该很顺利，应该很吉祥。我们说一个人是个好人，只是价值层面的判断，他有没有遵循自然规律，有没有认识道，这又是另一层面。从价值层面讲，要与人为善，心存善念、乐于助人；从健康的角度来讲，要遵循养生规律作息起居，活出良好的状态。我们应追求品质好又健康长寿，实现二者的统一。

"圣人不仁，以百姓为刍狗"，天地平等地对待万事万物，圣人是觉悟的人，与天地合德，与天地的心是一样的，体会天地的不仁之心，把自己内在的好恶去掉，不偏不私，不居功，能够非常客观地看待世界，对待老百姓。每一个老百姓的生活都有自己的"道"，由因和果决定，幸与不幸自有规律。老百姓的生命轨迹由自己决定，他们想什么，做什么，决定了他们的结果，外在的力量很难随意干涉。圣人的不仁是大仁，他所能做的，就是通过传播文化，通过教育，让老百姓受到启发，有所觉悟，让老百姓自然而然过自己的生活，做自己的主人，获得幸福。

话要讲给有缘人听。比如，几百人、几千人同样听一堂课，谁能真正改变命运？这不取决于老师的发心，而是取决于谁领会了，谁真正照着去做了。老师是外缘，真正决定人们的命运，让人们变得好或者变得不好的是人们自己，因为每一个人都是自己生命的主人。

"天地之间，其犹橐籥乎？虚而不屈，动而愈出"，"橐"指风箱，在以前的农村很常见，做饭的时候推拉出风助燃柴火。"籥"指乐籥，是一种乐器。橐籥当中是空的。空的东西不能完全按瘪，于是越按风就越不可竭尽。天地之间，浩浩荡荡，任其自然，因此不可穷尽，就像橐籥一样。

"多言数穷，不如守中"，"多言数穷"，意思是超出语言之外，道和真理是一个人身心证悟到的境界，不是语言能够描述的，语言描述的不是道本身。一个真正悟了道的人说话简洁明了，没那么多闲话，说话都在点上，而不是说很多的话。"不如守中"，这个"守中"有两层含义：一层是证悟的境界；另一层是外在的表现，做任何事都能守中道。

天地是什么？天地只是一种物理的、自然的存在，并不具有人类的感情，它没有主观的好恶，是非常公平的，对万物一律平等。在大道的面前，应该怎样去生活、去工作，这是我们每个人都面临的问题。万物在天地间依循着自然的法则运行，我们一定要遵循道，不仅要心存善念，而且一定要认识规律、遵循规律。谁遵循了规律，谁就会生活得顺利，谁就会发展得好。

"以百姓之心为心"：治理社会要重视人民的感觉

　　但凡觉者、有大智慧的人，在治理社会的时候，都懂得尊重人民、重视人民。人民是一个集合的概念，某种程度上有些政治色彩，指社会的主体，绝大多数的人。只有治理者理解了人民、尊重了人民、顺应了人民、引导了人民，才能把社会治理得井然有序。关于社会治理，《道德经》中也有很多建议。

　　民不畏威，则大威至。

（节选自《道德经·第七十二章》）

　　"民不畏威"，"威"有威严的意思，如果老百姓对管理者失去了尊重和敬畏之心，不害怕受逼迫，表明整个社会治理可能出现了严重的问题。

　　"则大威至"，"大威"，指的是天威，天威在哪里？天威在民威。天子最怕的就是天威。天威难测，风云变色。帝王最怕的就是老百姓造反，官逼民反。一般来说，民不与官斗，官是为人民服务的。官员为人民服务，人民支撑国家运作，从而形成人民与官员之间的良性互动。但是，水能载舟，亦能覆舟。等到有一天所有老百姓都团结起来了，共同反对暴政，那就是民反。

　　若民恒且不畏死，奈何以杀惧之也？

（节选自《道德经·第七十四章》）

　　"若民恒且不畏死，奈何以杀惧之也"，如果老百姓总是不怕死，为什么要用杀来恐吓他们呢？君王只能恐吓百姓，已经对老百姓没有任何感召能力，没有任何驾驭能力，没有任何组织能力，整个管理系统已经崩溃，这个政府，或者政权垮台的时候就要到了。

　　无论是第七十二章的"民不畏威，则大威至"，还是第七十四章的"若民恒且不畏死，奈何以杀惧之也"，其实都代表了老子一种非常清楚的态度，就是管理者、社会的领导者一定要重视老百姓的感觉，避免失去民心——人民才是我们最需要敬畏的力量，需要我们去理解、尊重、爱护、顺应、引导。

　　圣人恒无心，以百姓之心为心。

（节选自《道德经·第四十九章》）

"圣人恒无心"，老子在这一句中正面地描述了理想的执政者——圣人，这个人没有固定不变的意志，不是说他想怎么样，或者他不想怎样。"以百姓之心为心"，圣人是以老百姓的意志为意志，念兹在兹都是大众的利益，时时刻刻想的都是怎样为大众谋福利，怎样为人民着想，为人民做事。

中国文化中的民本思想强调，要重视人民，要重视老百姓。《尚书·五子之歌》里讲"民惟邦本，本固邦宁"，老百姓是整个国家的根本，根本稳固了，国家才会安宁。优秀的政治家能够很好地理解人、体会人心，切身地体会到老百姓的悲欢离合，把老百姓的愿望当作自己的愿望，把社会的苦难和责任当作自己的苦难和责任，因此他们才能推动社会进步。

"圣人恒无心，以百姓之心为心"，这和中国历史上重视人民的思想是相一致的。为什么要重视老百姓？社会组织和社会管理，其实就像船一样，船行在水上面。某种程度上，这个水就是民心，就是老百姓。李世民曾经有一个说法，叫"水能载舟，亦能覆舟"，如果想让船安全，一定要懂得水性，就是要理解人、尊重人，深刻、敏锐地把握住老百姓的心，把握住人性，切切实实地为人民服务。理解人、尊重人，这是一个永远的主题，一个不懂得人性或者对人性理解得不深刻的人，不可能成为伟大的政治家。

《道德经》里讲道、讲规律，宇宙有规律，社会也有规律，社会规律的体现有一个特殊性，那就是这种看不见的规律和脉动，要通过人和人心来体现。所有做管理的人，一定要把尊重人、理解人、爱护人当作基本功，把实现人民的利益、推动社会进步当作毕生的追求。

"天网恢恢，疏而不失"：天网、法网与人网

　　我们有时会听到这样的事情，一个人做了坏事，甚至杀人放火了，公安局立案之后，经过多年侦查，仍然找不到他；甚至还有一些案件是无头案件，找不到凶犯，一直挂在那里。这种悬案，数量虽然不大，但还是存在的，这个时候难免给人的伦理观和价值观带来冲击。常言道"天网恢恢，疏而不失"，那为什么有的人做了坏事，没有得到应有的惩罚呢？我们可以在《道德经》中寻找答案。

　　　　天之道，不争而善胜，不言而善应，不召而自来，
　　　　繟然而善谋。天网恢恢，疏而不失。

　　　　　　　　　　　　　（节选自《道德经·第七十三章》）

　　"天之道"，这里讲了四条。第一条是"不争而善胜"，夫唯不争，故天下莫能与之争。第二条是"不言而善应"，顺则吉，逆则凶，不言而善应也。第三条是"不召而自来"，

顺道而自然成，处下则物自归。第四条是"繟然而善谋"，自自然然，细腻周到，完密不疏。

"天网恢恢"，"天网"指宇宙的规律，有因有果，"恢恢"有宽阔广大的意思，说的是哪里都有，弥漫在整个宇宙之中；"疏而不失"，"疏"说的是宇宙的大道是看不见的，"不失"，谁都逃不出去。"天网恢恢，疏而不失"，这句话是说宇宙的规律不以人的主观感受为转移，无论是好人还是坏人，都得遵循。

这里我想再提出一个概念——"人网"。"人网"是什么？就是人为了维护有效的秩序、维护公平正义、进行有效的社会治理而建立的一种网。比如，在企业里，一般来讲，一个员工做得特别好，可以受到奖励；一个员工比较懈怠、偷奸耍懒，就应该受到惩罚，企业的领导者为了奖优罚劣，可能就会建立一套制度，这就是"人网"。现实生活中，我们常说"法网难逃"，这里的"法网"其实可以理解为"人网"的一种具体表现形式。

"天网"和"人网"是什么关系呢？

"人网"有的时候是可以逃的，比如，一个造酒厂，为了规范生产和保障员工的生命安全，规定酒浆是不能带出去的，是不能偷工减料的，上班的时候是不能抽烟的，等等，但是制度再严密，恐怕还是会有个别人会违规，也许这个人违规了也不会被发现，因为尽管"人网"再严密，总是会有个别人成为漏网之鱼。

所以，一个人杀人放火之后，公安局立案多少年没有结果，看上去他好像是逃脱了，实际上他只是暂时逃脱了"人网"，但是"天网"他逃脱不了，因为没有人能够逃脱因和果编织的这张网，这个果会在各种方面显现出来。

不要怀疑老子讲的"天网"，每一个人都要尊重规律，在规律面前人人平等。既然世间的万物都有因有果，那么如何做一个有智慧的人？规范自己、管好自己，种好因。凭良心做了好事，就会收获喜悦自在的果。我们要为社会的进步，为老百姓的福祉去努力、去打拼，这样就会受人尊重，活出祥和的人生。如老百姓常说："人有一本账，天有一本账。"人为设置的各种制度，难免有漏网之鱼，但"天网"是因果之网，只要做了，就必然在身心等各个方面留有痕迹，种"因"就有"果"，这是客观规律，没有人可以逃脱。

"不敢为天下先"：正确理解老子的"三宝"

　　因为是大道，所以不具体。对《道德经》只有一知半解的人常常会盲目套用其中的句子，由此引起很多误解。比如，如果对"不敢为天下先"这句话理解得不恰当，就会过度保守，以至于该创新的、该大胆发声的、该伸张正义的，都畏畏缩缩，不敢发声。

　　　　我有三宝，持而保之：一曰慈，二曰俭，三曰不敢
　　　为天下先。慈故能勇，俭故能广，不敢为天下先，故能
　　　为成器长。今舍慈且勇，舍俭且广，舍后且先，死矣。
　　　夫慈，以战则胜，以守则固。天将救之，如以慈卫之。

　　　　　　　　　　　　　　　　　　（节选自《道德经·第六十七章》）

　　"我有三宝"，天道有三宝，可以作为天道的代表，但不是全部的天道。三宝，是心得，或者内心得到的智慧。

　　"一曰慈"，第一是慈悲、慈爱。其实慈表达的是一种境

界。为什么一个人心怀慈悲？为什么一个人有慈爱之心？孔子说"仁者爱人"，佛陀说"众生平等"，圣人能有"慈"的情怀，生发出"慈"的心，其实表达的是超越人性弱点的心，与天地一体，生发万物、呵护万物、护养万物。

"二曰俭"，第二是简朴、不浪费。当一个人超越了"小我"之后，他对自己的生活要求就会变得非常低。所以，慈是对万物的慈；俭是对自己的俭，不讲究物欲，生活得恬淡、简单，不铺张浪费。

"三曰不敢为天下先"，第三是不敢走在天下人的前面，意思是要谦让，不要过于重视个人的利益。这里讲的仍然是境界，就是一个人一旦超越了"小我"，他在众人面前"不敢为天下先"，他对自己的物欲表现得很超然，把人民的利益、国家的利益看得很重，永远把自己的利益放在人民、国家的后面。

"慈故能勇"，一个有慈心的人舍去了小我，他就会有大勇。大家想想，一旦面临危险的事情，什么样的人会患得患失？什么样的人会胆小如鼠？实际上，就是把自己看得很重的人在面临危险的时候会畏首畏尾。

"俭故能广"，自己很简朴，不讲究吃，不讲究穿，那一定能够广纳贤才，广容万物，团结更多的人在一起做一番事业。比如，很多创业的人，如果真能做到俭和广，对自己的利益不怎么看重，能够想着员工的吃穿、工资、住房等问题，能替别人着想，就容易广纳贤才，别人会死心塌地地跟着他们干，这样他们才能成功。

"不敢为天下先，故能为成器长"，一个不怎么看重自己的利益，而把人民的利益看得很重的人才能做领袖。作为领袖，就要把"小我"放下，把人民看得很重，才能被人民推崇和爱戴。

"今舍慈且勇，舍俭且广，舍后且先，死矣"，很多人内心不慈悲，胡作非为，而且生活不简朴，讲究排场，讲究吃喝玩乐，把自己的利益看得比什么都重要，这种人是很难取得成功的。

"夫慈，以战则胜，以守则固"，说的是一个人真正做到了常怀慈爱之心，如果是进取，一定能够成功；如果是防守，用慈心管理一个国家，或者护养一个国家，这个国家一般就能够稳定。"天将救之，如以慈卫之"，老天想让谁有所树立，一定会让这个人拥有慈爱的品质。

我们在学经典、用经典的时候，要回归经典本来的含义，把经典的智慧传播出去。

"曲则全，枉则直"：怎样才能实现弯道超车？

《道德经》只有五千字，给世人的启发却是无穷无尽的。《道德经》里面有很多方法和技巧，它们和我们的生命直接相关，对我们的生活、工作、家庭等方方面面都特别有用。

> 曲则全，枉则直；洼则盈，敝则新；少则得，多则惑。是以圣人抱一为天下式。不自见，故明；不自是，故彰；不自伐，故有功；不自矜，故长。夫唯不争，故天下莫能与之争。古之所谓"曲则全"者，岂虚言哉？诚全而归之。
>
> （节选自《道德经·第二十二章》）

"曲则全"，表面的意思是说拐来拐去才有办法面面俱到，走直道会引起正面冲突，有些事情委屈一下，忍让一下，照顾全局，反而会得到你想要的结果。反过来，有的人想要的超出了自己利益的边界，最后的结果就是什么都得不到。"枉则直"，"枉"就是不直，要达到一个目的，往往要走弯路才能达到，而不是直接去达到。人们往往只看到结果，而不知道达到这个结果需要很多条件聚合，需要流下无数汗水去打拼，需要经历无数的坎坷磨难。从这个意义上说，"曲则全"意味着只有经历无数考验才能有所成就。

"洼则盈"，低洼的地方才能存水，有空间才可以装东西，"洼"意味着谦卑。谦卑随和的人会欣赏别人的优点，会真诚地去赞美别人，所以有更多的人愿意和他交朋友，愿意和他共事。所以当我们人际关系不好的时候就得反思，自己是不是表现得高高在上？是不是有点看不起别人？"敝则新"，"敝"指旧的东西，新的一定要联系旧的，不要忘本，更不要喜新厌旧。一个人只有经常反思自己，认识到自己哪里做得不好，哪里还有不足，才能革新，才能日新又新，不断地前进。

"少则得"，一个人心里的贪欲比较少，智慧就会涌现。"多则惑"，一个人心中的贪欲很大，这也想要，那也想要，能抓到的、不能抓到的都想拿在手里，最终往往什么都抓不住。大家都听过《渔夫和金鱼的故事》，正因为渔夫的老婆贪得无厌，渔夫才会又回到了小木屋，所有的东西都没有了。因为太贪心、欲望太多，最后一事无成的例子比比皆是。

"是以圣人抱一为天下式"，什么叫"抱一"？其实就是内心很清净，不被杂七杂八的念头和欲望干扰，能够专心致志、心无旁骛地把精力用在最该做的事情上。以无欲为得，与天下万物合而为一，把各种力量平衡好，这样的人能做天下的领导者。

"不自见，故明"，一个人不自以为高明，不显摆自己，内在的智慧才能涌现。一个人戴着有色眼镜，为了显摆，内心装得满满的，内在的智慧就会被蒙蔽。所以不要自己骗自己，要内心虚灵不昧，唯道是从，这样才会看到事物的真相。

"不自是，故彰"，一个人不过度膨胀，不觉得自己很伟大，老百姓才会觉得他伟大。一个人在历史上的地位，从来不是自我标榜的，更不是自我册封的。一个人伟大不伟大，历史说了算，人民说了算，要以自己的远见卓识赢得历史和人民的认可与称赞。

"不自伐，故有功"，"伐"就是夸耀，不要夸耀自己，你有了功劳，别人才会肯定你。"不自矜，故长"，不觉得自己了不起，别人才能真正信服你。一个领袖，会因为能力超群、德行厚重而赢得别人的认可和追随，而不会因为他觉得自己了不起而被当作优秀的领袖。

"夫唯不争，故天下莫能与之争"，很多年轻人对这句话恐怕不太理解。一般人都喜欢争，比如，要当班长，要当主管，要当领导，以为很多成就都是争来的，其实没那么简单。我们要明白，很多荣誉和成就，是人们具备各种条件之后自然得到的，是他们自己种的因结出的果，绝不是单靠争得来的。"不争"是说，不要一直纠结于那个结果，要从条件下手，要在做成的原因上下功夫，扎扎实实地准备好希望得到的结果所需要具备的各种条件，如能力、格局、智慧、境界等都完善、齐全的时候，事情自然就成了。所以"夫唯不争"，正因为不是念念在兹，想着得到什么结果，而是念念要种因，念念要从条件下手，"故天下莫能与之争"。《道德经》太有智慧了。

"古之所谓'曲则全'者，岂虚言哉"，古人说，一个人往往不直接追求那个目标，而是通过迂回的方式把那个目标实现，难道是随便讲讲的吗？想达到某一个目标和理想的时候，要按照"曲则全，枉则直；洼则盈，敝则新；少则得，多则惑"等规律，付出各种努力，研究实现那个结果的路径，准备好各种条件。

"诚全而归之"，讲的是一个人修行到了什么样的境界才能心想事成，就是要做到一个"诚"字，做人要实实在在。内心清净，做事全心全意，能够全神贯注，能够把各种关系都处理好，能够自觉地遵循自然规律，这种状态就叫"诚"。达到这种状态之后就会"全而归之"，做事的时候往往就会心想事成。

"千里之行,始于足下":成大事者需从细处着眼

我们学习了《道德经》的智慧,要会运用,让我们在生活、工作中更主动、更明智,立于不败之地。

> 其安易持,其未兆易谋,其脆易泮,其微易散。为之于未有,治之于未乱。合抱之木,生于毫末;九层之台,起于累土;千里之行,始于足下。为者败之,执者失之,是以圣人无为故无败,无执故无失。民之从事,常于几成而败之。慎终如始,则无败事。是以圣人欲不欲,不贵难得之货;学不学,复众人之所过,以辅万物之自然而不敢为。
>
> (《道德经·第六十四章》)

"其安易持",当一种事物处于比较稳定的状态时,局面容易把握。反过来讲,如果局势动荡,秩序已经开始散乱,维持稳定的局面就会变得不容易。"其未兆易谋",没有迹象

时容易谋划。"其安易持，其未兆易谋"告诉我们，任何事物都有累积、萌发、发展到形成一定局面的过程。懂得了这个道理，我们就要在一件事情还没有迹象时，安不忘危，存不忘亡，在尚无大势头的时候就有敏锐的把握能力和预见能力，提早谋划，便于采取措施。

"其脆易泮，其微易散"，事物在脆弱时容易分解，在细微时容易散失。这句话和前面的"其安易持，其未兆易谋"都说明，要采取谨慎的态度，从细处着手，及时研判、解决，不让小问题变成大问题。

"为之于未有，治之于未乱"，在问题出现之前预防，在祸乱产生之前治理。要进行深度思考：为什么会出现这样的问题？怎样才能避免此类问题再次出现？深入分析，预先做好对策，这样才能治理得比较彻底。

"合抱之木，生于毫末；九层之台，起于累土；千里之行，始于足下"，这段话后来成了励志的名言，它告诉我们，要想实现远大的目标，获得光环与成就，就要经过无数积累，戒除浮躁，踏踏实实地历练，这样，等机会来了，才能抓住，实现命运的改变。

"为者败之"，任意妄为、违背大道的人就会失败，刻意去做的人也往往会失败；"执者失之"，非要得到的人也往往会失去。比如，有的人为了得到什么位置，得到什么名利，刻意去做，结果适得其反。比如，有的家长从功利的角度，把自己的期待强行加诸孩子，让孩子一定要学所谓的热门专业，很少考虑让孩子根据自己的兴趣去选择他们能学好的专业，孩子的发展往往不如家长所愿。我见过一个学历史的孩子，他在历史学方面有一点天赋，但是他的爸爸特别希望他考金融专业的研究生，最终的结果是考了两年研究生，总是考不上。为什么？因为他并不适合学数学、做金融，强行去学、去做，是很难成功的。很多事情是水到渠成的。当然要有主观努力，但不能违背规律强行去做事，而是要顺应规律。

"是以圣人无为故无败，无执故无失"，圣人不妄为，不强行去做，所以无所谓失败；不执着，所以无所谓失去。"民之从事，常于几成而败之"，老百姓做事，往往在快成功的时候失败，因为不谨慎收尾，很难坚持完成最后一步。

"慎终如始，则无败事"，如果在结束的时候像开始的时候一样小心谨慎，就没有失败的事情了。

"是以圣人欲不欲，不贵难得之货"，圣人追求什么？追求不欲的境界，内心恬淡自然，不被任何人性的弱点把控，俗人觉得特别珍贵的东西，在圣人眼里都不珍贵，圣人看万物都是平等的。

"学不学，复众人之所过"，圣人学的不是所谓的知识，而是普通人不学的自然无为，内在的清净、证悟，不去犯众人容易犯的错误。

"以辅万物之自然而不敢为"，圣人顺着万物的规律去辅助万物的自然成长，让万物去成长、去生发，而不敢任意施为。一个人修到了这种境界，做事就容易成功，因为他遵循了万事万物的内在规则，没有偏执，无为而无不为。

"江海所以能为百谷王者": 领导者处下的智慧

学习《道德经》可以极大地提高我们做人的修为，让我们更有能力、更好地去领导别人，团结大家一起做成一番事业。《道德经》的第六十六章，讲了一个人怎样才能成为领袖，以及领袖一般具有什么样的特质。

江海所以能为百谷王者，以其善下之，故能为百谷王。是以欲上民，必以言下之；欲先民，必以身后之。是以圣人处上而民不重，处前而民不害。是以天下乐推而不厌。以其不争，故天下莫能与之争。

（《道德经·第六十六章》）

"江海所以能为百谷王者，以其善下之，故能为百谷王"，江海能够成为百种河流汇合的王者，是因为它善于处下，因此能够成为百川之王。下大雨的时候，高山和陆地上的水都向低洼的地方汇集，对高山和陆地来说，江河就处于低洼的地方，水往低处流。江河里的水奔腾向前，汇聚到大海里，因为与江河相比，大海处于地势更低的地方。

这句话提到大海的位置更低，体现了两个内涵：一是谦卑，二是胸怀宽广。要谦卑，一定不要盛气凌人，不要觉得自己比谁都了不起、比谁都聪明，看不起别人。胸怀宽广的人多"善下"，以德行为基础，号召无数的人一起完成一番事业。当领导的不是什么地方都比别人强，领导是"帅才"，德行、修为综合起来非常强。

"是以欲上民，必以言下之；欲先民，必以身后之"，所以，要想居于万民之上，必须先用言语表示谦卑，要想在万民之前，必须先立身在后。领导者一定要言辞非常恳切、非常谦卑，绝不能盛气凌人。老百姓凭什么拥戴你？凭什么爱护你？领导者如果想要领导老百姓，就要把自己的利益放在老百姓后面，不与民争利，要设身处地为老百姓着想，成为群众的表率。

"是以圣人处上而民不重，处前而民不害"，因此圣人居高位，但是没有让百姓分摊一切，老百姓并不觉得自己负荷很重，并不觉得压力大；圣人在前面，老百姓不觉得自己受到了伤害。

"是以天下乐推而不厌"，因此天下老百姓乐于推崇他做领导者。领导者如果能够真心实意地为人民做事，不空喊口号，不与民争利，为老百姓好，这样老百姓自然就会响应他的号召，配合他的工作。

"以其不争，故天下莫能与之争"，圣王不用与人争，所以天下没有人想与他争。当你的修为、德行和本分众望所归时，收获是自然而然的。如果自己的修为和业绩不够，而人为地去争，不仅争不来，还会失去众人的信任。

"上善若水"：水究竟有什么了不起的"德"？

在我们的日常生活中，"上善若水"是一个出现频率很高的词。什么是上善若水？怎样才能做到上善若水？我们可以从《道德经》中得到一些启发。

> 上善若水，水善利万物而不争。处众人之所恶，故几于道。居善地，心善渊，与善仁，言善信，正善治，事善能，动善时。夫唯不争，故无尤。
>
> （《道德经·第八章》）

"上善若水"，最完美的品德就像水的特质一样。"水善利万物而不争"，水善于对万物有利，没有与万物纷争不休的时候。生命源于水，水生养万物，滋润万物，无私地帮助万物，从不争名夺利。"处众人之所恶"，水往洼处流，洼处不为人所知，很少有人会喜欢。"故几于道"，所以接近于道。

得道的人超越了"小我"，自然就不追求个人的名利，不计较个人的得失，但是一般大众做不到。现在很多人经常说自己很累，他们之所以觉得累，很大程度上就是因为他们常常与别人比较，在职位、收入、孩子的成绩等方面都希望自己比别人好。当然，这种比较心理会给人带来一种动力，激励人去奋斗，但是它也有极大的消极作用，就是让人在无休止的攀比过程中身心疲惫，丢掉了人生真正的意义。我们这一生应该跟谁比？应该跟自己比，我们所谓的进步，是在征服自己、战胜自己、净化自己的过程中提升了多少，而不是压倒别人，征服别人，或者踩着别人，比别人荣耀多少。一心压过别人不是一个有智慧的人或者有修为的人该有的状态。水聚集在洼地，默默无闻，这种状态，恰恰与得道相似。

水还给我们很多启发。水没有固定的形状，可以装在任何一个容器里，人也应该像水一样，需要到哪个位置就到哪个位置，无论在什么位置上都能发挥自己的价值。水滋润生命，它到了悬崖边上，能够勇敢地跳下去，人也应如此，面临对人生的重大问题时，能够做出正确的选择。

我们应该学习水的品格，做到以下"七善"。第一是"居善地"，要在社会上找准自己的位置，这个位置不一定很高，但一定是最适合自己，有利于自己的成长与进步的。第二是"心善渊"，心应该像渊一样沉静、深远、宽广。第三是"与善仁"，与人打交道的时候一视同仁，尊重别人，体谅别人，爱护别人。第四是"言善信"，说话应该讲信用，不能信口雌黄，否则会失去别人的信任。第五是"正善治"，善于公正地治理协调，要做个好的管理者，不能尸位素餐，坐在位置上不干事。第六是"事善能"，水能做的事情非常多，遇到难题了，只要有办法、有可能就会去解决问题。第七是"动善时"，无论做什么事情，都要把握有利的时机。

"上善若水"，"不争"，这是老子对我们的教育。

"知人者智，自知者明"：了解自己才能认识世界

在日常生活中，当有人过分夸大自己，或者对自己的认识有些不恰当时，我们就会对他说："人要有自知之明。"这个"自知之明"也出自《道德经》。

> 知人者智，自知者明；胜人者有力，自胜者强；知足者富，强行者有志；不失其所者久，死而不亡者寿。
>
> （《道德经·第三十三章》）

这几句话，常常被写成条幅挂在办公室里，被当作人生格言。

"知人者智，自知者明"，就是能把别人了解透，称之为"智"；心平气和地了解自己，对人性有极其深刻而全面的洞察，这就是"明"。

人文科学、社会科学的基础都是人性，从某种程度上讲就是人学。一个人文科学或者社会科学的学者，如果不够了

解人性，恐怕是做不好本职工作的。伟大的政治家、大英雄、优秀的社会管理工作者，一定对人性有非常深刻、全面、精准的观察和把握。

"知人者智"和"自知者明"的侧重点不同。"知人者智"侧重于手电筒向外照，照别人；"自知者明"是手电筒向里照，照自己。一个真正的明白人，不仅能够把别人看透，把某件事看清楚，更重要的是能把自己看得清清楚楚、明明白白。人贵有自知之明，因为敢于把自己撕开给自己看，敢于承认自己人性的弱点，如好色、自私、虚荣、爱攀比，需要很大勇气。承认之后，还要力所能及地改正自己的缺点，如果不能一下子改掉，就一点一点地改。

"胜人者有力，自胜者强"，战胜别人的人有力量，战胜自己的人强大。有力者多半莽撞，强大不容易；不要用蛮力，要懂得借力使力。真正的强大是自强，是战胜自己，奋斗一辈子，立在天地之间，有圣贤的气象。

"知足者富，强行者有志"，知道满足的人富有，勤勉力行的人有意志。穷富都是人们自己的感觉，没有固定的标准。真正的富有不是有很多钱、很大的房子，而是在具备一定的物质条件后懂得知足，这是人生的一门必修课。知足不是不奋斗，而是人生的一种状态和境界，是活得自在、祥和。

"不失其所者久"，一个人要想兴旺发达，一定要有自己的支持系统，时时刻刻不忘本。人这一生一定要抓住自己的根本，这个根本就是人的自性，一个人只有领悟到自己的自性，才能心生万法。

"死而不亡者寿"，一个人活到一百岁，就是长寿了，但是活得再长，肉体终归有死亡的那天。虽然肉体死去，依然能发挥活着时的作用和影响，所弘的道不灭亡，这个人的寿命就没有完结。躯体死去，但是道的影响还是存在的。

真正的长寿者，是活着的时候做了利国利民的好事，踩了一个脚印给后世子孙，完成了这一生该完成的历史责任的人。他们品德高尚，为人类社会做出了重大贡献，虽然肉体死了，但是活在人们心中，被人纪念和敬仰，千秋万代，精神不朽。

相信老子，着眼于大道，人的肉体一定会走向消亡，但是大道不亡，人类的生生不息之道还会延续下去。一个人如果以身行道，所践行与弘扬的精神符合社会进步的需要，虽然肉体有消亡的一天，但伟大的精神会永垂不朽。

"上德不德，是以有德"：老子的社会治理思想

很多人希望自己做一个善良的人，去帮助别人、成全别人，在这个过程中，不仅使别人幸福，自己也很快乐。但现实是，乐善好施，助人为乐，帮了别人以后，内心不一定快乐，很可能会痛苦、纠结、挣扎，常常会产生疑问。

做个好人是道德的要求，真正去做好人的时候，又感受不到发自内心的快乐和喜悦，这种现象，应该怎样去理解、引导和校正？

上德不德，是以有德；下德不失德，是以无德。

（节选自《道德经·第三十八章》）

"上德不德，是以有德"，有一种人从来不标榜自己有道德，而这种人恰恰是真正有道德的人。"下德不失德，是以无德"，道德水平不怎么高的人，往往喜欢标榜自己，炫耀自己，在众人面前树立自己有道德的形象。高层次的"德"

不强调表面"有德",因此是"有德"的。低层次的"德",自认为不丧失"德",因此是"无德"的。

"上德不德"和"下德不失德"到底体现了人生的一种什么状态?"上德不德,是以有德",一个真正有道德的人,内心和道、自然规律是一体的,他没必要去标榜自己,他做的一切都是在成全别人、报效社会、服务大众,但是他并不觉得这有什么,这都是自然而然的行为。

为什么有些人帮助别人后反而会痛苦?就是因为他们在做了好事,帮助了别人以后,做不到老子所说的"不德"——这是站在小我的角度,希望别人回报他们,认可他们。这种有求之心,使得他们没有做到"上德不德",而是天天记挂自己做了多少好事,为什么政府不表扬?为什么社会不奖励自己?如此等等,一个人能不痛苦焦虑吗?

所以,如果看到一个人需要帮助,你最好告诉自己,帮人是情怀,是责任。帮了以后,如果这个人懂得感恩,那很好;如果他不懂感恩,也不要纠结、放不下,更不要觉得不公平。如果带着有求之心,希望别人按照自己的期待回报自己,往往会痛苦。我相信,每一个帮助了别人的人,做到"上德不德,是以有德",都会欢喜。

我认为,如果从社会大众的角度理解,"下德不失德"也应该表扬。做好事总是有利于社会,我们要鼓励。如果我们想活得快乐自在，就应尽可能心无所求。

接下来，老子讲了治国的几个层次。

　　　　故失道而后德，失德而后仁，失仁而后义，失义而
后礼。

（节选自《道德经·第三十八章》）

老子讲了一个从高到低的治理体系，分成道、德、仁、义、礼这样几个不同的层次。最高的层次是道的状态；次一级是德的状态；再往下是仁的状态；再往下是义，就是道义的状态；最后是礼的状态。

最高的层次是道，是自然而然的，在大道的状态。领导人或老百姓自然而然在规律里，举手投足、扬眉瞬目都在规矩里，不用刻意为之，道是人，人就是道。

下面的层次就是德。德需要用心为之，不是自然而然的。

仁，就是孔子讲的仁义道德，仁实际上已经有一点标榜的心了。仁也是一种比较高的状态，但是我们要标榜，要号召全社会去做，而且自己要成为一个榜样，让大家去学习。达到仁的层次需要教化，需要全社会的引导和努力。

再往下一个层次，就是义。义的状态是，让人知道是非，知道什么是对的，什么是不对的，要不断地进行强调。

再往下，就是礼。礼和义的区别在于：义是内在的，是内心认为某件事自己应该做；礼已经从内心认为该做转向了外在的形式。比如，尊重师长，如果在义的层次上，是我内心知道，尊重师长是一个道德要求，是我应该去做的，这是从内在的角度去说；如果在礼的层次上，是因为我不尊敬师长会受到惩罚，社会不认可我，所以无论我内心对尊敬师长这种行为是否认同，都要表现出尊敬师长的样子，这个层次就低了。

道、德、仁、义、礼，体现了社会治理的不同层面。在今天这个社会，可以再加一个——法。现在研究法、学法的人都认为法律是个很高的概念，实际上如果放在中国的治理体系里，最高层次应该是道，如果所有老百姓举手投足都遵循道，就不需要外在的规范了，"从心所欲而不逾矩"，这是最理想的社会形态。但我们不能天真，现实中达到这种层次的人很少。法是什么？法是强制性的规范，比如，法律规定了人不能偷盗，不能抢劫，不能杀人。对于一个真正有道的人，是不用去教育他不要杀人，不要偷盗的，因为他本来也不会去做那样的事；但是一个人的层次非常低，和他讲道理讲不通的时候，法律就是他行为的底线，无论他怎么想，都不能去偷盗、抢劫、杀人，否则就会受到惩罚，法律是社会治理的最后一道底线。

因为法的防线还在，人类还有一些文明的特色，还能保持人类的尊严。如果法的防线被突破了，人类恐怕就要胡作非为，往下堕落了，那不是我们所期待的。如果我们只强调法的重要性，实际上是把我们的文明程度给降低了。从社会治理的角度，我们应该强调道、强调德、强调仁、强调义、强调礼，同时也要强调法。

　　当然了，从理想的社会治理的角度看，如果认为人人有道，那未免有些天真，我们不能人为地拔高人类的道德品质。创造、坚持多管齐下的社会治理体系，让我们得以运用各种方式共同把社会管理好，同时在做人方面也给我们带来了非常好的启发。

"小国寡民"：这真的是退步的历史观吗？

　　老子在《道德经》中表达了一种思想，叫"小国寡民"，我们一般认为这是一种退步的历史观，是消极的。如果普通老百姓都知道"小国寡民"是一种退步的思想，难道几百年、几千年才出一个的老子，他看不到吗？实际上，一般老百姓看不到的东西，老子看到了。那么到底什么是"小国寡民"？老子的"小国寡民"真正想表达什么？我们应该从中反思什么？

　　　　小国寡民。使有什伯人之器而不用；使民重死而不远徙；虽有舟舆，无所乘之；虽有甲兵，无所陈之；使民复结绳而用之。甘其食，美其服，安其居，乐其俗。邻国相望，鸡犬之声相闻，民至老死，不相往来。

　　　　　　　　　　　　　　　　　　　（《道德经·第八十章》）

　　"小国寡民"，使国家变小，使人民稀少。"使有什伯人之器而不用"，"什伯人之器"，十倍百倍于人力的器械，即使有复杂的器械，老百姓也不去用，意思是不要盲目地追求自然科学的发展。"使民重死而不远徙"，让老百姓生活在这个地方，看重生死而不愿意到处跑。言外之意，让人们安居乐业，不离开故乡。"虽有舟舆，无所乘之"，虽然有船有车，也不要乘坐，步行就行了，船、车等要在必要的时候才用。"虽有甲兵，无所陈之"，虽然有各种武器，也不去陈兵布阵准备打仗。持有武器是为了保护自己、防止侵略。反过来说，我们虽然爱好和平，但不可以没有军队。"使民复结绳而用之"，结绳记事是文字出现前的状态，是让老百姓恢复朴实纯真的生活状态，心中愉快。

老子并不是反对发展自然科学，他是说不要盲目去追求。科学技术的发展、进步让我们的生活更加方便，但也带来了环保等方方面面的严峻挑战。老子的提醒非常有价值，那么我们应该怎么办呢？应该不是简单地退到"小国寡民"的状态，恐怕也退不回去，我们唯一能做的，就是把老子的告诫铭记于心。任何事情都有两面性，这个世界是公平的，有无相生，我们在追求自然科学飞速发展的同时，一定要重视其对人类文明造成的伤害和冲击，我们应该尽可能地在认识到自然科学的两面作用的基础上，正确处理各种关系，从而让人类的文明可持续发展。如果说科学技术是工具体系，而如何驾驭好工具体系从而造福社会同样重要。如果工具体系发达，而驾驭工具体系的能力不足，势必给人类社会带来危害。

老子说，比较好的状态是这样的："甘其食"，让老百姓吃得比较甜美；"美其服"，衣服穿得漂漂亮亮；"安其居"，居住得特别好；"乐其俗"，享受节日的快乐，能安居乐业；"邻国相望，鸡犬之声相闻，民至老死，不相往来"，相邻的国家平安无事，人民住得很近，交往密切到连鸡狗的叫声都混在一起，却从来不发生战争与摩擦。

老子希望人类不要迷失在追求自然科学和现代文明的途中，而看不到它的问题。客观地讲，老子的说法只是代表了他的善良愿望，这是一种空想的逻辑，但是他的提醒是有价值的，值得我们重视。尽可能地把自然科学带来的挑战看清楚，在这个基础上利用它的优势，限制它的负面作用，这才是我们应该提倡的态度。

"功遂身退，天之道也"：为功之本在于守道

　　关于如何做人，如何做事，在《道德经》第九章，老子从正反两方面对我们进行了教育指导：从反的方面，告诉我们怎么做会倒霉；从正的方面，告诉我们怎么做才能生活顺利，诸事吉祥。

　　　持而盈之，不如其已；揣而锐之，不可常保。金玉满堂，莫之能守；富贵而骄，自遗其咎。功遂身退，天之道也。

（《道德经·第九章》）

　　"持而盈之，不如其已"，"已"就是停止，持守充满，不如适可而止。比如，杯子已经满了，如果再往里面倒水的话，就会溢出来，不如少装一点，到了七八分就可以了，否则迟早洒出来。

　　"揣而锐之，不可常保"，"揣"，捶，将铁器捶磨出尖

刃，不能长久保持刃的锋利，迟早会变钝。比如，年轻人常常锋芒毕露，"满招损"，容易被自满蒙蔽智慧，随时会遭遇挫折。

"金玉满堂，莫之能守"，并不是反对富贵，是说财富到了金玉满堂的程度，就无法守藏，不如适可而止。一个家庭特别有钱，但是能守几代呢？我们到底应该给下一代留下什么？留财富，如果下一代没有德行，财富越多毁得越快。给下一代最好的礼物是智慧和德行。如果下一代有德行、有能力、会驾驭、会组织，可以谋生，就能够依靠自己的能力好好生活。

"富贵而骄，自遗其咎"，富是经济上的，贵是权力上的，富贵意味着权力大，钱又多。"富贵而骄"，骄则必败，就会自讨苦吃，不可长保。无论财富积累到什么程度，都不要失去做人的谦卑之心，对人的尊重、体谅，以及与人分享的美德。

"功遂身退，天之道也"，功成身退，合乎天道，合乎自然运行的规律。人类社会不断地演化，客观上需要不同的人在不同历史阶段承担不同责任。能力足够大的时候，做完事情之后不要贪念功劳、居功自傲，不要死守着自己的职位，应该正确地"身退"，不占着位置。

比如，刘邦取得天下之后分封群臣，封张良为万户侯，意味着有一万户老百姓的封地。张良就非常谦卑地告诉刘邦，他这一辈子能有点成就，不是因为他了不起，是因为他幸运地遇到了刘邦，才能够做成一点事，所以万户侯他万万不敢当。天下已经太平了，他也要退出来了。如果皇帝为了让他老了能有个吃饭的地方，给他"留"地三百多户，能保证他的饮食起居就行了。张良叫"留侯"，他的做法就是"功遂身退"。

"功遂身退，天之道也"，就是告诉我们要遵循道。宇宙有道，社会有道，生活中也有道。宇宙背后根本的规律就只有一个，体现在不同领域、不同方面，道又有不同的具体表现。人生活在天地宇宙中，取得一定成就，完成自己的使命，不要非得多大的回报，一定占住什么样的位置，得到什么样的奖励，那样是自寻烦恼。我们要顺应规律、遵循规律，认清自己这一生的使命，该打拼时就好好打拼，该奉献时就好好奉献，取得了成就以后，也不要居功，不要自傲，把交接棒给后来者。

第七讲
《庄子》

庄子的境界：心无挂碍，才能拥抱自由

庄子在中国哲学史上非常有名，他和老子齐名，并称为"老庄"。庄子在文学、艺术、宗教等领域也有着深远的影响。庄子的那种洒脱，给渴望摆脱束缚、拥抱自由的人很多想象的空间和憧憬的理由。

庄子，约生于公元前369年，卒于公元前286年，宋国蒙人，做过蒙地方的漆园吏。当时的宋国在今安徽、河南和山东交界处。要了解庄子的思想，需要遵循"知人论世"的方法，一方面是"知人"，要了解清楚他本人的状态，这样能更好地理解他的言论。另一方面是"论世"，要了解清楚他的生活背景，知道他为什么这么说，以及他的人生观和价值观等是怎么形成的。庄子生活的时代是战国末期，充斥着征伐、混战、血腥杀戮，有良知、有社会责任感的知识分子对此非常忧心。世事无常，在这种环境里，昨天还在推杯换盏，今天就可能身家不保，人比较容易看破红尘中所谓的功名利禄。

庄子是老子道家思想的继承者和践行者，他用全部身心来践行道家的思想。我们通过两个故事来更好地理解庄子。

第一个是庄子拒绝做官的故事。楚威王听说庄子特别厉害，想让他到楚国做官，就派了两个大夫去请他。当时庄子正好在濮水钓鱼，两个大夫听说以后就去拜见他，说明来意。一般人听到诸侯王让自己去做官，那还不欣喜若狂吗？结果庄子听了以后，不露声色，淡定从容，他对两个大夫讲："你们看到淤泥里的乌龟了吗？乌龟在淤泥里挣扎，每次爬行都非常艰难。乌龟是不是活得不容易？"大夫说："不容易。"庄子说："听说楚威王有一只活了三千年才死去的乌龟，用非常漂亮的绸布包着，每当祭祀的时候，他就把龟甲拿出来供一供。你们觉得乌龟是死后留下龟甲被供奉好，还是活着在淤泥里拖着尾巴爬好呢？"两个大夫说："肯定是活着在淤泥里爬好啊。"庄子就笑了，对两个大夫说："你们回去吧，我宁愿在淤泥里爬来爬去，也不愿意让别人用绸布包起来，放到庙堂里。"

一个人对什么有挂碍，什么就会成为他人生烦恼的根源。"无挂碍故，无有恐怖，远离颠倒梦想，究竟涅槃。"一个人修行到很高的境界，才能心无挂碍，才能远离颠倒梦想。让我们挂碍的，会成为一生痛苦的根源，是我们人生进步的障碍。只有心无挂碍，人生才能减少障碍。无挂碍，是修到很高的程度，庄子就是这样，崇尚自由，名利与地位对他来讲都不重要，他非常超脱。

第二个是庄子拒绝厚葬的故事。庄子去世前，他的学生准备厚葬他。庄子说："什么都不需要，我躺在地上、原野上、草丛里都可以，死了就好。"他的学生听了很难过，说："老师您怎么能这样说？躺在地上，鸟就会把您吃了。"庄子笑了笑，说："那你们准备把我放在哪里？"学生说："一定要给您买很好的棺椁，让您入土为安。"庄子说："你们好偏心呀！我死后放在田野里被鸟吃，你们不愿意，非得把我埋在地下，可是在地下要被虫子吃。反正放在哪里都是被吃掉。"学生说："老师，那也太不像话了，人家都是厚葬，您就在地上一躺，这多不好。"庄子说："你们懂什么？我躺在天地之间，大地就是我的棺椁，宇宙太虚就是我的陪葬品，谁有我富裕？"

这两个心无挂碍的故事，说明庄子实实在在地践行着道家思想和道家智慧。如果我们希望自己能够达到洒脱自在的境界，不妨读一读《庄子》。

《庄子》今本有内篇、外篇、杂篇共三十三篇。内篇有七篇，一般认为这是最能体现庄子思想的代表作。外篇有十五篇，杂篇有十一篇，也是庄子思想的一种体现。

鲲鹏之志：怎样打破自己的天花板去看世界？

《庄子》的第一篇叫《逍遥游》，中学教材里节选了一部分。"逍遥"是一种怎样的境界？

庄子以他特殊的语言风格讲述了一个故事。

> 北冥有鱼，其名为鲲。鲲之大，不知其几千里也。化而为鸟，其名为鹏。鹏之背，不知其几千里也。怒而飞，其翼若垂天之云。是鸟也，海运则将徙于南冥。南冥者，天池也。

（节选自《庄子·逍遥游》）

北方的大海里有一条大鱼叫鲲，不知几千里，有一天突然化为鸟，叫鹏。"鲲鹏之志"来源于此。大鹏飞起，翅膀张开，不知几千里，就像垂天的大云。当大风吹动海水的时候，这只大鹏就要迁徙到南海天池休息。

庄子在后文中还讲到，"且夫水之积也不厚，则其负大舟也无力"，如果积聚的水不深，那么就没有承载大船的力量了；"风之积也不厚，则其负大翼也无力"，如果积聚的风不猛烈，那么就没有负载大翅膀的力量。鲲之所以在海里畅游，鹏之所以飞得那么高，是因为水之积厚、风之积厚。引申来看，尤其是年轻人，如果积累不够，志大才疏，就没办法承载自己的理想。口气很大，把前景描绘得很远大，但是缺乏本事，为人处世、驾驭全局、累积人脉、处理复杂情况的能力远远不够，如何成就大事？一个人的才能、一个人的德行与智慧要配得上自己的"野心"。理想再高妙，如果没有本事承载，都将流于空谈。

鲲鹏飞跃，但是两个小伙伴开始嘲笑它了，一个叫蜩，一个叫学鸠。蜩就是蝉，学鸠就是小斑鸠这样的小鸟。它们说："你飞那么高干吗？我们从地面上一下子就飞到树枝上，在不同的树枝间飞来飞去，饿了就在地上找食，或者在树枝上摘果子吃不就挺好吗，飞那么高，那么辛苦，何必呢？"

很多有大抱负、大追求的人，经常会遭到别人的嘲笑。如何看待这种现象？

小知不及大知，小年不及大年。奚以知其然也？朝菌不知晦朔，蟪蛄不知春秋，此小年也。楚之南有冥灵者，以五百岁为春，五百岁为秋；上古有大椿者，以八千岁为春，八千岁为秋。而彭祖乃今以久特闻，众人匹之，不亦悲乎？

（节选自《庄子·逍遥游》）

"小知不及大知，小年不及大年"，智慧小的，没办法跟智慧大的比，没办法理解大智慧的境界。小蝉与小斑鸠怎么能理解鲲鹏飞到九万里高空的志向？有一种菌早晨生出来，可是很快就死了，不知道一个月的开头和结尾。蟪蛄春生夏死，夏生秋死，知秋不知春，因为它的生命里没有这种经历。楚国南方有一棵神树，它把五百年当作一个春，又把五百年当作一个秋。上古时代有一棵大椿树，它把八千年当作一个春季，再把八千年当作一个秋季。彭祖现在以长寿而闻名于世（据说彭祖活了八百多岁，在春秋时期还活着），人们与他攀比，不可悲吗？

蜩和学鸠嘲笑鲲鹏是源于自己的浅薄无知，它们以自己的小智慧，没有办法真正理解鲲鹏的志向。《逍遥游》启发我们的心智，前面说空间广大深远，后面说时间悠久无尽，告诉我们一个非常深刻的道理：每个人都有自己的认知局限和障碍，一个只知道物欲享受的人，不太可能理解为国为民的情怀。那么，怎样打破自己的天花板去看世界？

故夫知效一官，行比一乡，德合一君而征一国者，其自视也，亦若此矣。而宋荣子犹然笑之。且举世而誉之而不加劝，举世而非之而不加沮，定乎内外之分，辩乎荣辱之境，斯已矣。彼其于世，未数数然也。虽然，犹有未树也。

（节选自《庄子·逍遥游》）

那些才智足以胜任一个官职，能力在一乡人中很出众，道德符合一个君主的心意，又能取得全国人信任的人，也像小雀一样自视甚高。宋荣子嘲笑他们。宋荣子达到了什么境界？全世界的人都称赞他，他并不因此就特别奋勉；全世界的人都诽谤他，他并不因此感到沮丧。苏轼的《定风波》，第一句话是"莫听穿林打叶声，何妨吟啸且徐行"，说的也是这种境界：有自己的主见，有内在的定力和安住的智慧，不为外界的风吹草动所扰。宋荣子境界虽高，但还没达到逍遥的境界。

庄子又讲了一个列子御风而行的故事。

夫列子御风而行，泠然善也，旬有五日而后反；彼于致福者，未数数然也。此虽免乎行，犹有所待者也。若夫乘天地之正，而御六气之辩，以游无穷者，彼且恶乎待哉！故曰：至人无己，神人无功，圣人无名。

（节选自《庄子·逍遥游》）

列子飞了十多天回来了，很多人都羡慕列子会飞，但是庄子指出，这并不值得羡慕。为什么呢？列子离开风能飞吗？就像大鹏鸟靠风飞在空中一样，如果没有风，大鹏鸟就会掉下来，列子也就不能飞了。庄子为什么认为列子御风而行并不值得特别赞叹？真正值得赞叹的是什么？至人、神人和圣人这三种修行状态特别高明的人，都把束缚和阻碍自己的天花板打破了，打破以后再看这个世界，每一种事物该以什么样的状态存在，就以什么样的方式去看待，从而做出合理的选择，达到逍遥的境界。逍遥没有端涯，关键在于"与造物者游"。

"至人无己"，至人修行到一定程度以后，是没有"小我"的。很多人都被"小我"控制住了，是站在"小我"的世界里看别人的。比如，你喜欢对方，就是对方的状态符合你的"小我"的期待；讨厌对方，就是对方的言行表现不符合你的小我的期待。

"神人无功"，神人不在乎功名。很多人喜欢炫耀自己的业绩、成就，这就是为功名所累。人一旦被功名罩住，就没办法看到外面的风景。而神人帮助了别人，救了一个国家，再大一点，就算是拯救了宇宙，也不会放在心上，不会自夸自满。很多人帮助了别人，做了好事，就到处宣扬自己的善行，希望得到表扬，结果是"害生于恩"。到了一定程度，被帮助的人反而会生厌，远离帮助过他的人。

"圣人无名"，圣人视名利如浮云，为国为民，只是在时节因缘里完成自己的使命，早就不再受名缰利锁之绊。

做到这些，回到事情的本来面目，才是大体大用，己立立人，己达达人，尽性尽命，获得意义和价值、德行，致力于生命的完成。

《逍遥游》的最后，记载了梁国宰相惠施和庄子的一段对话。

惠子谓庄子曰："吾有大树，人谓之樗，其大本拥肿而不中绳墨，其小枝卷曲而不中规矩，立之涂，匠者不顾。今子之言，大而无用，众所同去也。"

庄子曰："……今子有大树，患其无用，何不树之于无何有之乡，广莫之野，彷徨乎无为其侧，逍遥乎寝卧其下；不夭斤斧，物无害者，无所可用，安所困苦哉！"

（节选自《庄子·逍遥游》）

惠施说："我有一棵大树，叫樗树，树干上长满了木瘤，无法做栋梁之材，小的树枝弯弯曲曲的，不中规矩，也没办法做成有用的东西，它长在路边，匠人都懒得多看一眼。现在你的话夸大而无用，大家都不相信了。"言外之意是他有做宰相的本领，庄子就不行。庄子说："……这样一棵大树，如果担心它没用，为何不把它种在荒芜而广漠的郊外？悠然自得地徘徊在它旁边，逍遥自在地躺卧在它的下边，是多么惬意的事。它的枝条和枝干并不符合木匠的需要，因此它不会受到斧头砍伐，也没什么东西会伤害到它，它没有什么用处，又怎么会有困苦呢？那么这棵树不是很好吗？"

逍遥，从容不迫，在世俗眼光看来，没什么用，但在庄子看来，无用之用，方为大用。如果从特定的角度看世界，先入为主，只在乎才智、境遇、成就，就会失去人生的第一要义，其实就已经被困住了。如果一切顺其自然，以最适合那种事物的方式去看，就会别有发现。

我们此生的修炼，就是以要突破自己认知的天花板和障碍为目标，心与道合一，超越名缰利锁，有了广度与高度，就可以进入逍遥的境界，游于天地造化之间。

其实所谓的"无用"，并非无用，而是一个人认识被局限之后没有能力发现其他人或者事物的价值。当人们真正超越一切束缚以后，再看世界，就会发现万事万物各有其用。

庄周梦蝶：不被物象拘束，达到精神自由之境

　　《齐物论》开篇讲了一个故事，提出了几个概念，分别是"人籁""地籁""天籁"。

　　子綦靠着几案坐着，仰天缓缓嘘气，好像忘记了他自己的形体一样。他的弟子子游侍奉他，问他为什么会有这样的状态。

　　　　子綦曰："偃，不亦善乎，而问之也！今者吾丧我，汝知之乎？女闻人籁而未闻地籁，女闻地籁而未闻天籁夫！"

　　　　　　　　　　　　　　　　　　（节选自《庄子·齐物论》）

　　"女"，通"汝"，你。子綦说："你这个问题问得好啊！今天我忘掉了自己。你知道吗？你听过人籁却没听过地籁，你听过地籁却没听过天籁。"

　　"人籁"比较好理解，它表现为人所能发出的，尤其是

通过乐器发出的不同的声音，比如，吹笙、吹笛、吹萨克斯、吹小号，等等，不同的乐器可以吹出不同的乐曲。"地籁"，就是当大风吹来的时候，地上的树枝、各种孔穴等发出的不同的声音。大自然为什么有各种声音？是因为状态不一样。比如，有的树洞大，有的树洞小；有的枝条粗，有的枝条细。让不同状态的东西发出不同声音的就是风。

那么，什么是"天籁"呢？

> 子綦曰："夫吹万不同，而使其自已也，咸其自取，怒者其谁邪？"

（节选自《庄子·齐物论》）

子綦说："天籁的音响万变，又能自行停止。这些都是出于自然，有谁能够主使？"

言外之意，这些声音都是天地之音，是风吹到不同物体发出的不同声音。所有不同的声音的背后，发出声音的那个东西是不是一样的？导致所有声音不同的东西是什么？是道。道在万事万物中，都是以不同的方式显现出来，各安其物，各得其所。这是《齐物论》开篇讲的极其深刻的东西。

万事万物显现道的方式不一样，这又有一个问题，就是每一个事物，显现道的这个独特的方式，它既是对道的显现，同时也是对道的遮蔽。

近现代西方哲学探讨的大问题，理性的构建，某种程度上恰恰体现了哲学之思的遮蔽，理性的消解恰恰就是哲学之思的解蔽。德国存在主义哲学大师海德格尔，穷其一生研究了一个问题：真理是怎么显现的？很多西方哲学和艺术都有一个观点，艺术也是真理显现的一种方式。西方哲学几千年以来一直在研究 Being（可译为"存在"或"是"）。海德格尔认为，研究这个世界到底是怎么存在的，要从一个特殊的存在下手，就是人。也就是说，研究人从生到死的状态，是研究世界怎么存在的捷径。

总结一下，万事万物背后的根本，是一，是道。显现道的方式是不一样的，所以表现为万事万物。

怎样才能齐物？这里有两层意思。第一层意思，万事万物千差万别，形形色色，背后是一，以道贯之。"道生一，一生二，二生三，三生万物。"齐物，就是不要纠结于具体事物的象，不要丧失观察事物表象背后本质的能力，要善于体会背后的道。第二层意思，不要只是站在自己的立场上，用自己的视角，用自己的眼界、阅历和见识去看待事物。因为万事万物都在以自己的方式体现道，只用自己的格局、价值观、思维方式去看待，没办法看到事物的真实面貌。《齐物论》里用了四个字——"莫若以明"，把成长过程中形成的各种束缚和局限拿掉，抛开自己先入为主的种种偏见，以空灵的态度去看万事万物，顺着事物本来的情态，如实地观照真实的世界。

没有心理活动，就没有我本身；没有我本身，就无法把心理活动呈现出来。道真实存在，并且没有具体形态。要用明镜之心观察事物的本然，超越执着，看到背后共同的道。道被隐匿起来，有了真假；言辞隐匿起来，有了是非。仅止于地籁和人籁，离天就太远。

《齐物论》最后讲了庄周梦蝶的故事。

> 昔者庄周梦为胡蝶，栩栩然胡蝶也。自喻适志与，不知周也。俄然觉，则蘧蘧然周也。不知周之梦为胡蝶与，胡蝶之梦为周与？周与胡蝶，则必有分矣。此之谓物化。
>
> （节选自《庄子·齐物论》）

庄周有一次做梦，在梦里他变成了蝴蝶，在大自然里翩翩起舞。可是他突然醒了，就怅然若失：究竟是我做梦变成了蝴蝶，还是蝴蝶现在做梦变成了我？"周与胡蝶，则必有分矣"。这就是物我为一。

到底是庄周梦蝴蝶，还是蝴蝶梦庄周？我说说自己的理解。庄周与蝴蝶不过是道的两种物化表现。很多人迷失在一个个具体事物的表象中，而没有能力去体会事物背后的道。执着于蝴蝶这种具体的物象的时候，很难真正去体会道。当我们没有能力认识事物背后的道，而被一个个具体的表象迷惑时，在不同事物的转换中难免会产生困惑。如果从具体的物象升华出去，以道来看，蝴蝶、庄周没有区别，不过是宇宙大道显现出来的不同物化形态而已。

也就是说，当我们产生困惑的时候，就已经迷失在庄周和蝴蝶的具象中了。我们不要被一个个的物象拘束，这样才能体会到道。

"缘督以为经"：修身养性——庄子的养生智慧

人们对读书有很多困惑，读什么样的书，怎样读书，都是大问题。庄子在《养生主》这篇文章里，探讨了我们这一生究竟应该读什么样的书。

> 吾生也有涯，而知也无涯。以有涯随无涯，殆已！已而为知者，殆而已矣！为善无近名，为恶无近刑；缘督以为经，可以保身，可以全生，可以养亲，可以尽年。
>
> （节选自《庄子·养生主》）

"吾生也有涯，而知也无涯。以有涯随无涯，殆已！""涯"，水的边际，引申为有限。这句话的意思是，我的生命是有限的，而宇宙中的知识是无限的，以有限的生命去追逐无限的知识，会陷入危险的境地。不同学科的知识真的是无有穷尽。只跟着事物跑，是无穷尽的，结论就是"以有涯随无涯，殆已"。"已而为知者，殆而已矣"，获得再多的知识也解决不了人生的问题，就会让自己疲惫不堪。如果已经疲惫不堪，仍然继续追逐，那就更危险了。

一个人一辈子能把一座图书馆收藏的书读完吗？几乎是不可能的。庄子告诉我们，要学知识，但更应该学知识背后的道。一流的老师教规律，二流的老师教方法，三流的老师教死知识。死知识是在特定时空形成的，离开了特定时空和存在的边界，可能就没用了。那一个人如果掌握了规律，或者有了智慧，他应该表现为什么状态？

"为善无近名"，做了好事不贪图名声。难道人就不能追求名利吗？每个人的境界和状态不一样。一个人做了好事之后，若是获得了大的、好的名声，就可能会受到别人攻击、怀疑，所以一定要有承受能力。有时候做了好事不一定能收获大的、好的名声，如果对此特别在意，就会产生巨大的失落和痛苦。好的境界是什么？做好事不贪图名声。我做了该做的，尽了自己的责任就可以了，至于社会给不给我名声，政府表扬不表扬我，老百姓是不是拍手称赞，我都不考虑。"为恶无近刑"，做事不要触碰到法律的底线，因为触碰法律底线的后果很严重，我们负担不起。

"缘督以为经，可以保身，可以全生，可以养亲，可以尽年。""督"是什么？任督二脉，这个任督二脉其实就在人身体前后的中间部分。心情放松，顺着中间的督脉，经脉通畅，身体轻松，适得其中，保身全性，远离疾病。这点对现代人而言非常有效，因为现代人大多长期处于一种紧张的状态。

在《养生主》中，庄子讲了四个故事。

第一个是庖丁解牛的故事。

文惠君赞叹庖丁的技术好，庖丁马上就做了回应：

> 臣之所好者道也，进乎技矣……方今之时，臣以神遇而不以目视，官知止而神欲行。依乎天理，批大郤，导大窾，因其固然，技经肯綮之未尝，而况大軱乎！良庖岁更刀，割也；族庖月更刀，折也。今臣之刀十九年矣，所解数千牛矣，而刀刃若新发于硎。
>
> （节选自《庄子·养生主》）

庖丁说："我所爱好的是大道，我是按照道即规律来做的，胜过技术。按照大道，解牛的时候目无全牛，用心神感受，骨头空隙的地方在哪里，应该怎么样引刀。按照牛的原本结构用刀，刀刃活动的范围绰绰有余。好的厨师一年换一把刀，因为他们是用刀割筋肉；一般的厨师没有掌握规律，用刀砍骨头，一个月就要换一把刀。我的刀用了十九年，解过几千头牛了，仍然像新的一样。"

从庖丁解牛的故事中，我们可以悟出一个养生之道：几乎所有的事情中都有天然的理路，所以我们在生活中做事，包括养生，要按照道，依照天理，掌握事物的内在规律，这样才能做到游刃有余。

第二个是公文轩见右师的故事。

公文轩见右师而惊曰："是何人也？恶乎介也？天与，其人与？"曰："天也，非人也。天之生是使独也，人之貌有与也。以是知其天也，非人也。"

（节选自《庄子·养生主》）

公文轩见到一个做过右师的人只有一只脚，于是非常惊讶地问："你为什么只有一只脚？这是天生的，还是人为造成的？"这个人就告诉他："是天生的，是天意，不是人为造成的。生下来就是一只脚，人的外貌是上天给予的。因此知道这是天生的，不是人为的。"

第三个是野鸡的故事。

泽雉十步一啄，百步一饮，不蕲畜乎樊中。神虽王，不善也。

（节选自《庄子·养生主》）

沼泽里的野鸡，走十步才能吃一口食，走一百步才能喝一口水，这是为了防范危险。但是它不愿意被养在笼子里。被养在笼子里的鸡天天有人给食，虽然精神旺盛，但是失去了自由，不值得羡慕。

第四个是秦失吊唁老子的故事。

老聃死，秦失吊之，三号而出。弟子曰："非夫子之友邪？"曰："然。""然则吊焉若此可乎？"曰："然。始也吾以为其人也，而今非也。向吾入而吊焉，有老者哭之如哭其子，少者哭之如哭其母。彼其所以会之，必有不蕲言而言，不蕲哭而哭者。是遁天倍情，忘其所受，古者谓之遁天之刑。适来，夫子时也；适去，夫子顺也。安时而处顺，哀乐不能入也，古者谓是帝之县解。"

（节选自《庄子·养生主》）

老子去世以后，他的朋友秦失前来吊唁，大哭几声就离开了。秦失的弟子问："您这样吊唁朋友，说得过去吗？"秦失说："刚才我进去，很多人哭，有老年人像做父母的哭自己的孩子一样在哭他，有年轻人像做孩子的哭自己的父母一样在哭他。他们会聚在这里，一定有不想说却不得不说的话，不想哭却不得不痛哭的。这是逃遁天理，倍加俗情。我仔细想一想，老子去世意味着什么？如果从天道自然、规律的角度来说，该来就来，老子应时而生；该走就走，老子顺应自然规律死了。安于天理，顺从自然变化，哀伤和喜乐就无法进入人的心里，古人认为，这种状态是从最原始的束缚之中解脱出来了。"

"县解"是什么？"县"通"悬"，意为倒悬，一个人在房子里头朝下，很痛苦，如果把他正过来，他是不是就能舒服一些？普通人以为老子是去世了，但在一个大觉者看来，在人间才是受苦的，在人间活着的状态就像头朝下、脚朝上倒悬着，去世了其实就相当于解除了倒悬的状态，回归到自由自在的状态了。

人的生命禀受于天，忘记了这一点，就是背离了自然。《养生主》里讲的这些故事，归纳起来讲的就是一个字"道"，两个字就是"自然"，从造化中来，到造化中去，顺应天理，听凭天命，顺其自然，接受自己的生命带来的一切。

我们在生活中看任何问题、做任何事的时候，都要符合它们的自然状态。庖丁解牛时为什么那么淡定自在？因为他的每一步操作都是根据牛身体的结构去做的，符合牛的自然状态。右师只有一只脚，大家不理解，可是他天生就这样，符合自然状态。那只野鸡，它并不喜欢被圈养在笼子里，哪怕把水和食物放在它的面前，它也喜欢在田野里边奔跑、啄食，因为那是它的自然状态。老子去世，一般人以为这是很痛苦的事情，但该生的时候他生了，他完成使命后该走的时候走了，也是他的自然状态。每个人都有自己的自然状态，在自然状态上加以优化，而不是人为地扭曲人性，这样才能让我们的生命更加舒展、更加有意义。

庄子在《养生主》中所讲的养生不同于现代生活的养生，这篇文章最后有一句话：

指穷于为薪，火传也，不知其尽也。

（节选自《庄子·养生主》）

一堆柴火有烧尽的时候，但是薪火永远可以传下去。柴可以理解为人的肉体，而薪火可以理解为人的精神。人生最重要的是躯体背后的精神，永无穷尽，逍遥自在，生死也不足以限制。

自事其心：在不安的世界中，如何安定地活？

庄子生活的战国时期，战争频繁，社会动荡不安，人能活着就是一件非常不容易的事情。他在《人间世》这篇文章中，通过几个故事与我们分享了在充满各种冲突的凶险乱世中，我们应该怎样保全自身，如何为人处世。

第一个是颜回请行的故事。颜回特别有责任感，想劝说卫国国君改正自己的错误，不要独断专行、穷兵黩武，真正做到爱民如子，成为一个堂堂正正的好君王。他向孔子辞行，并请求孔子给他做一点指导。

孔子非常严肃地告诉颜回，这一去基本上没有好下场。历史上所有想用自己的主张改变君王，甚至教育君王的，几个有好下场？哪怕是一些忠臣，给那些头脑清醒的皇帝提建议的时候，都得冒着被杀头的危险，更何况卫国国君是一个昏庸的人。颜回听后很紧张，说自己想办一点好事，竟然不会有好下场，怎么办？孔子就非常细致、耐心地给他讲道理。听完之后，颜回心里没底了，他马上就请教孔子，面对这样一个修为不高的国君，自己能不能帮到老百姓？这个时候，孔子就对他说了一个概念——"心斋"。

> 仲尼曰："斋，吾将语若。有而为之，其易邪？易之者，皞天不宜。"
>
> 颜回曰："回之家贫，唯不饮酒不茹荤者数月矣。如此，则可以为斋乎？"曰："是祭祀之斋，非心斋也。"
>
> 回曰："敢问心斋。"
>
> 仲尼曰："若一志！无听之以耳而听之以心，无听之以心而听之以气。听止于耳，心止于符。气也者，虚而待物者也。唯道集虚，虚者，心斋也。"
>
> （节选自《庄子·人间世》）

孔子说："颜回，你让内心达到'斋'的状态，我就告诉你其中的缘由。带着功利之心为之，很难达到目的。"

颜回说："我家很穷，我已经好几个月不喝酒、不吃荤了，像这样可以作为斋戒吗？"孔子说："你这是祭祀之斋，不是心斋。"

颜回问："请问什么是心斋？"

孔子说："心思高度专一，放下眼、耳、鼻、舌、身、意等认识功能对外界的抓取，要做到不用耳去听而用心去听，不用心去听而用气去听。因为心会起各种各样的念头，会影响听到的事情，所以要把知觉打开。听止于耳朵，心止于念头。气，虚空待物。为道是集合虚空，虚空就是心斋。"

颜回要到卫国劝说卫国国君，企图以一个有德者的身份高高在上地教育卫国国君，恐怕不会有效果。孔子针对颜回的想法，提出心斋坐忘，内心自虚自净，不要有任何先入为主的成见，心境要虚灵不昧，看事情明明白白。心斋坐忘，是极大的智慧。

第二个是叶公子高向孔子请教的故事。叶公子高要出使齐国，内心焦躁担忧，因为齐国接待外来使节时总是表面恭敬而不急于行事。于是他向孔子请教。孔子给他讲一番道理，谈到臣子的责任：

自事其心者，哀乐不易施乎前，知其不可奈何而安之若命，德之至也。为人臣子者，固有所不得已，行事之情而忘其身，何暇至于悦生而恶死？夫子其行可矣！

（节选自《庄子·人间世》）

孔子说，培养自己的道德修养，悲哀和欢乐都不容易对自己施加影响，知道无可奈何而能安住于每个当下，这就是道德修养的最高境界。为人臣子，本来就有不得已之处，观察事情的真相并忘掉自身，哪里还顾得上眷恋人生、厌恶死亡呢！这是最佳的状态。

孔子讲述的道理是"自事其心"，先顾好自己的真生命。一般人的内心会随外界情况的变化而出现巨大起伏，比如，遇到高兴的事就得意忘形，遇到难过的事就悲伤过度，所以要修身养性，顺其自然，不要进行过多人为干涉，"哀乐不易施乎前"，不要让哀伤与喜乐轻易干扰自己的心境。

人这一辈子，都希望自己能获得巨大的成功，但有时候我们该做的事可能是看不到希望的，可是必须得做，这就是"功成不必在我"。所以做人一定要有大胸怀，要踏踏实实地去付出努力。

第三个是散木的故事。

一个叫石的匠人去齐国，到了一个叫曲辕的地方，看到一棵被人祭拜的栎树。这棵栎树树冠大到可以遮蔽数千头牛，用绳子绕着量树干，足有十丈粗，树梢高临山巅，离地面八十尺处才分枝，若是能用来造船可造十余艘。可是匠人怎么看这棵树呢？他看的是这棵树有没有用，他看到这棵树之后就在想它能做什么家具。结果发现，别看这棵树长那么高，其实木质很松散，造船船就会沉，做棺椁也很快会朽烂，做成器皿很快会损坏，做屋门很快就会流树脂不合缝，做屋柱就会被虫蛀坏。对这位匠人来说，这棵树用来做什么都不行。于是他对学生讲不要看了，这棵树做什么都不是材料，所以才这么长寿。到了晚上，栎树的树神就托梦给他。

匠石归，栎社见梦曰："女将恶乎比予哉？若将比予于文木邪？夫柤梨橘柚果蓏之属，实熟则剥，剥则辱；大枝折，小枝泄。此以其能苦其生者也，故不终其天年而中道夭，自掊击于世俗者也。物莫不若是。且予求无所可用久矣，几死，乃今得之，为予大用。使予也而有用，且得有此大也邪？且也若与予也皆物也，奈何哉其相物也？而几死之散人，又恶知散木！"

匠石觉而诊其梦。弟子曰："趣取无用，则为社何邪？"曰："密！若无言！彼亦直寄焉，以为不知己者诟厉也。不为社者，且几有翦乎！且也彼其所保与众异，而以义誉之，不亦远乎！"

（节选自《庄子·人间世》）

栎树的树神对这个名叫石的匠人说："你白天的时候带着学生在我面前指手画脚，说我质地不够细密，不适合做家具。山楂树、梨树、橘树、柚子树，等等，果实熟了就会被人用器物重重打下，不仅果子被人打落，枝干也遭受了摧残，大的被折断，小的被拽下，枝干被人任意摧残。这就是因为结果而一生受苦，自己被世俗的人打击，不能终天年而中道夭折。事物莫不如此。而且我寻求无所可用很久了，差点死了，现在才保全性命，因为我的积无用而为大用。假如我有用，怎么能长这么大呢？况且你和我都是物化的某种形态，奈何你这样看待我？你不过是几近死亡的不成材的人，又怎么会明白不成材的树木呢！"

第四个是支离疏的故事。

支离疏者，颐隐于脐，肩高于顶，会撮指天，五管在上，两髀为胁。挫针治繲，足以糊口；鼓策播精，足以食十人。上征武士，则支离攘臂于其间；上有大役，则支离以有常疾不受功；上与病者粟，则受三钟与十束薪。夫支离其形者，犹足以养其身，终其天年，又况支离其德者乎！

（节选自《庄子·人间世》）

有一个人叫支离疏，他的下巴隐藏在肚脐下，双肩比头顶还高，发髻由于脊背弯曲而指向天空，五脏的穴位也都随背向上，两条大腿和两边的胸肋骨并生在一起。他给人缝衣浆洗，足够糊口度日；又替人筛糠簸米，足可养活十口人。因为残疾，支离疏被免除劳役，还能领得三钟粮食和十捆柴草的赈济物资。形体残缺不全的，还足以养活自己，终其天年。有德的人也要以无相的面貌出现，方能规避灾祸。自我标榜，只会给自己招来灾祸。

第五个是楚狂接舆的故事。

> 孔子适楚，楚狂接舆游其门曰："凤兮凤兮，何如德之衰也！来世不可待，往世不可追也。天下有道，圣人成焉；天下无道，圣人生焉；方今之时，仅免刑焉。福轻乎羽，莫之知载；祸重乎地，莫之知避。已乎已乎，临人以德！殆乎殆乎，画地而趋！迷阳迷阳，无伤吾行！吾行郤曲，无伤吾足！"

> （节选《庄子·人间世》）

孔子到楚国去，楚国的一个狂人叫接舆，他到孔子住的地方，指出了德行之路的艰难。他说，凤鸟的德行怎么衰败了！未来不可期待，往事不可追回。天下有道，圣人就能够成就事业；天下无道，圣人就只能苟全性命。当今这个时代，很难免遭刑罚。在人们面前宣扬德行，弄出人为的规范让人们去遵循，危险啊，遍地荆棘，道路曲折，行动困难。

散木的故事、支离疏的故事、楚狂接舆的故事都告诉我们，世事艰难，营营役役，会受很多伤，庄子所谓的"无用"，实际上是在乱世中如何避祸的智慧。"人皆知有用之用，而莫知无用之用也"，人们都知道有用的用处，却不明白无用的大用。这种与众不同的保全自己的方法，不可用一般的道理来解释，我们要明白无用之用的真髓。对庄子的话，我们要放在当时特定的时空中加以理解。通常情况下，人们可以凭借自己的聪明才智赢得发展的机会，但在春秋战国的乱世，过于显露聪明的人往往没有好下场。因此，庄子提出无用之用，实际上是说，在乱世中生存，要远离无意义的是非斗争之地，才能平安过好一生，这是真正的大智慧，否则，机关算尽，耗尽人生，毫无价值与意义，又是何苦呢？

畸人传奇：充实德行，养成个人的魅力

德行是整个人类文化和哲学探讨的问题，庄子讲的这个德行，不是简单的善恶判断，不是形而下的角度，而是一种形而上的人的境界和状态。《德充符》的主旨是如何充实个人的德行。"充"指充实，"符"，是证验。要让自己的德行智慧和宇宙万物相符合。庄子讲了五个故事，为我们展现了德行充实之人的境界。

第一个是王骀的故事。鲁国有一个独脚人，叫王骀。他因为出身王族，所以姓王；因为倦怠言语，所以名骀。王骀为人正直，年轻时犯法受刑被斩掉一只脚。他学养丰富，内心充实，以讲学为生，学生和孔子一样多。有个叫常季的人不服，去请教孔子。后来孔子经过观察得出结论，王骀有大智慧，配得上这样的地位。

庄子通过孔子的话，说王骀修到了一种状态，就是找到了自己的常心。

仲尼曰："死生亦大矣，而不得与之变，虽天地覆坠，亦将不与之遗。审乎无假而不与物迁，命物之化而守其宗也。"

（节选自《庄子·德充符》）

孔子说："死生虽是大问题，而自己的心境却不会随之变化，即使天塌地陷，也不会有失落感。审视自己是否做到了内心安定，心境不随外物变迁，随顺变化而守其根本。"

孔子的话说明王骀找到了人最根本的东西，可以称之为本体。人活着、死了只是容器变了，本体、自性没有变。王骀证悟到了这一点，因此万事万物的变化都扰动不了他，他始终能守住自心，万物皆一，不被自己的形体束缚，以不变应万变，内心圆满充实，这种状态就叫德充。

第二个是申徒嘉的故事。申徒嘉也是一个独脚人，他和郑国的子产是同学，他们的老师是伯昏无人。子产是郑国大夫，看不起申徒嘉，但他们同席而坐听教。有一次下课后，子产很直白地告诉申徒嘉："我先出门，你就留步；你先出门，我就留步。"意思是像你这样身体残疾的人，怎么配和我这样有身份的大夫同进同出呢？

申徒嘉是怎样应对的呢？

申徒嘉曰："自状其过，以不当亡者众；不状其过，以不当存者寡。知不可奈何而安之若命，唯有德者能之……吾与夫子游十九年矣，而未尝知吾兀者也。今子与我游于形骸之内，而子索我于形骸之外，不亦过乎！"子产蹴然改容更貌曰："子无乃称！"

（节选自《庄子·德充符》）

申徒嘉非常严肃地回答子产："为自己申辩，认为自己不该死的人很多；不为自己申辩，认为自己不该活的人很少。明白无可奈何而安之若命，只有有德的人才能做到……我和老师游学十九年，他未曾知道我是独脚人。现在您和我都游于形骸之内（指德行与修为），而您却在形骸之外（指看重一个人的外表）索求我，这不也是过错吗？"子产听了这番话，深感惭愧，马上改变了态度，对申徒嘉说："你不要再说下去了！"

任何人都会有落寞的时候，也会有生活困窘的时候，还有人可能身体残疾，我们都应该活出申徒嘉的状态，不抱怨，不指责，不宣泄情绪，安安心心、欢欢喜喜地过好当下，这是有德者的做法。怨天尤人、随意指责别人、毫不顾忌地发泄自己的情绪，这种行为对我们改变自己的生活没有任何积极的意义，反而会让我们的身体因为自己的不良情绪而垮掉，不如像申徒嘉一样，不管上天给了什么，这一辈子都能活得自在，活得快乐。

第三个是叔山无趾的故事。鲁国的独脚人叔山无趾想跟随孔子学习，但被孔子拒绝了，后来他跟随老子学习。有一次，他与老子谈起孔子。

> 无趾语老聃曰："孔丘之于至人，其未邪？彼何宾宾以学子为？彼且以蕲以诚诡幻怪之名闻，不知至人之以是为己桎梏邪？"老聃曰："胡不直使彼以死生为一条，以可不可为一贯者，解其桎梏，其可乎？"无趾曰："天刑之，安可解！"
>
> （节选自《庄子·德充符》）

叔山无趾问老子："孔子还没达到至人的状态吗？他为什么频频恭谨地来问学于您？他期待以言辞奇特幻怪而出名，不知道至人把这些当作自己的桎梏吗？"老子说："为什么不启发启发孔子，让他明白生死是一条，可与不可是一贯，来解开他的桎梏？"叔山无趾说："这是天刑，怎么能解开！""天刑"这个词启发我们，每一个人都有与生俱来的局限与弱点。能否超越各自的"天刑"，决定了一个人能否实现生命实质性的超越。

注意，这里是借孔子这个文化符号来说自己的观点，并不是真的孔子故事。

第四个是哀骀它的故事。卫国的哀骀它长得很丑，无才干，无权势，无财产，无声誉，无学问，但是卫国人人喜欢他，很多女人甚至想嫁给他。卫国的国君开始还不太相信，就亲自召见他，发现他果然丑陋得让人难以接受，可是真正和他打交道以后，就倾慕他了，考核道德品质后，就信任他了。卫国没有宰相，国君就把国事交给哀骀它，但是几天后哀骀它离开了。对此，孔子评价说：

"今哀骀它，未言而信，无功而亲，使人授己国，唯恐其不受也，是必才全而德不形者也。"

（节选自《庄子·德充符》）

"哀骀它没有说话就得到了别人的信任，没有功劳却得到了他人的亲近，使得别人把国事交给他，还担心他不肯接受。这就是'才全而德不形'啊！"

"才全"，指一个人修行到一定境界以后，和天地万物融为一体，绝不因为个人的好恶伤害万物，而是能够顺着万物的自然状态和秉性成全万物，滋养万物。"德不形"，讲的是一个人修行到一定程度以后，既成全万物、滋养万物，但是又不外露，不在乎名相。一个人真正带给我们美好感觉的，其实不是外在的东西，而是他内在的修养。

第五个是闉跂支离无脤和瓮㼜大瘿的故事。闉跂支离无脤是个虚构的人物，他跛脚、驼背、缺唇，他去游说卫灵公。卫灵公很喜欢他，再看到形体完整的人，就觉得长得实在太难看了。瓮㼜大瘿也是个虚构的人物，脖子上长着瓮那么大的瘤子，他去游说齐桓公。齐桓公很喜欢他，再看形体健全的人，就觉得脖子太细长了。这是什么原因呢？

> 故德有所长，而形有所忘。人不忘其所忘，而忘其所不忘，此谓诚忘。……有人之形，无人之情。有人之形，故群于人；无人之情，故是非不得于身。
>
> （节选自《庄子·德充符》）

庄子说："在德行方面有超乎常人的地方，形体上的丑陋就会被遗忘。人们如果没有把该忘记的东西忘掉，而忘掉了本不该忘记的东西，才是真的遗忘……圣人虽然有常人的形貌，却没有常人那种偏好的情感。有常人的形体，所以能跟常人相处；没有常人那种偏好，所以常人的是是非非不会干扰到他。"

庄子讲的这几个故事，主人公都形貌丑陋或身体有残疾，但他们德行都修到了一定的境界。他通过故事想要表达的是，真正的德行与人的形貌是没有关系的，反衬出很多人的毛病是以貌取人，往往会被事物的表象迷惑，对事物的内在状态缺乏了解。

庄子提出"有人之形，无人之情"，其实就是告诉我们要把人性的弱点去掉，实现自我的超越。当我们把人性的弱点都去掉，超越了自我时，就不会从"小我"的好恶去看世界了，也自然就是"才全"和"德不形"了；到了那个境界，也自然超越了"天刑"；到了那个境界，自然是生命和上天给了什么，都能"知不可奈何而安之若命"；到了那个境界，也就找到了所谓的"常心"。所以《德充符》这一条线就串起来了，这对我们的人生都有所启发。

真人真知："真人"达到了什么样的境界？

古代人最厉害的境界，就是内圣外王，内在的修行为圣，外在完成事业为王。内圣与外王缺一不可，如果一个人的修为和境界没有达到一定的高度，他不可能做出一番事业；反过来讲，如果一个人没有在为国为民的事业中证明自己，内在的修行也是无从谈起。

用庄子的话说，达到这样境界的人就是大宗师。在《大宗师》这一篇里，庄子给大宗师起了个名，叫"真人"。从庄子的视角来看，我们很多人都没有活出真人的状态。什么是真人的状态？自然而然地知天之所为，知人之所为，按照道活着。

> 且有真人而后有真知。何谓真人？古之真人，不逆寡，不雄成，不谟士。若然者，过而弗悔，当而不自得也；若然者，登高不栗，入水不濡，入火不热。是知之能登假于道者也若此。

古之真人，其寝不梦，其觉无忧，其食不甘，其息深深。真人之息以踵，众人之息以喉。屈服者，其嗌言若哇。其耆欲深者，其天机浅。

（节选自《庄子·大宗师》）

一定要有了真人之后才能有真知。什么是真人呢？古代的真人，不欺负少数人，不巩固自己的势力，也不预谋事情，就是无我。错过时机不后悔，成功了也不自得。登高不害怕，下水不觉得湿，入火不感觉炽热，这是因为他的认识达到了大道之境。

古代的真人，睡觉不做梦，醒来无忧愁，食物不耽于甘美，呼吸深沉。真人用脚跟通于涌泉来呼吸，一般人则通过喉咙来呼吸。一个被人侮辱折服的人，说话如鲠在喉，憋屈难受。欲望深重的人，天机就很浅。

"其耆欲深者，其天机浅"，这句话对我们个人的修养有现实意义。一个人如果欲望很深的话，他的智慧一定不高。为什么这么说呢？一个人真正的智慧叫天机，它最容易被欲望蒙蔽。贪财、好色、贪名等等，不管什么样的弱点，都能够让我们丧失对事情的正确判断。一个人如果内心比较干净，别人用任何外在的诱惑来干扰他，他都不为所动，更不会上当。

古之真人，不知说生，不知恶死；其出不䜣，其入不距；翛然而往，翛然而来而已矣。不忘其所始，不求其所终；受而喜之，忘而复之。是之谓不以心捐道，不以人助天。是之谓真人。

（节选自《庄子·大宗师》）

古代的真人，不知以生为乐，也不知厌恶死亡；离开生命不欢喜，进入死亡不排拒；忽然而去，忽然而来罢了，能够掌握住生命。不忘记开始，不寻求终结；承受什么、变成什么，都欢喜，失去了就回到原初。这叫作不用心智去损害大道，也不用人为去扭曲自然。这就是真人了。

古之真人，其状义而不朋，若不足而不承；与乎其觚而不坚也，张乎其虚而不华也……以刑为体者，绰乎其杀也；以礼为翼者，所以行于世也；以知为时者，不得已于事也；以德为循者，言其与有足者至于丘也，而人真以为勤行者也。故其好之也一，其弗好之也一。其一也一，其不一也一。其一与天为徒，其不一与人为徒，天与人不相胜也，是之谓真人。

（节选自《庄子·大宗师》）

古代的真人，高大而不崩坏，好像不足的样子而不居于人下，自然安闲、特立超群而不固执，内心开阔而不浮华……让刑律吻合大道自然，该杀则杀；把礼仪当作羽翼，推行于世；用已掌握的知识去等待时机的人，是因为对各种事情不得已；把道德当作遵循的原则，就像是一个有脚的人登上了山丘，而人们却真以为他是勤于行走的人。所以，真人混同万物，没有好恶之分。一样的东西是一，不一样的东西也是一。认为天和人不互相克制，生活也是道，天道无为，天人和谐，对所有外在的东西都能虚灵不昧、灵灵觉知，对所有外在的是非、好坏都判断得非常清楚，这就是真人。

　　接下来，庄子讲了我们熟知的相濡以沫的故事。

　　　泉涸，鱼相与处于陆，相呴以湿，相濡以沫，不如相忘于江湖。

　　　　　　　　　　　　　　　（节选自《庄子·大宗师》）

　　泉水干涸了，两条鱼困在陆地上，为了活下来，在一起靠彼此吐出的湿气活着。与此相比，它们更愿意回到江湖中好好活着，忘掉彼此。

　　在很多人看来，相濡以沫是个非常好的词，形容两个人互相帮助、互相扶持。实际上庄子认为这不是一种好状态，他说最好的状态叫"不如相忘于江湖"——在大江大湖里边，各自生活得自由自在，把彼此的存在都忘了。对于人来说，忘记世俗政治，超脱现实的烦恼和障碍，按照道本来的规律去生活，自在而洒脱，这才是好的状态。

庄子在《大宗师》一文中举了很多真人的例子。怎样才能修行成真人呢？这篇文章里也讲了一些提高生命层次的方法，比如，撄宁。

　　其为物，无不将也，无不迎也，无不毁也，无不成也，其名为撄宁。撄宁也者，撄而后成者也。

（节选自《庄子·大宗师》）

道对天下万物，没有不送的，没有不迎的，没有不毁灭的，没有不成全的，这就叫"撄宁"。撄宁就是保持心境的安宁，不为外界的事物所扰。这其实就是《道德经》里"致虚极，守静笃，吾以观复"的方法。不追逐外物，慢慢地静下来，静到一定程度以后，心就会产生极大的定力。这个时候再往下沉，当所有外在的事物都不能干扰自己的时候，心就不会随外界事物的变化起伏了。

说起来简单，做起来很难。很多人都因为追逐外在的东西，而忘记了培养内心的定力。很多普通人的快乐就来自追逐外在的东西而得到的快乐，这样的快乐是短暂的。他们不知道，内心有了极大的定力之后产生的快乐才是长久的。

不治而治：庄子的管理学

《应帝王》篇表达了庄子的为政思想，用一系列的故事寓意无为而治，不治而治。

第一个故事，庄子通过蒲衣子的话表达了自己对管理学的见解。

> 啮缺问于王倪，四问而四不知。啮缺因跃而大喜，行以告蒲衣子。蒲衣子曰："而乃今知之乎？有虞氏不及泰氏。有虞氏其犹藏仁以要人，亦得人矣，而未始出于非人。泰氏其卧徐徐，其觉于于；一以己为马，一以己为牛；其知情信，其德甚真，而未始入于非人。"
>
> （节选自《庄子·应帝王》）

啮缺向王倪请教，请教了四次王倪都说不知道。啮缺高兴地跳了起来，把这件事告诉了蒲衣子。蒲衣子说："你现在知道了吗？有虞氏不如泰氏。有虞氏以仁爱之心笼络人心，虽然获得了百姓的拥戴，但没达到真正得道的境界。泰氏睡觉时安稳，醒来时逍遥，任人称呼自己为马、为牛，他的才思真实，他的德行可信，这才是得道的人该有的样子。"

庄子认为，好的管理，应该顺从人性之中善良纯美的天性，而不是人为进行干涉。顺应人性里纯美善良的天性，每一个人都知道该怎么做，都知道什么是危险，都知道怎样约束自己的行为，整个社会自然就会呈现出井然有序的状态。这种时候，外部的管理者再强迫老百姓不怎么样或者怎么样，那都是画蛇添足。

第二个是肩吾见狂接舆的故事。狂接舆有一番话，从另外一个角度体现了庄子的管理学思想。

肩吾见狂接舆，狂接舆曰："日中始何以语女？"肩吾曰："告我，君人者以己出经式义度，人孰敢不听而化诸！"狂接舆曰："是欺德也。其于治天下也，犹涉海凿河，而使蚊负山也。夫圣人之治也，治外乎？正而后行，确乎能其事者而已矣。且鸟高飞以避矰弋之害，鼷鼠深穴乎神丘之下以避熏凿之患，而曾二虫之无知！"

（节选自《庄子·应帝王》）

肩吾见狂接舆。狂接舆说："日中始跟你说什么了？"肩吾说:"他告诉我,国君凭借自己的意志制定法度,谁敢不遵从呢!"狂接舆说:"这是欺狂的做法。那样治天下,就像在海里挖河道、让蚊子背起大山一样不合理。圣人治理天下,难道是通过外在的强权和禁锢吗?他是顺应万物的本性罢了。鸟儿知道用高飞的办法来躲避罗网弓箭的伤害,鼷鼠知道用深藏于神坛之下的洞穴的方法来躲避烟熏挖掘的伤害,这能说鸟鼠都是无知的吗?"

庄子认为,治理社会,不要过于强调各种制度,为了彰显管理而把整个秩序打乱不是好现象。要引导人们,使其能够做出正确的判断和自我约束。其实人都有这种能力,人心得到净化后,人们就会自律,自然就能达到这种状态了。

第三个是天根和无名人谈话的故事。天根闲游的时候到了阴山南面的蓼水河岸边,遇到一个无名人,于是向他请教治理天下的方法。无名人提出了一个令天下大治的方法。

无名人曰:"汝游心于淡,合气于漠,顺物自然而无容私焉,而天下治矣。"

(节选自《庄子·应帝王》)

无名人说:"你要保持本性,让自己的心游于恬淡之境,顺着事物的规律,去除个人的偏私,天下就可以大治了。"

谁不遵循规律，谁就会受到惩罚，在规律面前没有人可以特殊。为什么很多人不懂得顺物自然，不遵循规律？其原因就是有私，有自己的偏执和想得到的利益，就很难去顺物自然、顺应规律。

第四个故事，讲的是阳子居和老子的对话，我们看重点部分。

老聃曰："明王之治：功盖天下而似不自己，化贷万物而民弗恃；有莫举名，使物自喜；立乎不测，而游于无有者也。"

（节选自《庄子·应帝王》）

老子说："圣明的君王治理天下是这样的：他能够潜移默化、不着痕迹地成全天下人，但是天下的人似乎不觉得他存在；他有功德却不追求名声，使万事万物各居其所；他立身于不可测之地，遨游于虚无之境。"

明王之治是庄子认为比较理想的管理状态，这需要极高的境界和水平：第一，要有极大的智慧，按照规律去成全大众；第二，要有极高的境界，不标榜自己，在悄无声息的过程中，把该办的事都办了。领导人有成全万物之心，有好生之德，不求名、不求利，而老百姓本身没那么多欲望，没那么多私心，也没那么多弱点，都安守本分，做各自的事，这种状态比较理想。

第五个是列子问道的故事。

列子的老师叫壶子，列子一直跟他学习。有一天列子遇到一个人叫季咸，是个有神通的巫师，看相很准。列子对老师说："我跟你学习那么多年，以为你有水平，今天见了季咸之后，我才知道你那点儿水平不怎么样。"壶子听了，就笑了："你虽然跟我学习那么多年，但我根本没办法对你讲高水平的东西，所以你也没见过什么高妙的。你盲目崇拜季咸，认为他水平很高，那这样吧，你让他来看看我。"季咸总共看了壶子四次，壶子就展现了自己的四种状态。

第一次见面之后，季咸对列子说："赶紧给你的老师买棺材准备后事，你的老师生机闭塞，恐怕不久于人世。"结果列子当真了，哭哭啼啼地去见壶子，说："季咸告诉我，你快不行了。"壶子听了哈哈大笑说："你好糊涂。季咸来看我的时候，我把我的生机都闭塞了。你让他再来见我一次。"

第二次会面以后，季咸告诉列子："幸亏让我来，你的老师因为我得救了，他有一点生机，从脚后跟开始。"列子把季咸的话告诉了壶子，壶子又笑了，他说："这一次，我把生发之机展现给他，所以他觉得我有生机。你让他再来见我一次。"

第三次见面之后，季咸告诉列子："这次你老师的状态有点动荡，不知道他到底是什么状态，现在我还不敢下结论。"听了列子的转述，壶子又笑了，他说："我只是把两三种境界展现给他，并在不同境界之间转换，所以他摸不准我的底细。你再让他见我一次吧。"

第四次见面，季咸大惊失色，仓皇出逃。列子就追出去了，问他跑什么。季咸说："我今天见到你老师的状态，我完全看不清楚深浅。"列子就对老师说："季咸说这次根本没办法看出你的高低深浅。"壶子又笑了，他说："这次我把我证悟大道之后遨游于宇宙之间的状态展示给他，他怎么可能看出来呢？"列子马上给老师磕头，承认自己真的是被雕虫小技蒙蔽了，向老师忏悔、自责。列子回到家后，安安稳稳的，不谈名相了，也不谈高妙的理论了，连续三年都让整个身心安守在当下。

这个故事告诉我们，真正的大道是什么，雕虫小技是什么。壶子和季咸的故事，与管理学有什么关系？庄子讲的管理学如果想变成现实，非得有壶子这种虚己顺应的能力才行。到了这种状态就很自然地顺物自然而无容私，很自然就能达到明王之治的水平了。

第六个是浑沌被凿七窍的故事。

南海之帝为儵，北海之帝为忽，中央之帝为浑沌。儵与忽时相与遇于浑沌之地，浑沌待之甚善。儵与忽谋报浑沌之德，曰："人皆有七窍以视听食息，此独无有，尝试凿之。"日凿一窍，七日而浑沌死。

（节选自《庄子·应帝王》）

南海的帝王叫儵，北海的帝王叫忽，中央的帝王叫浑沌。儵和忽一起到浑沌那里做客，浑沌用最好的东西来招待他们。儵和忽发现一个问题，就是浑沌脸上没有七窍，他们觉得人都有七窍可以看、听、吃、呼吸等，只有浑沌没有，真是可惜，于是开始给浑沌凿七窍。每天凿一孔，七个孔凿完了，浑沌就死了。

这个故事和管理学有什么关系呢？

"日凿一窍，七日而浑沌死"，揭示了一个道理，如果一个人迷恋于眼、耳、鼻、舌、身、意，迷恋于所谓的认知能力，是没办法领悟大道的。要想真正开发出遨游于天地之间的那种大的智慧，一定要像浑沌这样，把眼、耳、鼻、舌、身、意七窍关闭。这个关闭并不是不用，而是指一个人要保证自己的内在心性和智慧不被这七窍迷惑。儵和忽给浑沌开七窍，相当于让他逐渐迷恋于眼、耳、鼻、舌、身、意，他先天的灵性就丧失了，这就表现为浑沌之死。真正的明王之治和庄子所认为的好的管理学，不是靠后天的这些东西，是开发出了内在的智慧之后所达到的境界。

　　庄子讲的管理学，对我们很有启发。但我们也得很清醒地看到现实。现实中的人不是浑沌，都有各种弱点，在人的层次没有达到一定高度的情况下，各种制度的约束也是不可避免的。但是在管理的方向上，我们应该从庄子这里吸取智慧，顺应规律，尊重真理，并争取达到人人自律、人人都能管好自己的理想状态，这个时候，最有向心力、凝聚力，能够以最少的管理成本达到最好的效果。

坎井之蛙：有什么样的认知，就有什么样的命运

　　庄子的思想，起意很高，意境很玄远，但庄子也说明了如何达到某种关键的境界，如逍遥、真人等，《庄子·秋水》中就有一些可操作性的东西。

　　秋水，就是秋天的大水。秋天发大水的时候，各个支流都汇集到主河里，浩浩荡荡前行，两端渚崖之间不辨牛马。河里的神河伯就很得意，觉得自己真了不起。他顺着水东行到了北海，一望根本看不到尽头，多少的大江、大河注入大海，水也不见多，太阳无论怎么蒸发，水也不见少。河伯没有见过这种一望无际的大景象，心里怅然若失，感慨说："我以前听到了一些很高妙的道理，觉得很浅陋。可是真见了高人，听了人家讲的玄远，才知道自己曾经固守的道理是多么可笑。我原来不太理解这话，今天真正见到大海的时候，才知道真是这样。我原来很自傲，觉得自己了不起，真的是见笑于大方。"北海的神海若就教育河伯：

> 井蛙不可以语于海者，拘于虚也；夏虫不可以语于冰者，笃于时也；曲士不可以语于道者，束于教也。

（节选自《庄子·秋水》）

这句话讲的是超越自己，以及追求更高的层次面临的三大障碍。

"井蛙不可以语于海者，拘于虚也"，井里的蛙看到的永远只是巴掌大的天空，还有一两颗星星，你给它讲群星灿烂，它不会理解。因为它被自己的生活处境拘束着。

"夏虫不可以语于冰者，笃于时也"，给夏天的虫子讲冬天的冰川多么壮美，大雪纷飞的景象多么美丽，夏虫不会懂。因为它根本没有经历过，它被时空局限住了。

"曲士不可以语于道者，束于教也"，被自己的知识结构局限的人，你给他讲大道，他理解不了。所以学儒家的不要为儒家所困，学道家的也不要为道家所困，学点欧美的东西，也不要被欧美所困。因为不同学科、不同学问背后都是真理，是宇宙的真相，或者叫实相。

海若说，人类要想悟得大道，还有几条需要警戒：

> 无以人灭天，无以故灭命，无以得殉名。谨守而勿失，是谓反其真。

（节选自《庄子·秋水》）

关于"无以人灭天"，他讲了一个故事。有一个动物叫夔，只有一只脚，走路很不容易，它就羡慕脚特别多的蚿。蚿却特别羡慕蛇，因为蛇虽然没有脚，但是爬行速度非常快。蛇说："我没什么值得羡慕的，我羡慕风，根本不需要在地上爬就可以从北海到南海。"其实，无论一只脚还是多只脚，或是没有脚，都是自然的状态。

其实，夔、蚿、蛇、风的对话中，风还说过这样一句话：

> 然。予蓬蓬然起于北海而入于南海也，然而指我则胜我，鳍我亦胜我。虽然，夫折大木，蜚大屋者，唯我能也，故以众小不胜为大胜也。为大胜者，唯圣人能之。

（节选自《庄子·秋水》）

风说："我从北海开始刮，一路刮到南海，但是过程中也有人对我指手画脚、拳打脚踢，其实我拿这些人也没办法。可是吹翻高大的树木，把很大的屋子掀掉，这些是我能做的，一般的人是做不到的。取得大的胜利，顺应世间的变化，只有圣人能做得到。"

所以，一个人在做事或者生活的时候，不要与众小争胜，要有大的使命感、大的担当，不拘细节，不拘泥于小人的诋毁，勇敢前行，这样最终才能获得成就。这种气概、气魄和智慧，是有圣人境界的人才能做到的。

每个人在生活中都有很多不如意，甚至会遭遇羞辱、不理解、责骂、耻笑，等等，我们所要做的是，像大风一样为了自己的使命和担当前行，不拘于小节，不被牵绊。

"无以故灭命"，讲的是孔子游于匡，在当地被围困以后，孔子生活受到了极大的挑战，子路质问孔子，这时候孔子给他讲一番道理，说人是有天命的，也就是说人来到这个世界，这一辈子是有自己该完成的任务的，这个叫命，逃避任务，而想泯灭自己的天命，这是不可能的。孔子说，推行仁义道德于天下，这是他的命，他现在被围困在这里，生活非常落魄，但是他相信自己最终一定会将仁义道德推行于天下。

"无以得殉名"，不要为了追求虚名而让自己丧失本性。

"谨守而勿失，是谓反其真"，"反其真"，就是要回归到自然纯真的本性，活泼地流露出来的状态。人应该活得又自在又逍遥，对外表现得非常自律，也不需要外在的很多束缚来约束自己。

下面讲的是公孙龙和魏牟的对话，在春秋战国时候，公孙龙的学说强调辩，注重名相。公孙龙有一次遇到庄子，他觉得庄子的智慧非常大，像自己这样一个标新立异、注重辞章、注重逻辑、注重辩论的人，想刁难庄子，却不知道从何说起。

公孙龙就问魏牟，魏牟就对他进行一番教育，说他根本没有能力去了解庄子。魏牟还讲了一个井底之蛙的故事。

子独不闻夫坎井之蛙乎？谓东海之鳖曰："吾乐与！出跳梁乎井干之上，入休乎缺甃之崖；赴水则接腋持颐，蹶泥则没足灭跗；还虷、蟹与蝌蚪，莫吾能若也。且夫擅一壑之水，而跨跱坎井之乐，此亦至矣。夫子奚不时来入观乎？"东海之鳖左足未入，而右膝已絷矣。于是逡巡而却，告之海曰："夫千里之远，不足以举其大；千仞之高，不足以极其深。禹之时十年九潦，而水弗为加益；汤之时八年七旱，而崖不为加损。夫不为顷久推移，不以多少进退者，此亦东海之大乐也。"于是坎井之蛙闻之，适适然惊，规规然自失也。

（节选自《庄子·秋水》）

公孙龙说："你没听过坎井之蛙的故事吗？坎井里的蛙对东海的鳖炫耀：'你看我多好，蹬两下腿就从东边的井壁游到西边的井壁了，在井里游来游去，饿了就吃虫子。'东海的鳖说：'既然你生活得那么自在，我就到井里面看看去吧。'结果东海的鳖刚下一条腿，身子就被井口卡住了，因为鳖的身体很大，而这口井很小。东海的鳖说：'你觉得好的，其实就是巴掌大的天和方圆几尺的水面。我生活的环境，东海下十年的雨水都不见多，太阳怎么蒸发水也不见少，所有的河流都汇集过来也不见水多，大海之大，烟波浩渺。'坎井里的蛙听了，感觉很茫然。"

魏公子通过寓言故事告诉公孙龙，守着几个概念，凭借自己的一点辩论技巧，就想和见过天地之辽阔的庄子相比，这不就像井底之蛙与见过东海的鳖相比吗？你只有这点小伎俩，见到庄子的时候，一定会被庄子折服。最终你可能学庄子也没学会，现在能够混一碗饭吃的技能也忘掉了。听了这些，公孙龙心神恍惚，呆呆地张着嘴，不知道说什么好，后来悄悄地溜走了。

这个故事告诉我们，千万不要为了守住自己的虚名而用尽各种办法。什么叫"反其真"？就是要回归纯真自然的本性。

机械与机心：我们应该怎样读经典？

《庄子·天地》里面讲了一个故事。

子贡有一次到南边的楚国游览，回来的时候经过汉水。在汉水南岸，他看到一个老人正在种菜。老人抱着水瓮从井中取水，然后再跑到菜园子，非常费事地来来回回浇水。子贡看了以后就对老人说："老人家，有一种机械，一天可以浇上百畦，用力又少，功效又大，您为什么不用呢？"子贡以为告诉老人有这种机械，老人应该会感激他。谁料，老人听了却生气了。

> 为圃者忿然作色而笑曰："吾闻之吾师，有机械者必有机事，有机事者必有机心。机心存于胸中，则纯白不备；纯白不备，则神生不定；神生不定者，道之所不载也。吾非不知，羞而不为也。"子贡瞒然惭，俯而不对。

> （节选自《庄子·天地》）

老人气得脸色都变了，然后又笑着说："我听我的老师说，有了机械之类的东西，就会有机巧之事，有了机巧之事，就一定有机巧之心。人一旦有了机巧之心，纯洁空明的心境就没有了，然后精神就会不安定。精神不能安定的人，是无法载道的。你说的机械我不是不知道，而是我感到羞耻，不愿意用啊。"子贡听了非常羞愧，低下头去说不出话来。

实际上，老人对大道的领会非常深刻。"有机械者必有机事，有机事者必有机心"，表面上看是机械设备的发明，但是，一旦有了投机取巧、节省力气的心机，"机心存于胸中"就"纯白不备"，意味着内心受到污染了。各种欲望、私心就容易把人牵引得心神不宁。心神不宁，就与道无缘，内在的灵性就丧失了，开始患得患失，在追逐利益的过程中，智慧就迷失了。所以老人讲"吾非不知，羞而不为也"，我不是不知道有这样的机械，而是羞于去使用它们。

中国文化特别注重内心的纯净，儒、释、道三家都强调修炼心性，告诉我们怎样不断超越人性的弱点，从而达到虚室生白的效果，心灵很纯净、很善良。

自从庄子辩倒了名家，中国的逻辑学就不太受重视，因而影响了对自然科学的重视和深度研发，近代中国自然科学的发展远远落后于西方，与此不无关系。生活在现代社会的我们应该认识到，绝不可忽视自然科学，但自然科学的研究必须有正确价值观的引导，形成尊重科学的社会氛围，鼓励更多的人探究世界的奥秘，探究真理，让人类生活得更幸福。

第二个故事来自《庄子·天道》。

> 桓公读书于堂上，轮扁斫轮于堂下，释椎凿而上，问桓公曰："敢问，公之所读者，何言邪？"公曰："圣人之言也。"曰："圣人在乎？"公曰："已死矣。"曰："然则君之所读者，古人之糟魄已夫！"桓公曰："寡人读书，轮人安得议乎！有说则可，无说则死。"轮扁曰："臣也以臣之事观之。斫轮，徐则甘而不固，疾则苦而不入，不徐不疾，得之于手而应于心，口不能言，有数存焉于其间。臣不能以喻臣之子，臣之子亦不能受之于臣，是以行年七十而老斫轮。古之人与其不可传也死矣，然则君之所读者，古人之糟魄已夫！"

（节选自《庄子·天道》）

有一次桓公读书，轮扁在砍各种木料，给他造车。桓公读书很认真，有时候会读出声来。轮扁就放下器具，走到桓公那里，问桓公读的什么书。桓公说："我读的是圣人的书。"轮扁问："圣人还在吗？"桓公回答："已经去世了。"轮扁非常直白地说："那您读什么？您读的不过是一些古人的糟粕罢了。"桓公就不高兴了："我是诸侯王，读书人，还能轮到你这个做车子的人随便议论？"他让轮扁讲出道理来。

轮扁说："大王，我用我的工作给您讲一讲，比如，我做车轮子，如果做得太慢、太细，不仅影响工期，榫头也会出现大的磨损；如果做得太快、太粗糙，车子行走时轮子可能就不牢固。我这几十年做下去，其中的很多奥妙和独到的体会，我都说不出来。我就是教给我的儿子，教给我的孙子，教给我最喜欢的徒弟，我都教不出来。因为基本的榫卯应和方法可以教，可是真正微妙的地方，非得自己去体会才行，没办法用语言说出来。大王您读圣贤书，圣贤证悟到的境界，他们在人生中独到的体会，是文字能够表达出来的吗？大王您读的那些，只是圣人修行到一定层次以后能说出来的，而那些非常微妙的境界，内心里证悟的东西，是没办法用语言表达的。"

轮扁的话让我想起一个问题：当今时代，我们还要不要读经典？我认为要读！但是一定不要拘泥于文字。文字是道和智慧的载体，真正的道是需要我们自己去证悟、去领会、去体悟的。我们一方面要通过读书去领会先贤的智慧，延续先贤的思考往前走；另一方面，面对新时代、新问题、新挑战，我们要往前看，用我们的智慧做出崭新的回答，这样才能让中华文化薪火相传，代代出新。第一个故事中取水的老人警惕"有机事者必有机心"，因而反对使用先进的自然科学技术。但到了近代，人类自然科学开始突飞猛进，在这样的历史背景下，如果中国还不重视自然科学的作用，就会遭遇落后挨打的困局。技术是一种工具，只要道不迷失，将工具很好地用于为人民服务就好。学习中国的思想史，既要尽可能深入、全面地了解其原貌，也要着眼当下与未来，真正能超越历史上的认知，推陈出新。

从喜音频文学·分享人类智慧

天喜文化

从声音到文字，分类入大道

中华文化
经典课

下

郭继承

著

天地出版社

TIANDI PRESS

目录

第二十二讲 禅 宗

第二十三讲 韩 愈

第十九讲

《史记》

"究天人之际，通古今之变"

如果被问到谁是中国历史上最伟大的史学家，一定会有很多人给出的答案是司马迁。鲁迅先生这样评价司马迁写的《史记》："史家之绝唱，无韵之《离骚》。"《史记》是中国第一部纪传体通史，记述了从黄帝时代至汉武帝太初四年间共3000多年的历史。在文学方面，《史记》也有很高的价值。

司马迁是我国西汉时期的史学家、文学家、思想家，关于他出生的年份说法不一，有人认为是公元前145年，也有人认为是公元前135年。司马迁完成《史记》的撰写之后不知所终，关于他的去世时间，历史上也没有明确的记载。

司马迁出生在龙门（今陕西省韩城市东北），他的父亲叫司马谈，曾在汉武帝建元、元丰年间做太史令，主要负责天文、历法、历史资料的编辑整理。司马谈教子有方，他认为司马迁如果想做出一番事业，或者想继承家族的使命去修撰史书，就不能做一个只在书斋里读书的人，还要有广博的见闻——不仅要读万卷书，还要行万里路。司马迁10岁的时候就随父亲到了长安，开始学习历史和古文，20岁的时候就在父亲的鼓励下开始游历四方。他到会稽山探访了禹穴，到九嶷山瞻仰了舜的坟墓，到孔子故里曲阜拜谒了孔庙、孔陵，到临淄拜访了稷下学宫，又考察了楚汉战争的遗迹……这次游历让司马迁的心智发生了很大的变化，他的胸襟比以前开阔了很多。司马迁回到长安后不久，便因父亲为官而被保任为郎中，随侍皇帝左右。后来又奉命出使了巴蜀以南，到过邛都、笮都和昆明，然后才返回来。

公元前110年，汉武帝举行封禅大典，司马谈因病不能随驾，留在了洛阳，为此他深感遗憾。正好司马迁从云南出使回来，父子俩在洛阳相见。司马谈拉住司马迁的手，流着眼泪嘱托司马迁一定要继承自己的遗志，接替他做太史令，并完成他没能完成的历史著作。司马谈说，早在虞舜夏禹的时代，司马家族就有过显赫的功名，主管过天文。周朝时，司马家族的祖先就是太史，为国家编纂历史，修天文历法，如果司马迁也当上了太史令，就继承了家族的事业。

司马谈指出，孔子就是在整理文献的时候写史书《春秋》的。孔子不仅让中国几百年的历史文献得到整理，文化成果得到了保留，而且以自己清晰的价值观，对社会治理、文脉传承都产生了非常重大的影响。鲁哀公去郊区打猎的时候抓到一只麒麟。孔子认为，麒麟是祥瑞之兽，而祥瑞之兽在圣人在世的时候才会出现。麒麟出现之后不但没有受到尊重，反而被人在打猎的时候抓住了，这象征着这个时代即便有圣人出现，也不会受尊重，更不可能承担什么重要的历史责任，反而会被人羞辱。所以孔子在鲁哀公抓到麒麟之后就封笔了。孔子封笔到此时已经400多年了，司马谈认为，司马迁应该把记载历史的责任承担起来。司马谈还对孝进行了阐释。他说，立身行道，扬名后世，做成一番利国利民的事业，这才是真正的孝。

司马谈虽然没有像他儿子司马迁一样创作出那么优秀的历史著作，但是从他对儿子的这一番要求，可以看出他的抱负与大局观、历史观。司马迁听了他父亲的话后非常动容，他向父亲表态，虽然自己能力不大，但是父亲对他的教导，他都会铭记在心；父亲要求他去完成的使命，他也会全心全意地去做。公元前108年，司马迁继承了父亲的职位，任太史令，职掌天时星历，管理国家图籍。做完本职工作，他就在国家藏书的地方阅读、整理资料，为完成父亲的遗愿做准备。公元前104年，司马迁开始写《史记》。

在司马迁生活的时代，有很多非常了不起的知识分子，其中有两位对司马迁影响很大，一位是董仲舒，另一位是孔安国。董仲舒是司马迁的今文经学老师，他把儒家的学问传授给司马迁，而且让司马迁认识到，历史绝对不仅仅是客观事实的记录，历史背后都有史观作为支撑，同样的历史故事，持不同史观或者不同方法论的人去解读，所获得的启发必然有所不同，这正是历史的精彩之处。孔安国是司马迁的古文经学老师，司马迁研究《尧典》《禹贡》等古文时曾向他请教。

在司马迁编撰史书的过程中，有一件事对他影响非常大。公元前99年，汉武帝派贰师将军李广利出征匈奴，而李广利正是汉武帝的宠妃李夫人的哥哥。李广利在征匈奴的时候被匈奴困住了，汉武帝想派骑都尉李陵去送辎重，也就是马匹、粮草等东西。李陵很有志气，他自请带5000兵马，欲直掏匈奴单于的老巢。结果他迷路了，被匈奴的大兵包围，战争非常惨烈，他以5000兵马，斩杀了1万多匈奴士兵，弹尽粮绝后被抓，不得已投降了匈奴。汉武帝听说以后勃然大怒，战争的失败和将领的投降让他倍感耻辱，难以忍受。朝中大多数臣子都迎合汉武帝说李陵的种种不对，司马迁却站出来为李陵说了好话，他说李陵平时对父母很孝顺，对人也很讲诚信，在这次战斗中，李陵以5000兵马斩杀了1万多敌兵，最后弹尽粮绝，一定很无奈。司马迁认为，李陵一定是诈降，如果有机会，他会回来的。

汉武帝听了司马迁的话，派公孙敖去迎接李陵，结果没有接回来。公孙敖回来后向汉武帝进谗言，说李陵投降匈奴以后帮着匈奴练兵，准备反攻汉朝。汉武帝怒不可遏，不仅处死了李陵全家，而且迁怒于司马迁，对司马迁施以宫刑。这样的刑罚对正常人而言是无法忍受的，但是为了完成自己的著作，司马迁忍辱负重。司马迁在《报任安书》里说，他受此大辱，本来没有脸面苟活，但是他还有志愿没有完成，所以即便要忍受屈辱，他也要活下来。历史上有很多获得了大成就的人，都曾经历了很多磨难。比如，周文王被拘禁而扩写了《周易》，孔子困窘而作《春秋》，屈原被放逐才写了《离骚》，左丘明失去视力后才写了《国语》，孙膑被挖去膝盖骨才写出了《孙子兵法》……这些人成了司马迁的动力。司马迁说自己写这本书要"究天人之际，通古今之变，成一家之言"，要探究天道和人事之间的关系，把几千年以来历史的演变规律记述下来，成为一家的言论。考虑到书中一些内容有批判性，如果被汉武帝发现，很可能会被焚毁，因此他打算写成之后将这本书"藏之于名山，传之于后世"。

　　这部书是怎么见之于世的呢？司马迁有一个女儿，嫁给了杨敞。汉昭帝在位时，杨敞做了丞相。司马迁死后，他的家人把《史记》藏在了杨敞夫妇的家中。杨敞夫妇生了两个儿子，大儿子叫杨忠，小儿子叫杨恽。杨恽自幼聪明好学，喜欢研读历史书籍，所以他妈妈经常把司马迁写的这部书拿给他看。杨恽被此书深深地吸引，每次读到这本书都会掉眼泪——一方面是因为这本书写得很好，另一方面是因为外祖父的悲惨遭遇。汉宣帝统治时期，政通人和，杨恽做了平通侯，他上书汉宣帝，把《史记》献了出来。汉宣帝对这部书非常认可，于是《史记》流传出来，成为一部经典著作。

任何一个时代都有种种挑战，都没有人能够在轻歌曼舞中成就一番伟大功业。很多有大成就者都经历过在夹缝中求生存的艰苦时光，经历了无数的磨难与考验，最终才寻找到人生的光亮并有所成就。

秦始皇：千古一帝

秦始皇是秦王朝的开国皇帝，他奠定了中国两千余年政治制度的基本格局，被明代思想家李贽誉为"千古一帝"。司马迁所著《史记》中的《秦始皇本纪》记述了秦王朝的始末，也描写了秦始皇的一生。

秦始皇帝者，秦庄襄王子也。庄襄王为秦质子于赵，见吕不韦姬，悦而取之，生始皇。以秦昭王四十八年正月生于邯郸。及生，名为政，姓赵氏。年十三岁，庄襄王死，政代立为秦王。

（节选自《史记·秦始皇本纪》）

秦始皇出生于公元前259年，去世于公元前210年。秦始皇的父亲是庄襄王。庄襄王本名叫嬴异人，他早年被秦国送去赵国做人质，在赵国遇到了吕不韦。吕不韦来自卫国，是一个非常精明的商人。吕不韦了解嬴异人的情况之后，觉得他"奇货可居"，想要扶持他。当时秦国的国君是秦孝文王，也叫安国君。安国君有20多个儿子，他最宠爱的是华阳夫人，而华阳夫人没有子嗣。吕不韦敏锐地从这种情况中看到了机会，他帮助嬴异人结附华阳夫人，并设法把嬴异人带回秦国，成功地让嬴异人认华阳夫人作母亲，嬴异人改名楚，被立为太子。安国君死后，嬴异人继承了王位，为庄襄王。

嬴异人在赵国的时候，有一次他到吕不韦家里做客，吕不韦让家里的女眷出来敬酒、倒茶，嬴异人看中了吕不韦的小妾，吕不韦就做顺水人情，把这个小妾送给了嬴异人。嬴异人和这个女人结婚以后，生下了嬴政，也就是后来的秦始皇。

庄襄王死后，嬴政继位。当时嬴政才13岁，并没有亲政，掌握政权的主要是吕不韦等大臣。后来嬴政亲政，他非常清楚，春秋战国时代战乱不休，几百年来人们一直无法安定地生活，结束战乱、走向大一统是历史的潮流，也是自己的使命。于是，他将统一六国提上日程，终于在公元前221年真正实现了统一。

嬴政之所以能够消灭六国，实现统一大业，除了天生的大英雄禀赋之外，与他任人唯贤，属下敢于直言劝谏，他也能够听取正确的意见不无关系。当时比较有名的大臣有李斯、尉缭、王翦等人。

大索，逐客，李斯上书说，乃止逐客令。

（节选自《史记·秦始皇本纪》）

李斯是楚国人，跟随荀子学习三皇五帝治理天下的学问，他看到秦国有吞并天下的野心，想到秦国施展自己的才华，实现建功立业的宏愿。李斯到秦国后很快便得到了嬴政的重用，被任命为客卿。后来，东方各国派人到秦国做宾客，秦国群臣对外来客卿议论纷纷，上书嬴政，请嬴政下令驱逐所有外来的客卿。这时候，李斯写了一封奏章呈给嬴政，就是《谏逐客书》。李斯以秦穆公、秦孝公、秦惠王和秦昭王招贤纳士为例，说明秦国的强盛离不开客卿的辅佐，秦国要想完成一统天下的使命，就一定要把各国的人才集纳起来，如果把人才都赶走了，秦国怎么实现统一大业？嬴政觉得李斯说得有道理，取消了逐客令。

大梁人尉缭来，说秦王曰："以秦之强，诸侯譬如郡县之君，臣但恐诸侯合从，翕而出不意，此乃智伯、夫差、湣王之所以亡也。原大王毋爱财物，赂其豪臣，以乱其谋，不过亡三十万金，则诸侯可尽。"秦王从其计，见尉缭亢礼，衣服食饮与缭同。缭曰："秦王为人，蜂准，长目，挚鸟膺，豺声，少恩而虎狼心，居约易出人下，得志亦轻食人。我布衣，然见我常身自下我。诚使秦王得志于天下，天下皆为虏矣。不可与久游。"乃亡去。秦王觉，固止，以为秦国尉，卒用其计策。而李斯用事。

（节选自《史记·秦始皇本纪》）

尉缭是大梁人，在嬴政统一六国之前，他对嬴政说："尽管秦国的力量空前强大，六国已经衰败了，可是就怕六国联合起来，出其不意地攻打秦国。大王不要吝惜财物，花一些钱贿赂六国大臣，打乱他们的计划。这样，花不了三十万金，六国就会被我们消灭。"嬴政听从了他的建议，从那以后每次见他以平等之礼相待。奇怪的是，不久之后尉缭就想离开秦国，不再为嬴政效力。别人问他原因，他说："秦王鼻子高高的，眼睛细长，胸脯像老鹰，声音像豺狼，这种人德行较薄，对人缺乏真正的仁爱之心，不得志的时候往往对人很谦卑随和，一旦得志，就很容易伤害别人。我害怕将来嬴政取得天下以后，我会倒霉，所以想逃走。"嬴政深知尉缭的重要性，极力挽留他，任命他做最高的军事长官，全部采纳了他的建议。这时正是李斯当权的时候。

秦始皇先后灭了韩、赵、魏、楚、燕、齐六国，建立起一个中央集权的统一的多民族国家——秦朝。完成统一大业后，秦始皇更是南征百越，北击匈奴，开发北疆，开拓西南，他的贡献无人能够抹杀。他废除分封制，实行郡县制，从制度设计上消除了因为诸侯国之间互相争斗而带来的战争和屠杀。此外，他还陆续颁布了一系列律法以稳固统治，其中就有我们熟悉的"书同文""车同轨""度同制""改币制"等。

"书同文"，指的是统一文字。在秦始皇统一六国之前，各诸侯国都有自己的文字，统一之后，政令的推行和各地之间的文化交流都因为文字的不统一而受到阻碍。秦始皇下令对各国原来的文字进行整理，规定以"秦小篆"为统一书体。文字的统一，促进了民族共同体意识的形成，国民可以寻找到共同的心灵家园和精神世界。

"车同轨"，指的是统一了车辆上两个轮子间的距离。春秋战国时期，各诸侯国的车辆大小不一，车道也有宽有窄，这就造成了秦统一六国后各地之间交通十分不便利。秦始皇下令将车辆的轮距一律改为六尺，这样秦国的车辆在全国范围内就可以很方便地通行了。这一举措对维护国家统一与商业的发展起到了很大的推动作用。

"度同制"，指的是统一了度量衡，这一举措对经济的推动作用表现更明显，有利于整个经济的繁荣和商业的交易。秦始皇统一六国前，各诸侯国的长度单位、重量单位、体积单位都不统一，商鞅变法以后，全国统一了度量衡。从秦朝开始，历朝度量衡都全国统一，一直沿袭至今。

"改币制"，指的是统一了货币。秦始皇统一六国后，在全国范围内推行"秦半两"，结束了春秋战国时期以来货币形制各异、轻重不等、大小不一的混乱局面。从此，方孔圆钱这种货币沿用了两千余年。

秦始皇开启了中国历史崭新的篇章，自秦始皇统一六国开始，统一就成了我国历史发展的主流，也成了刻在我们这个民族的灵魂里的一个文化基因。

秦始皇本人也非常自豪，他认为自己的功劳甚至超过了三皇五帝。三皇五帝合起来就是"皇帝"，而他是首次完成中国大一统的人物，所以他自称"始皇帝"。但这盛世并不如他所愿，公元前221年，秦始皇完成统一大业，建立秦朝，公元前206年秦朝就灭亡了。当然，秦始皇也有很多缺点，如残暴寡恩，不够体恤老百姓，专制独裁，等等。但是，我们评价这些大人物的时候，不能从某些道德的瑕疵去评价，而是要看他们在那个历史时节因缘里面，对历史的潮流、对那个时代的历史任务认识得清楚不清楚，他们有没有能力在认识历史潮流之后，来完成和担当历史使命。历史证明，秦始皇生活在实现大一统的历史潮流中，他清楚地认识到自己的使命，并且带领秦国实现了大一统，完成了历史使命，从这个意义上讲，秦始皇是一个具有里程碑意义的人物，不愧为千古一帝。

汉高祖：大英雄，真本色

汉高祖刘邦生于公元前256年，公元前195年去世。刘邦和嬴政是同时代的人，不同的是，嬴政是早成的一个大人物，20多岁的时候就崭露头角，而刘邦40多岁才走上历史舞台。

> 高祖，沛丰邑中阳里人，姓刘氏，字季。父曰太公，母曰刘媪。其先刘媪尝息大泽之陂，梦与神遇。是时雷电晦冥，太公往视，则见蛟龙于其上。已而有身，遂产高祖。
>
> （节选自《史记·高祖本纪》）

刘邦原名叫刘季，关于他的出生，有一个神话故事。据传，刘邦的母亲在怀他之前，有一次在河边睡觉，梦见与天神交合。这个时候突然电闪雷鸣，刘邦的父亲赶紧去寻找她，到了河边发现她身上附着一条龙，而她还在睡梦中。她渐渐转醒后，蛟龙退去，后来她就怀孕了，生了刘邦。

单父人吕公善沛令，避仇从之客，因家沛焉。沛中豪桀吏闻令有重客，皆往贺。萧何为主吏，主进，令诸大夫曰："进不满千钱，坐之堂下。"高祖为亭长，素易诸吏，乃绐为谒曰"贺钱万"，实不持一钱。谒入，吕公大惊，起，迎之门。吕公者，好相人，见高祖状貌，因重敬之，引入坐。萧何曰："刘季固多大言，少成事。"高祖因狎侮诸客，遂坐上坐，无所诎。酒阑，吕公因目固留高祖。高祖竟酒，后。吕公曰："臣少好相人，相人多矣，无如季相，愿季自爱。臣有息女，原为季箕帚妾。"酒罢，吕媪怒吕公曰："公始常欲奇此女，与贵人。沛令善公，求之不与，何自妄许与刘季？"吕公曰："此非儿女子所知也。"卒与刘季。吕公女乃吕后也，生孝惠帝、鲁元公主。

（节选自《史记·高祖本纪》）

刘邦非常豁达，心胸开阔，对小事从不计较。他成年之后做了泗水亭长，就是一个管理乡村治安的基层小吏。山东单县有一个成功的商人叫吕公，为了躲避仇人的追杀搬家到了沛县，投奔和他关系比较好的沛县县令。到了沛县以后，吕公请沛县有头有脸的人一起吃饭，刘邦也去了。有人问他带了多少礼金，他大手一挥，在自己的名片上写上"贺钱一万"，其实他一文钱也没带。当时萧何在沛县县衙任职，知道刘邦的情况，他说："大家不要当真，刘季整天说大话，他哪有一万钱，他就是混吃混喝的。"吕公收到名片后，出门迎接刘邦，一见刘邦便愣住了。吕公善于相面，他看了刘邦的长相就知道这是个大人物，因此对刘邦非常恭敬。吃完饭以后客人陆续退去了，吕公拉住刘邦，问他结婚没有，刘邦说没有。吕公说想把自己的女儿吕雉嫁给刘邦，问刘邦愿意不愿意。当时的刘邦感觉这是喜从天降。吕雉就是后来的吕后，她和刘邦结婚以后，生了一儿一女，就是后来的孝惠帝和鲁元公主。

高祖为亭长时，常告归之田。吕后与两子居田中耨，有一老父过请饮，吕后因餔之。老父相吕后曰："夫人天下贵人。"令相两子，见孝惠，曰："夫人所以贵者，乃此男也。"相鲁元，亦皆贵。老父已去，高祖适从旁舍来，吕后具言客有过，相我子母皆大贵。高祖问，曰："未远。"乃追及，问老父。老父曰："乡者夫人、婴儿皆似君，君相贵不可言。"高祖乃谢曰："诚如父言，不敢忘德。"及高祖贵，遂不知老父处。

（节选自《史记·高祖本纪》）

有一次，正是农忙时节，吕雉告诉刘邦自己忙不过来，让刘邦请假到地里帮着干活。吕雉正带着儿子和女儿在地里干活，有一个老人来向她讨水喝。老人喝完水，让吕雉把孩子叫来，说他会看相，帮忙给孩子看看。结果老人定睛一看女孩，说这个女孩金贵；再一看男孩，说男孩更金贵；又仔细看了看吕雉，说这一家人都贵不可言。老人走了没多久，刘邦就来了，吕雉告诉了刘邦老人讨水看相之事，刘邦忙问老人在哪里，吕雉指了指老人离去的方向。刘邦赶紧追过去，给老人施礼，请老人也给他看一看。结果老人一看刘邦，不得了了，说他的夫人和孩子们之所以富贵，都是因为他富贵，他的相貌贵不可言。刘邦一听马上给老人家施礼，他说如果真的像老人说的那样，他一定好好地感谢老人。刘邦做了皇帝以后还真去找这个老人了，只是没有找到，老人不知所终。

高祖以亭长为县送徒郦山，徒多道亡，自度比至皆亡之。到丰西泽中，止饮，夜乃解纵所送徒。曰："公等皆去，吾亦从此逝矣！"徒中壮士愿从者十余人。

（节选自《史记·高祖本纪》）

刘邦当泗水亭长的时候，曾奉命押解一些苦役犯去修郦山陵墓。有很多苦役犯听说修墓的人最后都得陪葬，于是就逃跑了。刘邦估计，不等到郦山，苦役犯们就跑得差不多了，如果真的那样，他自己也难逃一死。到了丰邑的沼泽地，他给苦役犯们开会，说他不忍心让他们去送死，就把他们都放了。别人问刘邦，他自己怎么办。刘邦说，他把大家放了之后，他也得跑，如果谁没地方去，也可以跟着他。很多人觉得无路可走，就跟着刘邦一起避难。

秦始皇帝常曰"东南有天子气"，于是因东游以厌之。高祖即自疑，亡匿，隐于芒、砀山泽岩石之间。吕后与人俱求，常得之。高祖怪问之。吕后曰："季所居上常有云气，故从往，常得季。"高祖心喜。沛中子弟或闻之，多欲附者矣。

（节选自《史记·高祖本纪》）

这个时候秦始皇其实到了生命尽头，他听别人说，在秦朝东南方向的上空有龙气。这就意味着在秦国的东南有取代秦始皇的人物，推翻秦朝的人就在那里。秦始皇决定东巡，要镇压龙气。刘邦就躲在芒山、砀山的岩洞里面，不敢出来。吕雉带着人去找他，一下子就找到了，于是刘邦就问："我藏得那么好，你怎么一下就找到了？"吕雉说："我也不知道你藏在哪里，我就看天上，哪个地方有云气，就去哪里找，你果然就在那里。"跟着刘邦的那些人听了，都觉得刘邦不是一般人。

秦二世元年秋，陈胜等起蕲，至陈而王，号为"张楚"。诸郡县皆多杀其长吏以应陈涉。沛令恐，欲以沛应涉。掾、主吏萧何、曹参乃曰："君为秦吏，今欲背之，率沛子弟，恐不听。愿君召诸亡在外者，可得数百人，因劫众，众不敢不听。"乃令樊哙召刘季，刘季之众已数十百人矣。

于是樊哙从刘季来。沛令后悔，恐其有变，乃闭城城守，欲诛萧、曹。萧、曹恐，逾城保刘季。刘季乃书帛射城上，谓沛父老曰："天下苦秦久矣。今父老虽为沛令守，诸侯并起，今屠沛。沛今共诛令，择子弟可立者立之，以应诸侯，则家室完。不然，父子俱屠，无为也。"父老乃率子弟共杀沛令，开城门迎刘季，欲以为沛令。

（节选自《史记·高祖本纪》）

秦始皇死后，农民起义风起云涌，各地农民都揭竿而起、斩木为兵。沛县的县令也想起义，曹参和萧何对县令说：

"您是秦朝的官员，您若是起义，谁听您的？得请刘邦来，刘邦当泗水亭长的时候就在丰乡大泽反叛秦朝了，他挺有威望，老百姓都传他是未来的皇帝。"于是沛县的县令就请刘邦来，这时候刘邦部下已聚集起近百人了。结果沛县的县令后悔了，害怕刘邦不好控制，弄不好自己还会被他杀了，请他来等于是引狼入室。所以，县令命令把城门关起来。刘邦闻此，将一封信射进城中，鼓动城中百姓起来杀掉出尔反尔的县令，百姓对平时就不太体恤他们的县令很不满，杀了县令后开城门迎进刘邦。刘邦告诉大家："我们把县令杀了，就只能选择起义这条路，因为没有退路了。可是谁当起义的领袖得慎重考虑，没有德行、没有智慧，不能给大家带来希望的人，绝不能当领袖。"刘邦很谦虚，谦让一番，大家一致认为非刘邦莫属。

沛县起义之后，刘邦带领的部队就成为整个秦末农民起义队伍中的一支。真正在起义中影响比较大的是项梁和项羽，刘邦就带着自己的部队，投奔了项梁和项羽。项梁和项羽为了让自己的号召力变得更强，拥立了楚国王室的一个小孩为王，就是楚怀王熊心，他名义上是最高领导人，其实是由项梁和项羽控制着。他们在扫平天下的时候，做了个约定，谁先攻入咸阳，谁就做汉王。他们兵分两路，项羽往北走到赵国，然后再去咸阳；刘邦往西走，经过函谷关去咸阳。项羽遇到的都是秦朝的主力部队，因此特别能战斗，项羽的步伐就迟滞了。刘邦攻占咸阳后，没有杀秦朝的小皇帝，秦朝的大臣也都保留下来，而且王室的账目也保存得很清楚。刘邦告诉当地的人，秦朝的统治之所以不得人心，就是刑法太多，他废除了秦朝的繁律苛法，只与群众约法三章："杀人者死，伤人及盗抵罪。"意思就是谁杀了别人，谁就得偿命；谁伤了人，谁就得抵罪；盗窃者也得判罪。刘邦的举动深得民心，历史记载，刘邦占了咸阳之后，当地的很多老百姓自发地拿着羊肉、酒去犒劳刘邦的部队。

项羽到了咸阳之后，别人告诉他刘邦已经到了咸阳，并且大力收拢人心，恐怕想当皇帝。项羽听了勃然大怒，设鸿门宴想除掉刘邦，但刘邦成功地化解了危机。刘邦解围之后火速带着部队走了。后来，项羽自立为西楚霸王，并分封十八路诸侯，刘邦被封为汉王。这个汉王并不是指以西安为中心的秦汉的地方，而是指四川的汉中，是很偏远的地方，项羽这样做是不想让他将来东山再起。

秦始皇统治时期，诸侯国走向大一统，国家实现统一。而项羽重新分王，由秦始皇的大一统，又变为20多个封国、20多个王，显然违背历史潮流。由此可以看出，项羽不仅胸怀不大，刚愎自用，也缺少政治智慧，对历史潮流把握得不准。后来项羽和刘邦争天下，即楚汉之争，结果项羽在垓下四面楚歌，一败涂地，最后乌江自刎。刘邦夺取天下，建立汉朝。

　　高祖置酒雒阳南宫。高祖曰："列侯诸将无敢隐朕，皆言其情。吾所以有天下者何？项氏之所以失天下者何？"高起、王陵对曰："陛下慢而侮人，项羽仁而爱人。然陛下使人攻城略地，所降下者因以予之，与天下同利也。项羽妒贤嫉能，有功者害之，贤者疑之；战胜而不予人功，得地而不予人利，此所以失天下也。"高祖曰："公知其一，未知其二。夫运筹策帷帐之中，决胜于千里之外，吾不如子房；镇国家，抚百姓，给馈饷，不绝粮道，吾不如萧何；连百万之军，战必胜，攻必取，吾不如韩信。此三者，皆人杰也，吾能用之，此吾所以取天下也。项羽有一范增而不能用，此其所以为我擒也。"

　　　　　　　　　　　　　（节选自《史记·高祖本纪》）

　　刘邦在洛阳南宫大宴群臣，在宴会上他问手下的人，为什么他能当皇帝，而项羽没当上皇帝。手下人就说刘邦厉害，项羽没有听谋士的话，等等。刘邦说，运筹帷幄，决胜千里，其实他不如张良；定军心、运粮草、搞后勤，其实他不如萧何；真正打仗，攻无不克、战无不胜、攻城略地，其实他不如韩信。但是这三个人都被他所用，所以他能当皇帝。而项羽只有一个范增，他还不能用，所以最后被刘邦打败了。

一个真正想干大事的人，不仅自己能力要强，更重要的是要有容人的雅量和用人的智慧，要有大海一样的胸怀，能够把有才能的人会集起来。

刘邦建立汉朝以后，非常清楚社会发展需要什么，老百姓需要什么。他认为经历了秦朝的苛政和秦末乱世的争战与血腥，这个国家最需要的是休养生息、保养民力。战士打完仗了，解甲归田，根据军功分封土地，而且减少他们的税收；那些流民，不处分他们，而且给土地；有些大户人家奴隶特别多，把那些奴隶也视作平民，分给他们土地，鼓励生育，女人到了一定年龄不生孩子就收税，谁生孩子多就奖励谁，大大促进了人口的增长。在那个时代，人口的多少直接决定着整个国家的实力。此外，刘邦还降低了税收，十五税一。刘邦本人也很节俭，他修未央宫的时候，手下给他修得特别漂亮，刘邦就做了自我批评，他说国家刚建立，老百姓疲弱，财力也不充盈，未央宫修得太奢华了。

刘邦看到了中国历史走向大一统的时代大潮，他敏锐地把握了人心，他知道老百姓想要什么、渴望什么。他顺应历史潮流，很好地完成了历史赋予他的责任，不愧为雄才大略的开国帝王。

第二十讲

《世说新语》

魏晋玄学综述

汉高祖刘邦建立汉朝后，实行休养生息政策，对恢复生产、推动经济发展、稳定社会局势起到了积极的作用。当时占据统治地位的思想是黄老刑名之学，统治者崇尚"无为而治"的学说，对社会的发展不怎么干涉，导致豪强占领了社会资源之后，能够发展得更快；而普通老百姓的社会资源比较少，发展得就比较慢，贫富差距逐渐加大。阶级分化、豪强林立，再加上分封的诸侯权势过大，各种矛盾逐渐凸显。到了汉武帝统治时期，国内社会各阶层之间存在重重矛盾，匈奴又给汉朝带来非常大的外部压力，黄老刑名之学已经不适用了。随着汉代国力的日渐充实，需要对指导思想进行调整，以满足统治者的需要。

汉武帝采纳了董仲舒提出的"罢黜百家，独尊儒术"思想。当然汉武帝虽然基本采纳了董仲舒的思想，但是没有对其他思想进行打压，只是儒家的思想变得更加重要了。这就使得研究、学习、传承和弘扬儒家的经典，成为两汉时期学术的特色。

在经学发展的过程中，知识分子们对经学有不同的理解，对儒家经典的版本、内容多有争议。汉章帝为了统一思想，召开了一次讨论儒家经典的学术会议——白虎观会议，对不同的经学解释做了统一的规定，把一些与当时社会发展不契合的东西给丢弃了。

东汉末年，外戚和宦官轮番乱政，当时的一大批知识分子看到这种情况以后，怀着强烈的社会责任感上书弹劾宦官，结果遭到宦官的屠杀，史称"党锢之祸"。

到了魏晋时期，政治非常混乱。曹丕强迫汉献帝退出历史舞台，建立魏国。后来司马炎废了魏，建立了晋朝，史称"西晋"。怎样维护这个国家的稳定，成了司马炎面临的大问题。他开始大力地讲孝道，讲儒家思想。实际上，他篡夺曹魏政权的过程，并不符合他所宣扬的主张。他强迫社会大众和知识分子接受孝道，接受君臣之礼，让知识分子产生了极大的压力、困惑和不满。

在这样的政治气氛和社会文化氛围下，苦闷的知识分子既不能讨论现实的政治，也不能深入地讨论儒家君正臣忠的理念，因为这恰恰给予司马氏迎头一击，会招来杀身之祸。他们只能谈一些与现实社会相距甚远的哲学概念，如空、有、体、用等等，这就是魏晋玄学，其代表人物有阮籍、嵇康、刘伶等，他们放浪形骸，主张"越名教而任自然"。"名教"就是儒家所讲的一些规范，其实他们所否定的是司马氏推行的所谓"名教"，这"名教"是为司马氏政权服务的，并非真正的名教。"任自然"就是强调人要顺应自己的天性，甚至包括吃喝玩乐的天性。实际上他们提出这些文化主张和生活方式的背后，就是那样一种苦闷的心理：他们对儒家认同，可是在现实中，司马氏政权恰恰践踏了这套伦理，却又把这套伦理当作维护自身统治的工具。于是，知识分子就提出了"越名教而任自然"，实际上是隐晦地对司马氏做出批评。

在整个魏晋南北朝时期，中国社会的方方面面，都面临极大的冲击和变动。从政治上来讲，西晋国家统一的时间不长，北方少数民族先后建立了多个政权，与长江以南的东晋以及后来的宋、齐、梁、陈等形成南北的割据与对立，史称魏晋南北朝。魏晋南北朝时期，社会非常动荡，政权频繁更迭，从某种程度上，也孕育了中国内在追求统一的大势。

在经济上，当时整个中国的经济重心开始南移，长江以南地区经济开始复苏，这对整个国家经济的平衡和长江以南国土的开发起到了推动作用。

在民族关系上，北方少数民族政权南下一方面造成了苦难，另一方面促进了民族的融合。其对中华民族的社会结构、民族结构、基因结构等，都有积极的意义。

在文化上，儒家、道家、佛家相互融合，取长补短。佛教思想在内在的学理上跟中国文化有相通之处。佛家认为人人都有佛性，证悟佛性的过程，就是成佛的过程；儒家认为人人都有良知，证悟良知的过程，就是成圣成贤的过程。儒家和佛家都强调通过内求的方式来证悟出人性中的道心，所以佛教传入中国之后，得到了很多知识分子的认可。中国固有的儒家、道家，再加上佛教传入中国，不同的文化开始融会，为中华文化发展到更高的层次，起到了孕育和准备的作用。

总体来讲，魏晋南北朝就是中国历史大分化、大重组的时期。但是在这个时期，恰恰是中国的本土思想、外来思想，包括民族融合过程中各种民族不同的观念交互、碰撞、融合的时期，实际上是一个不同文化和而不同的过程。在这个过程中，经过碰撞、交流，经过现实的苦难，使得走向统一、建立大一统再次成为中国历史的主流。也就是说，魏晋南北朝的苦难和乱世中间，培育了中华民族未来的一朵生命之花，那就是盛唐气象。

魏晋时期知识分子的心灵世界

　　《世说新语》是南朝宋刘义庆撰写的一部小说集，主要记载汉末至东晋时期士大夫的言行、逸事，反映了当时士族的思想。我们从中选几个故事，了解一下魏晋时期知识分子的精神状态，以及当时的文化风貌。

　　第一个是东床快婿的故事。

　　　郗太傅在京口，遣门生与王丞相书，求女婿。丞相语郗信："君往东厢，任意选之。"门生归，白郗曰："王家诸郎，亦皆可嘉，闻来觅婿，咸自矜持。唯有一郎，在东床上袒腹卧，如不闻。"郗公云："正此好！"访之，乃是逸少，因嫁女与焉。

　　　　　　　　　　　　　　（节选自《世说新语·雅量》）

　　东晋的郗鉴太傅的女儿郗璿长得很漂亮，很多人都想娶她。郗鉴想给自己挑个好女婿，他看中了一个名门望族——

琅琊王氏，传言王氏家族的年轻男子身材都很好，长相也好，内外兼修。当时王氏家族中的王导是当朝宰相，郗鉴派人给王导送了一封信，说希望从他的子侄里挑一个做女婿。这实际上也是士家大族之间互相联姻而巩固权势的安排。王导身为丞相，管理的主要是政务，而太傅郗鉴掌握军政大权，这两个家族都很显赫，若是联姻也是门当户对。王导特别高兴，对郗鉴的信使说："你到东厢房去，任意挑一位向太傅报告。"这个信使回去后，报告郗鉴说"王家的子侄确实是内外兼修，神态矜持，唯独在东厢房有一个人，他露着肚子，翘着两腿躺在床上，手舞足蹈地画来画去，好像什么都没听见。"后来郗鉴得知这个人叫王羲之，当时他刚得到了东汉书法家蔡邕的古碑，正在空中描摹书法的笔画。郗鉴听到这个消息以后哈哈大笑，说王羲之就是他们家要找的女婿。郗鉴的女儿长得漂亮，家庭出身也好，这样的女孩对男孩的吸引力太大了。给这么好的女孩选女婿的时候，王羲之竟然坦腹仰在床上，手舞足蹈地沉浸在书法里，说明王羲之对书法非常迷恋，或者说他对书法很专注。郗鉴由此就看出，王羲之将来一定能在书法上有所造诣。这个故事给我们一个很大的启发，就是要专注于自己的事，不要轻易地被扰动、被诱惑，这是做成事业所需要的一种状态。

第二个是王徽之雪夜访戴的故事。

王子猷居山阴，夜大雪，眠觉，开室命酌酒，四望皎然。因起彷徨。咏左思《招隐诗》，忽忆戴安道。时戴在剡，即便夜乘小船就之。经宿方至，造门不前而返。人问其故，王曰："吾本乘兴而行，兴尽而返，何必见戴！"

（节选自《世说新语·任诞》）

王子猷就是王徽之，他住在山阴，有一天晚上大雪纷飞，他睡不着觉，就看着满天洋洋洒洒的雪花来回踱步，吟诵左思的《招隐诗》。他忽然想到在剡县有个意气相投的朋友戴逵，于是带上自己的仆人去剡县见戴逵。船行了一夜才到，结果到了戴逵家门口的时候，王徽之却跟仆人说要回去。仆人很好奇，他问主人，既然想见戴逵，为什么到了门口又要回去。王徽之说了一句名言，他说："吾本乘兴而行，兴尽而返，何必见戴！"意思就是，我高高兴兴地来，高高兴兴地回去，见不见他又有何妨。其实王徽之真正的目的是欣赏雪景，欣赏完了雪景就高兴地回去休息，更深层次的意义是，王徽之的主体精神能够让自己的内在精神需要做主。我们做事的时候，也要注意自己的目标是什么，而不能旁生枝节，丧失自我，被其他事物吸引注意力，偏离自己的方向。

第三个故事也是关于王徽之的。

> 王子猷出都，尚在渚下。旧闻桓子野善吹笛，而不相识。遇桓于岸上过，王在船中，客有识之者，云是桓子野，王便令人与相闻，云："闻君善吹笛，试为我一奏。"桓时已贵显，素闻王名，即便回下车，踞胡床，为作三调。弄毕，便上车去。客主不交一言。

（节选自《世说新语·任诞》）

有一次王徽之坐船，忽然听到岸上笛声悠悠。吹笛子的人叫桓子野，是当时有名望、有地位的人。王徽之靠岸上前施礼说："先生，你的笛子吹得特别好，能不能为我吹一曲？"桓子野没说话，坐下来为他吹了三首曲子，王徽之安静地听着，沉浸其中。三首曲子吹完，桓子野起身上车走了。两个人谁也没说话。

这就是魏晋风度，是魏晋时期知识分子的一个特点。他们超越了人与人之间的功利算计与繁文缛节，能够在深层次的精神层面相往来。现在很多人善于做表面文章，在待人接物上注重繁文缛节，消耗了很多精神，这在某种程度上成了人际交往的负担。我们不妨也学一学王徽之，在尊重人、体谅人、爱护人的前提下，省去一些繁文缛节，让人与人之间的交往变得清净、简单、欢快。

第四个是许允之妻的故事。

　　许允妇是阮卫尉女，德如妹，奇丑。交礼竟，允无复入理，家人深以为忧。会允有客至，妇令婢视之，还答曰："是桓郎。"桓郎者，桓范也。妇云："无忧，桓必劝入。"桓果语许云："阮家既嫁丑女与卿，故当有意，卿宜察之。"许便回入内，既见妇，即欲出。妇料其此出，无复入理，便捉裾停之。许因谓曰："妇有四德，卿有其几？"妇曰："新妇所乏唯容尔。然士有百行，君有几？"许曰："皆备。"妇曰："夫百行以德为首，君好色不好德，何谓皆备？"允有惭色，遂相敬重。

（节选自《世说新语·贤媛》）

　　许允结婚了，他的妻子很丑，但这个妻子不是一般人，她是当朝大官阮卫的女儿、阮德如的妹妹。婚礼结束后，许允不愿意进卧室，他的家人为此深感忧虑。正好许允有客人来，许允的妻子就让婢女去看是谁，婢女说："是桓公子。"桓公子就是桓范。许允的妻子说："不用担心，桓公子会劝他进来的。"桓公子果然对许允说："阮家既然把丑女儿嫁给你，一定是有用意的，你应当用心体察。"许允进洞房见到妻子后，起身就要走，这个时候，丑妻一把抓住了他。许允非常不高兴地说："妇有四德，你有几德？"古人讲女人要有四种德行：第一种是妇德，要有操守，品德要好；第二种是妇言，要语言得体；第三种是妇容，相貌要端庄；第四种是妇工，要懂得治家之道。许允这么问，其实就是表明嫌弃新婚妻子长得丑。

许允的妻子马上就反问他："我不过丑而已，除此之外，妇德、妇言、妇工都没有问题。士有百行，你有几行？"许允赌气说："知识分子所有的美德，我都具备。"丑妻听完之后，马上就告诉他："自己娶的老婆都嫌丑，以貌取人，看着人家丑了都不尊重人家，连洞房花烛夜的时候都想出去，这是轻德重色，你有什么资格说自己百行皆备？"许允肃然起敬，后来他和妻子关系很好，而且对妻子非常尊重。这个内秀的妻子很直率，也很有智慧。

通过这几个故事，我们体会到了魏晋时期知识分子的风貌。在哲学方面，魏晋玄学比较有代表性的作品就是向秀、郭象的《庄子注》。魏晋时期，尤其是东晋、西晋时期，知识分子如果纯粹讲顺应天性、道法自然，这必然冲击当时统治者所制定的社会规范。郭象、向秀在注《庄子》过程中，实际上是既赞扬道家顺应天性、顺应人的天性，又提倡遵守社会秩序，把二者有机地统一起来了。这反映了当时一些知识分子既尊重道家思想，又试图弥合当时政治要求的努力。

第二十一讲
《六祖坛经》

中国禅宗的发展和历史渊源

　　禅宗在隋唐以后大兴，对中国文化产生了深远的影响。禅宗是佛教的一部分，或者说是佛教到了中国以后呈现出的一种文化状态。有的学者甚至认为禅宗就是佛教中国化的典型代表。我们应该对中国禅宗的文化源头有所了解，这样我们才能更好地理解中国禅宗的意旨、神韵，以及它的智慧和妙用。

　　佛教的创始人是乔答摩·悉达多，后来被称作释迦牟尼。相传他是古印度北部迦毗罗卫国（今尼泊尔境内）净饭王之子，身份尊贵。但他对富裕豪华的生活却不以为意。他在19岁的时候，看到了生活中的很多苦难与生生灭灭的现象，于是产生了极大的困惑：人的生老病死从哪里来？人这一辈子，不管活了多少岁，去世后都化作骨灰，仿佛没有来过，人生就这么简单吗？人就是这世间的匆匆过客吗？乔答摩·悉达多开始去思考、探究这样的问题。

　　他随着一些苦行的人到树林里进行苦行，历史记载有6

年左右的时间。苦行主要是要化解和超越人的欲望问题，他觉得没有彻底解决他心中的困惑，就准备换一种方式去探究人生和宇宙的究竟问题。据传说，他后来又在雪山禅定几年，探究人生、宇宙的真理。

他苦行和禅定的时候吃的东西特别少，以致身体非常消瘦。他在尼连禅河中洗澡时晕倒了，一个牧羊人喂他吃用羊奶煮的粥，使他恢复了体力。恢复体力之后，他在菩提树下打坐参悟，并且发了个愿，如果自己不能证悟人生和宇宙的实相，就不会起身。

历史记载，到了第七天晚上，他目睹明星，终于悟得人生真谛。彻悟以后乔答摩·悉达多说了一句话："奇哉！奇哉！一切众生，皆具如来智慧德相。但以妄想执着，不能证得。"每一个人其实都有彻底觉悟的能力，为什么大多数人没有彻底觉悟，而是活成了庸庸碌碌的凡夫呢？因为我们都活在妄想执着里，追逐的都是宇宙和人生的幻影，在追逐的过程中迷失了方向，从而不能证悟真相。

乔答摩·悉达多觉悟成道后，被尊称为释迦牟尼，"释迦"是他的族，"牟尼"的梵文翻译过来就是"圣人"，"释迦牟尼"的意思就是"释迦族出来的圣人"。佛是什么呢？"佛"的梵文翻译过来的意思是"觉悟"，成佛就是成为一个真正的觉悟者。

释迦牟尼佛觉悟之后，就开始引导人返回自己的心源去探究人生和宇宙的奥秘。

我把这些基本的词义给大家解释出来，就是想把宗教的色彩剥离掉，把其文化和智慧的特色展示出来。我们常说"心中有佛"，并不是指有形体的具象的"佛"在心中，而是说我们每一个人都有彻底觉悟的能力。"心中有佛"就是告诉我们每个人都可以觉悟。这里有个故事，可以引出我们讲的禅宗。有一次，释迦牟尼在灵鹫山开法会，要把佛法的智慧传出去。很多人慕名而来，要听一听这么一个大觉者到底悟了什么。可是当众人到了以后，释迦牟尼不说话，就从身边一个小姑娘给他供养的花里摘了一朵，然后拈着给大家看。众人非常错愕，他们都是来听智慧、听讲解的，释迦牟尼却看着大家一言不发，只是拈花示众。座下有个人叫摩诃迦叶，他一下子就领悟了佛陀想传达的东西。悟了以后他也没说话，就笑，在这一拈一笑之间，大家都很错愕的时候，佛陀当场传法给摩诃迦叶，摩诃迦叶就成为禅宗的初祖。释迦牟尼告诉摩诃迦叶，禅宗传法有个特点，叫作"不离文字，教外别传，直指人心，见性成佛"。

为什么这灵山一会，一拈一笑之间禅宗的秘密就传了？传的什么呢？一个人的心性净化到一定程度以后，到底是什么状态？或者说，一个人悟道以后到底是什么状态？是一种超语言的状态。用语言可以对它进行描述，但是用语言描述出来的并不是真正的它。比如，我们去过泰山，没去过的人问我们泰山什么样子，尽管我们可以绘声绘色地描述一番，可是我们讲的是文字中的泰山，不是真实的泰山。如果一个人想了解真实的泰山，就要抬起脚，一步一步地去丈量，去亲身感觉。所以，要想让一个人真正悟道，就不能局限于语言，要引导他用身心去体验，所以佛陀不说话，拈花，就是引导人们感受超越语言的真实境界。摩诃迦叶悟了以后，他也没法说，只能通过微笑与佛陀心心相印。

禅宗在印度传到第二十八祖菩提达摩的时候，他的老师般若多罗尊者告诉他，佛法在印度会衰落，佛法的智慧将来生根的地点在震旦，让他去那里把佛法的种子种下去。"震旦"就是古代印度人对中国的称呼。般若多罗尊者告诉菩提达摩，中国人在儒家、道家文化教养下，都有大乘气象。"乘"就是车辆，大乘就是承载很多人。中国文化倡导的"老吾老，以及人之老；幼吾幼，以及人之幼""仁爱天下""亲亲而仁民，仁民而爱物"，就是让天下众生都去觉悟，都去成就，这就是大乘气象。

菩提达摩听了般若多罗尊者的话之后，经过马六甲海峡到南海，从广州登陆，后来到了嵩山少林寺面壁打坐，等他的学生。某一天就真等来了，这个人是神光。神光在菩提达摩座下悟了之后，改名叫慧可。慧可接法之后又传给僧璨。

菩提达摩在印度是第二十八祖，到了中国以后，他又被奉为中国禅宗的初祖。菩提达摩将衣钵传给了慧可，慧可传给了僧璨，僧璨传给了道信，道信传给了弘忍，弘忍传给了惠能。惠能在佛教史上开了一个先河——在中国佛教体系里，释迦牟尼佛亲口说的才能称为"经"，除此之外，中国佛教史上还能称为佛经的只有惠能大师的《六祖坛经》。《六祖坛经》由惠能口述，弟子法海等人集录而成。不仅如此，在惠能之前禅宗的传法，多半都是一个徒弟、两个徒弟，开悟的很少。在惠能之后，禅宗迅速开枝散叶，出现了几十个开了眼的大祖师，禅宗成为中国佛教的杰出代表。

隋唐时期，中国的佛教非常繁荣，出现过很多宗派，主要有八大宗，包括三论宗、唯识宗、天台宗、贤首宗、禅宗、净土宗、律宗、真言宗，这些宗派的创始人及继承者都是大知识分子。比如，净土宗的创始人慧远是魏晋时期的一个大知识分子，和陶渊明等文人交情比较好；唯识宗的创始人之一玄奘文化水平非常高，到了印度之后，可以非常流利地用梵语甚至印度当地的语言和印度僧人交流；天台宗的创始人智顗也是一个大知识分子，他对《法华经》的体会和证悟相当深刻；贤首宗的创始人法藏、三论宗的创始人吉藏，也都是大知识分子。

这些大知识分子，是中国佛教的中流砥柱。在中国古代，能够读书的人微乎其微，能够成为大知识分子的人，更是凤毛麟角，这意味着佛法的传承和百分之八九十的老百姓没什么关系，老百姓听不懂，也没有兴趣听。文化如同一朵花，不管这朵花开得多艳丽，只有把根扎在老百姓那里，才能源源不断地获取生命的力量。

惠能从小家境非常困难，他父亲是一个被打压的官员，被流放到广东，而且早早就去世了，使得他没有机会读书，因此不识字。惠能为佛法开出了一条路，就是不依赖大知识分子，不依赖复杂的文字，而是直接抓到佛法的精髓，让像他一样没读过书、没上过学的老百姓，也能够悟到人生的真谛，让佛法的智慧之花可以开在每一片土壤里、每一个人的心识上。在这一点上，惠能可谓是开天辟地的人。

毛泽东看到了惠能的伟大，认为他把佛陀高高在上的智慧接引到了平凡的老百姓那里，任何一个普通劳动者也都有觉悟和成佛的可能，因此称惠能大师为"人民的和尚"。

惠能听闻《金刚经》而求法

　　《六祖坛经》又称《坛经》，是禅宗的宗经宝典，不仅记录了惠能大师一生得法传宗的事迹，还全面总结了惠能大师悟法之后是怎样教育学生、怎样阐发智慧的。

　　时，大师至宝林，韶州韦刺史与官僚入山，请师出。于城中大梵寺讲堂，为众开缘说法。

　　师升座次，刺史官僚三十余人，儒宗学士三十余人，僧尼、道俗一千余人，同时作礼，愿闻法要。

　　大师告众曰："善知识，菩提自性，本来清净，但用此心，直了成佛。善知识！且听惠能行由得法事意。

　　"惠能严父，本贯范阳，左降流于岭南，作新州百姓。此身不幸，父又早亡，老母孤遗，移来南海，艰辛贫乏，于市卖柴。时有一客买柴，使令送至客店，客收去，惠能得钱，却出门外，见一客诵经，惠能一闻经语，心即开悟。遂问客诵何经，客曰《金刚经》。复问从何所来，持此经典。客云，我从蕲州黄梅县东禅寺来。其寺是五祖忍大师在彼主化，门人一千有余。我到彼中礼拜，听受此经。大师常劝僧俗，但持《金刚经》，即自见性，直了成佛。惠能闻说，宿昔有缘，乃蒙一客，取银十两与惠能，令充老母衣粮，教便往黄梅，参礼五祖。"

（节选自《六祖坛经·行由品第一》）

惠能大师到了宝林寺，韶州的韦刺史带着他手下的人到山里，请惠能大师出来，到城中的大梵寺讲堂为大家讲佛法。惠能大师答应了这个请求。惠能大师在说法的座位上落座。来参加盛会的人很多，刺史和官员有三十多人，儒学学士有三十多人，僧尼、道家的信众有一千多人，大家一起来听惠能讲佛法的精要。

惠能大师说，成佛觉悟的本性是人人都有的，而且这个清净的本心是人心天然就有的，没有什么秘密，只要找到这个清净的本心，就能开悟成佛。这个观点其实与佛陀在菩提树下说的"一切众生，皆具如来智慧德相。但以妄想执着而不能亲证"是相通的。

惠能大师说，他的父亲原籍在范阳（今河北涿州），后来被流放到了岭南，在新州（今广东新兴）这个地方成为普通老百姓。惠能大师的父亲去世得早，只有一个老母亲将他养大，孤儿寡母为了生存又移居到南海（今属广东佛山一带），靠砍柴卖柴维持生活。有一天有一个人买柴，让惠能大师把柴送到客店去。惠能大师把柴送到，收了钱之后刚一出门，就见一个人在诵读佛经，听到那个人诵读的经文，惠能大师的心感觉与经文非常相应，便问对方诵的是什么经，那个人说是《金刚经》。惠能大师又问那个人是从哪里听到的《金刚经》，那个人说，他从新州黄梅县东禅寺来，弘忍大师在那个地方教化众生，有一千多个弟子。他曾到那里去礼拜，领受了弘忍大师讲的《金刚经》。弘忍大师说，只要好好地读《金刚经》，按照《金刚经》的指示修行，就能够见到自己的智慧本性，直到成佛。惠能听了这话，也想去黄梅县东禅寺拜见弘忍大师。可是他家很穷，他若是去拜见弘忍大师了，他的老母亲谁来养啊？这个时候有一个人给了惠能十两银子，让他用这银子安顿好老母亲，然后去拜见弘忍大师。

惠能安置母毕，即便辞违，不经三十余日，便至黄梅，礼拜五祖。

祖问曰："汝何方人，欲求何物？"

惠能对曰："弟子是岭南新州百姓，远来礼师，惟求作佛，不求余物。"

祖言："汝是岭南人，又是獦獠，若为堪作佛？"

惠能曰："人虽有南北，佛性本无南北，獦獠身与和尚不同，佛性有何差别？"五祖更欲与语，且见徒众总在左右，乃令随众作务。

惠能曰："惠能启和尚，弟子自心常生智慧，不离自性，即是福田。未审和尚教作何务？"

祖云："这獦獠根性大利，汝更勿言，著槽厂去。"

（节选自《六祖坛经·行由品第一》）

惠能安顿好老母亲后，就辞别老母亲，不到三十天的时间便到了黄梅，拜见了弘忍大师。

惠能到黄梅县东禅寺的时候，弘忍大师正在给学生讲课，发现有个陌生人站在旁边，于是问他为什么站在旁边。这个时候惠能的回答，真是石破天惊，他说："我是新州的老百姓，来这里只求一件事儿，就是成佛，别的不求。"

弘忍大师阅人无数，一听就知道这不是凡人，于是故意问他："你是个南方人，长得又矮又瘦又丑，怎么能成佛？"惠能说："人是有南方和北方的地区差别，但是佛性岂有南北的区别？我的身子跟和尚不一样，我长得矮，没有你长得高大，但是我们身上的佛性有何差别？"弘忍大师一看，好啊，多少年难遇这样根器敏利的人，想再和他对几句话看看他的水平，可是看到还有别的和尚带着嫉妒表情围在旁边，便让他跟着大家去干活。

惠能说："大师，我内心常生出智慧之念。这是一个修行的状态，一个人在内观的过程中，自性常常智慧涌现，我认为一个人真正的福田就在这里，我不知自己领会得对不对，请大师为我印证。"

弘忍大师听了，叫他不要再说了，先到后院捣米去吧。

惠能从听到《金刚经》，以至见到弘忍大师，这一见面就显示出了一代宗师的不平凡之处。对老百姓而言，拜佛礼祖大多是为了现实利益，有所请托，要么求官求财，要么求男求女，如此，等等。可惠能开口即是为了彻底觉悟——成佛，可谓"虎豹生来自不群"，让我们领略了划时代宗师的超拔与高远。

惠能东山寺磨炼

如果一个人能力出众，想要出人头地，可领导却安排他做一些非常基础的工作，他会有什么感受？惠能大师是个厉害的人物，弘忍大师看出来了，却给他分配了一个非常粗劣的活儿，对此他毫无怨言。我们常说"素其位而行"，就是安于现在所处的地位，踏踏实实地把该做的事情做好，这是非常了不起的。

惠能退至后院，有一行者，差惠能破柴踏碓。

经八月余，祖一日忽见惠能，曰："吾思汝之见可用，恐有恶人害汝，遂不与汝言，汝知之否？"

惠能曰："弟子亦知师意，不敢行至堂前，令人不觉。"

（节选自《六祖坛经·行由品第一》）

惠能到了后院，有一个行者，分配惠能做劈柴舂米的活。过了八个多月，有一天弘忍大师见到惠能，对他说："我知道你的见解不错，但是考虑到你那时候刚来，还没有扎根，担心有人嫉妒你或者有坏人加害你，所以没与你深谈。这是为了保护你，你明白吗？"

惠能说："我明白师父的用心，所以我一直没有到大殿去，以免被别人察觉。"

后来的某一天，弘忍大师预见到自己不久于人世，他想要在圆寂之前安排好自己的后事，以便为佛法负起责任，这样自己才能够走得从容。他传承衣钵的方式非常民主，就是让大家公开写偈子谈自己修行的体会，谁写的偈子最深刻、最有见地，证悟的水平最高，谁就是六祖。

祖一日唤诸门人总来："吾向汝说，世人生死事大，汝等终日只求福田，不求出离生死苦海。自性若迷，福何可救？汝等各去，自看智慧，取自本心般若之性，各作一偈，来呈吾看，若悟大意，付汝衣法，为第六代祖。火急速去，不得迟滞。思量即不中用，见性之人，言下须见。若如此者，轮刀上阵，亦得见之。"

（节选自《六祖坛经·行由品第一》）

弘忍大师把门人都召集来了，说："人这一辈子，有什么事情比生死大呢？你们只求福田，却不懂得求脱离生死苦海。如果你们内在智慧迷失了，求福田有什么用？你们都要观照自己内在的智慧，从内在的智慧出发，写一首偈子给我看。谁能通过偈子让我看出来他对佛法领会得真深、真透，我就把衣钵和教法传给他，他将成为第六代祖师。都赶紧去，不得迟缓拖延。费尽心思思量是没有用的，这个状态就不对了。真正开了悟、有大智慧的人，当下就能灵灵妙妙地反映出来，他们任何一个时刻都活在智慧的当下，都在用自己的智慧做选择、做判断，时时刻刻都在智慧的光照之中。"

弘忍大师的话，揭开了决定谁才是真正的六祖的一个序幕。

神秀作偈:"身是菩提树,心如明镜台"

弘忍大师交代大家写偈子之后,弟子们反应不一。

众得处分,退而递相谓曰:"我等众人,不须澄心用意作偈,将呈和尚,有何所益?神秀上座,现为教授师,必是他得;我辈谩作偈颂,枉用心力。"余人闻语,总皆息心,咸言:"我等已后依止秀师,何烦作偈。"

(节选自《六祖坛经·行由品第一》)

弘忍大师安排下任务之后,众人就传开了:"我们千万别劳心费神写什么偈子,我们写偈子给大师有什么用呢?我们中最出色的就是神秀上座,他跟随弘忍大师十多年,现在是教授师,大师一定会把衣钵传授给他,所以我们这些人还写什么偈子,写了也是白白浪费精力。"于是众人就该干什么干什么去了。

神秀思惟：诸人不呈偈者，为我与他为教授师，我须作偈，将呈和尚。若不呈偈，和尚如何知我心中见解深浅。我呈偈意，求法即善，觅祖即恶，却同凡心夺其圣位奚别？若不呈偈，终不得法，大难大难。

（节选自《六祖坛经·行由品第一》）

神秀想："别人不呈偈子，是因为我是教授师，他们觉得自己资历不如我。可是我如果不呈偈子，弘忍大师怎么知道我的水平深浅呢？我写偈子，如果是为了求法，那就是好的；如果是为了当六祖，就有了名利之心，跟凡人去争夺寺院方丈的位置有什么区别呢？可是如果不呈偈，又没办法得到师父的指点，真是太难了。"

五祖堂前，有步廊三间，拟请供奉卢珍画《楞伽经变相》及《五祖血脉图》，流传供养。神秀作偈成已，数度欲呈，行至堂前，心中恍惚，遍身汗流，拟呈不得。前后经四日，一十三度，呈偈不得。

秀乃思惟：不如向廊下书著，从他和尚看见，忽若道好，即出礼拜，云是秀作。若道不堪，枉向山中数年，受人礼拜，更修何道？

是夜三更，不使人知，自执灯，书偈于南廊壁间，呈心所见。偈曰：

　　身是菩提树，心如明镜台。

　　时时勤拂拭，勿使惹尘埃。

　　秀书偈了，便却归房，人总不知。秀复思惟：五祖明日见偈欢喜，即我与法有缘，若言不堪，自是我迷，宿业障重，不合得法，圣意难测。房中思想，坐卧不安，直至五更。

（节选自《六祖坛经·行由品第一》）

　　神秀发现一件事，五祖堂前有三间步廊，准备请卢珍在墙壁上画《楞伽经变相》和《五祖血脉图》，以生动形象的图画，受人供养，也供大家去了解禅宗，学习禅宗。神秀写了偈子，却不敢呈给弘忍大师。四天中，神秀十三次走到弘忍大师门前，都没有勇气把偈子交上去。最后神秀想：干脆把诗写在画廊墙壁上，如果弘忍大师看到了认为写得好，我就出来拜，说是我写的；如果弘忍大师说这偈子写得不怎么样，那我真是白白在寺院里面跟着师父修行那么多年，枉受大家礼敬，还有什么资格做接班人呢？我就啥也不说了。

　　于是当天夜里子时，神秀在别人不知道的时候，自己拿着灯在南廊墙壁上写下了他心中对佛法的证悟和见解："身是菩提树，心如明镜台。时时勤拂拭，勿使惹尘埃。"神秀写完之后，就回到房里了。神秀心想：明天起床以后，如果弘忍大师看到这个偈子心生欢喜，就证明我与佛法有缘；如果弘忍大师认为这首偈子写得不怎么样，就是我的修为太低，还没有明白佛法的大意，根本不适合做接班人。神秀坐卧不安，一直到了天亮。

祖已知神秀入门未得，不见自性。天明，祖唤卢供奉来，向南廊壁间绘画图相，忽见其偈。报言："供奉却不用画，劳尔远来。经云：凡所有相，皆是虚妄。但留此偈，与人诵持。依此偈修，免堕恶道。依此偈修，有大利益。"令门人炷香礼敬，尽诵此偈，即得见性。

门人诵偈，皆叹善哉。

（节选自《六祖坛经·行由品第一》）

弘忍大师在平时听神秀给大家解读的时候就知道，神秀修行得是不错，但是还没有真正入道，还不能识见自心自性。天亮以后，弘忍大师请卢供奉来画画，结果到了南边廊下，发现了壁廊上神秀作的偈子。弘忍大师立刻就明白是怎么回事了，于是对卢供奉说："对不起让你那么远过来，不用画了，你别介意。佛经说'凡所有相，皆是虚妄'，画画也是为了让大家了解禅宗，把这首偈子留下来，让人们依照这首偈子去修行，可以避免堕入恶道，人生的境界会逐步往上走，会有大利益。"弘忍大师让弟子们都焚香敬礼，来念诵这首偈子，以识见自性。

弟子们依照弘忍大师的话念诵这首偈子，都称赞不已。

弘忍大师很给神秀面子，在众人面前树立他的威信。可是真实的情况是怎样的呢？

> 祖三更唤秀入堂，问曰："偈是汝作否？"
>
> 秀言："实是秀作，不敢妄求祖位。望和尚慈悲，看弟子有少智慧否？"
>
> 祖曰："汝作此偈，未见本性，只到门外，未入门内。如此见解，觅无上菩提，了不可得。无上菩提，须得言下识自本心，见自本性。不生不灭，于一切时中，念念自见，万法无滞，一真一切真，万境自如如。如如之心，即是真实。若如是见，即是无上菩提之自性也。汝且去一两日思惟，更作一偈，将来吾看汝偈，若入得门，付汝衣法。"
>
> （节选自《六祖坛经·行由品第一》）

三更时分，神秀被弘忍大师叫到禅堂里，问偈子是不是他作的。神秀说："是我作的，师父，我作这首偈子绝不是为了当六祖，我就是希望您看看我是否有一点智慧。"

弘忍大师告诉他："神秀，你作的这首偈子，只到了门口，还没有进门。如果按照你这首偈子的见解，离大彻大悟还远得很。真正的大智慧，是在自己的本心上下功夫，就是要证悟到自己的本性，让自己心中的那盏明灯亮起来。把自己的真心证出来以后，才能见一切实相，而不被假象迷惑。那个时候，无论遇到什么样的境遇，你都会智慧涌现。你的自性显现之后，你才能看到心的真相、实相，才能证悟到世界的实相。你达到这个境界了，才证悟得到无上菩提。从彻底觉悟的角度看，你写的这首偈子不怎么样，你去再想一想，再写一首偈子，呈给我看。如果你下次作的偈子体现证悟的境界到了，我就将衣钵传给你，你就是六祖。"

神秀作礼而出，又经数日，作偈不成，心中恍惚，神思不安，犹如梦中，行坐不乐。

复两日，有一童子，于碓坊过，唱诵其偈。惠能一闻，便知此偈未见本性。虽未蒙教授，早识大意。遂问童子曰："诵者何偈？"

童子曰："尔这獦獠不知。大师言：'世人生死事大。'欲得传付衣法，令门人作偈来看。若悟大意，即付衣法，为第六祖。神秀上座，于南廊壁上，书无相

偈，大师令人皆诵，依此偈修，免堕恶道。依此偈修，
有大利益。"

惠能曰："上人，我此踏碓，八个余月，未曾行到
堂前，望上人引至偈前礼拜。"

童子引至偈前礼拜。惠能曰："惠能不识字，请上
人为读。"

（节选自《六祖坛经·行由品第一》）

神秀听了弘忍大师的指点和批评之后，睡也睡不着，吃
也吃不好，想写一首新偈子呈给师父，自己的境界又没达到
那个程度，写不出来，心中恍惚，神思不安，就像做梦一样。

两天以后，有一个小童子，经过惠能捣米房间的时候，
嘴里面一直唱诵着神秀作的偈子，惠能一听，就知道这首偈
子境界不够高，作偈子的这个人还没有见到本性。于是他就
问童子："你诵的是什么偈子？"

童子说："你有所不知。弘忍大师说，生死事大，他要准
备传衣钵了，谁作的偈子水平最高，谁就是第六祖。神秀师
兄已经在南廊壁上写了这首偈子，弘忍大师让我们都去念诵，
说照这个偈子修就能免堕恶道。"惠能说："上人，我在这里
捣八个多月米了，还没有到过堂前，你能不能把我引到这首
偈子前，我去礼拜学习？"童子就引着惠能来到了神秀写偈
子的廊前礼拜。惠能说："我不识字，请上人为我读一遍。"

惠能作偈:"菩提本无树,明镜亦非台"

惠能被带到廊前礼拜,他请别人为他读一读神秀写的偈子。

> 时有江州别驾,姓张,名日用,便高声读。惠能闻已,遂言:"亦有一偈,望别驾为书。"
>
> 别驾言:"汝亦作偈,其事希有。"
>
> 惠能向别驾言:"欲学无上菩提,不得轻于初学。下下人有上上智,上上人有没意智。若轻人,即有无量无边罪。"
>
> 别驾言:"汝但诵偈,吾为汝书。汝若得法,先须度吾,勿忘此言。"
>
> 惠能偈曰:
>
> > 菩提本无树,明镜亦非台。
> >
> > 本来无一物,何处惹尘埃。
>
> 书此偈已,徒众总惊,无不嗟讶,各相谓言:"奇

哉，不得以貌取人，何得多时使他肉身菩萨。"

祖见众人惊怪，恐人损害，遂将鞋擦了偈，曰："亦未见性。"众以为然。

（节选自《六祖坛经·行由品第一》）

有一个人叫张日用，是江州的别驾——别驾是个官名，他对惠能说："我给你读。"于是张别驾把神秀作的偈子高声朗读了一遍。惠能听了以后，说："我也有一偈，希望别驾帮我写下来。"张别驾说了一句很轻慢的话："你也作偈子？这件事真是太稀奇了。"惠能说："要想证悟佛法的智慧，千万别看不起初学佛法的人，下下等人中有上上等的智慧，上上等人中也有人没有智慧。如果你看不起别人，那你就犯下了极大的罪过。"惠能的意思是，不要以为自己学的时间长就比别人水平高。很多人看起来很普通，实际上证悟的层次和境界非常高。有些人看起来修为很高，但实际上被文字逻辑、被各种名相紧紧地束缚，是没有大智慧的。

张别驾听了，说："你说你的偈吧，我帮你写。你以后如果得法了，先来度我。千万别忘了这句话。"于是惠能当场就作了一首偈子："菩提本无树，明镜亦非台。本来无一物，何处惹尘埃。"张别驾写完之后，众人惊讶不已，感叹说："真是个奇迹啊！真是不能以貌取人啊！这个人看起来其貌不扬，其实是个肉身菩萨。"

弘忍大师担心有人害惠能，于是他脱下鞋，把这首偈子擦了，然后告诉众人这首偈子不怎么样，也没见自性。众人听了，认为惠能的修为也不怎么样，就散去了。实际上，弘忍大师是在保护惠能，如果惠能引起别人注意，可能会有人唯恐惠能夺了衣钵而害他。于是惠能就继续干活去了。

次日祖潜至碓坊，见能腰石舂米，语曰："求道之人，为法忘躯，当如是乎！"

乃问曰："米熟也未？"

惠能曰："米熟久矣，犹欠筛在。"

祖以杖击碓三下而去。惠能即会祖意。三鼓入室。

祖以袈裟遮围，不令人见。为说《金刚经》，至"应无所住而生其心"，惠能言下大悟"一切万法不离自性"。遂启祖言："何期自性本自清净，何期自性本不生灭，何期自性本自具足，何期自性本无动摇，何期自性能生万法。"

祖知悟本性，谓惠能曰："不识本心，学法无益。若识自本心，见自本性，即名丈夫、天人师、佛。"

三更受法，人尽不知，便传顿教及衣钵。云："汝为第六代祖，善自护念，广度有情，流布将来，无令断

绝。听吾偈。"曰:

有情来下种,因地果还生。

无情既无种,无性亦无生。

(节选自《六祖坛经·行由品第一》)

第二天,弘忍大师悄悄地到了碓坊,看见惠能腰上拴着一块石头,在舂米。于是他就赞叹:"求道的人为了求法,根本不在意身体的痛苦,你这种状态值得赞叹。"弘忍大师问惠能:"米熟了吗?"一方面这是问惠能工作做得怎么样,另一方面是间接地问他悟得怎么样了。惠能说:"米早就熟了,只是还需要再筛一遍。"他其实是告诉弘忍大师,就差您老人家给我印证一下。弘忍大师听了以后没说话,用拐杖在石头上敲了三下。惠能一听就明白了弘忍大师的意思。他什么也没说,到了三更时分,别人都睡着了,他直接到了弘忍大师的房间。他没有敲门,因为他知道弘忍大师在等着他。弘忍大师为了不让别人看见,用袈裟把窗户遮住,给惠能讲《金刚经》,讲到"应无所住而生其心"的时候,惠能一下子就悟了,明白了"一切万法不离自性"的道理,他当场就向弘忍大师禀告了自己悟到的道理。原来,人的一切智慧来自自性。人的本性原本是清净的,是不生不灭的,是自我具足的,是没有动摇的,是能映照宇宙万法的。弘忍大师知道惠能悟得了本心，告诉他："如果不能悟得本心，修习佛法是没有用的。悟得本心的人才能称得上大丈夫、天人师和佛。"弘忍大师当场传法，把衣钵传给了惠能，还为他作了首偈子："有情来下种，因地果还生。无情既无种，无性亦无生。"这时候其他人还都不知道，惠能已经成了第六代祖师。

佛家所说的"无所住"，其实对我们每一个人都有现实意义。人这一生，若是无论看到什么、听到什么、接触到什么，都能够不把心黏附在上面，在那种状态下，心自然就是清清明明、灵灵觉觉的，才能在每个当下不错过机缘，把事情做好。自性是宇宙的秘密、人生的秘密所在，悟得自性、悟得本心之后，还得有运用它们的智慧。比如，人要有善良之心，但也要懂得在什么场合下善良、怎样真正把善良用得恰到好处，这才是大智慧。

祖复曰："昔达摩大师，初来此土，人未之信，故传此衣，以为信体，代代相承。法则以心传心，皆令自悟自解。自古佛佛惟传本体，师师密付本心。衣为争端，止汝勿传，若传此衣，命如悬丝，汝须速去，恐人害汝。"

惠能启曰："向甚处去？"

祖云："逢怀则止，遇会则藏。"

惠能三更领得衣钵，云："能本是南中人，素不知此山路，如何出得江口？"

五祖言："汝不须忧，吾自送汝。"

祖相送直至九江驿。祖令上船，五祖把橹自摇。惠能言："请和尚坐，弟子合摇橹。"祖云："合是吾渡汝。"惠能云："迷时师度，悟了自度，度名虽一，用处不同。惠能生在边方，语音不正，蒙师传法，今已得悟，只合自性自度。"祖云："如是如是。以后佛法，由汝大行。汝去三年，吾方逝世。汝今好去，努力向南，不宜速说，佛法难起。"

（节选自《六祖坛经·行由品第一》）

弘忍大师告诉惠能："达摩祖师刚来中国弘扬佛法的时候，没人相信他，于是他就把释迦牟尼佛的衣钵拿出来了，这个衣钵是证明自己修到一定程度的信物，于是代代相承。实际上法的本质是以心传心，心心印证。衣钵本来只是一个信物，但是大家反而为了争夺衣钵引起很多杀戮，并不是好事。所以衣钵到了你这儿之后，就不要再传了，我将衣钵传给你之后，恐怕会有很多人要害你，所以你今天晚上必须离开这里。"

惠能就问弘忍大师自己应该去哪里。弘忍大师告诉他遇到带"怀"字的地方就停下来，碰到带"会"字的地方就隐居起来。惠能说自己不是当地人，不熟悉地形，晚上瞎灯灭火的，根本走不了。弘忍大师告诉惠能不要担忧，他会亲自送惠能。

弘忍大师亲自摇橹送惠能离开。他告诉惠能："今天是我度你。"惠能听了以后说："现在是我迷，师父来度我，等我悟了，自己来度自己。将来我有了机会，一定把老师教给我的佛法大力地弘扬出去。"但是弘忍大师告诉他："你说得好，以后佛法会因为你大兴。你离开三年以后，我才会圆寂。可是你要记住我的话，一直往南走，千万不要着急弘扬佛法，因为在这几年佛法是不容易兴盛起来的。"

十五年隐藏山林，得法获宝命悬一线

为什么弘忍大师说"佛法难起，不宜速说"呢？除了客观环境制约，因为惠能大师虽然悟了，弘忍大师也把衣钵传给了他，认定他就是第六代祖师，但他若想真正承担起六祖的责任，把佛法弘扬开来，还需要经过无数的历练才能获得这种能力。现实生活中也是如此，即便是特别有抱负的人，也不宜于过早地崭露头角。如果一个人要想当高官造福一方，就要在基层里摸爬滚打，经过多年的历练后，他的德行、修为、能力、眼界都提升到了必要的层次，才能真正担负起重任。

惠能辞违祖已，发足南行。两月中间，至大庾岭，逐后数百人来，欲夺衣钵。

一僧俗姓陈，名惠明。先是四品将军，性行粗糙，极意参寻，为众人先，趁及惠能。惠能掷下衣钵于石上，曰："此衣表信，可力争耶。"

能隐草莽中，惠明至，提掇不动。乃唤云："行者行者，我为法来，不为衣来！"

惠能遂出，盘坐石上。惠明作礼云："望行者为我说法。"惠能云："汝既为法而来，可屏息诸缘，勿生一念，吾为汝说。"

明良久。惠能云："不思善，不思恶，正与么时，那个是明上座本来面目。"

惠明言下大悟。复问云："上来密语密意外，还更有密意否？"

惠能云："与汝说者，即非密也。汝若反照，密在汝边。"

明曰："惠明虽在黄梅，实未省自己面目。今蒙指示，如人饮水，冷暖自知。今行者即惠明师也。"

惠能曰："汝若如是，吾与汝同师黄梅。善自护持。"

明又问："惠明今后向甚处去？"

惠能曰："逢袁则止，遇蒙则居。"

明礼辞。

（节选自《六祖坛经·行由品第一》）

惠能辞别弘忍大师，继续南行，不到两个月，到了大庾岭（今广东和湖南、江西交界的地方），有几百个人追着他，想抢衣钵。

其中有一个僧人，俗姓陈，叫惠明，以前是个四品的将军，性行粗鲁，他跑在最前面，不久就追上了惠能。惠能心想，衣钵是一个人真正明心见性的证明，是一个人能荷担如来家业的信物，不是任何人都能冒称有道之人，将其据为己有的。于是惠能把衣钵放在石头上，自己躲了起来。惠明看到衣钵，伸手就拿，可奇怪的事发生了，他怎么也拿不起来。于是惠明大喊道："行者，行者，我今天不是为求衣钵来的，我是为了求法而来，您出来吧，我向您学习。"

惠能从草丛里出来，盘腿坐在石头上。惠明施礼说希望行者给他说法。惠能说："你既然是为了求法而来，不是为了衣钵，那我教你。你先打坐，打坐的时候一定要什么都不想，又要灵灵觉觉什么都可观照，达到这种状态，我再跟你说。"过了一段时间，惠明达到了惠能说的状态，惠能告诉他："不要有意识地去思量善和恶，这个时候你的本来面目是什么呢？"惠明一下子明白了，学佛的方向也就清楚了，那就是在自己起心动念处下功夫。他又问："除了您说的这个，还有秘密吗？"惠能说："我跟你说的都不是秘密，如果你用智慧观照自己的内心，一直往我刚才给你指的那个方向努力，将来会有无穷的发现。"惠明听了以后很感恩，他说："我虽然在黄梅县跟着弘忍师父修行多年，但我从来都没有看清自己的真面目，也没有找到自己人生的秘密和究竟，今天多亏您告诉了我这个秘密是什么。如人饮水，冷暖自知，我特别感恩，今天您就是我的师父。"惠能说："你不能这么说。我今天教你，是因为缘分，我们俩共同的师父是弘忍大师，你不可把我当作师父。而且我今天教你的东西，希望你不要迷失，好好护持这种状态。"惠明问："那我今后去哪里？"惠能告诉他："走到带'袁'字的地方，就停下来；走到带'蒙'字的地方，在那里驻扎修行就可以了。"说完，惠明就告辞了。后来，惠明为了体现自己对惠能的尊重，改法号为"道明"。

风动，幡动，还是心动？

惠能证悟了佛法的真相之后，初步了悟，一定要到生活中去磨炼、去体会。

惠能后至曹溪，又被恶人寻逐。乃于四会，避难猎人队中，凡经一十五载。时与猎人随宜说法。猎人常令守网，每见生命，尽放之。每至饭时，以菜寄煮肉锅。或问，则对曰：但吃肉边菜。

一日思惟：时当弘法，不可终遁。遂出至广州法性寺，值印宗法师讲《涅槃经》。时有风吹幡动，一僧曰风动，一僧曰幡动，议论不已。

惠能进曰："不是风动，不是幡动，仁者心动。"

一众骇然。印宗延至上席，征诘奥义。见惠能言简理当，不由文字。宗云："行者定非常人。久闻黄梅衣法南来，莫是行者否？"

惠能曰："不敢。"

宗于是作礼，告请传来衣钵，出示大众。宗复问曰："黄梅付嘱，如何指授？"

惠能曰："指授即无，惟论见性，不论禅定解脱。"

（节选自《六祖坛经·行由品第一》）

惠能后来到了曹溪，被坏人追赶。他跑到四会这个地方，在猎人的队伍里躲避了十五年。惠能经常抓住时机给猎人们讲佛法。猎人们有时候让他帮忙看守捕兽的网，他看到网上的小动物就会放生。他跟猎人们一起吃饭的时候，就把蔬菜放在肉锅里煮熟了吃。惠能不断地提升自己证悟的境界，到了一定程度以后，他觉得自己不能一直隐遁下去，时机成熟，应该出来弘法以报圣贤开启智慧之恩。

于是他离开四会，到了广州的法性寺，赶上方丈印宗法师在讲《涅槃经》。忽然刮来了一阵风，寺院里的旗幡随着风飘动。有一个僧人不自觉地说了一句："起风了。"另一个僧人接了一句："什么起风了？不是风动，是幡动。"第一个僧人不服气，说："没有风，幡怎么动？"第二个僧人说："风动不动我哪里知道，我只看到了幡动。"二人对风动还是幡动争论不止，把僧人们的注意力都吸引过来了。惠能在旁边张口说了一句："不是风动，也不是幡动，是诸位的心在动。"僧人们经常听经，都有佛法功底和佛法修证的体验，他们听到惠能说出这句话，都非常惊讶。

"不是风动，不是幡动，仁者心动"，这句话高明在哪里呢？如果那两个僧人聚精会神地听讲，是注意不到风动、幡动的。所以，讨论是风动还是幡动这个行为恰恰说明他们都没有专心听讲。从表象上看，是两个僧人在讨论是风动还是幡动，实质是什么？为什么其他僧人专心听讲而根本没有关注到风动和幡动，问题的实质是这两个僧人走神心动，才讨论风动、幡动的问题。

于是印宗法师就把惠能请到上座就座，问惠能一些佛法的智慧，惠能直彻人心，深悟法要，而且说得非常简洁明了。印宗法师说："行者，你肯定不是一般人，我早就听说黄梅弘忍大师的衣钵已经传了，而且得到衣钵的人到了南方。莫非就是你吗？"印宗法师已经感觉到惠能不是个凡夫了。惠能回答说："不敢当。"表面很客气，意思是"就是我"。印宗法师一听，赶紧施礼，请惠能把衣钵拿来让大家看一下。惠能就打开衣钵给大家看，这个时候印宗法师又问："弘忍大师除了给你衣钵之外，还对你说了哪些秘密？"惠能说："弘忍大师没说什么秘密，只是直截了当地告诉我智慧在哪里，怎样大彻大悟，怎样来证得人的本性。没有讲具体怎么打坐、怎么盘腿、怎么礼拜这样的事情，他不主张通过禅定解脱。"印宗法师又问了惠能一些问题，惠能的回答也直指人心，把佛法中的智慧都展示给了印宗法师，印宗法师非常受益。

印宗闻说，欢喜合掌，言："某甲讲经，犹如瓦砾；仁者论义，犹如真金。"于是为惠能剃发，愿事为师。惠能遂于菩提树下，开东山法门：

"惠能于东山得法，辛苦受尽，命似悬丝。今日得与使君、官僚、僧尼、道俗同此一会，莫非累劫之缘，亦是过去生中供养诸佛，同种善根，方始得闻如上顿教、得法之因。教是先圣所传，不是惠能自智。愿闻先圣教者，各令净心，闻了各自除疑，如先代圣人无别。"

一众闻法，欢喜作礼而退。

（节选自《六祖坛经·行由品第一》）

经过这一番交流之后，印宗法师特别欢喜。印宗法师境界非常高，但是与六祖惠能和五祖弘忍相比，在直射人心、识自本心见自本性方面还差得多。

惠能已经不是当初舂米的惠能了，也不是被弘忍大师摇着橹送出东禅寺的惠能了。惠能在猎人队伍里修行了十五年，此时在禅法上已经有了祖师的大气象。印宗法师能得到惠能大师的指点，非常欢喜，说："我讲的经在你面前就跟砖头瓦块一样毫无价值，你说的这些话才像真金白银一样珍贵。"于是他为惠能剃发，并拜惠能为师。惠能就在菩提树下开启了东山法门。

惠能说："我在东山寺得到了弘忍大师的信任，从他老人家那里得到了衣钵，这十多年我的命就像系在头发丝上，非常危险。是过去累劫的修行，才让我有了和在座的人共同学习的缘分，也是咱们过去供养诸佛、同种善根，才让我们有机会领会证悟直指人心的智慧法门。我今天给你们讲的，实际上是从佛陀开始，经过历代祖师证悟之后的大智慧，并不是我自己的智慧。如果每个人都能把心上的杂质去掉，那么，每个人都能识自本心，见自本性，佛陀和祖师证悟到什么境界，我们也能证到什么境界，最终，我们就是佛，我们也是祖师。"

中国文化跟西方文化不一样。在西方文化中，上帝只有一个，西方人不会说自己就是上帝。但是，在中国文化中，只要你按照佛陀和祖师说的做，你也能证悟，你和佛陀和祖师是一样的。真理没有被任何人垄断，真理属于社会、属于大众，任何一个按照真理去做的人，都可以称为真理的证悟者。中华文化给每一个人觉悟和成就的希望，这是真正的、更高层次的自由与主体精神。在此，希望每个人都能领会中国精神，学习真理、证悟真理、践行真理，成为有智慧的人。

智慧何来，佛法何在？

《六祖坛经》的第二品是《般若品》。因为梵语里的"般若"有"智慧"的意思，但是也有"智慧"一词所不能涵盖的内容，所以鸠摩罗什、玄奘等翻译大师把梵文直接音译过来，就是"般若"。《般若品》讲的是惠能大师为众人开示"摩诃般若波罗蜜法"的要义。

次日，韦使君请益，师升座，告大众曰："总净心念'摩诃般若波罗蜜多'。"复云："善知识！菩提般若之智，世人本自有之，只缘心迷，不能自悟，须假大善知识，示导见性。当知愚人智人，佛性本无差别，只缘迷悟不同，所以有愚有智。吾今为说摩诃般若波罗蜜法，使汝等各得智慧，志心谛听，吾为汝说。"

（节选自《六祖坛经·般若品第二》）

韦刺史专门把惠能大师从山里请到大梵寺大讲堂去讲

经。第二天，惠能大师升座，说："大家先静下心来。当我们心意扰扰，不知道自己想什么时，无论是学佛学还是做其他事，这都不是好的状态。所以要先静心，念诵'摩诃般若波罗蜜多'这句话。"

惠能又说："各位，每个人都想成为觉悟的人、有大智慧的人。大智慧在哪里呢？其实人人都有。只是有人找不到。为什么找不到呢？因为他们的心在不断地追逐各种相，忘了自己的本性是什么，也就忘了智慧的源头在哪里。心迷以后，就找不到万法的源头，这叫不能自悟。所以，一定要借助大善知识的引导，才能走上正确修证的道路，证悟这个大智慧。不管是愚钝的人还是聪明的人，都有大智慧，在这一点上众生是平等的。可是每个人的状态不一样，有人迷惑，有人开悟，所以才有了愚钝之人和聪明之人的区别。当你们懂得了这个道理以后，就不会嫉妒别人、羡慕别人了，而是会专注于开发自己内在的智慧。你们今天来了，我就告诉你们怎样才能找到你们心中的大智慧，希望你们认真地听。"

"善知识！世人终日口念般若，不识自性般若，犹如说食不饱。口但说空，万劫不得见性，终无有益。"

（节选自《六祖坛经·般若品第二》）

惠能接着说："世上的人整天说智慧，却没认识到自己本性中存在的智慧，这就像口中说各种食物，却不能饱腹。如果只是嘴上说说，即使经历千万劫数，也不能见自性，没有任何益处。"

在日常生活中，我们往往通过看一个人如何待人接物、思考问题、处理问题，来判断他是否有智慧。其实我们所看到的都是智慧的相，是一个人内在状态的外在表现。他为什么说话深刻？他为什么能够把事情处理得很周到？因为他内在的状态修得好。所以惠能告诉众人不要被外在的东西迷惑，一定要"识自性般若"。但是，如果一个人整天说佛法的道理，而不去真正地修习，就和凡人自称国王一样，终不可得。

佛法的智慧不是用眼睛看、用嘴说，而是真修实证的本事，是解决实际问题时候所彰显的能力，以及为人民做的贡献。

"譬如雨水，不从天有，元是龙能兴致，令一切众生、一切草木、有情无情，悉皆蒙润。百川众流，却入大海，合为一体。众生本性般若之智，亦复如是。

"善知识！小根之人，闻此顿教，犹如草木根性小者，若被大雨，悉皆自倒，不能增长。小根之人，亦复如是。元有般若之智，与大智人更无差别，因何闻法不自开悟？缘邪见障重，烦恼根深，犹如大云覆盖于日，不得风吹，日光不现。般若之智亦无大小，为一切众生自心迷悟不同。迷心外见，修行觅佛，未悟自性，即是小根；若开悟顿教，不执外修，但于自心常起正见，烦恼尘劳，常不能染，即是见性。"

（节选自《六祖坛经·般若品第二》）

一般人认为，必定要经过生生世世的修习，经过多少的打坐、多少的苦行，最后才能觉悟。惠能就直截了当地告诉众人，人人都有般若智慧，人人都有成佛的智慧，只要当下下功夫，就会进步得非常快。很多人会产生疑惑："是这样吗？难道成佛那么容易吗？觉悟那么容易吗？"如果真下功夫，它就容易；如果不下功夫，只是嘴上说说，它就很难。

惠能还举了个例子："大智慧就像瓢泼大雨，滋润天地万物。参天大树受到瓢泼大雨滋养，就会枝繁叶茂。可是有的小草，只有一两寸高，遇到瓢泼大雨的时候，就难免倒伏在地，不能生长了。小根器的人就像小草无法承受大雨一样，无法领会大智慧。他们原本具有般若智慧，与大智慧的人是一样的，为什么他们听了佛法之后却不能开悟呢？是因为他们错误的见解太深了，就像乌云遮住了太阳。在般若的智慧面前人人平等，只是众人心中的迷障大小不同、开悟的程度不同。迷惑的心对外在的东西执着，而没有觉悟自己的本性，这就是小根器、小慧根之人；如果顿悟了，不执着于外在的修行，本心中时常升起正确见地，一切烦恼不能浸染，这就是识见了自我的本性。"

有些人学了佛学以后就到处给别人讲，给所有人讲的都是一样的内容，这就是没懂惠能说的话。弘扬佛法也要因根器而有别：有些人听不懂或者不喜欢听高深的道理，就告诉他们一定要孝敬父母，要好好工作；有些人志向远大，就可以给他们讲一讲"家国天下"；有的人证悟能力强，就可以给他们讲般若之智，讲佛法的空性，讲一些深刻的智慧。所以，我们要用最适合别人状态的方式给他讲对应的道理。一个真正的修行之人，会在哪里下功夫？第一，他会在自净其意上下大功夫，修自己的般若之智，走内修自证的路线。第二，他会在看问题的角度上下功夫，他不会用一般的世俗之人的标准去看问题，不会拘束在特定的框架里，而是会把问题放在整个时空链里去看，这样他看到的是是非非必定与常人不同，他所做出的判断也往往异于常人。比如，一个孩子不孝顺，放在当下来看，这个孩子是不对的；可是如果深入了解一下，可能就会发现父母从小就对他娇生惯养，纵容他、溺爱他，所以才导致他没有责任心，不懂得感恩父母。这个孩子之所以不孝敬，其实是因为他父母最初教育他的时候没有得法。孩子不孝敬父母固然不对，父母的教育也应负一定的责任。从这个意义上讲，真正的修行之人看世间的万象，能够看到实相，抓住根源。修行最根本的是修自己的内心，让自己的境界和智慧得到升华，是内求的功夫。

　　佛法在世间，不离世间觉；离世觅菩提，恰如求兔角。

　　　　　　　　　（节选自《六祖坛经·般若品第二》）

　　真正的佛法不是在深山老林里，而是在世间。在与老百姓打交道、为人民服务的过程中，才能修证佛法。如果远离了老百姓，不为众生服务，是不可能修证佛法的。

　　为什么有的人喜欢到深山老林里找清净呢？离开人群，离开万丈红尘，去为自性的定力打基础，这是大多数修行之人要经历的一个过程。有了定力以后，恰恰要到万丈红尘里去历练、去验证，正所谓"不为自己求安乐""不离世间觉"，学儒、学道、学佛，不管学什么，最终的目的都应该是如将一滴水融入大海中一样，将自己融入人民和社会中。

如果我们离开为人民服务、为大众服务这条路去追求成佛，就像兔子追求角，最终了无可得。

　　学习中国传统文化就是如此，我们绝对不能逃避自己的社会责任，躲开自己的担当；恰恰相反，学习的最终目的是增进人民的福祉，在这个过程中我们才能报效国家、成全人民，最终成全自己。

当下净土，何必西方？

《六祖坛经》的第三品叫《疑问品》。本品通过韦刺史向惠能大师提出疑问，惠能大师做出回答的过程，阐释了惠能大师对"功德"和"净土"的看法。

> 一日，韦刺史为师设大会斋。斋讫，刺史请师升座，同官僚士庶肃容再拜，问曰："弟子闻和尚说法，实不可思议。今有少疑，愿大慈悲，特为解说。"
>
> 师曰："有疑即问，吾当为说。"
>
> （节选自《六祖坛经·疑问品第三》）

有一天，韦刺史专门为惠能大师举行法会、施斋饭。吃完饭，韦刺史请惠能大师升座，给大家开示。韦刺史与众多官员及其他信众庄严地向惠能大师行礼致敬。这从侧面反映出，在唐朝，人们对惠能大师这样有智慧、有德行的人是很敬重的。

韦刺史问："弟子听您说法，真是不可思议，智慧太大了，所以我觉得特别荣幸。可是我今天有一些疑问，希望您老人家慈悲为怀，能够为我解说。"

惠能大师回答："你有什么疑难问题，说吧，我今天为你解答。"

> 韦公曰："和尚所说，可不是达摩大师宗旨乎？"
>
> 师曰："是。"
>
> 公曰："弟子闻达摩初化梁武帝，帝问云：'朕一生造寺度僧，布施设斋，有何功德？'达摩言：'实无功德。'弟子未达此理，愿和尚为说。"
>
> 师曰："实无功德，勿疑先圣之言。武帝心邪，不知正法。造寺度僧，布施设斋，名为求福，不可将福便为功德。功德在法身中，不在修福。"
>
> （节选自《六祖坛经·疑问品第三》）

韦刺史问了两个问题。第一个问题是由达摩祖师和梁武帝的一段对话引发。这涉及禅宗的一段公案。南北朝时期，印度僧人菩提达摩在般若多罗尊者的教诲下，从印度来中国传法。菩提达摩带着释迦牟尼佛的衣钵泛海来到中国南海（今广东广州），梁武帝遣使把菩提达摩请到了建康（今江苏南京）。当时梁武帝对佛教崇拜得五体投地，曾三次舍身同泰寺，每次都是大臣们用大量钱财把他赎回来。实际上，梁武帝是为了帮寺院筹款。梁武帝还颁布诏书，禁止佛教徒吃肉，这项规定对中国佛教影响深远。

韦刺史说："我听说达摩祖师初化梁武帝时，梁武帝问：'我这一生建造了那么多寺院，而且经常请法师们吃斋，供养饭食，我的功德大不大？'达摩祖师回答：'实在是没有什么功德。'我不理解，为什么梁武帝那么尊重佛教，做了那么多善事，达摩祖师却说他没有功德？"

惠能大师回答："真的是没有任何功德，你千万不要怀疑达摩祖师的话。梁武帝对佛教好，为的是得到福报，得到好处，这是心邪，是有所求。不可以把有所求认为是有功德。"所谓的"功"是指一个人内心达到的境界和状态；所谓的"德"，是指一个人内在智慧和境界表现出的行为。

《道德经》讲"上德不德，是以有德"，真正有道德的人，恰恰是做了好事以后内心毫无挂碍，不求任何回报。《金刚经》里也讲"三轮体空"，从内心生发出慈悲之心和仁爱之心，不求任何个人的回报和功利，才是真正的功德。功德是在自性上下功夫，是自性的清净，是我的仁爱之心和慈悲之心自然生发出来的，与我有没有好报没什么关系。彻底的无我、彻底的清净，纯粹是一片利他之心，纯粹是慈悲之心，那就是功德。梁武帝没有到这个层次，所以他虽然做了那么多好事，也算不上有功德，但是会有福报。

刺史又问曰："弟子常见僧俗，念阿弥陀佛，愿生西方。请和尚说，得生彼否？愿为破疑！"

师言："使君善听，惠能与说。世尊在舍卫城中，说西方引化，经文分明，去此不远。若论相说里数，有十万八千，即身中十恶八邪，便是说远。说远为其下根，说近为其上智。

"人有两种，法无两般，迷悟有殊，见有迟疾。迷人念佛求生于彼；悟人自净其心。所以佛言：'随其心净即佛土净。'

"使君东方人，但心净即无罪。虽西方人，心不净亦有愆。东方人造罪，念佛求生西方；西方人造罪，念佛求生何国？

"凡愚不了自性，不识身中净土，愿东愿西；悟人在处一般。所以佛言：随所住处恒安乐。使君心地但无不善，西方去此不遥。若怀不善之心，念佛往生难到……"

（节选自《六祖坛经·疑问品第三》）

韦刺史又问:"弟子经常看到出家人和在家人念诵阿弥陀佛名号,希望往生到西方极乐世界,请大师讲讲,真的能往生到西方吗?希望大师为我们破除疑惑。"惠能大师说:"韦刺史你好好听我说。世尊在舍卫城讲西方极乐世界的时候,经文中说极乐世界离我们的现世并不遥远。但若论相状,则有十万八千里。因为有的人内心很肮脏,有十恶八邪,对他们来讲,西方极乐世界真的是太远了。如果一个人内心很清净,拥有和佛一样的上等状态,对他来说,西方极乐世界就很近。所以,远和近是因人而异的。"

　　惠能大师又说:"人固然有两种,但佛法没有这样的分别,只是因为人有愚迷和开悟的区别,所以有的人识见本心快,有的人识见本心慢。你是东方人,如果你的心和佛陀一样干净,极乐世界就在当下。如果一个人心不干净,他就是在西方世界里,也仍然是有罪的。东方人有了罪,念佛求生西方,可是如果西方人造罪,念佛求生何国?"惠能大师指出,最根本的是要净化内心,强调自己当下的状态,如果当下的状态不好,到哪去也过不好。

　　惠能大师这段话,给了我们极深的启发:一个真正学传统文化或者学佛的人,应该更多地在自己心地上下功夫,因为我们的状态反映了我们心灵的感受。

　　讲到这,惠能大师就说:"一个人把自己内心的那些毛病净化掉，极乐世界就在他的心里面，就在当下。如果一个人不从自己的心地下手，无论怎么样去念佛，都难到往生。"

惠能大师还谈了一个很关键的问题：

> 师言："善知识！若欲修行，在家亦得，不由在寺。在家能行，如东方人心善；在寺不修，如西方人心恶。但心清净，即是自性西方。"

（节选自《六祖坛经·疑问品第三》）

惠能大师说："真正的修行，在家与出家没有根本的区别。在家修行的人，如果能够按照佛法的要求做，就相当于在东方的人心善；出家的人，如果在寺院里不真正去修行，不下功夫在心地上去净化自己，就相当于一个人在西方极乐世界里心存恶念。所以只要一个人内心清净，就是在自性中得见西方极乐世界，在家与不在家都是一样的。"

我们都想拥有快乐、愉悦、欢喜的人生，都不想拥有烦恼、痛苦、纠结的人生。人们之所以拥有不同的人生，其实根本原因不在于环境的不同。如果我们不改掉自己的毛病，在哪个环境中都不会快乐；如果我们改掉了自己的毛病，状态比较好，很有智慧，在哪个环境中都会快乐。所以，一个人能否快乐、能否欢喜就在于自己的状态如何，是否真修实干，以及自己的智慧达到了什么程度，而不在于出家与不出家。

如同一个人修为比较差，导致人际关系紧张，得不到领导和同事的认可，并不是换一个单位就能够天天喜乐自在。如果不提升自己的修为，到了任何单位都难以得到大家的认可。因此，当一个人生活不如意的时候，应该做的不是抱怨环境不好、指责别人不认可自己，而是提升自己的修为和能力。

回答完问题之后，惠能大师又专门诵了颂词，告诉人们在生活中怎么修行，如果人们照着去做，无论在哪里，人生都会不断地提升。

无念、无住与禅宗的秘密

《六祖坛经》的《定慧品》，讲了惠能大师认为南宗禅法的法门以"定""慧"为本，并揭示了二者的关系。

师示众云："善知识！我此法门，以定慧为本。大众勿迷，言定慧别，定慧一体，不是二。定是慧体，慧是定用，即慧之时定在慧，即定之时慧在定。若识此义，即是定慧等学。诸学道人，莫言先定发慧、先慧发定各别。作此见者，法有二相……"

（节选自《六祖坛经·定慧品第四》）

有一天惠能大师给大众开示："修学禅法一定要注意，我讲的法门，定、慧是本。大家不要误解，以为定和慧不一样，其实定和慧是一体的，不是分开的。禅定是智慧的本体，智慧是禅定的功用，一个人在如如不动的时候，智慧就生发出来；智慧呈现的时候，定就在慧中。所以学习佛学的人，不要说一定要先禅定才能生发智慧，也不要说一定要先有智慧才能禅定，更不要认为定和慧是有区别的。有这种见解的人，都没有真正体会到定和慧的关系。"

如果我们想拥有智慧，在生活中就一定要注意定力。有的人觉得排除外界的干扰，找个安静的地方盘腿去打坐修行，就是定。但这只是修行的一个阶段。在社会生活中，待人接物、处理各种问题的时候，智慧不迷失；在面对各种干扰的时候，心性不怎么起伏，那才是真正的定，尤为可贵。

惠能交代完定、慧之后，又给大家做了一个经典的总结：

善知识！我此法门，从上以来，先立无念为宗，无相为体，无住为本。

（节选自《六祖坛经·定慧品第四》）

惠能大师说，他宣讲的法门，一直以无念为宗，以无相为体，以无住为本。什么是无念呢？一般人认为，无念就是坐在那里像石头、砖头、枯草一样，没想法。这是不对的。我们作为人，只要有心，怎么可能没有念头？

惠能大师还说：

善知识！于诸境上，心不染，日无念。于自念上，常离诸境，不于境上生心；若只百物不思，念尽除却，一念绝即死，别处受生，是为大错，学道者思之！

（节选自《六祖坛经·定慧品第四》）

惠能大师说："在世间万物中间，心不被浸染，叫无念。"我们应该怎样理解这句话呢？举例来说，比如，一个人看到一座大房子，非常漂亮，布局特别符合自己的要求，但没钱买，离开这座房子以后就不再想这件事了，该吃饭吃饭，该睡觉睡觉，这种状态就叫"心不染"。反过来讲，如果一个人看到一座房子以后很喜欢，但没有钱买，于是又嫉妒，又难受，脑海中经常闪现出那座房子的样子，他的心就被那座房子抓住了。

真正的无念是指我们看到诸景，能够不被拘住。如果我们只是压住自己的念头，看见什么东西都不起想法，也非常危险，这是让自己走向愚痴、愚蠢。

善知识！外离一切相，名为无相。能离于相，即法体清净。此是以无相为体。

（节选自《六祖坛经·定慧品第四》）

什么叫无相呢？无相是指超离一切外相，既能清清楚楚地观照万相，而又不被外相拘束。比如，我看到一个茶杯的时候，念头里就会有个观照：这是一个茶杯。我的内心如果产生了"这个茶杯真好，如果是我的就好了"的念头，我就是被这个茶杯的相束缚了。能离于相，就是我看到了这个茶杯，心里知道这是茶杯，但绝不会把自己的心黏附在茶杯上。

> 于诸法上，念念不住，即无缚也。此是以无住为本。
>
> （节选自《六祖坛经·定慧品第四》）

什么是"以无住为本"呢？"无住"就是"于诸法上，念念不住"。我们有眼、耳、鼻、舌、身、意，我们在生活中见到什么，随之各种念头就出来了。关键是，我们产生各种念头之后，会不会对其中的一个念头产生执着？如果其中的一个念头把自己束缚住，就不是无住了。我们在生活中会看到无数的景物与现象，观照清楚以后，不被自己的念头束缚，这就是无住。

"无念""无相""无住"其实是一个意思，在《定慧品》的最后，惠能大师说：

> 故经云：能善分别诸法相，于第一义而不动。
>
> （节选自《六祖坛经·定慧品第四》）

惠能大师的意思是，眼、耳、鼻、舌、身、意，我们可以利用它们，在生活中分辨美丑善恶，但是无论看到什么、听到什么、摸到什么，绝对不能被外在的事情束缚。这种状态就是，什么都知道，但是内在的智慧如如不动，这就是智慧的秘密所在。这也是应庄子所说"枢始得其环中，以应无穷"。

《定慧品》对我们理解惠能禅法的要义有很大的帮助。在生活中，当我们看到、听到、摸到外在事物的时候，如果产生执着和黏附，智慧往往就会被蒙蔽，从而判断失误，给我们的人生带来痛苦。如果我们和外界事物打交道的时候，能够看得清清楚楚、明明白白，内心不产生执着和黏附，做什么事都干净利落，认知正确，措施得力，不会形成自己的障碍，这就是智慧。

盘腿才是打坐吗?

《六祖坛经》里有三个重要的禅法名相。

第一个名相,是《坐禅品》中讲的坐禅。一般人认为坐禅就是盘腿坐在那里,但是惠能大师对坐禅有一种说法:

善知识!外离相即禅,内不乱即定。

(节选自《六祖坛经·坐禅品》)

惠能大师说,无论看到什么、听到什么、触摸到什么,都能够不被外在的东西束缚,叫外离相,这是禅,内在不散乱是定。当我们看到一个东西,或者接触到一个东西,内心被它黏附住的时候,我们的智慧就会丢失。我们内心之所以痛苦,大多数时候都是因为心被黏附在了某一个地方。心有所挂碍,情绪必然起起伏伏。

有这样一个故事。东晋受到外部的极大威胁,北方前秦政权的领导人苻坚带着几十万兵马,浩浩荡荡直奔东晋。苻坚手下的人劝他不要打东晋，因为东晋气数未尽，但是苻坚很狂，他说他有几十万兵马，把马鞭都扔到河里去，河都能断流，他一定能消灭东晋。这个时候东晋虽然比较衰败，但是也有治世能臣。执掌朝政的宰相谢安是个很有智慧的人，深谙怎样在乱世之中保全，水平高又不显山露水。苻坚带着几十万兵马到了淝水，安营扎寨，准备一举击破东晋。谢安让他的侄子谢玄带着部队在前线迎击前秦军主力，他自己则穿着鞋，鞋后跟都不提起来，拿着折扇，扣子也不系，一副明月清风的样子。晋孝帝并不放心，派身边的人去观察谢安怎样指挥战争，结果被派去的人回来说，恐怕找错人了，谢安扣子也不系上，还拖着鞋，不紧不慢地下象棋呢，一点儿也没有大战之前的紧张。晋孝帝就笑了，既然谢安是这个状态，那应该是心中有数。谢安精心布局，可谓"运筹帷幄之中，决胜千里之外"。而苻坚的部队则正应了"骄兵必败"这句古话。淝水之战失败后，苻坚在逃跑的时候听见风声、鸟叫，都以为是东晋的军队追来了，以致吓得魂飞魄散，这就是"风声鹤唳"的典故。

在关乎国家生死存亡的危急时刻，内心不恐惧，能够定得住，这是很重要的一种状态。"每临大事有静气"，这应该是每一个人追求的目标。

通过谢安的故事，我们可以更清楚地明白，《六祖坛经》

里讲的"内不乱即定"是一种什么样的状态。谢安在两军对垒，面临极其危险的处境的时候，内心不乱，因此才能取胜。在战争中，如果统帅遇到考验的时候慌里慌张，他的谋断就会失误，可能就会导致根本性的败局。

惠能大师说的"外离相即禅，内不乱即定"，是就坐禅的根本而言的。在现实中，追求相上的坐禅也非常重要，我们不要顾此失彼。实际上，坐禅这种基本功，对我们提升自己的修为、更加透彻地理解禅法也有非常重要的作用。

第二个名相，讲的是忏悔。

> 云何名忏？云何名悔？忏者，忏其前愆。从前所有恶业：愚迷骄诳嫉妒等罪，悉皆尽忏，永不复起，是名为忏。悔者，悔其后过。从今以后，所有恶业，愚迷骄诳嫉妒等罪，今已觉悟，悉皆永断，更不复作，是名为悔，故称忏悔。
>
> （节选自《六祖坛经·忏悔品第六》）

什么叫作忏？什么叫作悔？我以前犯的错，争取以后不再犯，这是忏。从今以后，所有不好的事我都不会再做，这是悔，合起来叫忏悔。惠能大师讲的忏悔，就是承认自己以前犯的错，以后行为检点，不要犯错。如果真做到了，那就是"从前种种，譬如昨日死；从后种种，譬如今日生"，人生换一种活法。

一般人往往会在做了错事之后觉得对不起自己的良心，忏悔一番；过了一段时间，又开始做一些错事，觉得不对，又开始忏悔；再过一段时间，又做了错事，又忏悔……如此循环往复。所以，古人有一种说法："学佛乃大丈夫事，非帝王将相所能为。"真正能学佛的人，一定是能斩钉截铁地和自己的过去做一个告别，把曾经犯过的所有错误都放下，以后不再犯，今后人生开出一个新局面的人。

忏悔完之后，究竟怎么活呢？这就是《六祖坛经》里的第三个名相，叫"四弘愿"。一个真正学佛的人，他人生的方向，用惠能大师的话说就是：

> 自心众生无边誓愿度，自心烦恼无边誓愿断，自性法门无尽誓愿学，自性无上佛道誓愿成。
>
> （节选自《六祖坛经·忏悔品第六》）

"自心众生无边誓愿度"，有两个层面，第一个层面是把内心的自私、狭隘等人性的弱点都净化掉，第二个层面是不仅自己成就，也要让别人成就。

"自心烦恼无边誓愿断"，我们内心所有的烦恼誓愿断。

文殊菩萨有一把剑，被称作智慧的剑，斩断烦恼丝，其实就是要开智慧，通过开智慧把很多事看清楚，能够通达无碍，从而内心升起欢喜和自在。

"自性法门无尽誓愿学"，学什么？无边的法门。古今中外，人类所有美好的、引人上进的东西都要学。只有这样，才能好好地和众生打交道，才能弘法。比如，一个人穷得不得了，你是个大商人，你帮他赚钱，让他改变了处境，他对你特别信服。这个时候你告诉他佛学的智慧，他也能听得进去。

"自性无上佛道誓愿成"，不要迷恋于小快乐、小确幸，要有大智慧，要真正证悟人生的实相和宇宙的实相，要追求人生的大彻大悟，不要被眼前的小事物遮住眼睛。

正确理解坐禅、忏悔与四弘愿，对我们理解惠能的禅法，以及一个学佛的人、学禅的人应该往哪个方向走很有帮助。

不认字的和尚，何以解《涅槃》？

　　《六祖坛经》的《机缘品》，讲的是学生向惠能大师求法的时候，惠能大师抓住机会让学生开发出智慧的故事。如果想教导学生，一定要找到一个机缘，在恰当的时候对学生进行启发，他的智慧才能打开。

　　第一个是惠能大师与无尽藏尼的故事。在佛陀那个时代，对学佛的人有四种称呼：比丘，指男出家众；比丘尼，指女出家众；优婆塞，指男在家修行者；优婆夷，指女在家修行者。在中国，就是和尚、尼姑、男居士、女居士。"和尚"一词，是从梵文而来，翻译成汉语的意思就是"亲教师"，指亲自教导自己的老师。尼姑是隋文帝定下的称呼，因为隋文帝是被女出家众抚养长大的，他非常感恩，于是他在做了皇帝以后废除了比丘尼的称呼，统称尼姑，意思是女出家人就和姑姑一样是长辈，以表现对女出家众的敬重。

师自黄梅得法，回至韶州曹侯村，人无知者。有儒士刘志略，礼遇甚厚。志略有姑为尼，名无尽藏，常诵《大涅槃经》。师暂听，即知妙义，遂为解说。尼乃执卷问字。

师曰："字即不识，义即请问。"

尼曰："字尚不识，焉能会义？"

师曰："诸佛妙理，非关文字。"

尼惊异之。遍告里中耆德云："此是有道之士，宜请供养。"

（节选自《六祖坛经·机缘品第七》）

惠能大师从黄梅弘忍大师那里得受传法之后，到了韶州曹侯村，别人都不知道他是谁。有一个儒士叫刘志略，他通过与惠能大师的谈话，知道惠能大师境界高妙，所以非常尊重惠能大师。刘志略有个姑姑出家了，法号叫无尽藏，她经常诵《大涅槃经》。于是刘志略就让他姑姑无尽藏向惠能大师请教。无尽藏就拿着经书向惠能大师请教经文中的字。惠能大师说："字我是不认识的，如果有义理方面的疑问，尽可以问。"这句话把无尽藏惊到了，她说："字都不认识，怎么能明白义理？"惠能就告诉她："我确实不认字，佛法微言大义，与文字无关。"无尽藏听了，知道惠能大师是一个大彻大悟、证出境界的人，告诉乡里的人这是一个有道行的人，应该好好供养。

这使我想起了中国哲学和中国文化的独特性。有一些西方哲学家批评中国哲学和中国文化不注重逻辑、不注重语言、不注重文字、不注重概念。实际上，中国哲学和中国文化重视文字，也重视概念和逻辑，但是不拘泥于这些东西。中国哲学和中国文化认为真正的道与智慧，不是只通过语言文字来表达的，所以更重视文字背后的智慧。

庄子说："筌者所以在鱼，得鱼而忘筌也。"筌是用来捕鱼的器具，我们拿着筌去捕鱼，捕到了鱼，我们就不关心筌了。鱼就是佛法的大意，筌其实就是文字。无尽藏尼师和惠能大师的对话告诉我们，宇宙的真理和人生的真相这种很深刻的东西，不是语言文字所能表达的。所以我们不仅要重视文字，更要重视文字背后的东西，我们要读无字之书，其道理就在这里。

第二个是法海向惠能大师学佛的故事。

　　僧法海，韶州曲江人也。初参祖师。

　　问曰："即心即佛，愿垂指谕。"

　　师曰："前念不生即心，后念不灭即佛；成一切相即心，离一切相即佛。"

　　　　　　　　　　（节选自《六祖坛经·机缘品第七》）

法海是韶州曲江人，他在拜见惠能大师的时候，问了一句话："祖师爷常说，心就是佛，我不是很明白，希望惠能大师您能够教导我，为我解惑。"

　　惠能大师说了一句特别有哲理的话："前念不生即心，后念不灭即佛；成一切相即心，离一切相即佛。"

　　"前念不生即心"，对已经产生的念头不要留恋，不被前念拘束就是心。假如你特别喜欢的一块手表丢了，你肯定很懊悔自己没有保管好它，但是如果你吃不下饭、睡不着觉，心心念念都想着那块手表丢了，这就是被前念困住了。

　　说到这里，我想讲一个故事。

　　有一个人卖碗，他走着走着，一个碗从筐子里掉下去摔碎了，他看也不看，继续往前走。这个时候旁观者就很奇怪，问他："老人家，你的碗摔碎了，你为什么看都不看？"老人家听了就笑了，他说："如果我看了那个碎碗，它会变成好碗吗？不会吧？既然它不会变好，我就不看它，但是我今后走路的时候肯定会小心，争取不让别的碗也掉下去摔碎了。"这就是境界。

　　我们虽然要对以前做过的错事忏悔，但也不能一想到过去做的错事就泪流满面，因为这样是不能解决问题的。我们要往前看，尽可能活出一种新的状态。

　　"后念不灭即佛"，对于将要产生的念头，任它显现，不压着它，也不故意地去追逐它，就是佛。产生了什么念头，消失了什么念头，都让它们随意来去，就像天上的云彩一样，爱飘到哪里就飘到哪里，正如《小窗幽记》中所说："太空不碍浮云，浮云不碍太空。"云彩无论怎么来去，太空都无法阻碍，而浮云也阻碍不了太空。举个例子，我们走在大街上，看到一种非常好吃的东西，知道是美食，任这个念头显现，然后就走过去了，这就是不被念头所束缚。如果我们发现自己这个念头了，想着要压着它，一定控制自己，这样也不对。

"成一切相即心"，宇宙空间中所有的东西，都是我们的心的观照，给它起的名字。比如说月亮，你叫它什么都行，月亮展现在人类的视野里，实际是人的心给它的相。

"离一切相即佛"，呈了相以后，不被一切相束缚，才是真正的觉悟者。在整个宇宙中，自己的心像镜子一样，随来随照，随来随显。在这个过程中，不被外界任何的相所束缚，那个状态才是清净、自在、无挂碍，这个叫佛，叫觉。

这句话对法海启发非常大，法海听了后大悟，说："即心元是佛，不悟而自屈；我知定慧因，双修离诸物。"

转法华，还是被法华转？

《机缘品》中还讲到了一个出家人，这个人叫法达，他的故事对我们每一个读书人都有比较大的启发。

> 僧法达，洪州人，七岁出家，常诵《法华经》。来礼祖师，头不至地。
>
> 师诃曰："礼不投地，何如不礼？汝心中必有一物，蕴习何事耶？"
>
> 曰："念《法华经》已及三千部。"
>
> 师曰："汝若念至万部，得其经意，不以为胜，则与吾偕行。汝今负此事业，都不知过。听吾偈。"曰：
>
> > 礼本折慢幢，头奚不至地；
> >
> > 有我罪即生，亡功福无比。
>
> （节选自《六祖坛经·机缘品第七》）

法达是洪州人，七岁出家，经常念诵《法华经》。《法华经》是佛教的重要典籍，天台宗的智者大师特别推崇。

有一天法达来礼拜惠能大师，可礼拜的时候，他的头都不挨地。头不挨地是一种表象，它背后的深意是什么？是傲慢。惠能大师一下子就抓住了这一点，他说："给我行礼的时候为什么头不挨地？你这样不尊重我，不如不向我行礼。你这样傲慢，一定是心里有觉得了不起的东西，你平时都修行什么？"

法达说："我经常念诵《法华经》，现在已经达到三千部了。"惠能大师听了，说："如果你念《法华经》超过一万部，而且知道了《法华经》的真意，照着它修行，一点都不觉得自己了不起，你才可以跟我一起修行。你现在读几千部《法华经》，却不知其真意，而且张狂、傲慢、骄横，这是极大的毛病。"

于是惠能大师送了一首偈子给他："礼本折慢幢，头奚不至地；有我罪即生，亡功福无比。"礼拜实际上不仅是表示尊重，也是要打消心中的傲慢、骄狂、骄傲。

师又曰："汝名什么？"

曰："法达。"

师曰："汝名法达，何曾达法？"复说偈曰：

　　汝今名法达，勤诵未休歇；

空诵但循声，明心号菩萨。

汝今有缘故，吾今为汝说；

但信佛无言，莲华从口发。

达闻偈，悔谢曰："而今而后，当谦恭一切。弟子诵《法华经》，未解经义，心常有疑。和尚智慧广大，愿略说经中义理。"

师曰："法达！法即甚达，汝心不达。经本无疑，汝心自疑。汝念此经，以何为宗？"

达曰："学人根性暗钝，从来但依文诵念，岂知宗趣！"

（节选自《六祖坛经·机缘品第七》）

惠能大师又问他："你叫什么？"他说："我叫法达。"惠能大师听了以后，说："你虽然名字叫法达，但是你什么时候通达佛法了？"惠能大师又念了一首偈子教育他。

经过这样一番教育，法达内心有些自责，他说："我从今以后，一定对谁都很谦卑。我诵《法华经》，但是不了解它讲的是什么意思，而且读的过程中，心中也常有疑惑，您能不能给我讲一讲《法华经》到底说了什么？"惠能大师说："其实佛经的智慧是通达的，只是你自己还不了解而已。佛经原本不存在疑惑，只是你自己内心里的智慧不够，还没有真正理解。你念的这个佛经，它的宗旨是什么啊？"法达诚恳地说："我这个人根性比较愚钝，从来都是诵读经文，并没有真正理解《法华经》的意思。"

师曰："吾不识文字，汝试取经诵一遍，吾当为汝解说。"法达即高声念经，至《譬喻品》。师曰："止！此经元来以因缘出世为宗。纵说多种譬喻，亦无越于此。何者因缘？经云：'诸佛世尊，唯以一大事因缘，出现于世。'一大事者，佛之知见也。"

（节选自《六祖坛经·机缘品第七》）

惠能大师说："我不认识字，你把《法华经》给我读一遍，读完之后，我再给你讲。"法达就高声念经。《法华经》里面有一品叫《譬喻品》，念到这一品的时候，惠能大师就说不要再读了。他说："《法华经》其实最根本的因缘就是喻示大家怎么成佛，所以这部经里讲，佛、菩萨等大觉者，他们已经彻底悟了，不必要再现肉身，再经历吃喝拉撒、感冒、头疼、发烧了，可是为什么诸佛世尊，就像释迦牟尼佛，又在地球上重新出现呢？就是为了以佛的知见来开悟众生，把佛领悟的最究竟的秘密和大智慧教给大家，让大家都能彻悟，这就是《法华经》的宗旨。"

惠能大师一下子就抓住了《法华经》的文眼。惠能大师还专门送了法达一首偈子：

心迷《法华》转，心悟转法华。

诵经久不明，与义作仇家。

无念念即正，有念念成邪。

有无俱不计，长御白牛车。

（节选自《六祖坛经·机缘品第七》）

"心迷《法华》转，心悟转法华"，意思是自己还没有开悟的时候，其实是被《法华经》困住了；当自己真正开悟了，《法华经》就是学习佛法、证悟佛法、弘扬佛法的一个工具。"诵经久不明，与义作仇家"，你整天诵经，结果不懂得理解其中的意思，只是执着于文字，很可怜。

真正去念《法华经》的时候，念念清清楚楚，念念又不把自己困住，这叫"无念念即正"。如果我们被自己的念头困住了，这叫"有念念成邪"。无论什么样的东西都不能把自己束缚住，这种自在和无碍，叫"有无俱不计"。白牛车是《法华经》中的一个比喻，讲的就是真正学佛有鹿车、羊车、牛车和白牛车，以"白牛车"比喻一佛乘，"长御白牛车"指获得了佛的智慧。那种自在、超脱的状态实际上就是获得了佛的智慧。

　　法达深受启发，他告诉惠能大师，自己虽然读了三千部《法华经》，但并没有真正理解《法华经》的真义，而是被《法华经》的文字束缚住了。

　　现在有很多知识分子往往也是这样，读书很多，读什么，就很容易被什么东西困住。这种现象，在历史上被称作"教条主义"。实际上，我们学的东西都是我们的工具，如果我们学的东西把我们紧紧地束缚住了，以致我们变得僵化，不能够客观地看待世界、灵活地处理问题，那么我们所学的东西就成了捆住我们的绳索。我们一定要警惕，尽可能不要让这样的事情发生。

第二十二讲

禅宗

临济义玄：为何他三次问话，三次被打？

我们通过惠能大师证悟的过程，以及他在教育弟子的过程中所展现出来的一些智慧，对中国的禅宗已经有了一些了解。那么中国的禅宗和释迦牟尼佛在印度的传法相比，有什么特点呢？

佛教创始人释迦牟尼本名叫乔答摩·悉达多，相传为古印度北部迦毗罗卫国的净饭王之子，属刹帝利阶层，生活条件优越，因为感受到生老病死的痛苦，而走上了证悟修行的道路。身为王位继承人的他放下世间的一切，去证悟人生和宇宙的究竟。因此，他所引领的整个南传佛教，有非常强的出世的特点。但是，佛教传到中国以后，就面临着如何契理、契机的问题。契理，是指中国佛教和释迦牟尼佛所证悟的真理是一致的，契合了释迦牟尼佛佛法的本怀。契机是什么？中国文化有自己的特点，中华民族和印度人民的生存环境、生活方式都是不一样的，佛教到了中国，必然会随着中国的环境做出一些适应性的变革。通过对惠能大师禅法的学习，我们发现，中国的禅宗摒弃了一些繁文缛节，直截了当地从人的心性着手，这一点和我们民族务实的特点有关。另外，中华民族是农业文明，特别重视孝道，如果过于强调出世，倡导大家都离开家庭去出家，这不太容易让人接受。《六祖坛经》倡导的是，真正的修行之人，在家里面，按照佛法的智慧和教导去做，一样可以有所成就。这就体现出在中国文化背景下，佛法做出了适应性的调整。中国禅宗史上出现了很多了不起的宗师，通过这些宗师的公案，可以加深对中国禅宗的理解。

临济义玄是临济宗的创始宗师，出生的年代不详，圆寂的时间大概是867年。他学习禅法的师父是黄檗禅师，在学习期间临济义玄不怎么说话，看起来一副不善言辞的样子。其实，将心神都集中在自己的话头上，对外在的干扰很少反应，这是一种修行甚深的状态。在临济义玄跟着黄檗禅师学习的几年中，还有一个睦州禅师也在黄檗禅师座下学习。睦州禅师老家在睦州，在中国禅宗史上也是一个大名鼎鼎的禅师。睦州禅师看到临济义玄后，知道这是一个好法器、好苗子，但是看他整天闷声不语的，别人上早课他也上早课，别人打坐他也打坐，觉得应该启发启发他。睦州禅师对临济义玄说："你学了这么多年，难道不想有所成就吗？"临济义玄马上就说："当然想了。"睦州禅师说："如果你想有所成就，就不能一直闷声不语，你得向师父提问。"

有一天，上过早课、吃过早饭以后，作为方丈，黄檗禅师就发话了："有问题就问，没问题就回去做功课。"临济义玄就起来顶礼，非常敬重。黄檗禅师看着他说："你有什么问题？"临济义玄张口就问了一个根本的问题："如何成佛？"结果黄檗禅师挥拳就朝他胸口打了过去。这一拳力量非常大，打得临济义玄一口气就闷住了，说不出话了。打完之后黄檗禅师起身就走，看也不看。临济义玄在那里慢慢缓过神来，决定第二天再问。

第二天上过早课、吃过早饭，黄檗禅师又说："有问题就问，没有问题大家各自回去做功课。"临济义玄站出来，磕头、顶礼后，又问如何成佛。他吸取教训，离师父比前一天远了一点儿。这一次，黄檗禅师手打不着他了，拿起拂尘甩了过去。拂尘甩过去力量也是相当大，结果临济义玄一下子又被打蒙了，当他睁开眼的时候，黄檗禅师已经起身走了。临济义玄心里非常难过，但是决定继续问。

第三天上过早课、吃完早饭以后，黄檗禅师又说，有问题就问，没有问题大家各自回去。临济义玄从座上起来，跪下来，非常庄严地顶礼，他吸取了前两次的教训，离得更远了，拳打不着，脚踢不着，拂尘也够不着。然后他开口就问："如何成佛？"结果黄檗禅师把坐的蒲团抓起来，对着他扔了过去。这一下打得临济义玄一个趔趄，当时就说不出话了。

第三次挨打以后，临济义玄非常难过，心想：我跟师父学习那么多年，问问题太正常了，可为什么我问一次挨打一次呢？过了几天，临济义玄伤感到了一定程度，就去向黄檗禅师道别，说自己想到别的地方去看看。黄檗禅师也不拦着，对他说："如果你想到别的地方去，我给你指一个人，你就到大愚禅师那里去，别的人那里不要去。"

黄檗禅师有慧眼，看出大愚禅师和临济义玄有大缘分。于是临济义玄就到了大愚禅师那里，规规矩矩地拜见大愚禅师。大愚禅师问："你是谁呀？"临济义玄说："我法号临济义玄，从黄檗禅师那里来。"黄檗禅师是一个很了不起的祖师，证悟的水平非常高，所以当临济义玄自报家门说从黄檗禅师那里来时，大愚禅师就说："不应该啊，黄檗禅师比我厉害，你从一个比我厉害的人那里都没学到东西，你找我干吗？"临济义玄非常诚恳甚至略带伤感地把自己在黄檗禅师那里请教问题，请教了三次，挨打三次的经过如实地向大愚禅师做了汇报。大愚禅师听完以后当时就仰天说了一句话："黄檗禅师真是太善良、太疼自己的弟子了，他是多么想让自己的弟子开悟，学到禅宗的真本事，彻悟自己的心源啊！可惜他给了你三次机会，你竟然都没有明白他的苦心。"大愚禅师的话触动了临济义玄的灵机，他一下子明白了，不自觉地说："原来黄檗佛法无多子。"大愚禅师一听就知道他开悟了，明白了。大愚禅师对他说："临济义玄，你悟不悟和我没有关系，但你得记住你真正的老师是黄檗禅师。"这就体现了古代祖师的德行。黄檗禅师教导临济义玄修行多年，虽然最后的那层纸还没有捅破，但是真正的功夫都是黄檗禅师带着临济一步一步积累起来的。黄檗禅师听说临济义玄想出去云游，不让他乱走，让他一定要去大愚禅师那里，因为黄檗禅师知道将来能够帮他捅破那层纸的就是大愚禅师。每个人都有自己的法缘，这个世界上水平高的人很多，但是不一定和你有缘，也许那个人水平不是很高，但是他会带着你，会让你受启发，让你在学问上，在人生的境界和事业上有很大的提高。

临济义玄开悟之后，回到了黄檗禅师那里。黄檗禅师看到临济义玄回来了，问："你为什么回来了？是不是悟了什么呀？"黄檗禅师这么一问，临济义玄和以前那闷声不响的状态可就不一样了，他立即举起自己的拳头，对着黄檗禅师，言外之意是：这个时候，你竟然还问我悟了什么，这种最根本的秘密，岂是能用语言表达的，你既然是个祖师，还故意用这种低级的方式来问我。就这么一个动作，让黄檗禅师哈哈大笑，因为弟子的智慧开了。后来黄檗禅师告诉他身边的人，未来中国的禅宗史上一定会出一个大人物，那人真是金面獠牙，咬断人间的烦恼，开出无数的法子、法孙出来。他说的是谁呢？就是临济义玄。

为什么临济义玄三次向老师请教问题，每次都挨打？自己怎样成佛、怎样觉悟，向别人请教，这在求证的方向上、根本上就错了。真正的成就是要经过多年的修证，身心一如、念念不断都系在一个上面，到了一定程度的时候，疑根顿断，才能真正捅破那层纸。所以，禅宗的公案，并不是打哑谜，也不是玩文字游戏，是一个人修到了一定程度以后，那层纸快捅破的时候，一个大手眼的老师，在最关键的时候，一点破，石破天惊，洞见本来。

玄奘禅师：中国历史上最伟大的留学生

学中国佛学的人几乎都知道玄奘。鲁迅先生有一篇文章，叫《中国人失掉自信力了吗》，在这篇文章里，鲁迅先生说："我们从古以来，就有埋头苦干的人，有拼命硬干的人，也有舍身求法的人……这就是中国的脊梁。"舍身求法的人就包括玄奘。玄奘就是《西游记》里的主人公唐僧的原型。

玄奘生于约600年，圆寂于664年，俗姓陈，叫陈祎，洛州缑氏（今河南偃师缑氏镇）人，出生于一个有深厚儒学背景的家庭，很小的时候他的父母就经常教授他儒家的经典。有一次，他的父亲在给他讲经典的时候，讲到了《曾子避席》，就是当老师在讲一个道理的时候，曾子特别有礼貌，赶紧站起来恭恭敬敬地向老师施礼。他父亲讲完这个故事，玄奘立即站起来，给他父亲施礼。他父亲非常奇怪，说："孩子，你这是干吗？"他说："您经常给我讲文化知识，讲做人的道理，我也应该恭恭敬敬地听。"通过这件小事，他的父亲就知道，这个孩子非常不一般。

玄奘13岁的时候，隋炀帝号令度僧，通过考试选取一些人出家为僧，要求应试者必须年满18岁。玄奘想出家，可是年龄不够。当时负责出家人考试的是大理寺卿郑善果。玄奘在考场周围来回地看，露出非常羡慕和向往的表情。郑善果看到以后就问："孩子，我看你的表情充满了向往和憧憬，你有什么想法吗？"玄奘就赶紧施礼，说："大人，我也想出家，可是我年龄不够，所以就没有报名。"郑善果问："你为什么想出家？"玄奘张口说了一句话："意欲远绍如来，近光遗法。"郑善果非常震惊，一个十几岁的孩子张口就说出这样的话，那真的不是平凡之人，于是立即告诉身边的人，破例给这个孩子剃度，允许他出家。郑善果身边的人悄悄地说："这个孩子年龄不符合要求。"郑善果说："我问你们，我们剃度了这么多僧人，有没有一个人有这个孩子这么大的气象和胸怀？"别人说没有。当时有很多人之所以想出家，就是为了谋得一个职业，有口饭吃，可小小的玄奘竟然有如此大的胸怀，实属难得。

　　因为年龄比较小，玄奘剃度以后，并没有马上成为真正的和尚，而是做了驱乌沙弥，寺院里晾晒粮食的时候，他就在那里赶赶鸟，保护粮食。他不断地阅读、学习，去体悟、求证佛经，还到全国各地云游，在云游过程中加深自己的体悟，因此他对佛法的见解越来越深。

玄奘法师在阅读佛经的时候发现，同样的一部佛经，不同的人翻译出来的文本是不一样的。佛经是佛说的，但是大家翻译出来的文本不一样，那有些译本一定是违背了佛法的本意。玄奘发了一个大愿："我一定要去佛法的源头——印度——求取真经，然后我来翻译，确保中国佛教的发展不偏离释迦牟尼佛所证悟的智慧和真理。"

　　发愿以后，他就向唐太宗李世民上书，请求放行。当时是627年，大唐边境不稳定，间谍活动也很频繁，李世民以为他是想借机会逃离大唐，就没有批准。但是玄奘法师发了这个大愿之后，就想方设法地去实施。629年，长安城遭遇蝗灾，很多饥民没有饭吃，发生了骚动，于是李世民命令打开城门，放饥民出城求生。玄奘法师就借这个机会离开了长安城，开始践行他的承诺，西行求法。

　　玄奘法师从长安城往西走，经过凉州，出玉门关，再经今新疆维吾尔自治区，过中亚各国，历尽艰险，抵达天竺。小说《西游记》描述跟随他的是白龙马，实际上是一匹红色的又老又瘦的马。在经过莫贺延碛沙漠的时候，玄奘法师经历了一件关乎生死的大事。他口渴的时候失手把水袋打翻了，一滴水也没剩下。莫贺延碛沙漠长800余里，去哪里找水是个大难题。据玄奘法师自己回忆，沙漠的温度很高，他极度口渴，已经脱水了，一度出现了幻觉，魑魅魍魉各种鬼影浮现在眼前。于是他就躺在沙漠上，开始背佛经。玄奘法师躺下没多久，一阵凉风吹来，老马有了气力，他自己也缓过劲来了。老马在沙漠里站起来，呼呼地往一个方向跑。玄奘法师很奇怪，跟在马后面追，结果追了没多远，就看见一个水泉，周围长着草。这匹马之前走过这条路，而且它的嗅觉很灵敏，它在风中嗅出了水草的味道，所以才带玄奘法师找到了水源，救了玄奘法师的命。

　　玄奘法师过了莫贺延碛沙漠以后，到了高昌国（今新疆维吾尔自治区吐鲁番市高昌区）。高昌国国王推崇佛教，他非常敬重玄奘法师，要把玄奘法师留下来当国师。玄奘法师为了表达自己西行的决心，决定用绝食的方式捍卫自己的理想，他说："我是发了愿去求取真经的，不能留在这里当国师而被供养。"玄奘法师的言行震撼了高昌国国王，他知道自己无法强行留下玄奘法师，于是就放行了。高昌国国王为玄奘法师准备了人力和大量物资，并发出国书，请沿途的国家照顾玄奘法师，这给了玄奘法师很大的帮助。

　　玄奘法师继续前行，历尽艰险，到了当时的佛教中心——那烂陀寺。当时那烂陀寺主持教化的方丈是近百岁的戒贤大师。据传，戒贤大师在几年前得了一种怪病，浑身奇痒难忍，没法睡觉。戒贤大师想经过禅定的状态，把肉体丢下来而精神超脱。文殊菩萨出现在戒贤大师禅定的意境中，告诉他:"你曾经做过国王,经常鞭打别人,不够慈悲,所以这一世你的皮肤才会奇痒难忍,但是你要忍受。三年以后,会有一个高僧从中国来到这里拜你为师。你有责任把佛法的经典传授给他,让他带回去。之后你的身体就会恢复健康。"戒贤大师从定境里出来以后,告诉身边的人,三年以后有一个中国来的高僧到这里留学,希望大家做好准备。

果不其然,三年以后玄奘法师来了,大家对他特别尊重,甚至有的人还对他顶礼膜拜。玄奘法师对此感到很奇怪,不知道大家为什么这样对待他。玄奘法师在那烂陀寺非常勤奋地修学,可以流利地用梵文和法师们交流。他很系统地学了《瑜伽师地论》。相传,无著菩萨晚上打坐的时候神识上了兜率天,听弥勒菩萨讲经,到了白天神识回来后,再将弥勒菩萨所讲的内容记录下来,因此才有了《瑜伽师地论》。

玄奘法师修学到一定程度以后,就到印度各地去游学。有一天晚上,观世音菩萨、弥勒菩萨这些大菩萨在梦境里告诉他:"你该回去了,你来这里就是为了把佛教的经典带回去,为佛教的振兴做贡献。"玄奘法师于是准备回国。当时印度正值戒日王统治时期,玄奘法师向戒日王辞行,戒日王特别敬佩玄奘法师,不想让他走。玄奘法师对戒日王说:"我是一定要回去的,这是我的承诺,也是我的初心,我不能违背。"戒日王就出了一个难题,他说:"你若是一定要回去,就得证明自己,如果印度的学者水平不如你,你就可以回去;如果你对佛法的见解和证悟的水平不如印度的学者,你就不能回去。"玄奘法师说:"既然这样,那我召开十八天的无遮大会。如果我玄奘输给你们了,那我就永远不回中国了;如果你们输给我了,我一定要回到我的国家,兑现我的诺言。"无遮大会就是没有条件、没有任何门槛,所有对佛法感兴趣、对修行感兴趣的人,都可以向玄奘法师挑战。玄奘法师要召开无遮大会的消息,在整个印度传开了,很多人都不服气。结果所有挑战的人,没有一个人在佛法的境界和体悟上能超过玄奘法师。戒日王无话可说,只能放行了。

古印度迦毗罗卫国(在今尼泊尔境内)是佛教的发源地,玄奘大师对佛法的修证、体悟和理解,达到了当时整个印度没有人能和他辩论的层次,由此可见玄奘法师的伟大。所以,有人说玄奘是人类留学史上最伟大的留学生,这话一点也不为过。

玄奘法师到中国边境的时候,上表给李世民,一一禀告了自己的经历,请求回国。李世民没有因为玄奘法师私自出国而降罪于他,而是表现出了非常宏大的气魄,命令重臣房玄龄迎接玄奘法师回国,为玄奘法师提供所有他需要的东西,集全国之力来帮助玄奘法师实现他的诺言。

玄奘法师回来以后，房玄龄尽职尽责，可谓是集大唐的国力来帮助玄奘法师翻译佛经。传说李世民因为早年经历了太多的杀戮和征战，晚年的时候身体出现了一些不适，晚上经常做噩梦，睡不着觉。于是玄奘法师献给李世民一部自己刚刚翻译出来的佛经——《般若波罗蜜多心经》。李世民老泪纵横地说："我早年以为自己无所不能，结果现在快死了，连杯子都拿不住了，才知道佛法讲的东西是真的。我读了《般若波罗蜜多心经》里的那些话，深懂得佛法真是大智慧。"李世民为了表彰玄奘法师，还作了《大唐三藏圣教序》。李世民去世以后，唐高宗李治也集全国之力为玄奘法师翻译佛经创造条件。

玄奘法师晚年的时候，一直住在玉华宫里翻译佛经。有一天他准备翻译《大宝积经》，刚翻译几句就把笔放下了，他预感到自己的生命要到尽头了，对身边的人说："我已经没有心力再翻译佛经了。我剩下的时间要用来修行，为自己离世做准备。"后来玄奘法师便一直在玉华宫里修行。据传，玄奘法师在弥留之际看到空中的莲花大如车轮，还看到很多人供养他，他特别高兴。在玄奘法师看来，这代表他这一辈子为佛学的发展、为中国文化做出的贡献是真实不虚的，这一景象是对他所做贡献的一种回应。玄奘法师圆寂之后，唐高宗李治专门为他盖了佛塔，来供养他的舍利。

玄奘法师的弟子窥基大师继承了他的教法，创立了中国佛教上的一个宗派，叫唯识宗。玄奘大师少年时便立志要成佛作祖，后来花费十多年的时间，历经千难万险，用自己的一双脚丈量了近十万里的征程，去学习佛法、研习佛法、体悟佛法，为佛法的弘扬和传播做出了巨大的贡献。玄奘法师不仅是中国佛教史上的大德高僧，也是中国文化史上一个大师级的人物，无论是对佛法，还是对中国文化、中华民族的精神，他都有巨大的贡献。

马祖道一禅师：打坐就能成佛吗？

惠能大师座下弟子众多，据《六祖坛经》记载，开悟得法的就有43人。惠能大师的入门弟子叫怀让，他悟道之后，在南岳衡山教化一方，被称作南岳怀让。

怀让禅师从小就与众不同，喜欢安静，而且喜欢吃素，非常慈悲，非常心软。当别的小朋友都在谈功名、谈科举的时候，怀让禅师就说，人这一辈子最重要的不是功名，而是明心见性，彻悟生命的本来。

后来，怀让禅师去参拜惠能大师。惠能大师问他从哪里来的，他告诉惠能大师自己从嵩山来。惠能大师说："是什么东西，怎么来的？"其实他要看一看怀让禅师的根基如何。怀让禅师回答说："如果说是个东西就不对了。"惠能大师面露喜色，因为通过怀让禅师的回答，可以看出他对佛法的理解已经很深了。一个人真正得道以后，会呈现出一种圆融融、活泼泼、亮灼灼的状态，"那个"（指本体）是啥，我们可以用各种比喻去形容，但是不能说是什么东西。于是惠能大师继续问："那还可修证吗？"言外之意就是，你已经懂得了这个道理，还修不修？怀让禅师说："修它的时候，它就存在。如果不修，它就会被污染。"惠能大师就告诉他："你刚才说的和你内心里证悟的那个东西，就是秘密所在，希望你今后好好地去保护它。"怀让禅师得到了惠能大师的认可，在惠能大师身边修行了15年，也成了一代宗师。

有一天惠能大师告诉怀让大师："将来你的弟子中会出一匹小马驹，这匹小马驹会踏煞天下人。"这是一句谶语，说怀让禅师以后的弟子中有一个人，会用佛法的智慧之剑，斩断俗人的迷失，使俗人了凡成圣，或者了生脱死，走上解脱的路。

怀让禅师离开惠能大师以后，在南岳衡山教化一方。他发现了一个与众不同的弟子，叫马祖道一。马祖道一是四川人，相貌堂堂，身材伟岸，打坐的功夫超乎寻常。当别人来来往往、忙忙碌碌的时候，马祖道一就一直坐在寺院的某个地方，深深地禅定。怀让禅师经过一段时间的考察，认为这个弟子是个好苗子，他的甚深禅定是大功夫。当然，禅定不代表成就，禅定得深也不代表一定是明心见性，但是禅定是个基本功。所以怀让禅师一看，就知道这个人作为一个成佛的法器来讲，有很好的基础。但是，就像玉石一样，需要经过雕琢，才能成器。于是怀让禅师就想怎么去帮他。怀让禅师想了一个办法，马祖道一打坐的时候，他就在马祖道一旁边磨砖。马祖道一就问："您为什么要磨砖？"怀让禅师告诉他："我要做镜子。"马祖道一一听就笑了："砖怎么可能做成镜子呢？您把它磨没了它也不可能成为镜子。"怀让禅师说："打坐岂可成佛？"这句话一下子就把马祖道一击中了。马祖道一非常敬重地问："那您说，怎么样才能成佛？"怀让禅师告诉他："以牛拉车为例，当牛拉车拉得很慢的时候，你用鞭子打牛还是打车？"马祖道一说："那肯定是要打牛。"怀让禅师就点拨他："如果把你的身体比作一辆车，那拉车的牛是谁？是你的心。"马祖道一受到了极大的启发，在怀让大师的点拨之下，彻悟了佛法的精髓。事实证明，马祖道一就是惠能大师对怀让禅师说的那个预言中的小马驹。

马祖道一禅师对中国禅宗影响非常大，据传他开悟的弟子有七八十个，而且都教化一方。马祖道一开悟以后回到他的老家汉州什邡（今属四川），带着报答家乡父老的心，在家乡讲经。他的朋友们想，马祖道一出去一段时间以后，回来就成了禅师，不如考考他，看他到底有没有真本事。有一次他们走在路上，看到一头牛，穿着牛鼻的绳子系在树上。这头牛看见人想跑开，却只能绕着树转，转着转着绳子都缠在树干上了，牛的鼻子就贴在树上动不了了。然后它又倒回来转，解开之后又开始转。于是这些人想，等见了马祖道一，问问他是什么东西转来转去。他们走着走着，又遇到一只被蜘蛛网粘住的知了。知了吱吱地叫着，扇动翅膀奋力挣脱，最终飞走了。这些人就想，等见了马祖道一，就问他是什么东西吱吱叫。

这些人见了马祖道一后，直接就问："什么东西转来转去？"马祖道一回答："转来转去是因为有绳子，没解脱开。"他们听了以后非常吃惊，又问："什么东西吱吱叫？"马祖道一说："吱吱叫是因为有网挣不脱。"他们更吃惊了，问："你怎么知道？是不是你看到那头牛转来转去，听到那只知了吱吱叫了？"马祖道一笑了，他说："我没看到。转来转去不就是被绳困住了吗？吱吱叫不就是被网粘住了吗？只不过你们问我什么问题，我就告诉你们问题背后的实质是什么。讲到这里，我也问问大家，你们有没有转来转去？哪根绳子困住你们了？你们有没有吱吱叫？哪张网粘住你们了？"

有一天，他给人们讲禅法、讲智慧、讲解脱，人们听了，特别仰慕他、尊重他。有一个老太婆，听有人讲佛法，挤到前面一看，哈哈大笑，她说："你们听什么嘛！什么大师，这是马簸箕的儿子！"马祖道一的父亲叫马簸箕，是不识字的农民。老太婆说："他有什么本事？他小的时候撒尿我都见过，怎么现在成了大师呢？"经过老太婆这么一咋呼，众人便一哄而散，不再相信他了。马祖道一看到这种情况就知道，这个地方不是自己的法缘。于是他就跟家里人道别，他说："我这一辈子是要大力弘扬佛法，为中国文化做贡献的，可是在老家我没法继续讲佛法了，我得到别的地方去。"

马祖道一离开自己的家乡，到了江西，看中一个地方，就想在那里教化一方。他经常去砍柴、种菜，天不亮的时候就把柴和菜送到老百姓门口。老百姓后来发现是一个和尚送的，于是就问："你为什么那么辛苦地帮我们？"马祖道一就很诚恳地告诉乡亲："我是想建一座寺院，在这里修行。"后来，当地老百姓有钱的出钱、有力的出力，帮着马祖道一建了寺院。

人这一辈子想有法缘，先结人缘，不管想有什么成就，都要学马祖道一，先把人缘结下来，让人们喜欢你、接受你、从你那里受益。在这个过程中，你讲的才能被人理解，被人接受。人缘靠什么结？靠自己的善良、奉献与诚恳。

怀海禅师："一日不作，一日不食"

　　怀海禅师在中国禅宗史上是一个划时代的人物，世称"百丈禅师"。我们通过怀海禅师的几个故事，来领略怀海禅师禅法的高深，以及他对中国禅宗发展的重大贡献。

　　怀海禅师出生于720年，圆寂于814年，福州长乐人。他从小就对佛教很向往，每次父母带他去寺院里拜佛，他都很高兴。他出家以后，听说马祖道一禅师正在江西教化一方，就投到了马祖道一禅师的门下，向马祖道一学禅。他经常受到马祖道一禅师的点拨，学佛和修禅的境界日益提升。

　　有一天，怀海禅师和马祖道一禅师出去游玩，看到一群野鸭子飞过来，马祖道一禅师就问："那是什么？"怀海禅师随口说了句："野鸭子。"又过了一段时间，马祖道一禅师问："野鸭子哪里去了？"怀海禅师回了一句："野鸭子飞过去了。"在马祖道一禅师看来，怀海禅师并没有时刻把握住自己的念头，没有时时觉察自己的心念。马祖道一禅师突然用力拧了拧怀海禅师的鼻子，疼得他龇牙咧嘴，挣脱了马祖道一禅师的手。马祖道一禅师又去拧他的鼻子，他起身就跑。回到寺院以后，马祖道一禅师问他："你的鼻子现在还疼吗？"怀海禅师说："现在鼻子不疼了。"马祖道一禅师就用手敲了一下桌子，对他这个状态表示认可。马祖道一禅师离开怀海禅师住的房间之后，怀海禅师突然号啕大哭，他的师弟问他："你哭什么？"他说："师父拧我的鼻子，拧得好疼。"他的师弟非常不解，说："就是拧一下鼻子，而且师父专门到房间里看望你了，你不至于号啕大哭吧。"这个师弟就找到马祖道一，说："师父，您拧了我师兄的鼻子，他现在号啕大哭呢。"马祖道一禅师就笑了，说："他为什么哭，他心里知道。"这个师弟从师父那里回来以后，就告诉怀海禅师："师父说你为什么哭，你心里知道。"怀海禅师听了，哈哈大笑。实际上，马祖道一禅师之所以拧他的鼻子，是因为他的念头丢了，心念被天空中飞过的鸭子捕获了，这狠狠一拧是一个极大的提醒。怀海禅师领会了师父的意思，所以师父来看他的时候，他就说鼻子不疼了。马祖道一禅师说，他为什么哭他心里知道，意思就是认可了怀海禅师。怀海禅师在马祖道一禅师的指导下开悟以后，成为他最杰出的三个弟子之一。

怀海禅师在中国禅宗的历史沿革中，还创造了大家在一起修行的过程中要遵守的一套清规。怀海禅师的这套清规，有他自己非常深刻的考量，南传佛教的出世色彩非常强，有乞食的传统，这套做法到了中国以后，并不太适合中国的发展。中国的文化强调自强不息，强调自食其力，一个不靠自己的劳动，而靠乞食来生活的人，在中国文化和中国社会里不太受尊重。于是怀海禅师就对中国的禅宗做了重大的改革，制定了《禅门规式》，后称《百丈清规》，他提出一个口号，叫"一日不作，一日不食"。大家在一起修行，有一个好处，就是可以互相监督，互相启发，减少犯错误的机会，有助于修行的进步。

怀海禅师90多岁的时候，他的弟子看到他非常辛苦，就把他的扁担藏了起来，不让他干活。怀海禅师没有劳动，就不吃饭，他的弟子很心疼，说："师父您90多岁了，不吃饭身体会垮的。"怀海禅师严肃地告诉弟子："我立的规矩，'一日不作，一日不食'，我能劳动的时候，一定要遵守这个规矩。"他的弟子没有办法，只好把扁担还给了他。

参禅和种地，并不矛盾。种地的时候，心神比较简单，所以一个人专注于当下，专注于种田的过程，和修行的道理也是一致的。有的寺院农禅并重，不仅能够种田养活自己，还可以接济当地的老百姓。《百丈清规》对中国禅宗的发展起到了重大的作用。《百丈清规》的内容，不仅为寺院怎么发展、修行人怎么相处提出了依据，对于我们今天的为人处世也有很大的启发。

道济禅师：“酒肉穿肠过”的历史真相

　　我们到寺院去礼拜的时候，首先看到的便是天王殿。天王殿内正中供着一尊大腹便便开口常笑的佛像，就是弥勒佛。“大肚能容容天下难容之事，开口便笑笑天下可笑之人。”这副对联说的就是弥勒佛。

　　为什么弥勒佛要以大腹便便的形象来示现给众人呢？历史上真有这样一个和尚，他生活在唐之后的五代。在明州奉化（今浙江宁波奉化区）有一个和尚，法号叫契此。他经常拿一根木棒、一个口袋，见了人之后就把口袋打开，如果你愿意给他东西，他就收下；如果你不给他东西，他提起口袋就走，也不跟你争辩。契此和尚在当地非常有名望，有些人不知道他的具体来历，但是都知道他是一个修行人。直到有一次，岳林寺办法会，需要有人去讲法。如果不是开眼的祖师，是没有资格坐在法堂上给大家开示的，所以没有人敢上去给大家开示。这个时候，契此和尚就说："那我上去给大家讲一下吧。"结果他一开口，讲的全是佛经里非常高妙的内容，而且全是他自己证悟的体会。他在讲完之后，张口说了一首偈子："弥勒真弥勒，化身千百亿；时时示世人，世人俱不识。"翻译过来就是，弥勒佛，有无数的化身，我其实就是弥勒佛的化身；我时时都告诉大家，可是很多人就不知道我是谁，以为我就是一个很平常的和尚，我今天把我的身份告诉大家。契此和尚说完，当场就圆寂了。从那以后，很多寺院里就把这么一个拿着口袋、大腹便便的胖和尚，当作弥勒佛来塑像。弥勒佛大腹便便的形象很容易让我们联想到济公禅师的一句话："酒肉穿肠过，佛祖心中留。""鞋儿破，帽儿破，身上的袈裟破"的济公就是道济禅师。道济禅师本名李心远，宋代人，出家之前，生活非常严谨，喜欢儒道，喜欢佛教，他的家庭有一些背景，但是他没有纨绔子弟懒散的作风，生活也不骄奢淫逸。可他出家以后所展现的形象就不一样了，不守清规戒律，吃肉喝酒，不修边幅，因此百姓一般不称他为"道济禅师"，而称他为"济公"。

道济禅师为什么会这样？这要结合整个宋代的历史和文化背景来看。南宋之后，出现了宋明理学，这是中国儒学发展到一定阶段的产物，是中国儒学融会佛学之后所进行的一种文化创造。这种儒学的清规戒律从某种程度上促使社会风气变得严谨。但是，由于清规戒律太多，很多老百姓做不到，一些知识分子口上讲一套清规戒律，而自己又做不到，就出现了非常多的伪道士和假君子。在这种文化氛围下，道济禅师就想要破一破那种假道学，破一破极容易产生伪君子的社会氛围。

道济禅师六十岁离世前，作了一首偈子："六十年来狼藉，东壁打到西壁。如今收拾归来，依旧水连天碧。"他在这首偈子中总结了自己的一生，意思是：我生活的六十年，大家看我是鞋儿破帽儿破喝酒吃肉，似乎不守清规戒律，生活有的时候也不是那么守规矩，如今收拾归去，这一生完成使命了，该教化的教化了，该结的缘结了，该完成的使命完成了，就要走了。不要看我喝酒吃肉，生活懒散，实际上我内心的佛性干干净净，没有受到一丝污染。"

很多人以道济禅师作为自己生活不严谨的借口，但是道济禅师这么做，有他的文化背景，也有他自己的修为所在，他的表象是鞋儿破帽儿破喝酒吃肉，但是他内在的佛性一点都没受到污染。我们作为普通人，境界没有那么高，所以我们做事应该严谨一些，严格自律，遵守规矩，这样才能利人利己。正因为如此，道济禅师才说："酒肉穿肠过，佛祖心中留。世人若学我，如同进魔道。"

虚云禅师：把一生心血都献给了中国佛学

虚云禅师是中国禅宗代表人物之一，他出生于1840年，圆寂于1959年，俗姓萧，名演彻。他父母结婚以后很长时间没有孩子，就到寺院里求子，之后他母亲怀孕生下了他。他母亲生下他之后就去世了。

虚云禅师从小跟着父亲在福建泉州衙门里生活，非常喜欢读儒家的书，他的祖母去世以后，到老家湖南湘乡安葬，虚云就随着父亲回到了老家湖南湘乡。他们请一些和尚做法事、诵经，虚云接触到了佛经，心里非常欢喜。他好几次想逃出去出家，引起了父亲极大的警惕。由于虚云禅师的父亲的弟弟没有子嗣，萧家两兄弟只守着虚云这一个男孩，还指望着他传宗接代呢。虚云的父亲给他娶了两个夫人，但是虚云并没有和她们圆房，他很诚恳地对她们说："我这一生要修行，我不破这个身。"

后来虚云禅师终于逃出自己的家庭，到福建的鼓山寺出家了。由于他当时对佛理理解得不够深刻，以为修行就是苦行，减少欲望。他到深山里，喝泉水，吃野果子，头发也不理。有一天，一个云游的禅人看到虚云禅师的状态之后，就告诉他："你这样不行，真正的修行不是走这样的路子。"虚云禅师就说："那你帮帮我。"这个禅人说："我帮不了你，你去礼拜一个人，叫融镜法师，他的修为高，应该可以指点你。"于是虚云禅师走出深山老林，去拜融镜法师。融镜法师看到他的状态以后，就斥责他："你用自己的身心去亲证，这是你的优点。可是你躲到深山里，哪怕你修得再好，充其量是个自了汉。真正的佛、菩萨，一定是上求佛道，下化众生，全心全意地自度度他，绝对不是自己躲到深山老林里自我成就。"经过融镜法师的点拨，虚云禅师就走出山林，严格地按照一个僧人的方式修行。

虚云禅师40多岁的时候，在浙江普陀山发了一个大愿。虚云禅师想，母亲因为他而去世，他修行那么多年，还没能彻底地证悟，觉得对不起家庭，也对不起母亲。为了报答父母的恩情，虚云禅师要从普陀山法华庵起香，三步一拜，拜到五台山，把礼拜的所有的功德回向自己的父母。虚云禅师跋山涉水，经历种种磨难与艰辛，用三年的时间完成了这个大愿。他拜完之后，当天晚上就梦见母亲乘着龙凤，在高台楼阁里生活得非常庄严。他醒了以后，就觉得母亲应该是去了非常好的地方。这是虚云禅师传记和年谱里都讲到的。

虚云禅师56岁的时候，应月朗法师的要求去扬州的高旻寺打禅七。虚云禅师当时虽然还没有大彻大悟，但是对禅堂的规矩非常懂。他在去扬州高旻寺的过程中，失足掉到长江里，随着江水起起伏伏，被渔民打捞上来的时候，已经奄奄一息了，但他没有忘记承诺，缓过来之后还是去了高旻寺。他由于溺过水，身体不好，但是不想被别人认为自己在逃避责任，所以就对这件事闭口不谈。结果他在禅堂里犯了规矩，被禅师打了，他仍旧一声不响。然后有些境界出现了，虚云禅师从定境里抬眼一看的时候，发现墙都没有了，远处山上的灯火，长江里的渔船来来回回，都看得清清楚楚，其实这就是老百姓常说的特殊能力。虚云禅师读经读得非常精深，他知道任何神通都是修行路上的一种风景，不能执着，于是仍然把自己的心神系到一处进行参禅。所有参禅的人，有人定时给倒水，虚云也拿着自己的杯子去接水，结果他把杯子往前一送，开水正好倒在他手上，疼得他手拿不住杯子，啪，杯子碎了。就在这个时候，彻悟的机缘到了。用虚云禅师自己的话说，"疑根顿断，庆快平生，桶底脱落，虚空粉碎，大地平沉"，他一下子就开悟了。他很自然地流露出两首偈子，第一首是："杯子扑落地，响声明历历。虚空粉碎也，狂心当下息。"第二首偈子是："烫着手，打碎杯，家破人亡语难开；

春到花香处处秀，山河大地是如来。"这两首偈子描述了虚云禅师开悟以后的状态。

虚云禅师开悟之后，除了教育弟子，还主持修建了很多寺院。修建寺院的时候，虚云禅师把大量的金钱和精力花在修地基上。有一个弟子不太理解，就问："师父，地基修得再好，谁看得见呀？雕梁画栋富丽堂皇，别人才看得到。"虚云禅师语重心长地告诉弟子："地基上面的建筑再好，随着时节因缘的不同，有人修，也有人拆。有的时代佛教受尊重，有的时代佛教也会受打压。只要地基在，将来时节因缘到的时候，总是会有有缘的人，来承担重修寺院的责任。"

1952年，虚云禅师与其他20余位佛教界知名人士在北京召开了中国佛教协会发起人会议；1953年中国佛教协会在北京广济寺成立，虚云禅师被推举为名誉会长。在佛教协会开会的时候，有些人提出佛教要世俗化，佛教徒就不要再穿僧袍了，跟普通的老百姓穿的一样就可以了。虚云禅师说，他要誓死捍卫中国佛教的这一领大衣。这背后更深刻的是，出家的僧人要不要保持自己独特的生活与修行方式。直到今天，我们在寺院里还能看到身着僧袍的僧人，这是虚云禅师的贡献。

1959年，虚云禅师住在江西云居山，他预感到自己不久之后就要离世了，于是把弟子召集在一起，最后做了嘱托。他说:"我这一辈子,每天都生活在恐惧和震撼之中。我为了好好地保留中国的这几个道场,为了把佛教保留下来,受了不少的委屈,也曾被人侮辱、谩骂。将来时节因缘到了,你们也有当方丈的机会,切记一定要把振兴佛教的责任担当起来。佛教如果想好好发展,我送你们一个字,就是'戒'。"说完之后,虚云禅师就示意他的弟子们出去。1959年9月12日,老人家安详示寂,终年119岁。

虚云禅师把一生的时间、精力和心血都献给了中国的佛学,在离世之前他作了一首诗,集中概括了自己的一生:"少小离尘别故乡,天涯云水路茫茫。百年岁月垂垂老,几度沧桑得得忘。但教群迷登觉岸,敢辞微命入炉汤。众生无尽愿无尽,水月光中又一场!"

我们今天在走向民族复兴的时节因缘里,应该向虚云禅师学习,对自己的国家、自己的文化也应该肝脑涂地,不辞辛苦,只有这样文化才能振兴,国运才能昌盛!

第二十三讲

韩愈

韩愈与大颠：儒家遇到佛家

　　韩愈在中国思想史上占有重要地位。他出生于768年，去世于824年，河南河阳（今河南孟州南）人，自称"郡望昌黎"，所以世称"韩昌黎"。韩愈是唐宋八大家之首，是古文运动的开创者。苏轼的《潮州韩文公庙碑》中有两句话，对韩愈在中国古文运动中的地位和作用做了非常经典的概括："文起八代之衰，道济天下之溺。"

　　"文起八代之衰"，"八代"指的是东汉、魏、晋、宋、齐、梁、陈、隋，这几个朝代是骈文从形成到鼎盛的时期，到隋唐时期，骈文追求形式华丽，内容大多是风花雪月，少了一个民族的精气神和骨气，因此韩愈等唐代古文学家称其为"衰"。文化真正的价值是什么？是文以载道。一部真正的好作品，文字华丽是次要的，最根本的是要把一个民族几千年的文脉和道统承载起来，要能够把一个民族最内核的精神特质，把对宇宙和人生极深刻的理解在文风里、内容里传承下来。如果只追求文风漂亮、辞藻华丽，内容却空洞无物，与真理无关，与一个民族生机勃勃的精气神无关，这种文风是没有力量的，也是非常危险的。所以韩愈就和柳宗元等人一起提倡古文运动，打破了对文章形式的各种要求，强调文章要有力量、有温度、有深度、有担当、有使命，把唤醒民众、维护道义的责任承担起来，这叫"文起八代之衰"。韩愈重新把道统捡起来，发扬光大。韩愈实际上是后来宋明理学兴起的开拓者、先行者，所以苏轼把他定为中国思想史和哲学史上一个转折性的人物，叫"道济天下之溺"。韩愈是中国儒家文化的践行者，是真正的儒家知识分子。读儒家书的人有很多，但是内心认同儒家文化，而且用自己一辈子的时间践行儒家精神的人少之又少。"杀身成仁，舍生取义""士不可不弘毅，任重而道远""岁寒，然后知松柏之后凋也"……儒家文化中所倡导的对天下的担当，对黎民苍生的情怀，遇到危难的时候舍生忘死的气概，在韩愈身上都有所体现。韩愈在做兵部侍郎的时候，河北正定发生兵变，唐穆宗任命韩愈为宣慰使，让他去正定解决这个问题。韩愈是一个文官，他出发前，百官都为他的安全担忧，唐穆宗也有些后悔，"诏愈度事从宜，无必入"。韩愈毅然前往宣抚，说服叛军，平息了一场叛乱。这件事体现了他"事不避难，义不逃责"，只要是自己的责任，即便有生命危险，也敢于去担当。

韩愈所处的时代，是唐代中期。唐宪宗李纯是一个发愤图强、励精图治的帝王，他一生都想恢复贞观之治、开元盛世的大唐荣光。经过唐宪宗的努力，唐代出现了短暂的元和中兴，可以说他是中兴之君。唐宪宗对佛教特别推崇。公元819年，唐宪宗派人从凤翔县的法门寺地宫里把舍利请出来，接入宫中供奉三天。古人有一句话，叫"楚王好细腰，宫中多饿死"。皇帝喜欢什么是个风向标，唐宪宗迎佛骨入宫，激发了达官、士人等社会各个阶层对佛教的疯狂迷恋。这种现象引发了韩愈极大的忧虑。作为一个儒家知识分子，韩愈写了一篇奏折——《谏迎佛骨表》，非常犀利地指出唐宪宗这么做有诸多不妥之处，并举出了几个非常极端的例子，极大地刺激了唐宪宗。

《谏迎佛骨表》让唐宪宗大为恼怒，他把韩愈从朝中贬到广东的潮州。韩愈到了潮州之后，听说潮州有很多鳄鱼，经常伤害老百姓的生命，于是专门祭祀鳄鱼，并写一篇《祭鳄鱼文》念给鳄鱼听，给鳄鱼讲一番道理，告诉它们不要去伤害老百姓，劝它们搬迁。韩愈一番义正词严之后，电闪雷鸣，几天之内溪水干涸，鳄鱼还真走了。据《新唐书》记载："祝之夕，暴风雷电起溪中，数日水尽涸，西徙六十里。自是潮无鳄鱼患。"韩愈驱鳄的故事迅速传开，成为千古传奇。

当时潮州是偏远之地，文化比较落后，读书人很少。韩愈是个大知识分子，他到了潮州以后，没有多少人能够理解他的内心。他在处理公务之余，经常到处走走看看，因此认识了佛教的一位著名的大德高僧——大颠宝通禅师。韩愈本来就对佛教没有什么好感，他遇到大颠宝通禅师的时候，说了一些冒犯的话。大颠宝通禅师很客气地问韩愈："你读过多少佛教的书？"韩愈说："那种书有什么好读的，我从来不读。"大颠宝通禅师心平气和地说："你连佛教的书都没读过，有什么资格批判佛教？你是唐朝的大学子，文笔那么好。可是我问你，你写文章的水平能比得上姚秦时代的鸠摩罗什吗？你预知未来的本领能比得上晋朝的佛图澄吗？遇到任何事情都能不动其心、如如不动，你能比得上萧梁时代的宝志禅师吗？"韩愈听了以后，表情一下子就变得沉重了。

　　大颠宝通禅师又给韩愈讲了一个故事。盗跖是一个恶人，他养了一条狗，这条狗只认识盗跖。有一天，尧经过盗跖家门口的时候，这条狗就冲着尧大声地叫。这条狗之所以叫，是因为它不认识尧，并不是因为尧是个坏人。大颠宝通禅师问韩愈："韩大人，你真的了解佛教吗？这些大德高僧的境界和证悟的水平，以及佛经背后所揭示的真理，你理解吗？如果你在不理解的情况下就大骂一通，和盗跖养的那条狗看见尧汪汪叫有什么不同呢?"大颠宝通禅师这一番话虽然极其尖锐,但深深地折服了韩愈,他对佛教的看法开始改变了。在韩愈后来的文章中,因误解而产生的对佛教的偏见,几乎没有了。韩愈后来还曾亲自到寺庙里去拜见大颠宝通禅师。

对于任何文化,在没有真正了解的时候,都不要武断地下结论。在服务社会的问题上,多发挥不同文化体系的长处,避免其短处,取其精华,剔除糟粕,共同推动社会进步,服务人民群众,这是智慧的表现。

《原道》：千古文脉一道统

先秦时期，儒家文化逐渐成为中国文化的主流，尤其是汉武帝统治时期，"罢黜百家，独尊儒术"，儒家文化成了维系整个社会运作和政治体制布局的基本思想依据。魏晋之后，佛学传入，佛学的理论色彩、逻辑性都非常强，而且传承非常清楚，就给儒家文化带来了极大的冲击。以韩愈为代表的儒家知识分子感受到了非常大的压力，作为儒家文化的学习者和践行者，他们担负着弘扬儒家文化的历史责任，应该怎样为儒家文化鼓与呼的问题，切实摆在了他们的面前。

在这样的历史节点中，韩愈提出儒家文化也有自己的传承，也有自己的道统，他写了一篇文章——《原道》——来阐释中国文化的道统。

道统，指一个民族以什么样的文化传承为自己的文脉依据，它解决的是一个民族的文化以什么内容为主线、一个民族的文化经久不息的内在支柱和精神支撑是什么的问题。就像大树一样，它有一根主干在，才有旁枝细叶，旁枝和细叶无论多么繁茂，都长在这根主干上。这根主干，是我们这个民族几千年以来能够保持历久弥新，经历无数磨难依然能够发展壮大的基础。在这个基础上，我们敞开胸怀，吸纳人类一切美好的东西为我们所用。

韩愈认识到，如果对佛教过度地崇拜，对这个民族的发展是不利的。韩愈站在儒家本位的立场上去批评佛家，体现了他作为一个儒家知识分子的使命感，但作为中华民族的子孙，我们心中应该有大中华的概念，不仅儒、释、道，所有不同民族所创造的文化，我们都应该去学习、去爱护、去传承、去弘扬、去发展。

博爱之谓仁，行而宜之之谓义；由是而之焉之谓道，足乎己，无待于外之谓德。

（节选自《原道》）

韩愈在《原道》的开篇指出"博爱之谓仁"。仁的特点是什么？是能够以博大的心胸爱这个世界，爱天下的黎民苍生。"行而宜之之谓义"，义就是找到合适的方式去做事、去做人，义就是合理。"由是而之焉之谓道"，照着仁义去做，就是道。道是宇宙的真理，是人生和宇宙究竟的概括，还是一种境界，一个人证悟到一定层次之后，他和宇宙的真理相契合了，就成了得道的人。

"足乎己，无待于外之谓德"，一个人内在的富足和圆
满，使得他不乞求、不依赖任何外在的东西，这种状态就是
德。一个真正有德的人做有道德的事不是为了得到别人的赞
誉，而是为了践行他内在的道德品质。

> 周道衰，孔子没，火于秦，黄老于汉，佛于晋、
> 魏、梁、隋之间。其言道德仁义者，不入于杨，则归于
> 墨；不入于老，则归于佛。入于彼，必出于此。
>
> （节选自《原道》）

"周道衰，孔子没，火于秦，黄老于汉，佛于晋、魏、
梁、隋之间"，周以后先贤之道开始衰落；孔子去世以后，
秦朝的一把大火焚烧了多少诗书；到了汉代，兴盛黄老之
学；晋、魏、梁、隋佛教兴盛。韩愈指出，"其言道德仁义
者，不入于杨，则归于墨；不入于老，则归于佛"，从孔子
之后中国的文化，要么归入杨朱学派，要么就归入墨子学
派，要么归入道学，要么就归入佛学。"入于彼，必出于此"，
入了一家，必然轻视另一家。韩愈的立场非常清楚，他站在
儒家知识分子的角度，为儒家文化的传承和弘扬鼓与呼，对
其他文化持批评的态度。

曰："斯道也，何道也？"曰："斯吾所谓道也，非向所谓老与佛之道也。尧以是传之舜，舜以是传之禹，禹以是传之汤，汤以是传之文、武、周公，文、武、周公传之孔子，孔子传之孟轲，轲之死，不得其传焉。荀与扬也，择焉而不精，语焉而不详。由周公而上，上而为君，故其事行；由周公而下，下而为臣，故其说长。"

然则如之何而可也？曰："不塞不流，不止不行。人其人，火其书，庐其居。明先王之道以道之，鳏寡孤独废疾者有养也，其亦庶乎其可也。"

（节选自《原道》）

"斯道也，何道也？"有人问韩愈强调的道是什么道，韩愈说，"斯吾所谓道也，非向所谓老与佛之道也"，他强调的道不是老庄的道，也不是佛的道，那么是什么道呢？"尧以是传之舜，舜以是传之禹，禹以是传之汤"，这个道是尧传给舜，舜传给禹，禹传给汤，汤传给文王、武王、周公，文王、武王、周公传给孔子，孔子隔代传给孟轲，孟轲死了以后，就没有继承的人了。后来荀子和扬雄"择焉而不精，语焉而不详"，他们继承了其中一部分，没有全部发扬光大，而且有些东西也没有说清楚。

道统是一个民族的精神支柱，是一个民族生生不息的文化精髓。既然从孟子之后语焉不详，谁要承担起责任呢？"明先王之道以道之，鳏寡孤独废疾者有养也。"韩愈说从他开始，包括以后有责任的知识分子，应该真正把从尧一直传到孟轲的道继承下来，真正做到整个社会"鳏寡孤独废疾者有养也"。《礼记》里讲到，孔子曾在一次祭祀结束以后说，真正好的社会，"大道之行也，天下为公，选贤与能，讲信修睦"，其中就讲到"鳏寡孤独废疾者，皆有所养"。

作为一个中国知识分子，韩愈渗透和体现的传承文化使命感和勇于担当的精神值得我们学习。

一个民族的文化怎样才能传下去？一个民族怎样才能历久弥新、经久不衰？一个经历无数磨难的民族，怎样才能屹立于世界民族之林？就是要有无数个像韩愈这样的人，他们铁肩担起道义，用一生的时间去践行民族文化的精神，用一生的时间担起文脉和道统传承的使命。人能弘道，非道弘人，只有这样的人在，文化才能真正历久不息，发扬光大。

第二十四讲

朱熹

朱熹的主要思想

想要了解中国思想史，朱熹是一个绕不开的人物。先说朱熹学说的源头。魏晋时期，佛学作为异域文化已经传入中国，并引起统治阶层和老百姓的极大兴趣。中国本土的儒家文化受到了极大的冲击，信奉儒家思想的知识分子带着"士不可不弘毅，任重而道远"的使命感和自觉性，为实现儒学生命力的再度腾飞付出了不懈的努力。

在宋代理学的产生过程中，周敦颐、邵雍、张载、程颐、程颢五位理学家起到了承上启下的作用，他们被称作"北宋五子"。北宋五子开创了北宋文化蔚为大观的局面。如果从哲学上加以概括，有这么几类：有人提出宇宙的本原是"太极"，亦即"道""心"，代表人物是邵雍；有人提出理是本体，代表人物是程颐；还有人提出气是本体，代表人物是张载。再往后发展，朱熹继承了周敦颐、程颐的学说，认为天下万事万物的本体是理，所以我们称为程朱理学。

朱熹出生于1130年，他生活的时代正是我国南宋时期，内忧外患不断，很多知识分子忧国忧民。朱熹小的时候读《孝经》，读完之后，说了一句话："若不如此，便不成人。"意思是读了《孝经》以后，如果不能照着《孝经》去做，就不能算作一个真正的人。朱熹对传统社会的那一套伦理规范格外地敬重、赞佩，并在自己的学说中把它强化了。但是，只适用于特定历史环境的纲常礼教强化到一定程度以后，就会禁锢社会活力。比如，"存天理，灭人欲"这句话，从学术上讲是很有道理的，就是把人的优点扩大，把人的弱点缩小。可是在现实生活中，让老百姓按照圣人的标准对待吃喝拉撒、男女感情，把天理、道心全部扩大，而把人性的弱点完全去掉，是不符合现实人性的，"灭人欲"的结果让人们普遍感到了极大的压抑和束缚。尤其是把"三从四德""饿死事小，失节事大"等伦理规范加在女性身上，对中国传统社会影响很大。人性中的欲望不应该被鼓吹，但在法律与伦理的范围内，也应该被尊重和理解。新文化运动以后，全方位检视中国传统文化的时候，朱熹的理学就遭到了讽刺和批判。

朱熹在学术著作方面也有巨大的贡献。他最大的成就之一，就是把《礼记》中的《大学》和《中庸》摘出来，与《论语》《孟子》合在一起，并进行解读，著成《四书章句集注》。这本书表面上是朱熹在解读"四书"，其实朱熹的学术方法叫六经注我，他是用注解"四书"的方式，阐发自己的学术思想。《四书章句集注》影响深远，后来成为明清时期科举考试的依据。

朱熹对老百姓特别爱护，能体谅老百姓的疾苦，他到各地去做官的时候，兴修水利，减少税收。他不愿意看到朝廷对金屈辱求和，主张抗金，因此并不受朝廷待见。他去世以后，他的学说才逐渐被统治者认可，走到了历史的前台。

朱熹还是一个教育家，他把教育分为"小学"和"大学"两个阶段。8岁到15岁是小学阶段，对这个阶段的儿童，不需要讲过于深奥的道理，只要让他们懂得孝敬父母，待人接物的时候彬彬有礼，读一些基本的启蒙读物，就可以了。这符合教育规律，童年时期养成良好的习惯对一个人格外重要。15岁之后是大学阶段，这个时候就要明明德，就要立志，就要有成人的教育。

关于怎样读书，朱熹提出了系统的方法，后人称之为"朱子读书法"，这种方法在今天对我们仍有很大的启发。"朱子读书法"共六条：循序渐进、熟读精思、虚心涵泳、切己体察、着紧用力、居敬持志。

第一条是"循序渐进"。让孩子读书的时候，要先让他读他能读得懂的，逐渐增加难度。如果不遵循循序渐进的原则，一开始就让孩子读非常深奥的书，会使孩子望而却步，甚至会对读书产生厌恶。现实生活中这样的例子有很多，如有的家长在孩子很小的时候就强迫他们去背诵一些经典作品，让他们产生了抗拒心理，有的孩子甚至因此再也不愿意接触经典了。现在有一些家长急功近利，强迫孩子在很小的时候就开始学习奥数、高数，结果让一些孩子留下心灵创伤，一辈子都不喜欢自然科学，我们必须引以为戒。

第二条是"熟读精思"。读书不应浅尝辄止，而应该领会书中的精髓。所以，朱子的看法是，经典的书，如《论语》《大学》《中庸》等应该读很多遍，在读的过程中进行深入的思考，在字里行间深深地体会它们，这样才能受益良多。

第三条是"虚心涵泳"。带着成见，先入为主地去读一本书，无法真正领会其中奥秘。涵泳就意味着读书的时候要沉下心来，一点一点地体会，到了一定程度再回头望，就会豁然贯通。

第四条是"切己体察"。读书一定要结合自己的实际，而不是要嘴皮子，光讲空道理，一定要把读书和人生的修为结合起来。

第五条是"着紧用力"。读书也很辛苦，但不要懈怠，不要放纵自己，一旦放纵自己，不断地给自己找理由，就会空耗很多时光，而做不出成绩。

第六条是"居敬持志"。读书要有庄严感和敬畏感，如读有关中国传统文化的书时，你会感受到中华民族几千年以来绵延不息的深厚根源，身为中华民族的子孙，对中华文化有不可推卸的历史责任和使命。

朱熹是理学的代表人物，他认为宇宙中的万事万物都有一个理，万事万物都是理的体现。古希腊哲学家柏拉图认为，世界的本原是高于一切物质的，是理念世界，他认为现实的世界都是不完美的，最完美的世界就是理念的世界，现实世界是对理念世界的模仿，现实也来自理念世界。

柏拉图与朱熹的思想有相同的地方，只不过柏拉图叫理念，朱熹叫理。朱熹认为，理是万事万物的根源，现实世界都来自理，是理的显现。那么理到了人这里是怎么显现的呢？比如，孝敬父母、忠君爱国这一套道德观念，就是理的一种具体显现。所以，按照传统社会的道德伦理去做事，本身就是践行天理。

那么朱熹思想的弊端是什么呢？在学理上，朱熹将传统社会伦理规范与天理等同起来，而没有看到那些特定时空的伦理规范，并不具有永恒性，而是特定环境的产物，必然随着历史的发展而不断变革。一旦将特定时空的伦理规范神圣化，必然走向僵化、保守甚至反动。朱熹在严格地为传统伦理论证的过程中，提出来的理论过于严苛，现实中的人是做不到的，这样会养出人的伪善。

但总起来讲，朱熹的思想是儒学面对佛学挑战之时做出的一种回应，也是儒学发展的一个高峰。朱熹对中国思想史有巨大的贡献，其理学思想在明清两代被提到儒学正宗的地位，对后世也有巨大而深远的影响。

天光云影：朱熹的证悟之路

通过朱熹作的两首《观书有感》诗，我们可以了解朱熹的思想，以及他个人所证悟到的境界。观书，一般人叫读书，但朱熹为什么把它叫作观书呢？观书其实是读书的一种状态。我们读书的时候，一般是把心用在书上，观书则需要让书在自己心里呈现出来。

先讲一个故事。南怀瑾先生早年在杭州求学的时候，认识了一个出家人，法号叫圣士。圣士法师经常戴着眼镜，南怀瑾先生就跟他开玩笑，叫他四眼和尚。圣士法师有很多道教的秘本，南怀瑾先生非常感兴趣，就阅读这些书，阅读的过程中也和圣士法师讨论。南怀瑾先生听说距他们不远的地方有一位道士，被传得神乎其神。南怀瑾先生想拜见这位高人，就问圣士法师是否认识这位道士。经过圣士法师的介绍，南怀瑾先生见到了这位道士。道士见了南怀瑾先生，问他看风景是怎么看的。南怀瑾先生回答说，和一般人一样，如看花就盯着花，看西湖就盯着西湖，看落日就盯着落日。

可是道士告诉他，这样错了，如果我们把自己的心神全部放在景物上，整个心神和能量散出去，对花不好，对西湖不好，对太阳也不好，它们收不到，我们就有损失了。南怀瑾先生问，那应该怎么看呢？道士就告诉他，看风景不是让我们的心神跑到风景上，而是要让风景跑到我们的眼睛里来，这样就是吸收天地的灵气，而不是消耗我们自己。

道士表面上是告诉南怀瑾怎样欣赏风景，其实是告诉了他一个修道的方法，叫精神内敛。朱熹观书其实就是用心去观照文字背后的真意。

朱熹作了两首《观书有感》，先看第一首：

半亩方塘一鉴开，天光云影共徘徊。

问渠那得清如许，为有源头活水来。

"半亩方塘一鉴开，天光云影共徘徊"，半亩大的方塘像一面镜子，看到这句，是不是觉得朱熹的门前有半亩池塘，里面种满了荷花，天光、云影在上面闪动？其实"半亩方塘"指的是人心。这句诗说的是经过长期的研读和修证的体验，心打开了，之后出现的境界是"天光云影共徘徊"。宇宙的理在哪里？就在自己的心上。所以中国文化的认识论和西方不一样，西方的认识论强调从自然界找道理。而中国文化则认为，当你的心打开以后，自然界中的那个理和你心中的理是一个理。

"问渠那得清如许，为有源头活水来"，怎么理解这句诗呢？很多人都希望自己有智慧，其实真正的智慧不是靠知识的堆砌，真正的智慧是源头活水，就是人的心。心打开之后，遇到任何一件事情，都会像孟子讲的那样"不虑而知"，你不用刻意地用心，这件事情就清清楚楚地显示在你心里面，你就知道来龙去脉，知道怎么判断、怎么处理。这种能力从哪里来？就是你的心打开之后，有了源头活水。

可是源头活水怎么理解？看第二首：

> 昨夜江边春水生，艨艟巨舰一毛轻。
> 向来枉费推移力，此日中流自在行。

"昨夜江边春水生，艨艟巨舰一毛轻"，昨天晚上江水涨潮了，大船在水里变得像羽毛一样轻盈。"春水生"代表的是修行的一种状态。有人讲自己打坐的时候，封闭了眼、耳、鼻、舌、身、意，这样可不可以？可以。但是真正的修禅，是要把内在的智慧开发出来，然后灵活地处理身边所有的事，而不是闭着眼睛这也不看那也不看。禅绝对不是死水一潭。如果我们封闭了眼、耳、鼻、舌、身、意，就像死水一样，而死水不藏龙，一潭死水不会出现智慧的妙用。朱熹把内在的活泼的状态展现出来了，这叫"春水生"。

一个人打坐到一定程度以后，不再受外在事物的羁绊，但是觉察事物的能力一直在。这种状态叫心安，叫喜悦，叫自在，就是"艨艟巨舰一毛轻"。

"向来枉费推移力，此日中流自在行"，行船一般需要船夫拿着桨不断地摇，现在只要让它随江水漂流，也能一日千里。朱熹讲的就是一个人的智慧打开以后，外在的事情来了马上就知道该怎么处理，一点不刻意、不费力。处理完之后，随缘来去，自在轻安。由此观之，中国历史上的代表性人物从外在看是取得伟大成就，而从内在看，多半都是心有所悟。一个人只有内在达到了一定状态，才能创造外在的成就。

从知解到心悟：朱熹的思想精髓

朱熹是理学思想的集大成者，他的思想精髓可以提炼为如下几点。

第一，朱熹的知行观。

朱熹的知行观在《朱子语类》里有非常明确的表述："论先后，当以致知为先；论轻重，当以行为重。"朱熹认为，我们生活的世界背后有一个本体，就是天理。我们生活的现实世界是丰富多彩的，有树木、房子、大河、大江、猪、牛、羊，等等。一个理是怎样产生如此丰富多彩的现实世界的呢？朱熹给出了一个非常好的比喻，叫"月映万川"。天上只有一个月亮，但地上任何一个有水的地方都能照出月亮，对此的学理概括叫"理一分殊"。虽然理只有一个，但是它体现在一个个具体的事物上。我们要想认识理，就需要一个事物一个事物地去体认，这个过程其实就是格物。通过格物，我们可以了解自然事物的规律或者运行特点。

朱熹这种理的哲学，必然导致他的知行路径，是先去好好地认识真理，再去用真理指导自己的实践，这就是朱熹的知行学说。这个学说，在现实中带来了什么问题呢？强调知先行后，会导致很多知识分子只重视理论，而忽视实践。实际上，实践和认识是一体的，认识来自实践，实践需要认识来指导，这就需要我们边实践边总结，在运用认识的过程中推动实践的发展，实践在发展的过程中又不断地让理论得到完善。在生活中也是一样的，比如学游泳，你在理论上学会了怎么蹬腿儿、怎么张口、怎么仰脖、怎么抬胳膊，真正去游的时候也难免喝水。只有在游泳理论的指导下，不断地练习，在练习的过程中再体会理论，才能真正学会游泳。

第二，朱熹对《大学》的分析。

"大学之道，在明明德，在亲民，在止于至善。"朱熹认为这个"亲"，其实就是"新"。他说大学的宗旨在于明明德，就是启发民众，把老百姓的道心都开发出来，使人达到完善的境界。但我认为，这个"亲"不是通假字。在《大学》第三章，连续出现了几个"新"字："汤之《盘铭》曰：'苟日新，日日新，又日新。'"如果作者想说"新民"，没必要用"亲"来表达，直接用"新"字来表示就可以了。可见这个字就是"亲"。

第三，讲"存天理，灭人欲"。

朱熹认为天理在人身上的体现，就是在社会中要遵循的一套道德原则、行为规范。可是，"形而上者谓之道，形而下者谓之器"，规矩和制度，包括道德规范，都是有历史性、阶级性和局限性的，随着历史的演进，很多当时看起来很好的社会规矩，恐怕就不再适应现实的需要了，朱熹把它神圣化、永恒化、凝固化，必然会带来一些问题。

"存天理"，如果我们不把它理解为一套具体的伦理规范，而把它理解为人性的净化，即人要让自己的优点越来越多，缺点越来越少，它就是有道理的。关于"灭人欲"，朱熹也有具体的说法。比如，他说吃饱饭是正常的，但是刻意地吃山珍海味就不对了；想要有房子住是没问题的，但是非得住特别大的房子，非要买好的家具，就是人欲了。灭人欲，是指人的需求要有度，要控制自己的欲望。

总体来讲，如果僵化地去理解"存天理，灭人欲"，打压人的正常需求，就背离了朱熹的本意，也不符合人性的现实状态。我们既要看到这句话的合理之处，也要看到它与现代社会不相适应的一面。我们既要正视人的正当需求，也要对人欲中容易伤害社会、给社会带来困扰的部分加以警惕和规范。对人欲，如果采用简单粗暴的办法去压抑，恐怕不能真正解决问题。具体应对之道，一方面，要承认人性的复杂，在法律、伦理的范围内正视人性的需求；另一方面，在道和正确价值观的引领下，也可以激发和利用"人欲"的力量，使之成为推动社会进步的力量。比如，有人喜欢钱，如果能将这种力量引导成为其创造财富以孝敬父母、照顾家人的动力，这就不失为一种积极的转化。

第二十五讲

陆九渊

陆九渊的生平事迹及主要思想

程朱理学和陆王心学是宋代以后中国思想史的两座高峰，对中国文化的影响极为深远。程朱理学的首创者是程颐、程颢，集大成者是朱熹；陆王心学则以陆九渊和王阳明为代表。

陆九渊字子静，抚州金溪（今属江西）人，出生于1139年，去世于1193年。陆九渊曾经在江西贵溪县象山讲学，因此后人多称他为"陆象山"，亦称"象山先生"。历史记载，他讲学的时候，来者甚众，有很多人在窗户上趴着、在门口挤着，甚至有些老人拄着拐杖去听，可见陆九渊讲学时学风之盛。

陆九渊四岁的时候，就问了他父亲一个问题："天地何所穷际？"意思是，我们生活的这个时空有没有尽头？他的父亲笑了笑没说什么。很多哲学家都在思考人生和宇宙终极性的问题。比如，泰勒斯、毕达哥拉斯、恩培多克勒、赫拉克利特，他们都在思考类似于"天地何所穷际"

的问题。

陆九渊十多岁的时候，在书中读到一句话："四方上下曰宇，古往今来曰宙。""四方上下"是个空间概念，"古往今来"是个时间概念，空间、时间合在一起叫宇宙。陆九渊张口说了一句话："宇宙内事，乃己分内事；己分内事，乃宇宙内事。"意思是，全宇宙四方上下、古往今来所有的事，都在我内心里观照着。这是一个真正的哲学家、思想家，有大气魄！

陆九渊说过："学者须先立志。"他还说过："人惟患无志，有志无有不成者。"他强调立志的重要性。人最大的忧患，就是没有志向；若是胸有大志，就没有做不成的事业。陆九渊说："若果有志，且须分势力道义两途。"意思是立志只有两条道路，一是势力，二是道义。势力就是为己之志，是在自己的利益上下功夫。道义是愿力，是真正为国为民，利济天下苍生。他自己就是从小立志要毕生思考人生和社会的究竟问题，他这一生也确实在中国思想史上留下了浓墨重彩的一笔。

陆九渊曾说过这样几句话："东海有圣人出焉，此心同也，此理同也；西海有圣人出焉，此心同也，此理同也；南海北海有圣人出焉，此心同也，此理同也；千百世之上有圣人出焉，此心同也，此理同也；千百世之下有圣人出焉，此心同也，此理同也。"不管哪一个民族的圣人，证悟到一定层次，背后的那个"心"和"理"都是一致的。

这个结论在《周易》里也有清楚的说明："天下何思何虑？一致而百虑，殊途而同归。"天下的学问看起来有区分，古希腊思想、中国的思想、印度的思想、尼泊尔的思想，等等，伟大的思想家们修证的路径不一样、方式不一样，但是他们最终的汇合点都是一个，就是那个宇宙的实相和人生永恒的真理。

陆九渊在朝中任职的时候，曾提出一个治国理政的妙计，他把它叫作"四物汤"，即任贤、任能、赏功、罚罪。任贤，要想把国家想治理好，一定要用贤人；任能，即任用有能力的人；赏功，即奖赏为国家做出贡献的有功之人；罚罪，即惩恶，这其实也是底线，一个国家、一个社会，只有把底线守牢，使每一个伤害国家、社会的人都受到相应的惩罚，才能止恶，才能维护社会的基本秩序。

陆九渊是心学的创始人，也是集大成者。心学的核心思想是"人皆有是心，心皆具是理"。"人皆有是心"，这个心跟西医讲的肉团心不是一个概念。这个心指我们内在的灵灵觉觉，是我们认识世界、思考与辨别事物的能力，即认知能力。"心皆具是理"，所谓宇宙的道，都在人的心中，本自具足。正因陆九渊做出了这样的判断，所以他得出了一个结论：如果想证悟大道，就要通过内求的方式，让自己的内心不断净化，天理就会像水中的月一样，自然地在内心呈现出来。

一个人心灵内在的理，和宇宙的理是同一个理。所以，陆九渊认为像朱熹说的那样一个一个地格物太琐碎了，应该直接向心中去求。这和孟子讲的"仁义礼智，非由外铄我也，我固有之也"有异曲同工之妙，或者说是陆九渊深受孟子思想的影响。

这和禅宗的思想也具有一致性。禅宗里面讲道在哪里？"心即是佛，佛即是心"，磨砖不可能做成镜子，只靠打坐也不可能成佛。那么到哪里去成佛？在心地上成，要从内心去下功夫。所以陆九渊先生的心学绝不是无源之水、无本之木，而是中国思想史发展的必然。

当一个人体味心学，发明本心，他证悟到一定程度以后，一切是非都可以自己判断，而不依赖别人的教导。在陆九渊看来，这种人已经成为大写的人。

从文艺复兴以来，西方哲学的一个极大特色就是现代性的生成，现代性的核心就是主体性的觉悟，或者说是主体性的确立。人要通过自己的思考来做出自己的判断。康德在他的文章《什么是启蒙》中指出，启蒙就是不需要外在力量挟持或者帮助，就可以自己思考，自己做出判断，自己为自己负责。这是康德对启蒙的定义，被很多学者视作对主体性的精准表述。陆九渊的心学诞生得比康德思想要早得多。中华文化早在先秦时期就肯定人的主体尊严，反对人对神的盲目膜拜，主张人的独立性与主体性，主张人类的命运掌握在自己手里，大力倡扬自强不息的精神价值。陆王心学更是突出强调了人的精神自强自立，肯定人类自己把握自己的命运，可谓是中国现代性的一种特殊表现。

鹅湖之会：心学与理学的碰撞

程朱理学和陆王心学是在同一个时代出现的。朱熹比陆九渊大九岁，这两位文化大师一个是理学的宗师，一个是心学的宗师，他们由于学术观点不一样，而发生了多次学术碰撞。

关于心学和理学的碰撞，还有一个典故——鹅湖之会。

朱熹和陆九渊的影响都非常大，用现在的话说就是都有自己的粉丝。这些粉丝对自己认可的宗师都非常推崇，彼此之间难免会产生一些学术上的争执。有一个叫吕祖谦的学者就想出面调和一下，创造一个机会，让理学和心学的宗师级人物坐在一起聊一聊，争取能够让双方的观点达成一致。于是在1175年，吕祖谦邀请陆九渊、陆九龄兄弟到信州（今江西上饶）鹅湖寺与朱熹见面。见面后，他们展开了激烈的辩论。朱熹认为，要想探究真理和宇宙的道，一定要走格物致知的路，每一个事物都有真理，那就需要一个事物一个事物地去探究，在这个过程中豁然贯通，透悟天理。而陆九

渊认为，万事万物的理都在心里，心就是理，理就是心，没
必要一个事物一个事物地去探究，在自己心地上下功夫就可
以了。

在这个过程中，陆九渊专门写诗来表达对朱熹观点的看
法，这首诗叫《鹅湖和教授兄韵》：

> 墟墓兴衰宗庙钦，斯人千古不磨心。
> 涓流积至沧溟水，拳石崇成泰华岑。
> 易简工夫终久大，支离事业竟浮沉。
> 欲知自下升高处，真伪先须辨古今。

这首诗实际上是把心学的思想和主张清晰地表达出来了。

"墟墓兴衰宗庙钦，斯人千古不磨心"，人一般见到坟墓
的时候会很伤感，见到寺庙就会产生钦敬之心。在世间万象
生灭流转的背后，真正的秘密就是人所共有的那颗千古不变
的心。

"涓流积至沧溟水，拳石崇成泰华岑"，涓涓细流汇聚在
一起，可以变成波涛汹涌的大水；一块一块石头累积起来，
也会累积成巍峨高大的泰山。做学问也好，做人也好，都要
经过一步一步的累积，才能成就辉煌事业。

"易简工夫终久大，支离事业竟浮沉"，简单的学说流传

久了会发扬光大，烦琐的理论终将被抛弃。意思是心学直指本心，在心地上下功夫，将来一定会发扬光大；格物这种支离破碎的学问，终将被社会抛弃。

"欲知自下升高处，真伪先须辨古今"，人类历史上的那些真真伪伪怎么样去辨别？所有答案都在自己的心地上。从心地上下手，明确本心，就能找到自下升高处、辨真伪的秘密法门。陆九渊这是在为自己的心学张目。

在鹅湖之会中，谁也没说服谁，朱熹和陆九渊依然各自坚持他们的想法。

三年以后，朱熹从福建到江西去，经过抚州的时候，陆九龄专门去见朱熹。这个时候朱熹写了一首诗来回应三年前的鹅湖之会，这首诗是《鹅湖寺和陆子寿》：

德义风流夙所钦，别离三载更关心。
偶扶藜杖出寒谷，又枉篮舆度远岑。
旧学商量加邃密，新知培养转深沉。
却愁说到无言处，不信人间有古今。

"德义风流夙所钦，别离三载更关心"，意思是你们陆家兄弟的德行和人格，我心里非常钦佩，鹅湖之会过去三年了，我非常想念你们。

"偶扶藜杖出寒谷,又枉篮舆度远岑",我从福建到江西来,拄着拐杖,经过寒冷的山谷,你又辛辛苦苦地从那么远的地方专门来看我,我很感动。

"旧学商量加邃密,新知培养转深沉",以前的那些学术思想,我们经过切磋与琢磨,理解得会更加深刻,新的知识,我们理解之后,也会努力去体会其中的味道。朱熹还是在为自己的学说辩护。意思是他格物致知,不断地去体会、去琢磨、去涵泳,这个路子是对的。

"却愁说到无言处,不信人间有古今",他说他和陆九渊在一起谈天说地、谈古今圣贤,说到无法用语言表达之处,其实我们讲的是一个东西。什么是无言?意思是一个人对真理、对道的体会达到了一定程度,是超越语言的。实际上千古就是那一个理。一旦谈到千古圣贤讲的那个理的时候,没有古今中外的区别,因为圣人到了一定程度,证悟的境界和层次是一样的。朱熹的诗一方面为自己辩护,另一方面也非常谦卑,对陆家兄弟的学问和人格,都表示了足够的尊重。

后来朱熹在江西白鹿洞书院讲学的时候,还专门请陆九渊去讲过一次课,陆九渊讲的是《论语》的"君子喻于义,小人喻于利"一章。陆九渊说,无论我们讲什么样的观点,最核心的其实就是如何真正把圣贤的要求做到,圣贤说来说去,就是让我们做君子。真君子都以利国利民、利济天下苍生作为自己的终生奋斗目标。陆九渊指出，他所强调的心学，落实在做人上，就是倡导人们扛起道义的旗帜，用自己一生的努力，去做真君子，在利国利民的过程中见到自己的本心，体证自己的智慧。

当时，有人听得潸然泪下，因为无论是理学还是心学，尽管学术观点不一样，但是他们"为天地立心，为生民立命，为往圣继绝学，为万世开太平"的追求是一样的，在这一点上，理学和心学找到了交会点，两大宗师也在如何做真君子的问题上找到了共同点。

第二十六讲

王阳明

出生：云中送儿来

　　王阳明本名王守仁，字伯安，号阳明，所以学者称他"阳明先生"，亦称"王阳明"。他出生于1472年，去世于1529年，是我国明代的思想家、教育家，浙江余姚人。在他生活的时代，朱熹的思想已经对整个社会产生了巨大的影响。朱熹倡导知先行后，即先掌握知识与理论，再用知识与理论指导行动，这使得很多人过于重视理论而忽略了实践，成为只会夸夸其谈而没有实践能力的人。直到明朝灭亡，这种风气都没有得到纠正。明朝的最后一个皇帝明思宗朱由检本来也有挽救大明王朝的雄心壮志，可他志大才疏，没有能力制定切实可行的措施。在明亡的最后时刻，他深刻地认识到，某些文臣在谈心性天理的时候夸夸其谈，当国家面临真正困难的时候，拿不出救国的真办法。

　　在这样的社会背景下，就需要有一种新的思想，来重新解答知和行的关系问题，并解决如何根治人性之恶、如何净化人们心灵的时代难题。

王阳明 11 岁之前是在祖父王伦的培养下成长的。王伦学识渊博，参加过科考，但是看到考场上有些人为了取得好成绩而不择手段，感觉到很不舒服，于是就回到家里种竹子、读读书、抚抚琴，过着非常恬淡的生活。

王阳明的父亲王华是一位科举状元，非常有才能，而且品质非常好。王华在外为官给家里寄了很多礼品，还有一些孝敬他父母的钱财，王伦经常拿出来分给邻居。王阳明的家庭教育比较好，家风也很正，这为王阳明的健康成长，以及他德行、智慧的提升和完善提供了一个好的环境。

无论是当时的大环境，还是王阳明家庭的小环境，都为孕育出一个思想家创造了条件。孕育思想家如同种庄稼，大环境就是气候，叫大因缘；小环境就是土壤、水分、温度等，叫小因缘。大因缘、小因缘都具备了，还差一个，就是苗。要想庄稼长得壮硕，不仅要有气候、有土壤，还得这个苗儿特别好才行。这个苗儿就是王阳明。

王阳明的母亲怀着他的时候，过了预产期还没有生产的迹象，王家上下都很着急。有一天王阳明的祖母梦见自己到了云雾缭绕的天庭，突然有美妙的音乐传来，一个非常美丽的女子怀里抱着一个小婴儿从云中走来，把这个小婴儿送给了自己。她很高兴，认为这是天上的仙人在给自己送娃娃。她醒来以后，王阳明就出生了。她把这个梦告诉了王伦，于是王家人就给这个孩子起名叫王云。可是王云出生之后，一直到5岁都不会说话，家里人给他看过很多次病，也试过很多办法，但是他就是不说话，把王家上上下下都给愁坏了。

有一天，王云跟一群孩子在一起玩儿的时候，有一个衣衫破旧的僧人走过来，想跟王云说说话，发现王云不会说话。僧人摸了摸王云的头，感慨地说："这孩子是个神童，只可惜他的名字道破了天机。"说完之后，这个僧人就走了。孩子们把僧人的话告诉了王云的家人，王伦听了孩子们的话，过了一段时间才明白，原来道破天机是因为给孩子起名叫王云，把他是从天上送来的这件事情说出来了，这对孩子不好。于是王伦给王云改了名字，叫守仁。据记载，改完名字不久，王阳明就开口说话了，而且背出了王伦经常吟诵的诗文。一家人都很惊讶，说："你之前连话都不会说，怎么现在刚会说话，就能背出诗文了呢？"王阳明说："我以前虽然不会说话，但是祖父背诗文的时候我一直在听，所以就记下来了。"

少年：圣贤之志

王阳明之所以能成为中国思想史上的一代宗师，与他小的时候就特别有志向、对自己的未来有非常清晰的自我认知不无关系。

王阳明十二三岁的时候问私塾先生："什么是读书人的第一等事？"先生回答说："这还需要问吗？肯定是参加科举考试，然后做官啊！"王阳明听了先生的回答，露出了不屑的神情，看得出来他对先生的回答不太认同。先生就问他："你觉得呢？"王阳明说："我认为，读书人的第一等事就是成圣成贤。"王阳明的这句话，为他整个人生设定了方向。

王阳明13岁的时候，他的母亲去世了，他的父亲续弦娶了一个妻子，成了他的继母。这个继母品质不太好，经常虐待王阳明。王阳明可不是愚忠愚孝之人，他买了一只长得很奇怪的鸟，然后到他继母经常去算命的老太婆那里去了。他问老太婆："是不是有个妇女经常找你算命？"这老太婆说："是。"王阳明说："我多给你一些钱，下次她再来找你算命的时候，你就照我教给你的话说。"老太婆过日子不容易，一看有钱可得，就同意了。王阳明回到家以后，把那只鸟放进了继母的被窝里。他继母收拾房间时一掀被子，这只鸟就突然飞出来了。他继母非常害怕，心里有点恍惚。王阳明就提醒她说："快去找神婆看一看吧。"他继母就赶紧跑去问那个老太婆这是怎么回事。老太婆表情严肃，掐掐算算，然后告诉他继母："这只怪鸟不一般，是这个孩子的母亲幻化的，怪鸟身上有一股怨气，你是不是对人家的孩子不太好？他母亲警告你来了，如果更严重的话，它会附体。"他的继母马上就问破解办法，老太婆说："我给你施个法，但这不重要，重要的是你回去以后可别再欺负这个孩子了，如果你再欺负人家，我施法也没有用了。"他的继母千恩万谢，发誓以后再也不虐待王阳明了。从那以后，她对王阳明真的越发亲切了。通过这件事，王阳明成功地改变了继母对他的态度，也使家庭的氛围更加和谐了。

在中国文化里，价值是有序列的。比如，老师重要，但是真理更重要，这叫"当仁不让于师"。也就是说，老师和学生都得尊重真理，而不是说我尊重老师，就可以连真理都不顾了。孝道也是这样，孩子要对父母好，但是如果父母虐待孩子，不好好地抚养孩子，却要求孩子愚忠愚孝，接受摧残，就太不人道了。王阳明的这种做法，说明他是一个很机灵、有勇气、有智慧的孩子。

王阳明的父亲王华在北京做官，有一段时间把王阳明接到身边，亲自点拨和栽培他。有一次，王阳明骑着马出了居庸关，再往西过了八达岭，往内蒙古赤峰方向去了。当时那是大明王朝和蒙古的边境，很危险，可把他父亲吓坏了。他在路上还真遇到了蒙古人，别看他只有十五六岁，可一点都不怕，策马扬鞭，敢于正面面对。他回来以后，他父亲非常生气，就关了他几天禁闭，警示他不要再这么做。可是王阳明在关禁闭的时候，竟然闷头撰写了上万字的应对蒙古的策论。他甚至雄赳赳、气昂昂地对他父亲说："能不能给我几万兵马？我要出居庸关，踏平整个蒙古！"他父亲听了，既欣赏他的胆魄，又为他的骄狂感到忧心。

由此可以看出，王阳明从小就不是在书斋子里读死书的人，他有建功立业之心。读书是为了什么？是为了做事，为了工作与生活，从哲学角度讲就是为了实践。王阳明从小就真干真行，这给了我们极大的启发。我们也不要空谈论道，不能让自己成为不谙世事，没有任何实践能力的书呆子。读书是为了增长智慧，更好地在工作、生活中做出成绩，同时在这个过程中去感悟、去领会，从而更好地去读无字之书。

新婚之夜：与道士晤谈

　　1488年，王阳明从余姚老家到父亲王华身边已经有五六年了，他的父亲看他已经到了能够参加科举考试的年龄，就决定让他回老家去参加科举考试。王华有一个非常好的朋友叫诸介庵，当时任职江西布政司参议，王阳明回老家还有一个重要任务，就是和诸介庵的女儿结婚。

　　在一般人看来，结婚是人生的一件大喜事，可是王阳明结婚的时候，却发生了一件不寻常的事，这件事在明朝冯梦龙写的《王阳明出身靖乱录》中有记载。王阳明大婚的那天，诸家张灯结彩，很多人前来祝贺，非常热闹。王阳明的岳父拉着王阳明的手，一一向客人介绍他。可是王阳明天生就对热闹的事不感兴趣，一番应对，已身心俱疲。他逮到机会便溜出门去，走到大街上，走着走着，就走到了一个道观，叫铁柱宫。

　　王阳明走进道观，看到院子里坐着一个闭目养神的道士，鹤发童颜，发须飘飘，真像神仙一样。道士见了王阳明，便说："所来之人，你内心有大丈夫的雄心壮志，却满脸憔悴之色。"这句话一下子就击中了王阳明，他内心确实有冲天之志，这从他以往的经历中我们也看得出来，而且他当时确实觉得身体有些不舒服。于是他就与道士攀谈。他问道士："您的道号是什么呀？"道士说："我没有道号，别人都称呼我无为道人。"道家讲"为学日益，为道日损，损之又损，以至于无为"，真正的无为，其实就是把后天的障碍消除之后，呈现出的先天的状态，这是一种得道的表现。王阳明又问："老人家，您看起来那么有精神，您高寿啊？"道士告诉王阳明，他今年96岁。王阳明特别好奇，说："老人家您90多岁了，还是那么精神，有什么养生秘诀吗？"道士说："养生之诀，无过一静，老子清净，庄生逍遥，唯清净而后能逍遥也。"

养生最大的秘密不过就是一个"静"字。人的身体有很强的自我修复能力，其结构之复杂，超过任何一台精密的机器，哪里不舒服，哪里不自在，基本都能自己修复。可是为什么在现实生活中，人得了病以后，要通过吃药等外部的治疗才能痊愈呢？是因为身体的自我修复能力受到了干扰。我们内心各种杂乱的念头，如贪财、好色、虚荣、攀比、自私、嫉妒，等等，都会干扰我们的身体自我修复，导致各种不舒服、不自在，越来越严重，甚至会产生重大的疾病。所以，心灵的宁静对养生极其重要。这个静不是行动上的，不是说要盘着腿坐在那里，不说话也不做事。真正的静是放下一切，内心没有焦虑，没有急躁，没有挂碍，没有痛苦，没有纠结，没有忐忑，没有失落，没有彷徨，安安静静，该吃吃、该睡睡，这种状态对身体特别重要。

这个道士还将自己正在练的导引术教给了王阳明。人的身体自己有个能量的运转，中医叫子午流注，就是人体的功能、活动、病理变化受自然界气候变化等影响而呈现一定的规律。具体来讲就是，每一天什么时辰是身体的哪个器官发挥作用的时间，是哪一个器官休养的时间，有特定的规律，按照这个规律去调养身体，可以获得更好的效果。王阳明对导引术非常感兴趣，马上就盘腿坐在了无为道士的面前，按照道士的说法，进行打坐，闭目养神，很快就入定了。

可是这一天王阳明结婚，晚上要洞房花烛夜，结果他完全把这件事给忘了。新婚当日新郎官不见了，这可闹了大笑话。诸府闹翻了天，诸家人脸上无光，而且都非常不安，他们做梦也想不到，王阳明在道观里。天快亮的时候，王阳明想起自己结婚的事，马上对道士说了，道士告诉他要赶紧回去，他这样冷落新娘，而且让岳父一家到处找他，是非常没有礼貌的。王阳明就急急忙忙地从铁柱宫跑回岳父家。

发生这件事以后，王阳明的岳父就意识到不能放纵他，就要求他到他岳父所在的江西布政司去上班，给他安排一些事做，如写写公文、处理一些杂务，等等，这样好拴住他，免得他东奔西跑。王阳明处理完公文，空余时间便练习书法，他的书法写得很有自己的特色。明朝书法家徐渭曾将王羲之和王阳明的书法做过对比，他说，王羲之的书法是"以书掩其人"，王阳明的书法则是"以人掩其书"。王阳明的书法笔锋遒劲、气势豪迈，体现出了其圣贤之气。

一个人若想真正成圣成贤，就要去除人性的弱点，把先天的智慧开发出来。《礼记》曾言："饮食男女，人之大欲存焉。"王阳明新婚之夜的表现，让我们看到他对人性的欲望比较淡然。一个欲望比较小的人，心灵相对清净，更容易开启智慧，洞见本来。

从格竹病倒到龙场悟道

王阳明结婚以后，在他岳父家待了一年多。第二年，他带着夫人回老家余姚，途中经过了一个地方，叫信州（今江西上饶）。当时有一个大儒在信州特别有名，此人就是娄谅，他专注于宋代儒学的格物致知之学。

王阳明去拜访娄谅，他见到娄谅以后，很直接地问："怎么样才能做圣人？"娄谅斩钉截铁地告诉王阳明："圣人必可学而至。"想成为圣人，要通过学习才能够实现。可是从哪里学？娄谅指着朱熹的书告诉王阳明，朱子的书里就有成圣成贤之法。王阳明认为，娄谅已经解答了自己关于怎样成圣成贤的困惑。

王阳明回到家之后，开始实践朱子学说。竹子在南方非常常见，于是王阳明决心走朱熹格物致知的路线，从竹子这种身边最常见的事物格起。当时他与一个姓钱的朋友约定要一起通过格竹来成圣成贤。结果这个姓钱的朋友格了几天就病倒了，垂头丧气地对王阳明说："我已经病倒了，我不格竹了。"王阳明说："看我的。"王阳明认为，他朋友格竹失败，是因为功底不够，没有本事。结果王阳明格了七天，也病倒了。

王阳明先前以为从娄谅那里找到了成圣成贤的方法和路径，可是这次通过格竹的实践，他对"圣人必可学而至"这个观点，以及通过格物致知能不能成为圣人产生了疑问。到底怎么样才能成圣成贤？带着这个疑问，王阳明开始反思朱熹的整个学说。

通过格竹这件事可以看出，王阳明是一个真正立了圣贤之志，而且真正去践行的人。他不仅是立志、去学，而且去践行，在践行的过程中发现问题，不断地修正自己，这种注重知，更注重行的人才能成就一番伟业。

格竹失败之后，王阳明开始用功读书，21岁时参加乡试，考中了举人。王阳明日夜苦读，准备参加会试。但出乎意料的是，他在会试中落榜了。王阳明觉得有些遗憾，但并未把此事放在心上。王阳明25岁时再次参加会试，又落榜了。放榜以后，同去的人发现王阳明榜上无名，他本人脸上却没有任何表情，担心他是过于伤感，以致精神出了问题，都开始劝说他。王阳明听了以后当时就笑了，他说："你们不用劝我，其实我内心很平静。一般人以考不上为耻，而我以考不上心动了为耻。"这个时候，他已经开始注意自己的起心动念了。

王阳明28岁那年，终于进士及第，被安排到刑部去做事。他天资聪慧，做事比较得体，很有办法，是一颗冉冉升起的政治新星。1505年，明孝宗朱祐樘驾崩，皇太子朱厚照继位，为明武宗。明孝宗从小体弱，胆小怕事，因此比较依赖文官。而他这个小儿子朱厚照是一个喜欢舞枪弄棒的皇帝，他对文官的那些之乎者也非常讨厌。于是他身边的一帮小人就看到机会了。以宦官刘瑾为代表的八个人，被称为八虎，就投其所好，陪着他玩各种打仗游戏，逗得他很开心。明武宗当时才15岁，心智不是那么成熟，和太监打成了一片，政事也开始荒废了。有些文官就开始提意见，提意见的人下场都很惨，有些人甚至因此丢了命。然而一些有骨气的知识分子并没有因为这些宦官的专权擅权而改变自己劝谏的主张。

在南京有个言官叫戴铣，向明武宗上折子，让他亲贤臣、远小人。当时明武宗的心不在治国理政上，再加上他偏信以刘瑾为代表的宦官，使得这个折子就到了宦官那里。刘瑾非常恼怒，将戴铣等言官下狱。王阳明和戴铣同朝为官，他觉得戴铣说的是对的，于是仗义执言，上折子支持戴铣。结果刘瑾被惹恼了，把王阳明抓入了监狱，廷杖三十，免去主事的职务，之后发配到人烟稀少、有很多毒瘴之气的贵州龙场做驿丞。

在去龙场之前，王阳明决定先回余姚老家收拾一下行装，与家人告别，到了杭州的时候发现有两个人一直跟着他。这两个人身材魁梧，王阳明预感到不对，觉得这两个人可能是刘瑾派来取他性命的。于是他把自己的衣服和鞋放在钱塘江边上，造成了自杀的假象，侥幸逃过这一劫。王阳明受到了极大的惊吓，他从浙江一直往南逃，到了福建，他看到一个寺院，就希望能留宿，结果看门的人告诉他这个地方住满了，旁边有个破庙，他可以到那里住。王阳明只好到那个庙里去过夜。晚上的时候，来了一只老虎，看了看他，并没有把他吃掉，而是走开了。第二天来了两个僧人，一看王阳明还活着，非常惊讶。实际上，他们经常用这一手，骗新来的人说没地方住，让他们到那座破庙去，很多人晚上就被老虎吃了，他们的盘缠、随身携带的物品就会被这两个僧人拿走。这两个僧人问王阳明："你晚上遇到什么没有？"王阳明说："有一只老虎来了，它看了看我，就走开了。"他问两个僧人："今天你们寺院里有没有地方住？"两个僧人看到王阳明这样，非常敬佩，说："有地方，欢迎你去。"

王阳明进了寺院以后，遇到一件稀奇的事，他看到里面有一个道长，再定睛一看，发现那个道长就是他结婚的那天晚上，在铁柱宫里遇见的无为道人。20年过去了，这个道长当时96岁，现在116岁。两个人再次见面，认出彼此以后，心里既温暖，又亲切。无为道人问他怎么跑到这里来了，王阳明就把自己在北京因为给皇帝上书遭到宦官刘瑾的打压，险些丢命，而且在路上又被杀手追杀的经历原原本本地告诉了无为道人，并表达了自己想要远离政治而出家的想法。无为道人听了以后，对王阳明说："你根本不是方外之人，你的缘分不在出家做道士、做和尚。你的缘分在世俗之内，你这一生是要建功立业、为国家做事、为人民做事的，天命所在，无处可逃。"

无为道人还写了一首诗，送给王阳明：

> 二十年前已识君，今来消息我先闻。
> 君将性命轻毫发，谁把纲常重一分。
> 寰海已知夸令德，皇天终不丧斯文。
> 英雄自古多磨折，好拂青萍建大勋。

无为道人这首诗的意思是，我二十年前就认识你了，如今重新得到你的消息。你置生死于度外，说自己已经看破红尘，可利国利民的事业谁来做？别看你现在年轻，但已经小有名气了，你要记住，老天是不会让文脉和道统失传的，你有大的使命在肩。自古以来英雄多经历困苦和磨难，然后才成就一番事业。你不要逃避，要正视你面临的困难，去承载它、面对它、超越它。你好比一把大宝剑，叫青萍，可以斩断一切魔障，最终建功立业，青史留名。

王阳明听后，内心受到了极大的震撼。于是他结合自己这一段时间所经历的磨难，也写了一首诗：

> 险夷原不滞胸中，何异浮云过太空？
> 夜静海涛三万里，月明飞锡下天风。

王阳明这首诗的意思是，我虽然经历那么多挫折、打压、误解，这些磨难已经过去了，我不会念念不忘，我经历的所有考验，在我心里就像云彩从天空飘过一样，随风而去。

王阳明决定去贵州龙场赴任。虽然那里是偏远瘴疠之地，生活会很艰难、很危险，但是这个苦难是自己必须承受的。王阳明到了龙场以后，吃的、住的、用的一概没有，他就和仆人一起开辟了一块地，暂时在山洞里住了下来。这个地方交通不方便，信息不流通，生活条件极差，对王阳明这样一个出身于官宦之家的子弟，是个极大的考验。这时，王阳明就问了自己一个问题："假如孔子和孟子到了这个环境，他们会怎么办？"在这个过程中，他也开始认真地去思考《周易》，在艰难困苦的考验中，对《周易》的思考也变得更深刻了。王阳明见娄谅时问的那个何以成圣成贤的问题，还一直在他心里。在这偏远之地，把改变命运的希望寄托在外部的力量上，是没有任何可能的。王阳明的内心孤苦、挣扎、苦闷，谁来拯救他？只有一条路，内在的拯救和超越。

在极度的痛苦与彷徨之中，王阳明忽然悟出了一个极大的道理。1508年的一天，他说了一句话："圣人之道，吾性自足，不假外求。"意思就是，真正的成圣成贤之道，不是朱熹讲的格物致知，不在书本里、文字里，一定不是往外求，而是在自己心性里。"吾性自足"这四个字和孟子讲的是一致的，孟子说"仁义礼智，非由外铄我也，我固有之也""求则得之，舍则失之"。成圣成贤的智慧源头，就在我们心里。这就是历史上有名的龙场悟道。

王阳明到底悟了什么？他悟了一个方向。他之前格竹是向外求，读朱熹的书也是向外求。想通过外求来得到自己想得到的东西，这是人之常情。然而一个人若想真正有所成就，要走内求的路子，自己内在的境界和智慧、能力到了一定程度，才能调动外部的资源。

致良知：成圣成贤的路径

王阳明龙场悟道以后又经历了无数的考验，宦海沉浮，世态炎凉，十多年之后，到他49岁的时候，他的学说已经提纯了。这个时候，王阳明说：

> 吾"良知"二字，自龙场以后，便已不出此意，只是点此二字不出，于学者言，费却多少辞说。今幸见此意，一语之下，洞见全体，真是痛快，不觉手舞足蹈。学者闻之，亦省却多少寻讨功夫。学问头脑，至此已是说得十分下落。但恐学者不肯直下承当耳。
>
> （节选自《王阳明全集》）

"吾'良知'二字，自龙场以后，便已不出此意，只是点此二字不出"，龙场悟道之后，如果用一句话来概括我的学说，就是良知，可是虽然明白，只是点不出这两个字，总结不出来。

"于学者言，费却多少辞说"，王阳明说，龙场悟道以后心里明白，隐隐约约也懂这个意思，可是说不出来。十多年之后一下子凝练出来了。正因为当初虽然明白了，但体悟得不够精准，于是费了很多的说辞，东解释西解释，都是为了让别人明白，但是自己概括不出来。

"今幸见此意，一语之下，洞见全体，真是痛快，不觉手舞足蹈"，当我用"良知"这两个字来概括我的学说的时候，一下子把所有证悟的东西，所有要表达的东西全部都涵盖其中，真是痛快，不觉手舞足蹈。

"学者闻之，亦省却多少寻讨功夫"，以后再有人向我求学，或者别的人再想成圣成贤，领会圣贤教育的大意，就不会再那么啰唆了，可以告诉他，所谓的成圣成贤就是找到良知，就省却好多寻讨的功夫。

"学问头脑，至此已说得十分下落。但恐学者不肯直下承当耳"，当我用"良知"这两个字来概括我的学说的时候，我已经把我所证悟的介绍得非常清楚了，但是就怕听的人或者求学的人不愿意直下承担。

"良知"这两个字，在中国思想史上早就有，孟子早就讲过良知良能。王阳明担心别人听了他说的良知以后，认为他是炒旧饭，折腾那么多年，没悟到什么东西。于是他又说：

某于良知之说，从百死千难中来，非是容易见得到
此。此本是学者究竟话头，可惜此体沦埋已久。学者苦
于闻见障蔽，无入头处。不得已与人一口说尽。唯恐学
者得之容易，只把作一种光景玩弄，孤负此知耳。

（节选自《王阳明全集》）

　　"某于良知之说，从百死千难中来，非是容易见得到
此"，你们可不要小瞧我悟到的这个良知，这个学说，是我
经历了多少的磨难，这中间有的时候是脑袋提在自己的手
上，可谓九死觅得一生，百死千难中得来的，很不容易。

　　"此本是学者究竟话头，可惜此理沦埋已久。学者苦于
闻见障蔽，无入头处。不得已与人一口说尽"，良知是整个
学问的源头，中国文化的核心就是这个良知。可是由于这个
道理埋没了很久，一些知识分子并不能真正去证悟它，直到
我把它说出来。王阳明表达了他的拳拳传道之心："我现在
明白了，就像母亲喂孩子一样，恨不得一勺就喂饱，老师恨
不得立即让学生成圣成贤。"

　　"唯恐学者得之容易，只把作一种光景玩弄，孤负此知
耳"，真怕跟我学的人自以为很简单，所以不重视我跟他说
的话。

　　可是找到良知很不容易，所以王阳明在它前面加了个

字——致。什么是致？就是下功夫，通过一系列修证的功夫，如实践、读书、感悟、打坐、参禅，等等，去证出良知，达到成圣成贤的境界，就叫致良知。"致良知"这三个字，把王阳明以至于历代圣贤所讲的东西，都精练地概括出来了。尽管这三个字用的是中国传统的话语体系，但是王阳明先生是真正从自己实践过程中，真修实证的过程中体会出来的。

后来王阳明在和他的学生邹谦之说话的时候，曾经很诚恳地说：

> 我在南都以前，尚有些子乡愿的意思在。我今信得这良知真是真非，信手行去，更不着些覆藏。我今才做得个"狂者"的胸次，使天下之人都说我行不掩言也罢。
>
> （节选自《传习录》）

我在南京以前，在证悟良知方面，有的时候还不是那么真切，就使得自己不太自信，说话还得多少需要照顾别人的看法。我今天证悟到这个层次了，就知道真理在哪里。我的心就是真理，我直抒胸臆，按照我内心的智慧、标准和自性做出的判断，别人爱听也好，不爱听也好，说我狂也好，不狂也好，我都要按照我的真心去说。

知行合一：知中有行，行中有知

　　王阳明在龙场悟道之后，人生状态为之一变，他懂得了圣人之道，改变了以前的状态，公开发布告示，要招学生，进行讲学。在此之前，他认为他讲的东西都是拾人牙慧，炒别人的剩饭，说来说去都是历代圣贤说的话，而不是他自己悟到的。龙场悟道以后，他觉得可以讲一点他自己悟到的东西了。招学生的消息传出以后，很多人闻风来到这里，向王阳明求学。这些弟子跟着王阳明问学、求道、讲述、讨论，甚至一起劳动，感受大自然的气息，气氛一下子变得活泼起来。王阳明还专门写了一首诗来描述当时的场景，其中有言："讲习有真乐，谈笑无俗流。缅怀风沂兴，千载相为谋。"

　　王阳明开始声名远播。贵州提学副使席书听说王阳明悟道了，专门来龙场拜访他，向他请教。席书提出了朱陆异同的问题。朱指朱熹，陆指陆九渊，朱熹的理学和陆九渊的心学，是整个宋朝到明朝的学术公案，无数的知识分子想搞清楚来龙去脉，以及二者的区别。王阳明对这个话题没有明晰的回应，而是对他龙场悟道之后，一直体验和琢磨的知行合一这个观点做了阐发。席书回去以后在生活和工作中不断地去体会，觉得王阳明这次龙场悟道，应该是悟出了真东西，于是请王阳明到贵阳的书院去讲学，讲的主要观点就是知行合一。到贵阳的书院讲学，在王阳明的成长历史上是一个标志性的事件，它意味着王阳明开始登上大雅之堂了。

到底什么是知行合一？要掌握知行合一的内涵，首先得了解宋明理学的积弊。自朱熹之后，中国人的读书传统，就是把知和行当作两件事，而且有先有后。朱熹认为是知先行后，这个观点在读书人中普及之后，很多知识分子就先读书明理，学一番道理之后再去做事。于是有很多知识分子就变成了读书虫，用一套空泛的、与现实无关的说教，对现实指手画脚。这种只是懂得一些空头道理，而不重视社会实践的风气，使得很多有志之士，包括王阳明，感觉到一定要加以改正，否则会后患无穷。

这个问题，孔子也明确地提出过批评，《论语》里面讲"子曰：'诵《诗》三百，授之以政，不达；使于四方，不能专对；虽多，亦奚以为？'"。意思是，假如一个人对《诗经》三百篇滚瓜烂熟、张口就来，但是如果真的让他做一点事，为老百姓服务，他根本不会；如果让他去做外交官员，到别的国家去出访，他也根本没办法完成使命。这样的人，学得再多、背得再多，也没有什么用。通过孔子这些话，我们就看得出来，孔子非常讨厌那种夸夸其谈，没有真本事，嘴上讲一番道理，严重脱离实际、脱离老百姓的人。

王阳明认为，知和行本来就是一件事，我们做任何一件事，都必然包含了知和行两个方面，这两个方面是一体的。朱熹的问题就在于，把知和行一体的两面，分成两件事，这就把知和行一体的状态给割裂了。

关于什么是知，什么是行，王阳明做了明确的论述：

> 知之真切笃实处，即是行，行之明觉精察处，即是知。知行工夫本不可离，只为后世学者分作两截用功，失却知行本体，故有合一并进之说。真知即所以为行，不行不足谓之知。
>
> 知是行的主意，行是知的功夫。知是行之始，行是知之成。
>
> （节选自《传习录》）

"知之真切笃实处，即是行，行之明觉精察处，即是知"，一个人知道得非常清楚，每个细节都很清楚了，从某种程度上讲其实就是行，一个人的行动其实和他知的细节是一致的。反过来讲，我们在做事的时候，内心里清清楚楚、明明白白，这本身是行也是知，其实知与行是一体的状态。

"知行工夫本不可离，只为后世学者分作两截用功"，知和行是我们做任何事的一体的状态，后世的学者非得把知和行分开，认识不到知行一体的本来状，所以才有知行合一并进的说法。

"真知即所以为行，不行不足谓之知"，真知一定是在行中，知是不是真，只能通过行来检验，实践是检验真理的唯一标准。所以王阳明说真知就是行，因为如果不去行，就不能验证自己的知是不是真。

"知是行的主意，行是知的功夫"，也就是说我们做任何事的指导就是知，也就是理论。我们的知对不对，理论是不是很有效，靠行。

"知是行之始，行是知之成"，我们做任何事先有想法，这叫知是行之始；这个想法落实了，这叫行是知之成。

王阳明讲的知和行，在今天对我们有什么意义呢？知行一体，对现在的学术风气，以及每个人的成长都非常有现实意义。现在，评判一个学生学习好不好，硕士能不能毕业，博士能不能毕业，往往是看他论文写得好不好。可是论文写得好是不是代表有真水平？是不是就代表有为人民服务、创造业绩的真本事？这是值得我们反思的。在进行学术评价时，不能从书斋到书斋，从框架到框架，从逻辑到逻辑，脱离实践，脱离老百姓的实际需要，而是要真正为民族复兴伟业服务，为社会进步服务，为满足人民美好生活需要服务。

心外无物：世界是我们心灵的投射

王阳明是中国哲学和中国文化史的一个符号，在学中国哲学的过程中，没有人能绕开王阳明。

在王阳明的学说中，有一个很出名的命题是"心外无物"。在一般人看来，这个命题似乎有点荒唐。我们能看多远？我们能听多远？我们用手能触摸多远？人类经验的世界是非常有限的。那我们没有看到的东西，我们的心没有观照到的东西，难道就不存在吗？比如，宇宙烟波浩渺，有太多的星体我们都没办法看到，有太多宇宙中未知的秘密我们的心都没办法观照到，难道它们就不存在吗？很显然，无论我们看到还是没有看到，观照到还是没有观照到，它们都是客观存在的。王阳明却告诉我们"心外无物"。他这样说，一定有他的逻辑，有他对整个人生和宇宙的深刻思考。

王阳明先生的"心外无物"说，也有明确记载：

先生游南镇。

一友指岩中花树问曰："天下无心外之物，如此花树在深山中自开自落，于我心亦何相关？"

　　先生曰："你未看此花时，此花与汝心同归于寂；你来看此花时，则此花颜色一时明白起来，便知此花不在你的心外。"

（节选自《传习录》）

　　有一次王阳明在南镇游玩，与他同行的一个朋友指着岩石中的一棵花树，问："你说天下无心外之物，可是这花树在深山中自开自落，无论是我们看到它还是我们没有看到它，它都存在，可你为什么说心外无物呢？"这个朋友对王阳明的"心外无物"说提出了批评。王阳明回答说："你没看这花树，没有关注它的时候，你没有起心动念，它没有进入你的眼帘，它与你的心同时是寂静的。当你看它的时候，你就起心动念了，它的颜色才在你的心里呈现出来，可见这花树不在你的心外。"

　　这是王阳明先生对他观点的一种维护。古人有自己说话的语境和表达方式，500多年过去了，我们在阅读王阳明先生著作的时候，应该用今天的话语体系、逻辑体系和表达方式重新来诠释，这样才能更清楚地了解王阳明，了解他到底想说什么，以及为什么这样说，这样说对我们的人生、对我们的工作、对我们的生活有哪些帮助。

那么王阳明先生的"心外无物"，到底说了什么问题？人这一生，要研究三个基本问题。

第一个问题就是："世界是什么？"人类如果想很好地生存，一定要了解世界是什么。人类开采煤、石油、天然气等自然界中的资源为自己所用，发展物理学、生物学、化学等学科，以便更好地认识这个世界。

第二个问题是："人是什么？"《道德经》讲"知人者智，自知者明"，人们在日常生活中也经常会说"人贵有自知之明"。古希腊哲学家苏格拉底曾经明确地提出一句话，叫"认识你自己"。人到底是什么？这是哲学家们所思考的一个终极命题。康德讲了三大批判——纯粹理性批判、实践理性批判和判断力批判，晚年的时候，他自己写文章总结说，其实他说的三大批判，归根结底就是一个问题：人是什么？我们只有对"人是什么"做了精深的研究和思考以后，才能在了解自己的基础上，从容地安排自己的生活，让自己更幸福。

第三个问题是："人和世界的关系是什么？"人类只有正确地建立了自己和世界的关系，才能过得好，发展得好。比如，人类在满足自己欲求的时候，去开采矿产资源、去砍伐森林，等等，长此以往，终有一天会发现环境的承载力是有极限的，如果超过这个极限，自然环境会变得极其恶化，最终人类毁灭的将是自己。如果我们能够清楚地认识到人和世界的关系，就能够正确地采取行动，处理好人和世界的关系。

在人和世界的关系中，有一个很重要的问题："这个世界对人会产生什么样的影响？"王阳明先生的"心外无物"这个命题，其实不是思考世界是什么，它主要回答的是外部的环境会不会影响到人，或者说会在多大程度上影响到人。这个问题归根结底是由外部的环境决定的，还是取决于人类自身的精神状态？他是从这个意义上来谈的"心外无物"。当然，在哲学史上，有一种观点认为是外部的环境决定了人们的认识与感受；还有一种观点认为是人们内在的状态决定了其对外在环境的看法。王阳明的"心外无物"，更加强调人类精神主体的作用。

为什么王阳明先生会特别谈到这个呢？中国哲学有一个传统，就是在人的心性上下功夫，所以有些人把中国哲学称为心性之学。很多人一旦遇到问题，自然而然的反应就是推卸责任，归咎于外界，很少有人从自己的角度去反思问题。但是，外部的事情、环境、人，对我们会不会产生影响，或者能产生多大的影响，从根本上取决于我们的内心。更进一步说，环境的意义是由人赋予的，环境重要不重要，外部的事情重要不重要，有的时候不是由它决定的，是由人来决定的。比如，当我们遇到坎坷的时候，这到底是一件好事还是一件坏事，不由这个坎坷说了算，而由我们自己说了算。如果我们自己非常强大，就会把这个坎坷当作一次考验和洗礼，从中吸取教训，让自己变得更加经得起风雨的考验。

但是，我们往往没有注意到这一点，反而把很多问题的责任推给外界。比如，历史上有皇帝因为找了个美女在身边，荒于朝政，结果引来了战乱。于是有一些人就得出结论，说红颜是祸水。按王阳明先生的说法，红颜错了还是皇帝错了？比如唐玄宗李隆基，前期的时候，他勤于朝政，有一番抱负，开创了开元盛世，但是后来他就倦怠了，把大部分精力用在了杨贵妃身上，对国家的政事、朝廷的人事就失察了，还任用了杨贵妃的哥哥杨国忠。杨国忠并不是将相之才，李隆基因为爱屋及乌起用他之后，人事上出现了混乱，导致了安史之乱的发生。按照"心外无物"的观点，美色是否影响到我们，不是美色决定的，而是我们的心决定的。有的人见到了美色，他就不心动，如柳下惠就能够坐怀不乱。

清代的蒋坦当年仕途不顺，感情上也是烦恼重重，内心正在煎熬，焦灼、挣扎、痛苦、困顿。一天晚上下雨的时候，细雨滴在了窗外的芭蕉叶上，惹得他更加心烦，于是他就在芭蕉叶上写了个顺口溜："是谁无事种芭蕉，早也萧萧，晚也萧萧。"这是在抱怨:"是谁闲着没事把芭蕉种到我窗台下，导致我晚上睡不好?"结果第二天，芭蕉叶上多了一句话:"是君思绪太无聊，种了芭蕉，又怨芭蕉。"原来这芭蕉是他的妻子回应他:"是你自己闲着没事非得招惹人家，招惹了以后，你又觉得各种关系处理得不明不白，带来很多烦恼，咎由自取，自作自受。"蒋坦看了妻子的回诗后豁然开朗。

雨打芭蕉，在不同的人看来，感受是不一样的，可以视为浪漫，可以视为惬意，可以视为美好，也可以视为烦恼和折磨。究竟怎么看，就在于你的心。所以王阳明先生讲的"心外无物"，其实就揭示了一件真真切切的事情:世界是我们心灵的投射。苏轼有两句诗也说明了这个道理:"莫听穿林打叶声，何妨吟啸且徐行。"人这一辈子会面临很多外部的杂音，怎样才能不受干扰，不为所动、心无旁骛、专心致志?这就需要有强大的内心和极强的定力，这样才能在各种扰动中自己做主。

当今的社会，在互联网时代，真的是日新月异、一日千里，社会的节奏越来越快，各种扰动越来越多，人们内心的急躁就会浮现出来，路怒等容易让人产生争执的情绪越来越多。外部的环境节奏越快，我们越应该保持自己的定力。无论是坎坷还是平坦，我们怎么认识它，怎么赋予它意义，归根结底都取决于我们自己的内心。

事上磨炼：在"格物"上用功

　　大部分人都做过菜，切菜的时候要用刀，刀快不快，只有在切东西的时候才能感觉出来。如果一把刀不快，就要用磨刀石磨，磨过之后才会变快。其实做人也是一样的。人也是一把刀，如果说这把刀快，就相当于这个人聪明；如果说这把刀钝，就是这个人比较愚笨。那么，人要想把智慧磨砺出来，应该怎么做呢？王阳明有一个非常重要的思想，叫事上磨炼。

　　一件一件的事，就是磨刀石。人天生的差别其实并不大，之所以差别越来越大，就在于选择了不同的磨刀石。

　　　先生曰："吾教人'致良知'，在'格物'上用功，却是有根本的学问。日长进一日，愈久愈觉精明。世儒教人事事物物上去寻讨，却是无根本的学问。方其壮时，虽暂能外面修饰，不见有过，老则精神衰迈，终须放倒。譬如无根之树，移栽水边，虽暂时鲜好，终久要憔悴。"

　　　　　　　　　　　　　　　　　　（节选自《传习录》）

"吾教人'致良知'，在'格物'上用功，却是有根本的学问"，王阳明说"致良知"就是要在"格物"上用功。格物就在和人打交道、做工作的过程中，如当老师教学生，当公务员为人民做事、从事政务管理工作，当企业家创造好的产品和服务，等等。致良知不是空的，不是嘴巴上说的，也不是脑子里想的，而是要在实际的工作中用功，确定是有根本的学问。

"日长进一日，愈久愈觉精明"，每过一天，自己的能力都会有一点长进，时间越久越觉得精明。

"世儒教人事事物物上去寻讨，却是无根本的学问"，一般的人，只是在学理上探讨，只是做表面文章，并没有在良知上下功夫，却是没有根本的学问。王阳明认为，不空在理论上探讨，而是在自己的心地上下功夫，在"致良知"上下功夫，才是真学问。

"方其壮时，虽暂能外面修饰，不见有过，老则精神衰迈，终须放倒"，当他年轻力壮时，还能从外在上修饰自己，不让别人看到他的过错，等他老了就会精神衰迈，最终倒下去。

"譬如无根之树，移栽水边，虽暂时鲜好，终久要憔悴"，王阳明认为，在事上磨，其实是在"致良知"上下功夫。如果一个人不是在"致良知"上下功夫，虽然表面上看起来很光鲜，但是就像无根之树一样，总有一天会枯萎。

王阳明所说的"事上磨炼"有两个内涵。一是不要嘴上空谈，一定要在事上磨炼自己。一个人的修为、智慧、能力，体现在做事的水平上，无论面对什么，或者经历了什么，都能处理得好，才是修为高的体现。二是时刻不能忘掉"致良知"，要把自己心底的良知开发出来。

孟子讲"天将降大任于是人也，必先苦其心志，劳其筋骨，饿其体肤，空乏其身，行拂乱其所为"，真正的水平是在实践中淬炼出来的。了解了王阳明所说的"事上磨炼"的内涵后，我们在生活与工作中遇到任何磨难与困难，都不要哭鼻子，也不要发牢骚，要把它当作自己成长的机会，这样，我们不仅会能力越来越强，而且内心的境界和格局也会越来越大，会越来越清楚自己的责任和使命，愿意做更多利国利民的事。

如果我们能够将人生中所有的经历都看作正资产，就总能发现其中对自己有积极意义的地方，从种种考验和历练中提升自己，这是心灵的强大，更是人生的智慧。

人如金子：有大小也有纯度，人人皆可成就

很多人都有这样一种感觉，和自己的万丈雄心相比，自己很渺小，微不足道，于是很失落、很无助。如何面对自己的平凡和渺小，是我们人生的必修课。对此王阳明也有非常精彩的回应。

希渊问："圣人可学而至，然伯夷、伊尹于孔子才力终不同，其同谓之圣者安在？"

先生曰："圣人之所以为圣，只是其心纯乎天理而无人欲之杂。犹精金之所以为精，但以其成色足而无铜铅之杂也。人到纯乎天理方是圣，金到足色方是精。然圣人之才力，亦有大小不同，犹金之分两有轻重。……"

（节选自《传习录》）

希渊问："圣人的境界是可以通过学习而达到的，可伯夷和伊尹是当时的文化名人，他们与孔子天分、才能完全不一

样，但孟子统称他们为圣贤，道理何在呢？"王阳明回答说："圣人之所以能成为圣人，是因为他们的心合乎天理，而没有掺杂人欲。就像纯金之所以是纯金，是因为它不含铜、铅等杂质。人的心合乎天理才是圣人，金子达到一定纯度才是纯金。圣人的才能有大小之分，就像纯金有轻重之别……"

金子无论大小，无论轻重，只要纯度够了，就可以称为纯金了。人也是一样，尽管才力不同，只要心是纯然合乎天理的，都可称为圣人。

王阳明在这个基础上讲了更关键的话：

> 学者学圣人，不过是去人欲而存天理耳。犹炼金而求其足色，金之成色所争不多，则煅炼之工省，而功易成；成色愈下，则煅炼愈难。人之气质清浊粹驳，有中人以上，中人以下。其于道，有生知安行，学知利行，其下者必须人一己百、人十己千，及其成功则一。
>
> （节选自《传习录》）

他说一个人学习圣人，其实就是去掉人欲，保留天理，就像炼金要去掉杂质，炼出纯金。如果金子的成色好，含的杂质少一些，炼起来就容易一些；如果金子的成色差，含杂质多，就需要多费一些功夫。人也是如此，人的气质有清浊的区别，有常人之上、常人之下的区别。对于为道来说，有的人天生就知晓道，并且会自然而然地去实践；有的人则需要通过学习才知晓道，并去实践，这样的人，当别人付出一倍的努力时，他就需要付出百倍的努力，当别人付出十倍的努力时，他就要付出千倍的努力，最终获得的成就是一样的。

懂得了这个道理，人人都可以修成圣贤。修成圣贤并不是指一定要位高权重、呼风唤雨，而是即使在最平凡的岗位上，也能不断提升自己的纯度，最终达到和圣贤一样的境界。王阳明先生的这个说法，可以解答我们现在的很多困惑。很多年轻人喜欢出人头地，喜欢站在聚光灯下被鲜花和掌声围绕着。实际上，绝大多数人都工作在平凡的岗位上，过着非常普通的生活，那么我们活着的价值何在？每一个人活着都是有价值、有意义的。我们在任何一个岗位上，其实都是能够取得成就的，不管这个岗位多平凡，只要我们像炼金一样修炼自己，不断减少自己内心的自私、贪婪等杂质，做到极致，就可以大放异彩，也可以被人们铭记，成为人们学习的典范。雷锋、王进喜等我们学习的典范，都是在平凡中成就了伟大。

王阳明的这些话，还为我们指出了一条在现代社会获得幸福的路径。在当今社会，如果我们过于强调"小我"，任由"小我"过度膨胀，一个个膨胀的"小我"之间就会互相碰撞，彼此伤害。王阳明强调的金子的纯度，就提示我们要超越"小我"，不断地净化自己，在不同的岗位上兢兢业业，勤勤恳恳，把平凡做到极致。在这个过程中，不仅自己会越来越快乐，而且与别人相处得越来越好，生活环境也会越来越好。这就是王阳明给我们指出的生活之道、幸福之道。

"四句教"：道尽"心学"的秘密

王阳明在晚年的时候，对自己的思想进行了总结，就是"四句教"：

> 无善无恶是心之体，有善有恶是意之动，知善知恶是良知，为善去恶是格物。

（节选自《传习录》）

"无善无恶是心之体"，王阳明认为，心的本体是无善无恶的。孟子说人性可以为善，我们可以经过努力，把人性里本来就有的善开发出来，所以人人都可以成为圣贤。

"有善有恶是意之动"，既然心的本体是无善无恶的，那为什么现实中有那么多善恶呢？王阳明的结论是，人起心动念的时候才有善有恶。如果深究，矛盾就来了——无善无恶的个体，怎么会产生有善有恶的念呢？

这是阳明心学的一个问题。如果从表象上看，人产生的念头有利于国家、有利于他人，这就是善；人产生的念头是自私的，会伤害别人，这就是恶。可是有善有恶的这些念头是怎么来的呢？这是阳明心学自身逻辑矛盾的地方。唯识学把人的内在心识分为八类，分别是眼、耳、鼻、舌、身、意、末那、阿赖耶识。前六个前面讲过，这里不再细讲。末那是与生俱来的，叫我执。阿赖耶识就是我们心灵的仓库，是一切精神的本质，我们起心动念的种子都在那里，而且善、恶、无记，各种种子都有。在起心动念的时候，不好的种子遇到缘分，就表现为恶；好的种子遇到缘分，它就表现为善。比如，一个人贪财，平时看不出来，可是一旦他看到钱，内心马上就动了。因为阿赖耶识里本来就有贪财的种子，当遇到钱财这种事物的时候，现形了。比如，一个人贪色，平时聊天也感觉不出来，可是当他看到美女的时候，贪色的这个念头就生起来了。这也是因为阿赖耶识里有贪色的种子，当外缘出现的时候，贪色的念头就出现了。

"知善知恶是良知"，知善知恶是人本来就有的判断能力。孟子认为，恻隐之心、羞恶之心、恭敬之心、是非之心是人与生俱来的本质，"不令而能，不教而知"。也就是说你根本就不需要起心动念，也不需要老师教，本来就有。

"知善知恶是良知"，意味着我们天生都有知善知恶的能力。这个能力儒家叫良知，佛家叫佛性。

"为善去恶是格物"，为善去恶是人类文明的共同趋向。尽管不同的文明说法不一样，但最终讲的都是这个意思。格物，就是不断地减少自己内心的恶，把自私、利己等缺点都改掉，扩充利他、奉献等优点的过程。

那么，怎样去识一个人内心的缺点和优点呢？要在与外界事物打交道的过程中去识别。只有在工作与生活中，我们才能发现善恶，知道什么是自私，什么是利他，然后为善去恶，不断地让优点扩充，让缺点缩小，提高自己的修养。

王阳明总结的这四句话，代表了他晚年的修为和境界，尤其是"为善去恶是格物"这句话，在今天仍深具教化意义。这种为善去恶的做法，适用于每一个人。因为现实中的每一个人都是优点和缺点兼具的，只是多一点少一点的问题。从一个社会的教化和文明进步的角度来说，每个人在工作和实践的过程中都要不断地反思自己，看清楚自己哪些念头是自私的、不顾及别人的，哪些念头是愿意奉献、帮助别人的。懂得了知善知恶是良知的道理，就要为善去恶，不断地让自己利他的念头、为社会服务的念头越来越多、越来越有力量，让自私的念头越来越少。这既是个人修为不断提升的过程，也是社会风气逐渐向好的过程。

王学的流弊

我们为什么要读哲学史？因为读哲学史能够让我们避免陷到某一个点上，而让自己看问题的眼光变得更加通达、深刻。有很多人一旦钻到某一个思想的框架下，就会产生一种崇拜、膜拜，而认识不到这个思想体系存在的弊端。如果读过哲学史，我们就会知道一个伟大的思想家是在什么条件下产生这种思想的，这种思想在这个历史条件下做了哪些创造和回答，他的思想和创造有哪些问题，有哪些弊端在后来显现出来，等等。

如果把王阳明放在整个时代链条里，我们就会发现，作为一个流派，王阳明的思想有积极伟大的一面，也有一些流弊，需要我们反思。王阳明去世以后，到了他徒子徒孙辈儿的时候，发生了一些荒诞不经的事情。

王阳明有一个学生叫王艮，是一个很狂的人。

王艮本来是个盐商，有一天他忽然跟别人说："我不是一个经商赚钱的人，我是一个要成圣成贤的人。"

他之所以这么说，源于他做的一个梦。他梦见天塌下来了，所有人都吓得哭喊着奔跑逃命，而他自己奋身而起，一下子把天给托起来了，然后他就看到了众人欢呼着向他拜谢。其实这个梦反映的就是王艮喜欢别人膜拜他，喜欢得到众人的掌声，这是他天生的性格特点。

王艮认为自己学识丰富，很了不起。后来，王艮见了王阳明，他坐在上座，王阳明也不在意。王艮跟王阳明辩论，王艮每说一个观点，王阳明都轻描淡写地把他驳倒了。王艮慢慢地觉得自己坐在上座很不得体，就坐在学生和听众中间。辩论完，王艮给王阳明施礼，表示自己愿意拜王阳明为师。

送走王艮之后，王阳明对弟子说："生擒朱宸濠的时候，我的心都没有动。可是我今天与王艮辩论的时候，王艮先是自以为了不起，坐在了上座，等辩论完，他就恭恭敬敬地拜我为师，这件事让我心里稍微动了一下。"可见王艮还是有一点本事，他的某些话，让王阳明内心里觉得还是有一定的深度，有一定的见地，所以王阳明觉得这个人很不容易征服。

王艮是个性情中人，第二天又来见王阳明，他对王阳明说："你讲的致良知，看起来直截了当，却把你证悟的所有东西都涵盖进去了，就这一点，我远不如你。"后来王艮创立了传承阳明心学的泰州学派。

王艮有一个弟子叫颜钧，也就是王阳明的徒孙。这个人有什么特点呢？他在招收弟子的时候，有一个要求，就是必须挨他三拳，如果谁让他打三拳，还能忍受得住，还愿意拜他为师，他就收为徒弟；如果让他打三拳，觉得忍受不了，就算了。有一个人叫何心隐，想拜颜钧为师。颜钧啪啪啪打了何心隐三拳，何心隐咬着牙忍住了，可是他心里非常不服气。何心隐知道颜钧特别喜欢去青楼，就悄悄地跟着去了，到了地方以后他在门口等着，结果颜钧从青楼里出来之后，何心隐上去啪啪啪打了颜钧三拳。因为是在青楼，颜钧也没话说，还得要脸面，如果两个人真的打成一团，传到社会上去，两个人不免颜面扫地，于是颜钧只好吃了这个哑巴亏。颜钧有一次讲学的时候，讲到王阳明的致良知，突然满地打滚。他一边滚来滚去，一边告诉别人："这就是我的良知。"这种放荡不羁的行为已经有点无厘头。这种怪诞既违背了中国文化圣贤的本意，而且这种标榜自己、胡搅蛮缠，实际上是一种堕落。

还有一个人，叫韩贞，在王艮门下深造，他的境界还可以，但也做过不合时宜的事。有一次他讲学的时候，别人问他什么叫良知。他没有直接回答问题，而是让那个提问的人脱衣服，最后脱到只剩一件小短裤的时候，那个人就不愿意脱了。这时候，韩贞告诉那个人："这就是你的良知。"

韩贞为什么要这样做呢？其实韩贞是在模仿王阳明。王阳明早年在南京做官的时候，有一次审案子，王阳明的弟子对他说："老师，你说人人都有良知，我不相信，有的人内心极其肮脏，禽兽不如，他怎么会有良知呢？"王阳明笑了笑，说："的确是人人都有良知，我现在要审案子了，你把案头上这些案卷拿出来，你认为谁最丧尽天良，谁最禽兽不如，我就帮他把良知找出来，来证明每个人都有良知。"于是弟子就把一个案卷拿出来，案卷中的人干尽了坏事，弟子说这个人肯定没有良知。王阳明对弟子说："我审案子的时候，你就躲在大堂的后面听着吧。"当时正是夏天，天气非常炎热，王阳明问被审的人热不热。被审的人说热。王阳明告诉他："如果觉得很热，就把上衣脱掉吧。"一般人肯定不会在公堂之上脱衣服，结果那个人还真把上衣脱了，赤裸着上身，可能他的羞耻之心比较弱吧。脱完之后，王阳明又问："还热不热？如果还热，可以把裤子也脱了。"那个人居然真的在大堂里脱了裤子。王阳明继续审，审了一会儿，王阳明又问他："现在还热不热？"那个人说："热。"王阳明一拍惊堂木，指着那个人的短裤大喝一声："脱！"结果这一喊不要紧，那个人吓得用手抓着短裤，一下子蹲在地上，表现出特别害怕别人硬给他脱去的样子。

审完案子，王阳明叫后面的弟子出来，他问弟子："刚刚在公堂之上，那个人为什么抓住自己的短裤？"弟子一下就明白了，是因为他有羞恶之心，其实这就是良知的一种具体表现。王阳明给弟子讲："为什么你们说他不容易找到良知甚至没有良知呢？那是因为，虽然人人都有良知，但是有的人在社会上被污染的时间长了，就像一颗珍珠被淤泥包裹住了，这个时候你们就会觉得他的良知不容易找到，甚至没有良知。修为高的人，就像一颗受到污染很少的珍珠，它的光芒还能透出来，所以让人感觉是个好人。"这件事在王阳明的年谱和他的传记里都有记载。

还有一个人叫李贽，是泰州学派的一代宗师。他是一个很叛逆的思想家，写了一部书叫《焚书》。焚书，意思就是烧书。他非常讨厌孔孟学说，认为绝对不能以孔孟说的是非为是非，提倡个性的解放。这和文艺复兴以来西方的思想有类似的地方。李贽提出的很多观点，我们今天来看有合理的地方，但是他极端地反对孔孟，也有狭隘之处。客观地说，孔子、孟子等圣人阐述的观点有其价值，虽然未必全部实用，但没必要全盘否定。

其实，一个人学到一定程度以后，他的胸怀、格局就会变大，就会表现得很圆融。比如，我们今天把孔子的理论直接拿过来用行不行？实际上必须与时俱进，必须将孔子的精神和智慧与当下的实际有机结合起来。孔子的很多思想特别好，我们要吸取。但是孔子的一些思想已经和当今时代发展不相契合了，我们也没必要去攻击他、谩骂他，我们可以把今天这个时代和孔子思想的价值有机地统一起来。历史就是在累积中不断前进的，从来都不是推倒重来，如果认为所有历史上形成的东西都没有价值，都丢掉，人类就会犯颠覆性的错误。所以我们要把精神内核的好东西保留下来，把不符合时代发展的东西剥离出去。

李贽强调个性解放，把孔孟学说的价值完全否定了，足见他是走到极端的泥淖里，从而不能圆融地处理学术上的重大问题。

任何一个伟大的思想家，在历史长河里都有他的价值，也都存在一些问题，我们既要看到王阳明的思想理论的时代背景与时代价值，也要反思它存在的问题。

王阳明说一个人只要证出自己的良知，是非对错自己都知道。从道理上说，当一个人真正悟出良知，他就有了正确判断价值与是非的能力。可是，有多少人能证悟到这种境界？如果一个人没有达到这个层次却标榜自己达到了这个层次，以自己的认知为判断是非的标准，他就会呈现出一种狂妄与荒诞不经的状态，打着自己觉悟了的旗号去迷惑别人，甚至误导很多人去做违法乱纪的事。这就是王阳明"心学"

存在的逻辑缺陷。我们看清楚这一点以后就会明白，成圣成贤的境界不是自己说的，每个人都在不断地自我净化，自我完善，不断地提高自己的修养，在这个过程中一定要遵纪守法，为善去恶，这样的观点才符合现实。反过来讲，如果一个人说我就是大彻大悟了，大家可以膜拜我，大家可以学习我，这非常危险。因为一个人到底有没有觉悟，很难有客观的标准。既然是这样，大家都是平凡的人，都是通过学习不断提升的人。只有这样，才能形成大家互相学习、互相借鉴的社会风气。在中国历史上、现实中，有自诩为圣贤的人，故意制造神奇现象引人膜拜，引发了种种问题，必须引起我们的警惕。

当然，王阳明的思想既有伟大的一面，也有需要完善和补正的地方。对此，我们不能求全责备，而应取其所长，避其所短。面向未来，我们需要无数像王阳明这样的大思想家来推动中国文化的进步。

第二十七讲

唐宋诗词

永恒的家国：中国文学史上的典范

在中国文学发展史上，唐诗和宋词都可以称作典范，它们在文学的内容与呈现方式等方面都达到了极致。唐诗和宋词有很多主题，如表达忠君爱国的、表达亲情的、表达爱情的、表达亲近自然的、有关修道的，等等。

家国是中华文化永恒的主题，家国情怀是中华民族永恒的精神追求。在中国诗词的海洋中，表达对国家拳拳之心的诗词非常多，在这里分享几首心怀家国的诗词典范，那就是岳飞的《满江红·怒发冲冠》和文天祥的《过零丁洋》。

岳飞出生于1103年，去世于1142年，相州汤阴（今属河南）人，南宋"中兴四将"之一，他的很多故事都广为流传。

北伐是岳飞一生的梦想，他曾有一句名言："直抵黄龙府，与诸君痛饮耳。"1136年，岳飞第二次出师北伐。这次北伐到了河南洛阳一带，再往北打，就要到河南北边与山东的交界了。岳飞发现自己的粮草供给出了问题，他不得不在就要取得巨大成就的时候南撤，撤到了鄂州（今湖北武昌）。在鄂州的时候，岳飞写下了这首《满江红·怒发冲冠》：

> 怒发冲冠，凭栏处、潇潇雨歇。抬望眼、仰天长啸，壮怀激烈。三十功名尘与土，八千里路云和月。莫等闲、白了少年头，空悲切。　　靖康耻，犹未雪。臣子恨，何时灭！驾长车，踏破贺兰山缺。壮志饥餐胡虏肉，笑谈渴饮匈奴血。待从头收拾旧山河，朝天阙。

"怒发冲冠，凭栏处、潇潇雨歇"，岳飞满腔热血，却无法实现报国之志，积压的这种力量，仿佛头发直竖把帽子给冲起来，他独自登到高处，扶着栏杆，此时一场急雨刚刚停息。"抬望眼、仰天长啸，壮怀激烈"，抬眼四处望去，仰头长声而啸，壮怀激烈。

"三十功名尘与土，八千里路云和月"，这是岳飞在回忆自己的一生。岳飞放下生死，为了国家打拼，没把功名放在心上，在他看来自己取得的那点功名，就像尘土一样微不足道。这折射出了岳飞的精神境界：放下了"小我"的得失荣辱，将自己一生的奋斗融入到为国为民的事业中。这几十年都在征战，就是为了恢复故土。"莫等闲、白了少年头，空悲切"，他的心情非常急迫，要抓紧时间，珍惜每一分每一秒，把自己的生命都用于恢复故土的事业，不要等年老时空留自己不能实现愿望的悲悲切切。

"靖康耻，犹未雪"，"靖康耻"指的是公元1127年，金兵攻陷汴京之后，掳走宋徽宗和宋钦宗，南宋为了苟安下来，向金国称臣，这个耻辱，至今没有雪洗。"臣子恨，何时灭"，作为臣子的愤恨，什么时候才能泯灭呢？

"驾长车，踏破贺兰山缺"，岳飞恨不得自己驾着战车去把贺兰山踏平。"壮志饥餐胡虏肉，笑谈渴饮匈奴血"，恨不得把敌人的肉吃掉，把他们的血喝干。"待从头收拾旧山河，朝天阙"，希望有一天能够把故国的国土都恢复，把自己的国君迎回来，拿着捷报，向皇帝汇报战绩。

这首词表达了一个爱国将领要把自己全部的身心献给国家的拳拳之心。岳飞这种精忠报国的精神，成为中华民族精神的组成部分。每当国家需要的时候，有多少志士仁人，一腔热血，在岳飞精神的激励下，置生死于度外，成为护佑国家的中流砥柱，这是岳飞的伟大。

文天祥出生于1236年，去世于1283年，是南宋的政治家、文学家。文天祥初名云孙，字履善，又字宋瑞，后来改名叫文天祥。历史记载，文天祥身材魁梧，相貌堂堂，而且皮肤非常好，白美如玉，观物的时候眼睛炯炯有神。

文天祥小的时候，他就读的学堂里挂了很多中国历史上值得尊重的人物的画像，那些人物都是人们学习的榜样。文天祥看到这些人的事迹以后，非常羡慕，他对同学和老师说，他以后如果不能成为其中的一员，就不是真正的男子汉。

1274年，元朝发动了灭宋的战争，元兵步步紧逼，而南宋节节败退。1275年年初，谢太后发布诏书，要求各地起兵勤王。当时文天祥正在江西赣州做官，于是他就去征集士兵，招募的都是散兵游勇，有一万人左右。文天祥要带着这些人去与元军交战，他的朋友制止他说："现在元朝部队三路兵马进军南下，你的这些士兵就是乌合之众，如果你带着他们去对抗长驱直入的虎狼之师，就是羊入狼口。"文天祥说："你说的这些我怎么会不知道呢？但是南宋与北宋合起来，给了老百姓三百多年安居乐业的日子，现在国家有难，如果没有一个人去为了这个国家以死相拼，我会很难过，也会很遗憾。所以，我明明知道我只有这一万多人，还不是正规军，如果去与元军交战，就是以卵击石，但是我愿意以身殉国。我希望我的行为能够激发天下的忠臣和义士，一起去捍卫自己的国家，维护国家的尊严，这样我们的国家就有希望了。"

1278年，文天祥在广东海丰以北的五坡岭被俘，而后被押解至潮阳见张弘范。张弘范想让文天祥写一封投降书，告诉南宋将士不要抵抗了，投降。文天祥没有答应这个要求，他说："我现在被抓了，不能保卫皇上，难道我会教唆别人背叛皇上吗？"后来张弘范又多次强迫他写信，文天祥干脆把他在被押送过程中途经零丁洋时写的一首诗——《过零丁洋》抄录给张弘范作为答复。张弘范看到这首诗，就知道再劝降已经没有意义了，这种有气节、骨气的人，是不可能当叛徒的，于是把他押到了大都（今北京）。到了大都以后，忽必烈非常看重他，想让他为元朝效力。但是文天祥告诉忽必烈他是不可能侍奉两个君主的，他现在只有一个想法，就是以死来报答自己的国家。临死时他还专门问斩杀他的狱卒哪边是南方，跪下来对自己国家的方向磕了头，之后就慷慨就义了。

　　文天祥就义后，他的家人在他衣带间发现了血染的绝笔《自赞》："孔曰成仁，孟曰取义。唯其义尽，所以仁至。读圣贤书，所学何事？而今而后，庶几无愧。"这几句话翻译过来就是，我读孔孟的书，从小就知道杀身成仁、舍生取义，我今天为了国家去死，我这样的抉择，实际上就是践行了孔子讲的杀身成仁和孟子讲的舍生取义。我读圣贤书，并用自己的一生去践行圣贤书对我的教诲，死而无愧。

　　文天祥的《过零丁洋》是表达爱国报国思想的作品的典范。

辛苦遭逢起一经，干戈寥落四周星。

山河破碎风飘絮，身世浮沉雨打萍。

惶恐滩头说惶恐，零丁洋里叹零丁。

人生自古谁无死？留取丹心照汗青。

"辛苦遭逢起一经，干戈寥落四周星"，正因为读了圣贤书，才让自己真正树立为国为民的大志向。但生不逢时，国家正遭受危难。文天祥历经辛苦磨难，因为他生活的那个时代，南宋四处都是战火，他从1275年起兵抗元，到1278年被俘，已经过了四年的艰苦岁月。

"山河破碎风飘絮，身世浮沉雨打萍"，整个国家山河破碎，自己也像浮萍一样，风一吹，就不知道飘到什么地方去了。这两句诗表达了个体在面临大的时代变革时的无助和悲惨。

"惶恐滩头说惶恐，零丁洋里叹零丁"，惶恐滩的惨败至今仍让我惶恐，如今在零丁洋上我感慨自己孤苦伶仃，在救国的过程中四处逃跑的我，是何等孤苦与惊恐。

"人生自古谁无死？留取丹心照汗青"，人这一生难免一死，但是怎么个死法，体现了人的境界与格局。文天祥愿意为国家去死，用自己这一生的热血写成史书，昭示后人，真正地把"小我"融入"大我"中去，不辜负自己这一生，也给后人留下一座丰碑。

　　文天祥的这首诗，在人的活法上，给了我们极大的启发。这种爱国和报国的决心是中华民族、中华文化最宝贵的精神财富。这是我们这个民族经历无数艰难险阻，依然能够不断前行的精神力量。因为有这种精神力量，无数的中国人激发起自己的雄心壮志，进而化成自己的行动，写成一部中华民族波澜壮阔的史书。也正因为有岳飞、文天祥等伟大英雄的存在，才激励无数的中国人超越"小我"，为报答国家而舍生忘死！

亲情：极致的表达

兄弟情，感人至深。北宋文学家苏轼写给弟弟苏辙的一首词《水调歌头·明月几时有》，可谓是描述兄弟情的一个传奇。

> 丙辰中秋，欢饮达旦，大醉，作此篇。兼怀子由。
>
> 明月几时有？把酒问青天。不知天上宫阙，今夕是何年。我欲乘风归去，又恐琼楼玉宇，高处不胜寒。起舞弄清影，何似在人间！　转朱阁，低绮户，照无眠。不应有恨，何事长向别时圆？人有悲欢离合，月有阴晴圆缺，此事古难全。但愿人长久，千里共婵娟。

"丙辰中秋，欢饮达旦，大醉，作此篇。兼怀子由"，丙辰年，是1076年，中秋节，苏轼和朋友们高高兴兴地一起喝酒到第二天早晨，喝得大醉，苏轼写下了这首词。苏轼与弟弟苏辙已经七八年没见面了，他非常想念弟弟。

"明月几时有？把酒问青天"，明月是什么时候出现的？我端起酒杯遥问苍天。"不知天上宫阙，今夕是何年。我欲乘风归去，又恐琼楼玉宇，高处不胜寒"，这里表达的是苏轼天才的想象，在中秋节这样一个月明星稀的夜晚，人间是1076年，天上是哪一年呢？真想乘着风飞到天上去看看那里的宫殿，那里的风景，可是又怕那里太冷了。"高处不胜寒"也表达了一种更深刻的意思，是一个人的思想、境界、智慧到了一定程度以后，无人理解的孤独和落寞。有这种感慨的人不只是苏轼。孔子曾说"人不知而不愠，不亦君子乎"，表面说的是别人不了解我我也不生气，这不是君子风范吗？其背后的意思和苏轼有共同之处。孔子生活在春秋末期，以他的智慧和境界的高远，有多少人能理解他？一般的老百姓聊天时聊的都是一些家长里短的话题，有谁能探讨国家的命运、时代的未来和人类的究竟？孔子内心极其深刻的那些体悟，是没有人和他探讨的。这种孤独，老子也有，他曾说"知我者希，则我者贵"，意思是了解我的人太少了，能够听懂我的见解，按照我说的这些道理去做的，那就太可贵了。他还说"圣人被褐而怀玉"，圣人总是穿着粗布的衣服，看起来生活很俭朴，但是他拥有一颗高大、深远、伟大的灵魂，就如怀里揣着美玉。

"起舞弄清影，何似在人间"，在月光下翩翩起舞，影子也跟着做出各种舞姿，置身月宫哪里比得上在人间！"转朱阁，低绮户，照无眠"，夜已深沉，月亮转过朱红色的楼阁，低低地穿过雕花的门窗，照着毫无睡意的人。"不应有恨，何事长向别时圆？"明月不应该对人有什么怨恨啊，可为什么它总在人们分别的时候圆呢？"人有悲欢离合，月有阴晴圆缺，此事古难全"，他很想念七八年没有见面的弟弟，他解释说，人会有悲欢离合，就像月亮有阴晴圆缺一样，即使兄弟俩感情特别好，也很难天天在一起生活。一般人会觉得这不是找理由，为自己和弟弟不能团圆开脱吗？兄弟没有见面，这是一个个性的体验，但是苏轼把它升华成了一个普遍性的结论：人总是会有悲欢离合，月总是会有阴晴圆缺，兄弟俩感情很好，但是不能常在一起也是很正常的，叫"此事古难全"。

"但愿人长久，千里共婵娟"，尽管兄弟俩不能在一起，但是词人表达了一个美好的祝福，希望那些相爱的人，有感情的人，能够长长久久地在一起，共享人生的美好。有些东西不一定是真实的，但它们是人生的愿景，是一种寄托，能够让我们拥有人生的幸福感。

唐代诗人孟郊的《游子吟》是一首歌颂母亲的杰作，表达了母亲对孩子的那种殷殷的感情和深切的爱意。

孟郊这辈子过得很苦，他早年隐居嵩山，生活穷困潦倒，年近50岁才中进士，得到了江苏溧阳县尉的小官职。这个时候他就把母亲接来一起住。孟郊这一生看到了太多的世态炎凉，越发觉得母爱的可贵。无论一个人过得好还是坏，都能不离不弃地呵护他、帮助他、成全他的人，就是他的母亲。我们一起来看这首诗：

> 慈母手中线，游子身上衣。
> 临行密密缝，意恐迟迟归。
> 谁言寸草心，报得三春晖。

"慈母手中线，游子身上衣"，孩子要出去漂泊了，要离开家的时候，母亲就拿起针线，为他赶制新衣。

"临行密密缝，意恐迟迟归"，怕孩子回来得晚了衣服破损，母亲把孩子的衣服缝得结结实实的，让孩子在外面打拼的时候，能够穿得暖暖的。

"谁言寸草心，报得三春晖"，小草在太阳的光辉下成长起来，它怎么能够报答天地的恩德？这两句诗表达了母亲对孩子全身心的呵护和照顾，而且不求回报。就像小草无法报答天地的恩德一样，孩子这一辈子无论多么孝敬父母，无论对父母多么好，都不足以报答父母对自己的爱和呵护。

我听过这样一个故事。有一个人远行去经商前到道观里去，他想请方丈给他画张符带在身上，祈求平安与财运。方丈告诉他："没必要，你身上穿的东西比我给你画的符重要得多。"他奇怪地说："我身上穿的，不就是我母亲给我缝制的衣服吗？"方丈很严肃地告诉他："你说得对，你母亲在你出发之前给你缝制的衣服，每一针每一线都非常纯净，这一针一线就相当于我们的符，都有祝你吉祥、祝你平安的信息和美好心愿。所以你穿着你母亲缝制的衣服，比我为你写的符还要好。"这个人听了方丈的话以后非常感动。

通过欣赏孟郊这首诗，我希望每个人都能懂得，母亲给我们做的每一顿饭，买的每一件衣服，以及母亲的每一句叮嘱、每一个问候，都蕴含着母亲的淳淳厚爱，我们都应该珍惜。重视家庭，重视孩子与父母之间亲情的温暖，这是中华民族的特点，也值得我们永远珍惜。

爱情：永恒的话题

爱情，让很多人向往和憧憬，是很多人青壮年时期的动力源泉。在人类文学史上，描写爱情的诗篇不计其数，尤其是唐诗宋词中关于爱情的诗篇，可以称为典范。

李清照笔下的爱情诗词独具一格。她有一首描写少女懵懂爱情的词，风格明快，文字轻松，广为流传，这首词就是《点绛唇·蹴罢秋千》：

> 蹴罢秋千，起来慵整纤纤手。露浓花瘦，薄汗轻衣透。
> 见客入来，袜划金钗溜。和羞走，倚门回首，却把青梅嗅。

"蹴罢秋千"，"蹴"，指踏，此处指荡秋千。一个情窦初开的小姑娘，荡着秋千来回摆动，轻薄的衣服飘动着。"起来慵整纤纤手"，小姑娘荡完秋千之后，慵懒地活动了一下纤纤细手。"露浓花瘦"，上午的时候，太阳还没有把花上的露水完全蒸发掉。花儿刚刚开，这个季节，应该是春季。"薄汗轻衣透"，由于荡秋千的时候用了一些力气，结果出了一点儿汗，把衣服都浸透了。

"见客入来"，家里来客人了。在中国传统社会里，尤其是在两宋时期，理学思想已经兴起，家里来客人的时候，女孩子就得躲起来。"袜划金钗溜"，少女看到客人来了，很害羞，来不及穿鞋，穿着袜子直接就跑了。跑得有多快呢？头上戴的钗子都丢了，可见她慌里慌张的。但是少女又特别想看看这个客人到底长得什么样，怎么办呢？

"和羞走，倚门回首，却把青梅嗅"，少女羞涩地跑了，到了门口，故意把鼻子放在门旁边装青梅的盘子上嗅一嗅，其实她并不是闻青梅，而是用闻青梅的动作来掩饰自己的窘迫和急促，同时也偷偷看家里的男客人帅不帅。

李清照的《点绛唇·蹴罢秋千》表现了少女的情怀，而苏轼的《蝶恋花·春景》则表现了另一种情景：男人心里小鹿乱撞，突然生起的相思。

　　花褪残红青杏小，燕子飞时，绿水人家绕。枝上柳绵吹又少，天涯何处无芳草！　　墙里秋千墙外道，墙外行人，墙里佳人笑。笑渐不闻声渐悄，多情却被无情恼。

"花褪残红青杏小"，花要落了，有些花瓣儿落在了地上，树枝上长出小小的青杏。从这里可以看出，已经是晚春了。

"燕子飞时，绿水人家绕"，天空中的燕子叽叽喳喳地鸣叫着，飞来飞去，绿水环绕着一个大户人家。

"枝上柳绵吹又少，天涯何处无芳草"，枝上的柳絮被大风吹得越来越少了，但是不用担心，不仅这里有美景，什么地方都会有美景。

"墙里秋千墙外道，墙外行人，墙里佳人笑"，这个大户人家的千金小姐正在荡秋千，那清脆的笑声打动了墙外路过的行人。这里的行人，指的就是词人自己。词人虽然隔着墙看不清楚女孩长什么样子，但是听着她的笑声，就对她产生了非常美好的感受。这真是情感丰富的人无端生起的烦恼。

"笑渐不闻声渐悄，多情却被无情恼"，可是墙里的这个女孩根本不知道墙外有一个人，她荡完秋千以后就到别的地方去玩儿了，笑声渐渐消失，行人怅然若失，仿佛是单相思的自己被无情的少女伤害了。

在感情的问题上，自己动心了，别人没感受，苦苦追求而不得，一般人遇到这种情况都会非常痛苦。但是苏轼没有因此而郁郁寡欢，他马上就告诫自己人生处处有美景，不必在这个地方让自己心神憔悴，而应该向前走，也许他处还有美丽的邂逅。这是自我救赎的能力与智慧。

李商隐的《夜雨寄北》表现了两个相爱的人是怎样互诉衷情的。李商隐的诗词语言非常隐晦，往往通过模糊的语言表达非常深刻的感受。

> 君问归期未有期，巴山夜雨涨秋池。
> 何当共剪西窗烛，却话巴山夜雨时。

"君问归期未有期，巴山夜雨涨秋池"，你问我什么时候回家，我还没有确切的日期，此时淅淅沥沥的秋雨落下，雨水已涨满秋池。淅淅沥沥的秋雨会加重人们的思念，让这种伤感变得越发浓郁和沉重，于是两个人就开始憧憬，憧憬什么呢？

"何当共剪西窗烛，却话巴山夜雨时"，什么时候才能见面，两个人一起坐在窗户下共剪红烛，讲一讲在这巴山夜雨的时候，听残荷落雨，看寒雨孤山的心情？这是一种很含蓄的表达。在中国古代，恋人们很少以拥抱、亲吻、说"我爱你"这样直接的方式来表达爱意。人们觉得，用任何语言来描述这份感情都会显得苍白，任何轻薄的表述都会玷污它的深刻和纯洁。于是岔开这个话头儿，讲述一些看起来很平常的事。这就是中国式的爱情，它是如此含蓄、隽永和深刻。

刘禹锡也写过一首关于爱情的诗，叫《竹枝词》，也表达了中国式的爱情，非常含蓄，但是非常有味道：

> 杨柳青青江水平，闻郎江上唱歌声。
> 东边日出西边雨，道是无晴却有晴。

这首诗是以一个女孩儿的身份来描述的。

"杨柳青青江水平，闻郎江上唱歌声"，两岸杨柳青青，江上水波平平，忽然听到江上舟中男子唱歌的声音。这个女孩对唱歌男孩非常有感情，期待着这个男孩能够对她表白。可是这个男孩没有直接说喜欢她，而是用歌声表达对她的喜爱。

"东边日出西边雨，道是无晴却有晴"，东边太阳还挂在空中，西边却下着雨，令人想不明白，到底是无晴还是有晴呢？诗中这个"晴"是晴天的晴，表达的其实也是感情的情。这个女孩在疑惑：你是喜欢我还是不喜欢我？如果你不喜欢我，你为什么唱歌给我听？如果你喜欢我，你为什么不向我表白呢？

元稹是唐代的文学家，和白居易关系非常好，两个人合称"元白"。元稹在他的第一任妻子去世以后，为了表达对妻子的思念，写过一组悼亡绝句，叫作《离思五首》，其中第四首流传最广：

> 曾经沧海难为水，除却巫山不是云。
> 取次花丛懒回顾，半缘修道半缘君。

"曾经沧海难为水，除却巫山不是云"，看过波澜壮阔的大海，再看到一般的小池塘，都激不起任何的涟漪；看过巫山云雨，体会过那种波谲云诡、变化万端、气象万千，再看一般云端的风景，都提不起兴趣。这两句诗背后的意思是，经历过一段刻骨铭心、荡气回肠的感情之后，对一般的感情都提不起兴趣。他和他的妻子感情太好了，以至于后来无论和谁打交道都觉得没味道。

"取次花丛懒回顾，半缘修道半缘君"，妻子去世以后，他不管见了多少女孩子，都没有动心，一方面可能是因为修道，另一方面是因为对亡妻有很深厚的感情。

这首诗的亮点是前两句。"曾经沧海难为水，除却巫山不是云"，人这一辈子无论是感情，还是事业，还是亲近大自然，总要把其中的一种体会到极致，才不辜负人生的美景。

亲近自然：人类的精神原乡

大自然在某种程度上也是人类精神的原乡，无论社会多么发达，自然永远是我们的心灵栖息的一个场所。我们会因为大自然的某些场景而感到惬意、亲切或者伤感。唐宋诗词中有很多佳作是描写大自然的美丽景色，抒发作者独特的内心感受的。

李白有一首诗叫《独坐敬亭山》：

> 众鸟高飞尽，孤云独去闲。
>
> 相看两不厌，只有敬亭山。

从表面上看，这首诗中没有多少情感的表述，只是客观地把诗人坐在石头上观赏敬亭山的场景描述了出来，其实写尽了诗人的孤独之感。

"众鸟高飞尽，孤云独去闲"，一只只鸟越飞越高，慢慢脱离诗人的视线，天空中的最后一片云彩也飘走了。从这两句诗中，你感受到了什么？"尽""闲"两个字，为我们营造了一个静的境界，在这个境界中，我们仿佛看到了诗人独坐出神的形象。"相看两不厌，只有敬亭山"，能够和诗人互相对看，谁也不满足，这样理解诗人的，只有敬亭山了。这两句诗把人生的孤寂、寥落、失望、彷徨等很复杂的情感呈现出来了，由此我们也体会到了李白晚年的心境。

王维信奉禅宗，对佛法有深刻的理解，他晚年的时候住在一个修道之人喜欢居住的地方——终南山。王维经历了人生的很多坎坷之后，对佛法的理解更加深刻。他以山水诗最为后世所称，有一首诗叫《终南别业》，表达了他中年以后亦官亦隐自得其乐之情：

中岁颇好道，晚家南山陲。

兴来每独往，胜事空自知。

行到水穷处，坐看云起时。

偶然值林叟，谈笑无还期。

"中岁颇好道，晚家南山陲"，诗人中年的时候就对修道、学佛特别感兴趣，于是晚年就把家安在了终南山的附近，以便和在终南山修道的人士交流、沟通，同时也可以乐享清净。

"兴来每独往，胜事空自知"，每当兴之所至的时候，就一个人跑到深山里去游玩，快乐的事不足为外人道。学佛、学道获得的快乐与在万丈红尘中追求的快乐完全不是一回事，所以只能自己去体会。

"行到水穷处，坐看云起时"，不知不觉走到了流水的尽头，索性就坐下来看云升起来又飘远。一个人清净到一定程度以后，就会获得简单的快乐、干净的欢喜，在这种恬淡、清净的状态中，身心和大自然融为一体，欢喜、简单、自在。

"偶然值林叟，谈笑无还期"，偶然间在林深处遇到一个老人，两个人谈笑风生，忘了回家。那种自然而然、没有功利性的社会交往，会给人带来别样的快意。

韩愈曾经给诗友张籍写了一组诗，叫《早春呈水部张十八员外》，一共有两首，其中第一首流传更广：

天街小雨润如酥，草色遥看近却无。
最是一年春好处，绝胜烟柳满皇都。

张籍是水部的一个员外郎，他在兄弟中排行十八，所以称"张十八"。

"天街小雨润如酥，草色遥看近却无"，蒙蒙细雨落在皮肤上，皮肤自然地收紧，感觉身上酥酥的；萌发的小草刚刚冒出嫩芽，在远处看是青青的一片，到近处一看，其实稀稀落落。

"最是一年春好处，绝胜烟柳满皇都"，一年中风景最好的时节就是早春，比绿柳满城的春末还要美。

李白也曾给他的朋友孟浩然写了一首诗，叫《黄鹤楼送孟浩然之广陵》：

故人西辞黄鹤楼，烟花三月下扬州。
孤帆远影碧空尽，唯见长江天际流。

李白与孟浩然是好朋友。730年，孟浩然想去广陵（今江苏扬州），于是李白就约孟浩然在武昌黄鹤楼吃饭，他送别孟浩然之后就写下了这首千古名诗。

"故人西辞黄鹤楼，烟花三月下扬州"，好朋友孟浩然在黄鹤楼与诗人辞别，他要在这繁花盛开的三月乘船去扬州。

"孤帆远影碧空尽，唯见长江天际流"，辽阔的长江上没有其他船只，诗人目送孟浩然的船，直到它在视野中慢慢消失，眼前只剩下一望无际的长江在奔腾不息，一直向前。

一个人欣赏风景，把自己融入风景里，无论是凄凉，是伤感，是热闹，还是欢喜，这种把心放在天地之间去感受、去体会的经历，都是一种很难得的体验。

苏轼的《题西林壁》，是一首写景的哲理诗：

> 横看成岭侧成峰，远近高低各不同。
>
> 不识庐山真面目，只缘身在此山中。

"横看成岭侧成峰，远近高低各不同"，从正面看庐山，山岭连绵起伏；从侧面看庐山，山峰耸立；从远处、近处、高处、低处看，庐山的样子各不相同。

"不识庐山真面目，只缘身在此山中"，为什么看不到庐山真正的样子呢？因为我就在这座山中啊！

这首诗写的是景，其中又蕴含着人生的哲理，说的是我们有的时候会被一些事情所扰，由于身在其中，眼睛被遮蔽，看不到事情的真相。

杜甫也有一首脍炙人口的写景诗，叫《春夜喜雨》：

> 好雨知时节，当春乃发生。
>
> 随风潜入夜，润物细无声。
>
> 野径云俱黑，江船火独明。
>
> 晓看红湿处，花重锦官城。

"好雨知时节，当春乃发生。随风潜入夜，润物细无声。"好雨知道应该在什么时节落下，在春天植物生发的时候，不知不觉地在夜里随着风滴落，滋润万物。

"野径云俱黑，江船火独明。晓看红湿处，花重锦官城。"田间的小路已经看不清楚了，天空中的云也黑漆漆的，只有江里船上的灯火还亮着。早晨天亮后再去看，一朵朵沉甸甸的花汇成花海，开满了整个锦官城。

这首诗中，"随风潜入夜，润物细无声"两句常常被作为教育理念引用，做教育也要像春雨一样，在不知不觉中让人受到浸润，受到养育，获得成长。也可以引申为做人做事的智慧，总是能不露声色、不着痕迹地把事情做好。

元代的马致远写过一首散曲小令，叫《天净沙·秋思》：

枯藤老树昏鸦，小桥流水人家，古道西风瘦马。夕阳西下，断肠人在天涯。

马致远只是把他看到的寻常景物堆砌起来，可是不同的人看到他所描写的景物时，会有不同的感受。

诗词的伟大精妙，就在于每一首诗词对我们都是敞开的，有不同阅历的人，所体验、感受、悟出的境界，都是不同的。这种敞开，使得诗词就像一面镜子，可以照见不同的人生风景。

修道调心：不断超越的心灵世界

在唐诗宋词里，有一类诗词也是描述到了极致，就是讲修道。从广义上讲，修道包括学儒、学道、学佛等，它们的大方向一致，就是学习怎样把自己内在的大智慧开发出来。有很多人在修道的过程中，把自己不断升华的人生感悟用诗词的方式表达出来，给我们极大的启发。

契此和尚有一首《插秧歌》，生动地描写了插秧的情景。契此和尚是五代后梁时期的僧人，当时政治混乱，人们生活很艰难。越是在苦难的时候，越是容易有人看破世间的幻象，走上修道的路。所以在那个时代，很多大德高僧相继涌现，契此和尚就是其中一位。

插秧是南方人很熟悉的一种劳动，手里拿着一把秧，倒着走，一趟一趟地插下去。但是在一个开了悟的祖师心里和眼里，插秧是怎样的呢？请看：

手把青苗种福田，低头便见水中天。

六根清净方成稻，后退原来是向前。

契此和尚这首诗，表面上看描述的是插稻秧的场景，实际上句句讲的都是修道的哲理。

"手把青苗种福田"，从修道的角度讲，青青的秧苗生机勃勃的，把秧苗插下去以后，管理得当，就会结出饱满的稻穗。所以青苗其实就是好的种子，福田可以理解为心田，修行的过程就像插秧一样，把慈悲、仁爱、奉献、感恩等好的秧苗栽种到自己的心田里，从而让内心一片生机。

"低头便见水中天"，低头讲的其实是一种修养方法——观自己的内心。当一个人向内看，一直走内求的路子，时时观"自在"，到了一定程度以后，会有一天豁然开朗，明白整个人生的秘密和宇宙的秘密。

"六根清净方成稻"，"六根"指眼、耳、鼻、舌、身、意，其实是代表了人类和世界打交道的几种能力。如果我们一直追求的都是手摸到的触感，嘴巴尝到的味道，眼睛看到的美景，等等，往往就会只关注世界的表象，所以修道之人不要被"六根"束缚，这样才能够证悟自性智慧，渐渐认识到大道的源头。

"后退原来是向前"，这句诗表面上是描述插秧的过程，实际上是讲修道的过程。在一般人看来，谁赚钱多，谁就有本事；谁的职位高，谁就有本事；谁能呼风唤雨，玩人于股掌之间，谁就有本事。实际上，这种价值观与大道正好是相背离的。从修道的角度看，这种不断地耍手腕、使心机、占便宜的人，内心的智慧逐渐被贪欲蒙蔽，离大道恰恰越来越远。修道就是保持内心的清净，不被世俗的名利、地位等束缚、禁锢，世俗的人就会认为这样是不上进，其实这才是在向大道的峰顶攀登。修道绝不是消极，而是以更积极的方式去奋斗、打拼，这种奋斗、打拼不是为了获得个人的名利、权势，而是全心全意为人民服务。

无尽藏尼写过一首诗，叫《嗅梅》：

尽日寻春不见春，芒鞋踏破陇头云。
归来笑拈梅花嗅，春在枝头已十分。

"尽日寻春不见春，芒鞋踏破陇头云"，这两句诗写诗人到处寻找春天，走了很多地方，踏破了芒鞋也没有找到。这其实讲了一种修行的状态，就是很多人开始修行的时候走的是外求的路子，攀登了很多座高山，寻访了很多座寺院，拜了很多老师，"寻春"就是为了悟道。

"归来笑拈梅花嗅，春在枝头已十分"，寻春不得，回到了自己的院子，发现梅花已经开得很热闹了，春天已经在枝头上展现了。修行的路径在哪里？道在哪里？就是归来，其实是回头望，走内求的路子，在自己的心地上下功夫，六根清净，摄住自己的心神，歇即菩提，最终才能真正有所悟。

第二十八讲 《了凡四训》

中国人是怎样看待命运的?

在现实生活中,有的人早期郁郁不得志,忽然遇到一个机会,他们抓住机会改变了自己的命运,实现了自己的抱负;有的人一直顺水顺风,突然遭遇不幸,家破人亡;还有的人终其一生平平淡淡,没有大的灾祸,也没有大的成就⋯⋯很多人把这些都看作命运。

那么,到底什么是命运? 命运的秘密是什么? 命运到底有没有规律? 我们活着,是认命还是不认命? 这些问题,是每个人都应该思考的。

在一个人生命的背后,冥冥之中看不见、摸不着,却掌握着一个人的生命轨迹的力量,我们把它简称为命运。"命运"二字,拆开来看,就是"命"和"运"两个字,这样看也非常有意思。比如,一个人天生是个做将军的材料,他有军事方面的天赋,这个我们可以称为命;如果他出生在和平时期,一辈子无仗可打,这就是运。再如,一个人天生就是做大企业家的材料,他有惊人的经商天赋,可以把企业做大做强，但是如果他出生在战争时期，一生颠沛流漓，朝不保夕，也难以发挥天赋，就是没有这个运。有那个命，又赶上大运，才能风生水起。

命运和每一个人都息息相关。关于命运，不同的民族有不同的看法。西方人大多认为，一个人的命运，即人的福祉、苦难，等等，都是由造物主来决定的。这个造物主在不同的民族里，名字不一样。

古希腊有一部戏剧叫《俄狄浦斯王》，集中体现了西方人对命运的看法。俄狄浦斯是一个王子，因为他父亲的过失，而被预言"杀父娶母"的人生命运。所以在俄狄浦斯出生后，他的父亲非常害怕，决心让卫士杀死他。结果卫士看到孩子啼哭的样子，非常心疼，动了恻隐之心，于是把孩子扔到了草丛里，回去复命说杀掉孩子了。不久以后，有一个牧羊人路过，听到孩子的啼哭后，也动了恻隐之心，于是就把俄狄浦斯捡走了，带到了另一个国家。俄狄浦斯长大后，知道了这个预言，于是为了逃避"杀父娶母"的命运，决定出走到另一个国家。可巧合的是他恰恰到了亲生父亲所在的国家，其结局就是真的杀死了他的父亲，娶了他的母亲。俄狄浦斯知道事情的真相之后，内心非常自责和内疚，为了表示对自己的惩罚，他把自己的眼睛弄瞎了。这个故事其实表达了西方人对命运的看法：第一，命运是定了的，是不能改的；第二，无论你用什么样的办法去改变命运，最终的结局和命定的那个结局都是一样的。

中国人对命运的看法有自己鲜明的特色。那么，中国人是怎么看待命运的呢？《了凡四训》这本书给了我们很好的解释。

《了凡四训》的作者是袁了凡，他出生于1533年，去世于1606年。他的本名叫袁黄，字坤仪，初号学海，后改为了凡。什么是"了"？《红楼梦》开篇便说"好就是了，了就是好"，了就是结束，凡就是凡夫，袁黄给自己改名为了凡，代表着他有了一些人生阅历，明白了一些道理，明白了人生命运的真谛，决心要结束庸庸碌碌的凡夫生活。那么，他想成为什么？了凡成圣，他要成为一个通达或者觉悟的圣人，把命运掌握在自己手中。《了凡四训》是他60多岁的时候写给他儿子的家训。

在这本书中，袁了凡谈了怎样认识命运、改变命运，以及一个人应该怎样过好自己的人生，在教育孩子、对命运的态度等方面，对我们有很大启迪。所有关心孩子成长、关心自己命运、希望自己过得越来越好的人，都应该读一读。

《了凡四训》这本书总共有四部分，第一部分是《立命之学》，从规律、理性的角度，揭示命运背后的逻辑。只有懂得了命运的逻辑，我们才能够成为命运的主人。

第二部分是《改过之法》，讲的是一个人怎样通过自己的努力，在改正自己缺点的基础上，让命运轨迹往好的方向发展，让自己过得越来越好，生活越来越幸福。

第三部分是《积善之方》，讲了一些改变命运的具体的可操作的方法，是人人都可以做到的，让人们可以从生活中的点点滴滴做起。

第四部分是《谦德之效》，讲了一个人贯穿一生的极其重要的态度，就是谦卑。"满招损，谦受益"，往杯子里倒水，当水倒满了，如果再倒，就溢出来了，一旦溢出来，人生无法承载，有多少的钱财、地位、福报，就都接不住了。

认识命运背后的逻辑

在第一篇《立命之学》中，袁黄讲述了他是怎样发现命运的秘密的。

> 余童年丧父，老母命弃举业学医，谓："可以养生，可以济人，且习一艺以成名，尔父夙心也。"
>
> （节选自《了凡四训·立命之学》）

袁黄说，他童年的时候父亲去世了，他的母亲很辛苦地把他养大，告诉他不要参加科举考试了，去学医吧，这样一来可以养活自己，二来可以救助别人，而且有一门技艺在身，既可以赢得别人的尊重和社会的认可，又满足了去世的父亲的心愿。

母亲让袁黄学医的原因是"可以养生，可以济人"。在当今社会，很多孩子考上大学之后，家长就会告诉他们，要好好学习，有所成就，赚钱当官，光宗耀祖；很少有家长会告诉孩子要学好本领，然后去帮助别人，为人民服务，为社会做事。所以，袁黄能够改变自己的命运，过得越来越好，他的母亲起了非常大的作用。

袁黄听了母亲的话，就开始想做一名济世救人的医生。

> 后余在慈云寺，遇一老者，修髯伟貌，飘飘若仙，余敬礼之。

（节选自《了凡四训·立命之学》）

有一天，他上山采药，在慈云寺遇到一个长须飘飘像神仙一样的老人。我们都知道相由心生，内在的气象，可以通过外在表达出来，这个老人一定不简单。袁黄到了这个老人面前，恭恭敬敬施了个礼。

孟子曰："爱人者，人恒爱之；敬人者，人恒敬之。"爱护别人的人，才会得到别人的爱护；尊敬别人的人，才会得到别人的尊敬。这个世界上没有人会无缘无故地帮你，当然也没有人会无缘无故地害你。一个人若想得到别人的帮助，就一定要敬重别人。如今很多家庭不重视中国传统文化，没有教育孩子应该怎样待人接物，包括遇到长者时要有怎样的礼数，使得很多小孩特别自我、特别张扬，不懂得尊重别人，这并不利于他们的个人发展。

语余曰："子仕路中人也，明年即进学，何不读书？"余告以故，并叩老者姓氏里居。曰："吾姓孔，云南人也。得邵子皇极数正传，数该传汝。"

余引之归，告母。母曰："善待之。"试其数，纤悉皆验。余遂启读书之念，谋之表兄沈称，言："郁海谷先生在沈友夫家开馆，我送汝寄学甚便。"余遂礼郁为师。

（节选自《了凡四训·立命之学》）

袁黄这一敬礼不要紧，机会来了。老人马上就看了看他，说："孩子，你为什么在这里晃来晃去？为什么不去读书呢？我看你这一辈子本来就是当官的人，明年你去参加科举考试，一定能考中。"原来，这个老人会对人的未来做预测。袁黄就把自己放弃科举考试的原因告诉了老人，并客气地问老人家在哪里，姓什么。老人告诉他："我姓孔，是云南人，我得到了邵雍先生《皇极经世书》的嫡传。我刚才见你的时候，临时起了一卦，我就知道将来能把我这套本事传下去的人就你，这是咱俩的缘分。"

于是袁黄就把这个老人邀请到家里去，将事情的经过告诉了他的母亲。袁黄的母亲说："你一定要好好地对待这个老人。"袁黄又让这个老人给他算了几卦，每一次都算对了。因此袁黄觉得自己真的是走仕途的人，便决定不学医了，要继续读书，并对他的表兄沈称说了自己的打算。他的表兄说："郁海谷先生正在沈友夫家开私塾，我和他熟悉，我把你送过去读书是很方便的。"于是袁黄就拜郁海谷先生为师，正式踏上了科举入仕的道路。

　　孔为余起数：县考童生，当十四名；府考七十一名；提学考第九名。明年赴考，三处名数皆合。

　　　　　　　　　　　　　　（节选自《了凡四训·立命之学》）

　　孔先生给袁黄测算了一下他参加科举考试的名次，说："县考童生，第十四名；府考，第七十一名；提学考，第九名。"袁黄第二年参加考试以后，考的名次和孔先生测算的一模一样。

　　袁黄能够放弃学医，走上科举之路，正是因为他遇见了孔先生，得到了孔先生的点化。可是，如果他遇见孔先生之后，没有真正"敬礼之"，恐怕就没有这个机会了。《了凡四训》启发我们，没有无缘无故的好运，和别人打交道的时候，要尊重别人，这样别人心里才会愉悦，才会对我们产生好感。袁黄在经过几次验证之后，发现孔先生给他测算得非常精准，于是下决心请孔先生把他一生的命运全给算出来。

复为卜终身休咎，言："某年考第几名，某年当补廪，某年当贡，贡后某年，当选四川一大尹，在任三年半，即宜告归。五十三岁八月十四日丑时，当终于正寝，惜无子。"余备录而谨记之。

自此以后，凡遇考校，其名数先后，皆不出孔公所悬定者。独算余食廪米九十一石五斗当出贡，及食米七十余石，屠宗师即批准补贡，余窃疑之。

（节选自《了凡四训·立命之学》）

孔先生告诉袁黄，他某年参加考试第几名，某年会被补为廪生。补廪是明清时期的科举制度，秀才经岁、科两科考试，成绩优秀者，可依次升为廪生。被选拔为廪生之后，官府每月给发放粮食，就是相当于有收入了。他某年被选拔为贡生，当贡生以后的某一年，将会当四川的一个县令。在任三年半，他就应该辞官回家。他在五十三岁那年八月十四日丑时，会在家中去世，可惜没有孩子。袁黄听了以后，非常恭敬地把孔先生给他测算的人生大致的轨迹记录下来。

从此以后，凡是遇到考试，袁黄每次取得的名次都是孔先生算定的，没有一次与孔先生所算定的结果不符。但有一个例外，孔先生说他当了廪生之后，领到廪米九十一石五斗的时候，就会被选为贡生。实际上当他领廪米七十多石的时候，屠宗师即批准让他当贡生。于是他有点怀疑，孔先生这次是不是算得有点不对了。

后果为署印杨公所驳，直至丁卯年，殷秋溟宗师见余场中备卷，叹曰："五策，即五篇奏议也，岂可使博洽淹贯之儒，老于窗下乎！"遂依县申文准贡，连前食米计之，实九十一石五斗也。余因此益信进退有命，迟速有时，澹然无求矣。

（节选自《了凡四训·立命之学》）

后来这件事被代理提学的杨先生驳回来了，说袁黄资格不够。后来一直到了丁卯年，殷秋溟宗师看到了袁黄考试时做的卷子，赞叹说："这五篇文章，就像是五篇给皇帝的奏议一样。如此有学问的人，岂能让他老于窗下，而不被人重视呢？"于是依照县学的申请文书，批准袁黄成为贡生。把以前领取的廪米加在一起，袁黄领的廪米正好是九十一石五斗。经过这件事，袁黄就觉得人这一辈子，就是老百姓俗话说的命有定数，是自己的就是自己的，不是自己的就不是自己的，求也没用。此处的"澹然无求"倒不是说袁黄有多高的境界，也不是他淡泊名利，而是他觉得求也没用，因为他认为一切都是命中注定的。

看到这里，我们不免会想：我们这一辈子怎么过，到底是不是命中注定的？我可以明确地告诉大家，对命运要有更深刻的理解。如果人的命运没有改变的可能，一切都是注定的，也许袁黄就不会写这本书了。

贡入燕都，留京一年，终日静坐，不阅文字。己巳归，游南雍。未入监，先访云谷会禅师于栖霞山中，对坐一室，凡三昼夜不瞑目。

（节选自《了凡四训·立命之学》）

袁黄补贡以后到北京的国子监读书，由于他觉得求什么都没有用，非常消极，在北京的一年他终日静坐，不看文字。用今天的话说就是摆烂躺平，无所事事。在1569年，袁黄回到家乡，到南京的国子监求学。结果到了南京以后，他没有立即到国子监，而是先去栖霞山的栖霞寺拜访了云谷禅师。袁黄和云谷禅师在一间禅室里相对而坐，三天三夜没合眼。

云谷问曰："凡人所以不得作圣者，只为妄念相缠耳。汝坐三日，不见起一妄念，何也？"余曰："吾为孔先生算定，荣辱生死，皆有定数，即要妄想，亦无可妄想。"云谷笑曰："我待汝是豪杰，原来只是凡夫。"

（节选自《了凡四训·立命之学》）

云谷禅师问袁黄："凡夫之所以不能成为圣人，就是因为总是胡思乱想，缺少无我利他的正念。你跟我坐了三天三夜，不见你起一个妄念，这是为什么呢？"在云谷禅师看来，没有真正修行的人，是什么状态呢？妄念纷飞。到寺院来的人，大多数是带着有求之心的，而袁黄与云谷禅师对坐三天三夜不起一个妄念，让云谷禅师很奇怪：莫非这个人已经修行到很高的境界了？

袁黄很诚恳地告诉云谷禅师："我没有妄念其实不是我修行得好，也不是我多清净，是因为我的命运已经被孔先生算定了。荣辱生死都有定数，所以经过了这么多年，已经心如死灰，没有什么可胡思乱想的了。"云谷禅师听了以后就笑了："我还以为你是个英雄人物，原来只是一个凡夫俗子而已。"

问其故，曰："人未能无心，终为阴阳所缚，安得无数？但惟凡人有数；极善之人，数固拘他不定；极恶之人，数亦拘他不定。汝二十年来，被他算定，不曾转动一毫，岂非是凡夫？"

（节选自《了凡四训·立命之学》）

袁黄问禅师为什么笑他，云谷禅师告诉他："人都有妄想之心，所以无法摆脱命数的束缚。但是有两种人的命运轨迹会发生改变：一种是极善之人，他们无我利他，整天想着为国为民，他们的命运是无法被算定的；另一种是极恶之人，他们大奸大恶，伤害社会、伤天害理，必然会有恶报，他们的命运也是无法被算定的。你二十年来的生活，都被孔先生算定了，没有丝毫改变，你难道不是凡夫俗子吗？"云谷禅师这一番话就像阳光一样，一下子把袁黄心中二十年以来的冰融化了，使他产生了新的希望。

云谷禅师的话告诉我们，命运不是简单地被定下来的。如果人的命运是被定下来的，我们奋斗还有什么用？我们还怎么做命运的主人？袁黄只是觉得孔先生算得准，却没有真正理解命运的逻辑。极善之人和极恶之人，都是不会被命数所拘的，他们的命运轨迹会随着他们的行为发生变化：极善之人，命运会往好的方向变，越来越好；极恶之人，命运会往恶的方向变，越来越落魄，越来越倒霉。

　　余问曰："然则数可逃乎？"曰："命由我作，福自己求。《诗》《书》所称，的为明训。我教典中说：'求富贵得富贵，求男女得男女，求长寿得长寿。'夫妄语乃释迦大戒，诸佛菩萨，岂诳语欺人？"

　　　　　　　　　　　　（节选自《了凡四训·立命之学》）

袁黄问云谷禅师:"命运是可以改变的吗?"云谷禅师借这个机缘,就把命运背后更深刻的内涵告诉了袁黄。云谷禅师说:"《诗经》和《尚书》里说,'命由我作,福自己求',佛经里讲'求富贵得富贵,求男女得男女,求长寿得长寿',说谎话是佛教的大戒,诸佛菩萨岂能说谎话来骗人?"言外之意,命运并不是简单地就被定了,求也没用,命运可以通过自己的努力而改变。

　　这个判断对我们每一个人都有帮助。云谷禅师讲的"命由我作,福自己求"这八个字,和西方人的命运观截然不同。前几年电影《哪吒之魔童降世》大热,其中所表达的就是"命由我作,福自己求"这个思想。这部电影在老百姓中获得较好的反响,靠的不是华丽的表象,而是深刻的内涵与中国文化的底蕴,而且能形成浅显易懂的、老百姓耳熟能详的理念。比如,电影中哪吒讲的"我命由我不由天",就是"命由我作,福自己求"的一个翻版,这句话人人都记得住,而且给了那些在苦难中挣扎但不服输,希望自己过得越来越好的人极大的希望。

　　余进曰:"孟子言:'求则得之,是求在我者也。'道德仁义可以力求;功名富贵,如何求得?"云谷曰:"孟子之言不错,汝自错解了。汝不见六祖说:'一切福

田，不离方寸；从心而觅，感无不通。'求在我，不独
得道德仁义，亦得功名富贵；内外双得，是求有益于得
也。若不反躬内省，而徒向外驰求，则'求之有道，而
得之有命矣'，内外双失，故无益。"

（节选自《了凡四训·立命之学》）

　　听了云谷禅师的话，袁黄进一步请教说："孟子说过：
'求就能得到，求的关键在于我们自己。'道德仁义可以求
得，如我想做个好人，这个我能求，我能决定。难道我想发
大财，我想当大官，这种外在的东西，也是我求就能求得来
的吗？"云谷禅师对袁黄说："孟子的话是对的，是你自己
理解错了。你没听六祖惠能说吗？'一切福田，不离方寸；
从心而觅，感无不通。'方寸在哪里？在我们的内心。一个
人如果真心求了，不管是道德仁义，还是功名富贵，都可以
得到。如果不是向内求，而是只向外求，那结果就是该你的
就是你的，不该是你的你还真就得不到，因此这种求也就没
有什么用处了。"
　　有一本畅销了很多年的书叫《吸引力法则》，很多人都
读过。也曾有一些大学生问我："老师，吸引力法则让人
感觉自己想有什么就能有什么，这话有没有道理？"我说：
"有道理，但是你不要迷信。为什么想有什么往往就能有什

么呢？因为你想的时候，心里就会有选择，然后就会关注你所求的信息，你的注意力在这个地方，你和外部的机会才能形成连接，你想要的结果才能出现。这就叫'求则得之'。反过来讲，比如，有一个年轻人，他从来都没有想过找对象，别人给他抛媚眼，向他表示好感，都不容易发生作用，因为他从来都没有往这方面去想。这就是心不动，外部的机会难以发挥作用。"

命运背后是有逻辑的。这个逻辑其实就两个字——"因"和"果"。导弹发射之后会落在哪里，科学家是知道的，因为它有自己的轨迹。每个人都像导弹一样，这一辈子每个年龄阶段大致经历什么，都有一个轨迹，这就是所谓的命运。若想改变命运，能改变的是什么呢？就好比一颗导弹，本来射程是400公里，想要变成800公里，可不可以呢？可以。导弹本身是有最大射程和最小射程的，只要我们想要实现的射程在这个范围内，就可以通过改变发射仰角、增加燃料等方式来实现。命运也是这样一个逻辑，它是一个链条，因一变，果就变，命运的轨迹就变了。

比如学习，小学的时候好好地学习，这就是因，上个好中学就是果；中学时好好学习，这又是因，考上好大学就是果。有人上大学以后开始懒散，不好好听课，整天玩手机，最终没学到真本事，这就是种了个恶因。种恶因的结果就是，大学毕业后找不到理想的工作，哪怕是找到好工作了，由于没学到安身立命的真本事，也不太可能在生活与工作中脱颖而出。

如果想改变自己的命运，一定要在因上下手。无论现在过得好与不好，百分之八九十的因素都是自己导致的。所以没有什么好抱怨的，清楚命运的逻辑以后，就一点一滴地从因上改，慢慢地让自己的命运变得越来越好。

中国文化认为，君子求诸己，小人求诸人，意味着一个人遇到问题时，一定要学会从自己身上找原因，而不能自以为是真理的化身，把责任都推到别人身上，或归咎于环境等外部因素。尽管任何问题之所以会出现，都是各种原因所致，但最根本的还是在于自己。只有踏踏实实地反省，真正看到自己的不足并加以改正，才有进一步提升的空间。一句话，如果自己没有长进，一切都无从谈起。

如何改变自己的命运？

袁黄听了云谷禅师的教诲，懂得了人的命运并不是绝对不可改动，而是有一个因果链。一个人究竟活得怎么样，就在于他自己种的什么因。

　　因问："孔公算汝终身若何？"余以实告。云谷曰："汝自揣应得科第否？应生子否？"余追省良久，曰："不应也。科第中人，类有福相，余福薄，又不能积功累行，以基厚福；兼不耐烦剧，不能容人；时或以才智盖人，直心直行，轻言妄谈。凡此皆薄福之相也，岂宜科第哉？"

（节选自《了凡四训·立命之学》）

云谷禅师问袁黄："孔先生给你测算的一生轨迹是什么样的？"袁黄就把孔先生测算到的所有内容，告诉了云谷禅师。云谷禅师听了以后，问："按照孔先生测算的，你这辈子考不上进士，而且没有子嗣，你自己觉得应该考取功名、绵延子嗣吗？"

袁黄听了云谷禅师的话，就开始深刻反思，得出了结论。他说："我不应该在科举上有成就，也不应该有子嗣。通过科举取得功名的人，都有福相，我福薄，又有很多缺点，如不耐烦、不能宽容别人，自以为聪明，轻视别人，而且说话很随意。这都是福薄的表现。我怎么能考取功名呢？"

那么，为什么他认为自己不应该有孩子呢？他说：

地之秽者多生物，水之清者常无鱼，余好洁，宜无子者一；和气能育万物，余善怒，宜无子者二；爱为生生之本，忍为不育之根，余矜惜名节，常不能舍己救人，宜无子者三；多言耗气，宜无子者四；喜饮铄精，宜无子者五；好彻夜长坐，而不知葆元毓神，宜无子者六。其余过恶尚多，不能悉数。

（节选自《了凡四训·立命之学》）

一个人不应该有孩子，原因有很多种。具体到袁黄身上，袁黄说了六个原因。第一，"地之秽者多生物，水之清则常无鱼"，他有洁癖，所以不应该有孩子。我们都知道，孩子小的时候，吃喝拉撒都需要人照料，有时候他们甚至会把食物、屎尿弄得到处都是，爱干净的人觉得孩子太脏，养育孩子太麻烦，心里是不情愿养育孩子的。

第二，和气能够养育万物，但他容易发怒。脾气暴躁的人，夫妻关系一般不会太好，这如何过夫妻生活而孕育子女？从医学角度看，容易发怒其实是肝气不疏，中医讲"肝肾同源"，肝长期不正常，就会影响到肾的功能，所以不容易有孩子。

第三，仁爱是万物生生不息的根由，不舍得奉献是万物不能生育的原因，但他太爱惜自己的名声，不愿意奉献自己而成就别人，这哪里像做父母的样子？

第四，说话多会耗气，而他喜欢说太多的话，消耗了自己的精气，损害了自己的健康，所以很难有孩子。

第五，他喝酒没有节制，经常大醉，身心受损，所以难以有孩子。

第六，他每天休息得很晚，不知道保养元气，养育心神，导致身体长期处于严重的亚健康状态，所以难以有孩子。现在有很多人都是这样，半夜一两点钟不睡，结果身体越来越差。

袁黄讲了这么多，结论就是自己没有子嗣，并不是老天不让他生，也不是命中注定那么简单，是因为他一系列的毛病综合起来，导致他很难生育。

袁黄的这个分析应该是受了云谷禅师的启发，就是不要把命运神秘化。他没有子嗣的这个果，是因为他种了他没有子嗣的因；他科举考得不理想的果，是因为他自己的修为还达不到科举成功人士的要求。

云谷禅师就告诉他一些改变命运的办法。

> 云谷曰："汝今既知非，将向来不发科第，及不生子之相，尽情改刷。务要积德，务要包荒，务要和爱，务要惜精神。从前种种，譬如昨日死；从后种种，譬如今日生：此义理再生之身也。"

（节选自《了凡四训·立命之学》）

这段话的意思是，你已经知道自己的错误，那就应该把导致你科举考得不好、没有孩子的毛病都改掉。你以后一定得积累功德，学会包容，温和仁爱，爱惜精神，把坏习惯全部改掉，培养好的习惯，注意自己的言行，来创造自己的新命运。

每一个人都希望自己的命运越来越好。通过云谷禅师对袁黄说的话，我们也明白了，要想改变自己的命运，就要弄清楚究竟是哪些因素让我们命运不好，然后把这些因素斩断。如果不斩断这些因素，命运是不会变好的。反过来讲，如果想有好的命运，就要种好因。中国文化并没有赋予命运神秘的色彩，"命由我作，福自己求"，就看我们自己怎么把握。

云谷禅师还告诉袁黄：

> 《易》为君子谋，趋吉避凶；若言天命有常，吉何可趋，凶何可避？开章第一义，便说："积善之家，必有余庆。"汝信得及否？

（节选自《了凡四训·立命之学》）

云谷禅师说："《易经》其实是为真正的君子谋划的一本书，可以趋吉避凶。如果说命运是固定不变的，改不了，吉如何追求，凶如何避？《易经》的开章第一义便讲'积善之家，必有余庆'。你相信吗？"

《易经》既然说可以趋吉避凶，那言外之意就是坏的能避开，好的能求到。怎么求呢？"积善之家，必有余庆"，一个乐善好施的家庭，家庭成员都尊重别人、爱护别人，乐于助人，家里就会有很多好事。这个"庆"就是吉庆，"余庆"就意味着不仅这一辈好，子孙也跟着沾光。就像孔子，他为我们这个民族积了大德，几千年过去了，他的子孙仍然受到我们敬重。其实这句话后面还有一句话是"积不善之家，必有余殃"，如果一个家庭的人恶贯满盈、欺男霸女，那么他们不仅会害了自己，子孙也会跟着遭殃。

　　余信其言，拜而受教。因将往日之罪，佛前尽情发露，为疏一通，先求登科，誓行善事三千条，以报天地祖宗之德。

　　云谷出功过格示余，令所行之事，逐日登记；善则记数，恶则退除；且教持《准提咒》，以期必验。

　　（节选自《了凡四训·立命之学》）

　　袁黄听了以后对云谷禅师心悦诚服，特别感恩，拜而受教。于是他就到佛前去忏悔，把自己过去犯的错误全都说了出来，一点都没有隐瞒。他还写了一篇祈祷文，在佛前发愿求取功名。他发誓要做三千件好事，报答天地与祖宗的恩德。

　　云谷禅师给袁黄一个功过格，让他把每天所做的事情登记在这个表格里，若是做了善事，就增加一个数字，若是做了坏事就减去一个数字，还教给他《准提咒》，以保证愿望应验。

　　功过格是一种记录自己行为善恶的簿册，做过的好事记在"功格"，做过的恶事记在"过格"，针对每一种行为都规定了应该加或应该减的分数，最终计算总分，以此督促自己多行善事。

什么叫善事？善事最根本的特点就是利他。真心地为别人考虑是善，如果说得很好听，骨子里却在为自己着想，那就是不善。比如一个小孩，他做了淘气的事、危险的事，你严厉地训斥他，看起来是恶，其实是帮助了他，做的是善事。反过来讲，一个小孩儿做了淘气的事、危险的事，你还摸了摸他的头说"小朋友真聪明"，你看起来很温和，其实是纵容了孩子，置孩子于危险而不顾，做的是恶事。

　　余初号"学海"，是日改号"了凡"，盖悟立命之说，而不欲落凡夫窠臼也。

　　从此而后，终日兢兢，便觉与前不同。前日只是悠悠放任，到此自有战兢惕厉景象，在暗室屋漏中，常恐得罪天地鬼神；遇人憎我毁我，自能恬然容受。

　　（节选自《了凡四训·立命之学》）

袁黄原来号"学海"，当天就改成"了凡"，决心结束庸庸碌碌的凡夫生活，把命运掌握在自己手里。

从那以后，袁黄就与从前不一样了，他开始整天兢兢业业，经常反思自己，注意自己的言谈举止，生怕有了恶的念头而得罪天地鬼神，即便是在别人看不到的地方也小心自持，在别人憎恨、毁谤他的时候，也能淡然地接受了。

到明年，礼部考科举，孔先生算该第三，忽考第一，其言不验，而秋闱中式矣。

（节选自《了凡四训·立命之学》）

到了第二年，袁了凡参加礼部主持的科举考试，孔先生之前测算说他应该考第三名，可他竟然考了第一名，说明孔先生说的话已经不灵验了。在秋天的乡试中，袁了凡中举了。

九月十三日，复起求中进士愿，许行善事一万条。丙戌登第，授宝坻知县。

（节选自《了凡四训·立命之学》）

后来他又发愿希望自己能考中进士，而且许下做一万件善事的诺言。后来他果然考中了进士，做了河北宝坻县的知县。公务繁忙，再去做一万件善事，可不容易，袁了凡非常忧虑。

夜间偶梦见一神人，余言善事难完之故。神曰："只减粮一节，万行俱完矣。"

盖宝坻之田，每亩二分三厘七毫。余为区处，减至一分四厘六毫。委有此事，心颇惊疑。适幻余禅师自五台来，余以梦告之，且问此事宜信否，师曰："善心真切，即一行可当万善，况合县减粮，万民受福乎！"

（节选自《了凡四训·立命之学》）

有一天袁了凡梦见一个神人，他就对神人说了一万件善事难以完成的原因，神人听了，对袁了凡说："你减百姓税银这一件事，就相当于已经做了一万件善事。"

袁了凡醒来以后，想起自己到了宝坻县之后，发现这个地方是渤海的一个泛滥区，粮食收成会受到影响，老百姓生活很苦。于是他就上报朝廷，把每亩二分三厘七毫的税银，减为一分四厘六毫。自己确实减过税银，而且神人都知道了，袁了凡心里觉得很惊异。刚好幻余禅师从五台山来，他就把这个梦告诉了禅师，问禅师自己做的这个梦是否可以相信。幻余禅师告诉他："你真心做善事，一件善事也抵得上一万件善事，况且你为全县减少税银，真的让数万百姓获益了。"

从另一个角度来看这件事，其实就是身在公门好修行。一个掌握大权力的人，一项好的举措就能让几万、几百万、几千万甚至几亿的人受益。一个掌握了公权力的人，如果发自内心地利国利民，念兹在兹都是想着怎么对老百姓好，不仅能够成全别人，也是给自己积了德。

孔公算予五十三岁有厄，余未尝祈寿，是岁竟无恙，今六十九矣。

（节选自《了凡四训·立命之学》）

孔先生预测袁了凡五十三岁的时候有灾难，会在那一年去世，袁了凡没有向神灵祈求过长寿，但那一年并没有发生危及生命的大事，安然地度过了，袁了凡先生写这本书的时候，已经六十九岁了。

在云谷禅师的指导下，袁了凡知道了命运是自我种什么因、收什么果的一个过程，并不是被什么神秘的力量所操纵。因此，袁了凡下决心从自身做起，通过做利国利民的好事，种下善因，从而改变自己的命运轨迹。他后来活到了七十四岁，有两个儿子，与孔先生测算的结局完全不同。他在做一件一件好事的过程中，境界有所提升，真正改变了命运。

改过之要，先具三心

改变自己的命运，除行善外，很重要的一个方面是如何直面自己人性的弱点与过失，并痛下决心加以改正。任何一个人，都会有这方面、那方面的问题，关键在于有没有勇气正视并加以改正。袁了凡在《了凡四训》的第二篇《改过之法》中进行了具体的阐述。

> 但改过者，第一，要发耻心。思古之圣贤，与我同为丈夫，彼何以百世可师？我何以一身瓦裂？耽染尘情，私行不义，谓人不知，傲然无愧，将日沦于禽兽而不自知矣；世之可羞可耻者，莫大乎此。孟子曰："耻之于人大矣。"以其得之则圣贤，失之则禽兽耳。此改过之要机也。
>
> （节选自《了凡四训·改过之法》）

凡是要改正过错的人，第一，要有羞耻之心。想想古代那些圣贤，与我们一样都是七尺丈夫，为什么他们百世为师，为人所敬重？为什么我们就成了一介匹夫，像破碎的瓦片一样无大价值呢？因为我们沉溺于世俗的感情，暗地里做一些不义的事情，以为别人都不知道，一点都不愧疚，渐渐地沦落得像禽兽一样自己都不知道，这是世界上最值得羞耻的事情了。孟子说："羞耻之心对人来说非常重要。"有羞耻之心的人，有成为圣贤的可能；没有羞耻之心的人，可能就会成为衣冠禽兽。这是改正过错的关键。

第二，要发畏心。天地在上，鬼神难欺，吾虽过在隐微，而天地鬼神，实鉴临之，重则降之百殃，轻则损其现福，吾何可以不惧？

（节选自《了凡四训·改过之法》）

第二，一定要有敬畏之心。敬畏什么呢？看得见的、看不见的都要敬畏。天地鬼神难以欺骗，无论我们的过错多么隐蔽，天地鬼神都像镜子一样能够把它们清楚地照出来，如果我们的过失太重，天地鬼神就会降下灾祸；如果我们的过失比较轻微，也会减损我们现有的福祉，我们为什么不敬畏呢？

人有了敬畏之心，做事才会有分寸，才会知道有些事情是坚决不能做的，有些底线是坚决不能触碰的。为什么有的人伤天害理的事、丧尽天良的事、欺男霸女的事、贪赃枉法的事、违逆父母的事都做了？很大程度上是因为他们没有敬畏之心。如果每个人都对天地有敬畏之心，对人民有敬畏之心，对法律有敬畏之心，对国家有敬畏之心，我们的社会就会少很多犯罪的人。

　　第三，须发勇心。人不改过，多是因循退缩；吾须奋然振作，不用迟疑，不烦等待。小者如芒刺在肉，速与抉剔；大者如毒蛇啮指，速与斩除，无丝毫凝滞。此风雷之所以为益也。

　　（节选自《了凡四训·改过之法》）

　　第三，一定要有勇敢之心。很多人最大的毛病就是得过且过，对于自己犯的错误虽然也很自责，但由于拖沓、畏难退缩，自责之后还是没有任何改变，这只会让人更加堕落。我们一定要有改过的勇气，迅速而决绝地改正自己的错误，不要迟疑，也不要等待。小的过错就像扎进肉里的刺，快速地拔掉才好；大的过错就像被毒蛇咬到的手，更是要快速把毒逼出去，容不得半点迟疑。这就是"益卦"说的改正错误才会有益处。

具是三心，则有过斯改，如春冰遇日，何患不消乎？然人之过，有从事上改者，有从理上改者，有从心上改者。工夫不同，效验亦异。

（节选自《了凡四训·改过之法》）

有了羞耻之心、敬畏之心和勇敢之心，有了过错就可以改正。正如春天的冰遇到了太阳，根本不用发愁它会不融化。然而，人真正改过的时候，有几个层次：第一个层次是从事上改，就是从事情本身去改正，要做好事，不要做坏事；第二个层次是从理上改，不仅要做好事，还要讲清楚其中的道理；第三个层次是从心上改，就是让自己从内心里生起仁爱之心、慈悲之心。不同层次的改过，花费的功夫不同，获得的效果也不同。

从事上改，从理上改，从心上改，这三个层次都很了不起。其中，从心上改最为深刻，因为从心上改了，行为自然就跟着改了。如果只是从事上改了，心里其实很不服气，暂时做点好事，可由于内心的认识还存在一些问题，一旦有了机会，可能就又开始做恶事了。

袁了凡在《了凡四训》里，具体讲了什么叫"从心而改"。

何谓从心而改？过有千端，惟心所造；吾心不动，过安从生？学者于好色、好名、好货、好怒种种诸过，不必逐类寻求，但当一心为善，正念现前，邪念自然污染不上，如太阳当空，魍魉潜消，此"精一"之真传也。过由心造，亦由心改，如斩毒树，直断其根，奚必枝枝而伐、叶叶而摘哉？

（节选自《了凡四训·改过之法》）

什么叫从心而改呢？一个人的过错有千万种，都是产生于内心，如果我们心里没有产生错误的念头，怎么会做出错误的行为呢？修学的人对于好色、好名、好财、好怒等种种过错，不用一一去寻找改过之法，只要一心为善，心中时时存有正念，邪念自然无处可生，就像太阳当空，魑魅魍魉都会悄悄消失一样，这就是"做人要精诚专一"。过错是由内心生成的，也要从内心去改正，就像一棵毒树，砍掉它的树枝、树叶，砍完还会生长出新的来，那不如直接砍断它的根，何必一根一根树枝地去砍，一片一片树叶地去摘呢？

我们看人的时候，往往首先会看他的行为，比如，对人是不是很友善，是不是很客气，说话时语气是不是很和蔼。行为的背后是什么？是心念。如果我们只看到行为的层面，那我们有时就不免浅薄，因为有的人是伪善，表面上装得很好，其实内心不是这么想的。要想知道一个人到底是怎么样的，就要透过他的行为，看他的心念，以及他心念背后的性体。

从心上改，就是我们要尽可能做到让自己心中的念头都是服务社会的、服务人民的、利他的、遵纪守法的，这才更彻底，并在实践中有可操作性地改变自己命运的方法。从心念到行为，这是一个逻辑链条。当我们端正心念，从起心动念处做起，力争念念都是利他，念念都是服务社会与人民，这实际上从根本上斩断了违法犯罪的可能。

积累善行的十种方式

在《了凡四训》的第三篇《积善之方》中，袁了凡将积德行善的行为大概归为十类，涉及环境的改善、人际关系的改善、命运的改善等方面。袁了凡的建议切实可行，人人可学，人人可为。如果我们按照他说的去做，别人对我们的看法会改变，我们的生活环境、人生处境也会有所改善。

> 随缘济众，其类至繁，约言其纲，大约有十：第一，与人为善；第二，爱敬存心；第三，成人之美；第四，劝人为善；第五，救人危急；第六，兴建大利；第七，舍财作福；第八，护持正法；第九，敬重尊长；第十，爱惜物命。

（节选自《了凡四训·积善之方》）

袁了凡说，应该顺着环境、情况做一些积德行善的事情，其种类非常繁多，简单地来归纳，可以列举出十种。下面我就结合中国传统文化与当今社会的实际情况，一一来为大家解读。

第一类是"与人为善"，意思是不仅自己做善事，而且和大家一起做利国利民的事。孟子说："取诸人以为善，是与人为善者也，故君子莫大乎与人为善。"吸取别人的优点来行善，也是与别人一起来行善，所以君子最重要的就是和别人一起来行善。在现实社会中，与人为善的语意有所拓展，多指与人相处时要心存善意，比如：我们在单位与人为善，与别人的关系会变得更好，而且能够影响整个单位，让整个单位的风气也越来越好；我们开车的时候遇到着急的人，就礼貌地让行，这是与人为善，别人也会按响喇叭回应表示感谢；我们走路的时候礼让别人，是与人为善；走在路上遇见行动不便的老人时搀扶一下，是与人为善；坐公交车时把座位让给老、弱、病、残、孕，是与人为善……与人为善与拥有的财富多少、能力大小无关，每个人都可以力所能及地去做。

第二类是"爱敬存心"，指的是对别人一定要敬重，要让人舒服，不要盛气凌人，压制别人，我们发自内心地尊重别人的时候，就容易让别人愉悦、舒服。能否做到爱敬存心，正是君子和小人的差别所在。我们看一个人的修养高低，不是看他是否能言善辩，而是要看他在与人打交道的时候有什么样的心念与表现。一个尊重别人、爱护别人、体谅别人、让别人舒服的人，修养一般不会太低，朋友会很多，领导、同事大多会喜欢他，他的生活处境也不会太差。

第三类是"成人之美"，指的是成全别人的好事。孔子曰："君子成人之美，不成人之恶。小人反是。"意思是，君子促成别人的好事，帮助别人做成好事，不促成别人的坏事，小人则相反。如果一个人正在作恶，我们就不能帮助他，帮助了他，坏事就有我们一份了。从现实的角度说，成全别人的好事，其实也是在为自己积累好机缘、好人脉。

第四类是"劝人为善"，指的是在与别人相处时，如果发现别人有困惑，应当设法提点别人，劝导别人行善。人在世俗间为了生活四处奔波，难免沉迷、堕落，有人陷于烦恼之中无法自拔，有人在人生之路上走错了方向……倘若遇到这种情况，我们就应该帮助他们消除烦恼，引导他们走上正道，要引导他们成为利国利民的人。尤其是做老师的人，一定要特别注意这一点，要引导学生做善人，做利国利民的事。

第五类是"救人危急"，讲的是如果遇到陷入困境的人，应该尽快将他解救出来。崔子曰："惠不在大，赴人之急可也。"做好事的关键不在于事情有多大，数量有多多，而是在于能够救人于危急。锦上添花不如雪中送炭，在别人特别困难的时候帮上一把，会让人感觉很温暖。

第六类是"兴建大利"，指的是对民众有利的大事，要尽力去做。比如，修桥修路、开渠导水、筑堤防洪，等等。在做这些事情的时候，只要自己全心全意为人民服务，就不要害怕别人误解自己，说一些不好听的话，也不要害怕辛劳，要持之以恒，这样才能完成这些事业。

第七类是"舍财作福",指的是把自己的财富布施出去。当我们有很多财富以后,把财富布施出去,既能够让社会受益,让人民受益,也能够破除自己的吝啬之心,还会得到别人的尊重,自己的内心也会更加富足和欢喜,在这个过程中也会有更多的机会。在现实社会中,有很多大企业家、大富豪是很重视做慈善的,他们的企业都有用于做慈善的专项资金。

第八类是"护持正法",指的是守护所有正确的原则。只要是有利于国家的长治久安、有利于国家文脉兴盛的文化都叫正法。一个社会,只有正法兴盛,才会民心顺、风气好,人们越来越幸福。

第九类是"敬重尊长",指的是要敬重尊者与长者。家庭中的父兄,单位的领导,以及其他年事高、德行高、职位高、见识高的人,都可以称为尊长,我们都应当敬重。

第十类是"爱惜物命",指的是不要杀戮,要爱护生命。人之所以有别于动物,在很大程度上是因为人有恻隐之心。人类的很多灾难,是由人类自己的不当行为引发的。人与自然是一个命运共同体,我们爱惜自然、爱惜小动物,也是爱惜我们自己。

我相信,如果我们在现实生活中尽好自己的本分,多帮助别人,多做一些有利于他人和国家的事,就会受到人们的尊重,很多人会向我们竖大拇指,我们自己也会身心很愉悦,与他人的关系越来越好,机会越来越多,运气也会越来越好。

谦虚大度，造福由我

《了凡四训》的第四篇是《谦德之效》，在这一篇中，袁了凡开篇便援引古书，说明谦虚之德对人的重要性。

> 《易》曰："天道亏盈而益谦，地道变盈而流谦，鬼神害盈而福谦，人道恶盈而好谦。"是故《谦》之一卦，六爻皆吉。《书》曰："满招损，谦受益。"予屡同诸公应试，每见寒士将达，必有一段谦光可掬。
>
> （节选自《了凡四训·谦德之效》）

《易经》里说："天道亏盈而益谦，地道变盈而流谦，鬼神害盈而福谦，人道恶盈而好谦。""盈"指傲慢、自满、爱炫耀，自以为了不起。"谦"指谦虚，总觉得自己做得不够好，觉得自己有很多缺点，觉得自己很平凡。天道是让那些傲慢、自满的人有所损失，而让那些谦卑随和的人获益；地道是让那些满的流出来，流到谦卑的那里去；鬼神讨厌自满、爱炫耀的人，而愿意降福给那些低调谦卑的人；人对那些自满、爱炫耀的人也很厌恶，比较喜欢那些谦卑的人。所以《易经》的六十四卦中，唯独谦卦的六个爻辞都是吉祥的。《尚书》也说："满招损，谦受益。"袁了凡多次参加科举考试，他发现那些特别谦卑随和的人，往往都能取得比较好的成绩。

接下来，袁了凡列举了丁宾、冯开之、赵裕峰、夏建所、张畏岩的事例，来证明"每见寒士将达，必有一段谦光可掬"。然后，他总结说：

> 古语云："有志于功名者，必得功名；有志于富贵者，必得富贵。"人之有志，如树之有根。立定此志，须念念谦虚，尘尘方便，自然感动天地，而造福由我。今之求登科第者，初未尝有真志，不过一时意兴耳。兴到则求，兴阑则止。孟子曰："王之好乐甚，齐其庶几乎？"予于科名亦然。
>
> （节选自《了凡四训·谦德之效》）

古话说："有志于功名者，必得功名；有志于富贵者，必得富贵。"这句话未必全面，但人有了志向，就像树有了根。一个人确定了自己的志向以后，内心就会产生强大的力量，推动他去实现自己的理想。但是在为理想而奋斗的过程中，还要时时记得要谦虚，要与人方便，这样才会感动天地。造福全在我们自己，只要我们真心，就能够有所成就。

袁了凡说，如今这些立志求取功名的人，一开始不一定是真心的，不过是一时兴起罢了。有兴致了，就去求取；没有兴致了，就停止求取。孟子曾对齐王说："王之好乐甚，齐其庶几乎？"我认为，求取功名也是一样的道理。

袁了凡借助孟子的言论，表明了自己对求取功名的态度，以此来教育自己的孩子，这一辈子不管有多大的成就，都不可张狂，不可居功自傲，不要觉得自己了不起。任何人都不喜欢爱炫耀的人、翘尾巴的人、骄狂的人。一个人一旦自满、张狂，就会引起人们极大的反感。

做人要随和、谦卑，越有成就，越不要忽视自己的缺点；为社会做的贡献越大，越要看到别人的功劳。越是身居高位、要位，越要看平凡者的伟大。这样，机会才能慢慢汇聚起来，人生之路才能越来越平坦。

第二十九讲

明末四大学者

明末清初的时代背景

中国历史发展到明末，经历了无数的辉煌，也经历了一些惨痛的苦难。由于各种复杂的历史原因，中国社会打乱了原来的发展逻辑。1636年，中国历史上最后一个封建王朝——清朝在东北建立。1644年，李自成起义，率军攻破北京城，崇祯皇帝自缢，明王朝灭亡。满洲贵族的军队在吴三桂的带领下打败了李自成的军队，入驻北京，后来清朝定都北京，逐渐建立了对全中国的统治。清朝建立和明朝灭亡，存在着一个时间差，清朝建立八年之后，明朝才灭亡。

这个时候，中国的历史跟欧洲历史就出现了重大分野。欧洲在反对封建、专制、独裁，反对宗教神权的过程中，历史继续前进。思想上自由、民主、平等一系列价值理念口号的提出，极大地解放了作为个体的人。一个力争摆脱各种外在束缚和打压的人，创造力会得到极大的激发。因此，个体的解放会带来艺术、文化等各个方面的发展。在政治上，取代封建专制独裁的，要么是君主立宪，要么是民主共和。这些新制度，从某种程度上都能够为资本的发展、为生产力的发展创造比较好的条件。所以西方从17世纪开始，经过一系列的抗争、努力，最终全面进入了资本主义社会。当然，资本主义社会在发展中遇到的问题也很多，比如个人主义的过度膨胀、资本的无孔不入等。到了19世纪，马克思主义产生，从更深的层次对资本主义社会内在的问题做出了剖析，并在这个基础上，提出了资本主义社会一定要灭亡，未来社会的更高阶段是共产主义，这是整个西方社会近代以来演进的逻辑。

清朝建立以后，中国一下子又回到了传统的帝制社会，进入一个徘徊时期。虽然有所谓的康乾盛世，与其说盛世，不如说是落日的余晖。在传统社会需要向现代社会转型的历史节点上，中华民族没有创造出一个崭新的社会和崭新的时代，反而是在历史曾经的轨道上爬行。康乾盛世的治国逻辑和社会管理的理念与方法，都沿袭自传统社会，这就使得夕阳西下的时候，又漾出了最后一抹晚霞。可是晚霞迅速暗淡之后，迎接中国的是隆隆的鸦片战争的炮火，接之而来的，是中华民族一百多年的苦难史和血泪史。任何一个民族，它发展的推动力归根结底是自强自立。能够拯救一个民族、带给一个民族希望的，不是神秘的外在力量，也不是其他民族，而是这个民族自己，这就是"天行健，君子以自强不息"。鸦片战争给我们带来了深重的灾难，无数知识分子带着"杀身成仁，舍生取义""士不可不弘毅，任重而道远"的使命和精神，不断地学习人类文明史上的一切好东西，海纳百川，为我所用，力争在中华民族的大地上开出一条新路。1911年辛亥革命爆发，清朝的统治被推翻。1949年新中国成立之后，中华民族在和整个国际社会碰撞交流的过程中，慢慢地走出了一条适合自己的民族复兴之路和现代社会的转型之路。

那么，是不是西方列强的入侵，才让中国开启了现代社会的进程呢？为侵略者张目，为入侵者鼓呼，这是违背人类道义的。任何一个民族的历史，归根结底是要靠自己的手和脚，探索出自己的道路。"周虽旧邦，其命惟新"，我们这个民族不甘于屈服，我们自救的能力、自我更新的能力、自我升华的能力、自我革命的能力一直都是中华民族宝贵的精神财富，只是在某些时候处于类似冬眠的状态。在外力的冲击下，这些能力被重新激发出来。中华民族近代以来，能够走出一条自强的路、自新的路，一个传统社会向现代社会转型的路，是中华民族自己探索出来的。

黄宗羲:"天下为主,君为客"

　　黄宗羲,出生于1610年,去世于1695年,是我国明清之际的思想家、哲学家,浙江余姚人,学者称他为"梨洲先生"。他一生著作非常多,在历史、哲学、政治、经济学、音韵学、考据等方面都取得了比较大的成就,是一个百科全书式的人才。

　　黄宗羲临终前在给他孙女婿的信中写道:

　　　　年纪到此可死;自反平生虽无善状,亦无恶状,可死;于先人未了,亦稍稍无歉,可死;一生著述未必尽传,自料亦不下古之名家,可死。如此四可死,死真无苦矣!

　　"年纪到此可死",活到今天,可以死,言外之意有欣慰的感觉。"自反平生虽无善状,亦无恶状,可死",反思一下,自己这一辈子虽然没有做多大的善事,但是也没有伤天害理、作大恶,这一生内心无愧,可以死。"于先人未了,亦稍稍无歉，可死"，对列祖列宗多少还有一些使命没有承担，可是想一想也没有多少亏欠，可以死。"一生著述未必尽传，自料亦不下古之名家，可死"，自己所写的著作虽然不一定都能名垂青史，被后世子孙捧着读，但是自己这一生取得的成就、写的作品，和古代的那些大家相比差不了多少，可以死。"如此四可死，死真无苦矣"，做到了这四个"可死"，到生命的终点向世界告别的时候，可以很欣慰。这几句话既谦卑又有自信，是黄宗羲对他自己这一生的概括和总结。

黄宗羲的成就有以下几方面。

第一个方面是政治思想。他写了一本书，叫《明夷待访录》。明夷是《易经》的第三十六卦，叫地火明夷，卦象上面是地，下面是火，光明在地下，就好比说太阳已经落山了，或者太阳还没有出来。黄宗羲以"明夷"为书名，代表他写的这本书像太阳一样在地下面，早晚有一天会有人发现它的价值。黄宗羲在这本书中明确地否定了家天下的君主专制制度，向世人表达了一种比较朴素的民主精神。

> 有人者出，不以一己之利为利，而使天下受其利，不以一己之害为害，而使天下释其害。
>
> 后之为人君者不然，以为天下利害之权皆出于我，我以天下之利尽归于己，以天下之害尽归于人，亦无不

可。使天下之人不敢自私，不敢自利，以我之大私为天下之大公。始而惭焉，久而安焉，视天下为莫大之产业，传之子孙，受享无穷；汉高帝所谓"某业所就，孰与仲多"者，其逐利之情不觉溢之于辞矣。此无他，古者以天下为主，君为客，凡君之所毕世而经营者，为天下也。

（节选自《明夷待访录·原君》）

黄宗羲在这本书的首篇《原君》中讲到，君主的责任是"使天下受其利""使天下释其害"，就是通过自己的努力，让天下人受益，让不利于天下的事不要发生。君主要以私利兴公利，要做天下的公仆，所以"古者以天下为主，君为客"。"凡君之所毕世而经营者，为天下也"，真正的政治常态，人民是主人，君王要为老百姓谋福利。黄宗羲指出，在历史演进的过程中，君主本来的角色模糊了。后来的君主，是"以为天下利害之权皆出于我，我以天下之利尽归于己，以天下之害尽归于人"，君主成了天下的主人，老百姓成了玩物，天下所有的好事都归于君主一个人，不好的事就让别人去承担，这样就背离了"天下为主，君为客"的思想。他还指出，后来的世袭制度，以自己的家凌驾于天下之上，叫作"视天下为莫大之产业，传之子孙，受享无穷"。

黄宗羲从根本上否定了家天下的合法性，提出一定要限制君主的权力，他写道：

> 有明之无善治，自高皇帝罢丞相始也。
>
> 原夫作君之意，所以治天下也。天下不能一人而治，则设官以治之；是官者，分身之君也。
>
> （节选自《明夷待访录·置相》）

君臣的关系，不是"君叫臣死，臣不得不死"，实际上君和臣是一体的，性质是一样的，只不过分工不同，二者应该相辅相成，共同为老百姓谋福利。大家看得出来，他有很强的反君主独裁、反专制的思想。为了限制君权，他提出要设立丞相。他认为明朝没有治理好的一个重要原因，是朱元璋废除了丞相。丞相在某种程度上可以限制君权，分权可使一个君王独裁、凌驾于社会之上的可能性大大减弱。可见黄宗羲不仅仅是批判君主专制独裁，而且在制度设计上也开始想办法。

第二个方面是教育思想。黄宗羲的教育思想也和政治思想相关联。

> 是故养士为学校之一事，而学校不仅为养士而设也。
>
> （节选自《明夷待访录·学校》）

学校的使命是什么？是培养人才，为学子们的成长提供帮助。可是黄宗羲指出，学校还有一个重要的责任，就是议政。一个国家的政治生活要想生机勃勃，一定要能够纳言，要让老百姓发表自己对社会治理、对政治的看法。不管什么样的制度，都会有各种问题，老百姓对哪里不满意，一定要有一个表达的渠道。如果在一个社会中，老百姓的声音没办法反映到政治制度的设计与运作里面，政治集团和管理集团就会与老百姓离得越来越远，老百姓已经怨声载道了，社会治理者还我行我素，这样的社会制度就容易走向穷途末路。所以，黄宗羲在讲教育制度的时候，就指出学校不仅是培养人才的，它还应当承担政治功能。老百姓有发表对社会治理看法的权利，他们的看法能够及时地反映到政治的决策者那里，他们的声音及时被社会管理体系所吸纳，这样社会治理者与老百姓之间就会产生良性的互动。不断地吸纳老百姓的看法，回应老百姓的期待，这个社会就是新鲜的，体制也是有生机的。当然，学校作为传承文化与探讨学术的地方，如果过于强调其评议政治功能，也有很大的弊端，这是需要我们注意的地方。而且议政的人要有议政的能力，那些在书斋里之乎者也，对社会的实际情况缺少了解的人，一般不具备议政的能力。

第三个方面是经济思想。黄宗羲倡导限制君权是为了谁？从某种程度上他就是在为老百姓的权利张目、呼吁。他主张整个管理制度，包括君王、官员，等等，都是为老百姓做事的。在税收方面，他提出了一个非常深刻的观点，指出中国历史上的赋税制度有三害：

> 或问井田可复，既得闻命矣。若夫定税则如何而后可？曰：斯民之苦暴税久矣，有积累莫返之害，有所税非所出之害，有田土无等第之害。
>
> （节选自《明夷待访录·田制》）

黄宗羲在研究中国经济学的时候，发现了历史上的一个现象：统治者为了彰显自己的仁治，就会减税。但是过了一段时间以后，税收又重新升到一个比较高的水平，往往是越减税越高。最终一个国家或者一个社会不堪重负，大厦将倾，一个朝代被推翻。后来有学者把这个规律总结为"黄宗羲定律"。

黄宗羲给出的解决方法是什么呢？他主张向老百姓收税的时候，一定要考察每家每户的人口、土地、经营等情况，比如说，年景好不好，土地的产值好不好，粮食价格低不低，根据实际情况细致地确定税额，让税收保持在一个合理的水平上。这样才能解决越减税越增税的问题，切实地让老百姓受益，避免老百姓不堪重负，从而引起社会动荡。

第四个方面是哲学思想。在哲学上，黄宗羲对王阳明的心学比较重视。他对王阳明的"致良知"有独到的见解。他认为，"致良知"就是"行良知"，因为"致"本身就是讲怎么样证出自己的良知，就是"行"。而且，黄宗羲把"行良知"与普通人讲的心性、修养结合在一起，使其具有了更强的现实意义。什么叫"行良知"呢？简单来说，就是在生活中孝敬父母、好好工作、对人友善、服务社会。这是对"致良知"的一种发展和落实，对每一个普通人的个人修养及整个社会风气的改进都是有价值的。

此外，黄宗羲在天文历算、数学、地理、文学、历史等方面都有比较大的成就。在当时的历史条件下，黄宗羲对整个时代问题的把握有敏锐的一面，他提出的主张，今天来看也有相当的价值。他在中国时代转换的过程中，率先看到了新时代的曙光。虽然中国历史的演进，没有沿着明末思想家的反思继续前进，而是在清政权建立后又回到了传统社会的轨道，但黄宗羲等人的思考，作为中国思想史自身链条中的一部分，有不可忽视的价值。

顾炎武：“天下兴亡，匹夫有责”

顾炎武，中国明末清初思想家、学者，江苏昆山人，出生于1613年，去世于1682年。顾炎武出生后不久就被过继给他去世的堂伯顾同吉为嗣，他的养母是王氏。王氏很不容易，她还没和顾同吉结婚，顾同吉就因急病去世了。她没有退婚，毅然决然地嫁入了顾家。王氏把顾炎武从小养大，在日常的教育中，她远超出一般母亲的气度和志向，经常以岳飞、文天祥、方孝孺等人为典范，对顾炎武进行引导和启发。后来清军攻占昆山，明朝灭亡后，她绝食而死，临死前告诉顾炎武：“国家养了我们那么多年，现在国家灭亡了，我作为一个女人也没办法去打仗，但是我要绝食殉国，以这样一种行动，来报答国家。”这件事情对顾炎武影响非常大。

清朝的康熙帝继位之后，为了把那些虽然忠诚于大明王朝，但是又非常有才干、有文化底蕴的知识分子收入大清的治理体系之中，开设了博学鸿儒科，黄宗羲、顾炎武等人都在征召名单之内。可是顾炎武对大明王朝感情深厚，坚决不应召。

顾炎武曾经十谒明陵，以此来表达自己对明朝的情感和认同。

中年之后，他变卖家产，走上了一条行在中国——在行的过程中印证自己学问的路，在山东、河北、河南、山西等地都留下了他的足迹。据说他骑着一匹很瘦的马，还有一个老仆人跟着他。他每走到某一个地方，就去了解这个地方的风土人情、地形地貌。如果当地的人说的和他在书中读的不一样，他就立即翻书求证，书上的记载模糊不清楚的地方，他都要加以修正。顾炎武这种行为开创了清朝以后学术的一个流派，叫实学。在明朝，无论是程朱理学，还是陆王心学，都比较注重心性，造成了空谈心性的学术风气。明朝的灭亡对当时的知识分子震动很大，很多知识分子就开始反思为什么明朝会灭亡。顾炎武这种脚踏实地地去印证，读万卷书，行万里路，在实证的过程中验证所学、体味所学、纠正所学的作风，对学术风气的改变有很大影响，因此顾炎武也被称作清朝开风气之先的学术大家。

顾炎武在很多个学科都取得了比较大的成就。在经学方面，他对"四书五经"等儒家经典有比较深入的研究；在历史、地理学方面，他亲自去考察，与当地的人交谈，得到第一手的材料；在音韵学方面，他最大的贡献是用离析"唐韵"的方法研究古韵。为什么他要研究音韵呢？他认为如果想把经典的本意了解清楚，首先得把字搞清楚，要把字搞清楚就得从音韵着手，他研究音韵不是着意音韵本身，而是把音韵当作通向经典本义的路径和阶梯。除此之外，顾炎武在金石考古、方志舆地、诗文等方面，也都有比较深的造诣。

顾炎武在学术上有承前启后之功，是一个大师级的人物。承前，指他对程朱理学、陆王心学都有总结和批判；启后，指他对后来的乾嘉学派，乃至整个清代的学术，都有开创之功。在顾炎武看来，所有的读书、思考，目的都是明道救世，是以利济天下苍生为己任。明道的目的不是空谈心性、空谈天理，而是救世，是推动社会进步，造福老百姓。正因为这样，他对程朱理学和陆王心学进行了非常严肃的批评。

王阳明去世以后，由于心学自身的一些问题，出现了一些流弊。有的学者在没有证到良知的时候，虽是俗人却妄以为是圣贤，一个很狂妄的人，自以为证到良知以后，行为就开始荒诞不经。很多知识分子坐而空谈心性，对解决社会现实问题并无良策，手无缚鸡之力，没有定国安邦的本事，把整个学术界的风气引向空疏无用的境地。王阳明发展心学的本意，是强调知行合一。可惜他去世以后，王学的后人，恰恰就做出了他反对的种种行为。所以这一点顾炎武非常不赞成，他在《日知录》里就表达了自己的观点：

"今之君子……是以中日言性与天道，而不自知其堕
于禅学也""孔门未有专用心于内之说也。用心以内，近世
禅学之说耳……今传于世者，皆外人之学，非孔子之真"。

　　　　　　　　　　　　（节选自《日知录》卷七、卷十八）

　　他认为当时整天空言性与天道的学术风气主要是来自禅
学。他做出这种批评，一方面是在维护孔孟学说的正统地
位，另一方面也是针对现实的考虑。他带着明道救世的理
念，对当时的经济和社会发展也特别关注。孔子讲"君子喻
于义，小人喻于利"，因此中国传统知识分子很少谈利，但
是顾炎武非常明晰地提出，利不是不可以谈，关键是为谁而
谈。他说"君子之为学，以明道也，以救世也"，提出了利
民富民的主张。他还指出：

　　古之人君未尝讳言财也，所恶于兴利者，为其必至
于害民也……且利不在官则在民，民得其利则财源通，
而有益于官，官专其利则利源塞，而必损于民。

　　　　　　　　　　　　　　（节选自《日知录》卷十二）

　　真正的仁君或者伟大的领导人不是不谈利，我们不要被
这个传统的说法所拘束。一个国家如果没有利，就会衰败，

发展就会停滞。所以其实是可以谈利的，道义也是由利承载，关键是利为谁所谋。利应该是为民所谋，这叫藏利富于民。

对于做学问的态度，顾炎武在他的一篇文章中有非常清晰的表述：

> 博学于文，行己有耻。自一身以至于天下国家，皆学之事也。
>
> （节选自《与友人论学书》）

"博学于文"指要广博地学习各个方面的知识。顾炎武不单是某一方面的专家，而且是在多个学科都有比较深的建树。

"行己有耻"实际上是对人格的一种要求，就是要明白在这个世界上哪些东西是我们所不齿的，哪些事情是我们绝对不能做的。顾炎武一生忠于自己的人生理念和政治理念，无论是结社复明，还是面对大清王朝高官厚禄的引诱不为所动，都表现了他的人格。行己有耻这一点，其实不光是顾炎武做到了，王夫之、方以智、黄宗羲也都做到了。

在哲学思想上，顾炎武深刻地揭露了程朱理学和陆王心学的问题所在。理学最高的概念，就是天理。知识分子皓首穷经，一生努力的方向就是领悟天理。这样的一种学术架构和理论，就容易把学者引到脱离社会现实、空谈心性的方向上。顾炎武在理和气、道和器的问题上，做出了自己的阐发。在程朱理学的观念里，理和气是什么呢？天理是第一位的，天理显现的时候，需要气来承载。天理看不见、摸不着，需要以有形的物质为依托，这是程朱理学的理气说的主要理论框架。顾炎武认为器和气是第一位的，在理和气、道和器的问题上，指出没有脱离气而存在的所谓的抽象的理，也没有脱离器而存在的所谓的道。顾炎武这样阐发，就在逻辑上把传统知识分子心目中理的至高无上的尊贵地位给打掉了，反而把他们的关注点引向了现实的器物，以及我们生活的世界。

顾炎武之所以做出这样的阐发，是因为他希望中国的知识分子不要空谈心性与天理，而是实实在在地去做工、去生活，在推动社会进步的具体事务中明理。他的这种学术改造，是对整个明朝学说的一种总结和反思。

他在《日知录》里专门对知识分子空谈心性、脱离社会实际的现象进行了非常尖锐的批评：

> 不习六艺之文，不考百王之典，不综当代之务，举夫子论学、论政之大端一切不问，而曰"一贯"，曰"无言"，以明心见性之空言，代修己治人之实学。股肱惰而万事荒，爪牙亡而四国乱，神州荡覆，宗社丘墟。
>
> （节选自《日知录》卷七）

他说很多知识分子把实实在在做事的能力丢掉了，空谈一以贯之的天理，空谈心性，没有任何做实际事情的能力，这种行为导致整个社会的风气也开始堕落。

在政治思想上，怀疑君权是那个时代很多大思想家的一个共性。处在时代转换的大背景下，顾炎武对亡国和亡天下的问题进行了非常深刻的思考。顾炎武明确指出，天下的大治一定不是君王一个人说了算，他虽然没有完全否定君主专制，但是他提出了众治的主张，在当时也有先进性。一个国家要治理好，一定是每一个人都参与的，他指出：

> 有亡国，有亡天下，亡国与亡天下奚辨？曰：易姓改号谓之亡国。仁义充塞，而至于率兽食人，人将相食，谓之亡天下。……是故知保天下，然后知保其国。保国者，其君其臣，肉食者谋之；保天下者，匹夫之贱与有责焉耳矣。
>
> （节选自《日知录》卷十三）

在《日知录》里，顾炎武对亡国和亡天下做了区分。他认为，一个朝代变了，就是亡国了；如果一个民族的文明没有了，文化断绝了，人与人之间充满了血腥、征战、杀戮，甚至出现人吃人那种惨不忍睹的现象，就是亡天下了。所以要对保天下和保国家加以区分。保国家，主要是国君和大臣去谋划的事情，用今天的话说，就是那些掌握了国家管理权力的人，主要承担着保国家的责任。保天下则不是肉食者的事，而是我们每一个人的事。后来"保天下者，匹夫之贱与有责焉耳矣"这句话被人们简化成了一个众所周知的口号："天下兴亡，匹夫有责。"这个口号提出以后，成为激励中华民族不断前进的精神力量，每当国家危难之际，总是有无数的仁人志士以这句话来自勉，从而扛起救国救民的责任。

顾炎武对亡国和亡天下的区分，非常符合当时的时代背景。顾炎武的思想固然有时代的痕迹，但是他指出每一个人都是本民族文化的主体，文化和文明属于每一个人，与每一个人都息息相关。今天，每一个中国人之所以能够立在世界上，能够活得有尊严，是因为我们有自己的文化，有自己精神的独立性。如果我们的文化亡了，或者我们的文明亡了，中华民族就被抽掉了屹立于世界民族之林的精神与文化根基。

总体来看顾炎武这一生，在整个明末清初大的时代背景之下，他对当时的很多时代问题都做出了回应，包括哲学上的回应，政治思想上的回应，等等。顾炎武的这种回应，尤其是他的"行己有耻""明道救世""博学于文"，以及"天下兴亡，匹夫有责"等理念，会在中国的思想史上永远闪耀着光芒。

王夫之：“六经责我开生面”

　　王夫之，湖南衡阳人，明清之际思想家，出生于1619年，去世于1692年。由于他晚年隐居的地方是湘水之西的石船山，因此被称为“船山先生”，又称“王船山”。在王夫之故居的草堂有一副对联，代表了他一生的学术旨趣：“六经责我开生面，七尺从天乞活埋。”

　　上联“六经责我开生面”体现了王夫之对传播中国文化并开拓出新局面的责任感和使命感。“六经”，指的是经过孔子整理而传授的六部经典，王夫之一生致力于研究这些儒家经典。什么叫开生面？不是简单地翻译，也不是简单地传承，而是要在新的历史背景下，讲出新东西，开辟出新的思路。

　　下联“七尺从天乞活埋”讲的是他在政治上的立场，坚决不与清朝合作，堂堂七尺之躯，正求之不得哪一天被活埋了呢，大义凛然，甚至有视死如归的味道。历史记载，在王夫之71岁的时候，有一次病重，有清廷的官员来拜访，想赠送他一些吃穿的用品。但他以明朝遗臣为精神认同，对大明王朝有很强的归属感，坚决不见这个清廷官员，而且写了一副对联来表达自己的情操："清风有意难留我，明月无心自照人。"言外之意就是清朝的官员想来照顾我，给我送点东西，但是对不起我不会要的，大明王朝虽然已经灭亡，但是我内心对它的认同感和归属感没有变，我仍然以大明王朝的一个子民自居。

王夫之这一生在很多方面都取得了很大的成就。

王夫之在解释他"继善成性"的人性论时讲道：

> 禽兽终其身以用天而自无功，人则有人之道矣。禽兽终其身以用其初命，人则有日新之命矣。有人之道，不谋乎天；命之日新，不谋其初。

（节选自《诗广传·大雅》）

王夫之认为动物和人有什么区别呢？从哲学的角度看，动物是一种被规定的存在，它被遗传基因规定了什么，它这一生的轨迹就是什么。而人不是，人有日新之命，也就意味着人是一种生成的存在。这个观点跟20世纪德国人类学家舍勒有一些相似。舍勒认为人是一个面向未来的X，X意味着它是变化的，是生成的，是突破规定的，意味着人不能被固定化和僵化，而是在生命实践中、在历史进程中不断去演化、去生成创造。王夫之的人性观其实就是反对抽象的人性论。人不是什么都被规定好的，也不是一个抽象的符号。人是在社会实践过程中，不断地变化着自己、生成着自己、革新着自己的，这就是他的人性论——"继善成性"。

在这个问题上，他还特别强调，人一定要依靠自己的主观努力，如果不依靠主观努力，人的命运不可能走向好的方向。王夫之的这个看法，和他对《周易》的理解有关系。《周易》的哲学思想并不是命定论，它有趋吉避凶的特点，意味着人的命运可以改变。可是怎么改变呢？王夫之强调"继善成性"的"继"，继就意味着一定要依靠自己的主观努力，不断地去改变自己，让自己生命的境界、智慧、能力和处境越来越好。

在理和欲的问题上，王夫之也有一种很新的说法，也和当时的时代背景息息相关。大家知道宋明理学提出的观点非常清楚，叫"存天理，灭人欲"。王夫之对理和欲的看法，有了他自己的发挥。王夫之认为理欲皆自然，天理和人欲都是人类自然的状态。实际上王夫之对人类正常的生理需求予以了肯定。他说："王道本乎人情。人情者，君子与小人同有之情也。"天理其实不违背人情，不违背人类自然的一些属性。王夫之的这种说法，把人对现实的一些需要和天理等同起来，客观上肯定了人欲的合理性。

在知和行的问题上，王夫之也有自己的看法。程朱理学认为是知先行后，王阳明认为知和行是一体的，对于这些观点，王夫之提出了批评。王夫之认为知先行后是不行的，而王阳明的知行一体说，也有很严重的问题，在他看来，既不能混淆知和行，又不能把二者割裂开来，要把它们互动一体的关系说清楚。由此王夫之提出了"行先知后"说，他还特别强调"行可兼知，而知不可兼行"。这意味着，在王夫之看来，人们在实践的过程中可以增进认知，但单纯的理论认知并不等同于实践，更不能代替实践。

在道和器的问题上，他有一句话叫"据器而道存，离器而道毁"。"道"是中国传统哲学的核心概念，我们可以将其理解为真理或者规律。但是真理或者规律需要通过"器"，就是有形的物质体现出来。"道"和"器"是两个概念。传统的哲学，尤其是程朱理学特别强调"道"，认为"器"是用来显示"道"的，在"道"和"器"的关系上，"道"具有形而上的价值。而王夫之把"器"的作用看得特别重要，他认为如果没有形而下的"器"，这个"道"是没有价值的，也无法存在。王夫之的这个说法，用意是要总结明朝灭亡的思想根源，那就是坐而空谈心性，空谈所谓的道，导致知识分子缺少实实在在解决社会问题、给人民造福、推动社会进步的能力。这一点，王夫之在哲学上做出了回答。

　　王夫之生活在明清之际，对当时的很多哲学问题、社会问题和人性问题，都做出了回答。作为一个大思想家，他不仅看到了时代转折的挑战，看到了人心的变化，还尝试着在学理上做出回答，这就是他的价值所在。

方以智：东西方文化比较的先驱

方以智是安徽桐城人，出生于1611年，去世于1671年，是明清之际的思想家、科学家，也是桐城派代表人物之一。他这一生颠沛流离，经历十分坎坷。

在整个明末清初时代变革的大潮中，方以智的思想和其他几位大思想家有所不同，主要体现在两个方面：一是对中西文明的思考，二是对自然科学的关注。中西方文明的问题，在中国传统思想史上讨论得比较少。16世纪以前中国整体的文明水平某种程度上走在西方前面，但16世纪以后西方人后来居上，这也是现实。在中国传统话语体系里，有"夷夏之辨"，说的就是中国作为文明的主体，或者是文明的高端，周边实际上是"夷"，"夷"意味着文明程度比较低。到了方以智生活的时代，整个人类文明已经发生了重大变化，西方社会在某种程度上渐渐超过了中国。明朝中期以后，西方的一些传教士如利玛窦等来到中国，打通了中国和西方文化沟通的一些渠道，也具备了讨论中西文化问题的条件。所以方以智开始对中西方文化进行思考。

在中国固有的学术传统中，有一个非常大的弱项，就是对自然科学探讨得不够。重视"道统"，重视身心性命之学，这是中华文化的长处，从某种程度上讲也是我们的短处。人类社会的健康发展，需要驾驭工具能力（德行、修为、智慧、正确的价值观等）与工具能力（自然科学、工程技术、管理手段、方法等）有机统一。"道"作为驾驭工具的能力，须与自然科学等工具能力有机结合起来，才能更好地促进人类进步。西方近代以来突飞猛进，远远地把中国甩在后面的一个重要原因，就是自然科学取得了巨大进展，由自然科学而引发的技术革命和技术革新，把整个西方社会大步推向前进。而方以智的思想里面，有很多内容都是在探讨自然科学。他在著作《物理小识》中对太阳和地球之间的距离、太阳和地球的体积这样的问题进行了探讨，并得出结论：西方人擅长质测之学，而中国人擅长通几之学。质测之学就是对事物本身实证的研究，如拿起一块砖头，拿起一块石头，拿起一棵植物，拿起一只昆虫进行研究，物理学、生物学、昆虫学等学科被创造出来。这种实证的研究，容易产生技术学科，也对自然科学有重大的推动作用。通几之学讲的是万事万物背后的那个理实际上是对形而上之道的探讨。用质测之学和通几之学来概括中西方的科学，这有非常独到之处。

在实证科学方法的指导下，西方人将科学细分为机械学、工程学、化学等，多种学科共同发展。但是这种细化也有一个问题，就是把整个人类的科学搞得支离破碎。它虽然在某一个技术学科上会取得巨大进步，但是整个宇宙一体的那个理，西方文化确实难以揭示。比如，开采石油，以质测之学、用实证的方法，就可以知道石油埋藏得有多深，用什么办法能够开采出来，什么时候才能增加石油的产量，在岩层中心不好开采需要用什么办法，等等。可是石油开采出来之后，对整个生物圈，对整个人类的生存环境会产生什么样的影响？这一点是质测之学没有探究到的，须用整体的、系统的、历史的观点加以分析，这是它的缺陷所在。而我们中国文化讲的天人一体，中国文化讲的道统心性理论，对万事万物背后的那个道，或者那个一，进行探讨，有自身独特的长处。

如果把西方人擅长的质测之学和中国人擅长的通几之学结合起来，应该是以中华文化之道驾驭好自然科学之工具，共同为人类社会服务。比如，在天人合一、万物并育框架之下，我们把物理、化学等学科利用好；再比如，我们在中医整体框架下，把西医的某一个点、某一个器官、某一个细胞的能量交换研究清楚。二者结合起来，这应该成为未来发展的趋势。

方以智对中西方文化，包括对自然科学都高度重视，而且提出自己的观点，指出：西方人在质测方面擅长，中国人在通几方面擅长。其实二者应该有机统一，共同为人类文明服务。

在价值观层次可以看得出来，中国人从来不把一个人单纯地当个体来看，总是把人放在和家庭的关系，和朋友的关系，和天地的关系中来看。西方人就一个观点，就是把人当个体来看，强调个体的自由与权利。但是，如果只是看到一个人个体的存在，没有看到个体与他人、个体与家庭、个体与国家、个体与天地自然之间的关系，只是片面地强调原子式个体的自由与人权，结果是什么呢？就是一个个膨胀的"小我"，会带来一系列的问题。如果把一个人放在天地中看，放在和他人之间的关系看，就会发现"小我"与"大我"有机统一才是对人类生存世界的真实反映。个体可以追求自由，用孔子的话说就是可以"从心所欲"，但是后半句大家一定要清楚，叫"不逾矩"。从心所欲但不伤害别人、不伤害自然环境、不伤害社会、不伤害国家，在这个界限范围内，才能谈及自身的自由。当然，从更高的层次看，"自由"是一个人对自身生命的把握，是真正能够做自己心灵的主人的状态，这是中华文化极为深刻的地方。

可惜中国的思想史到了明末四大学者这里，中国社会并没有沿着这些思想家的思考继续前进。历史不能假设，但是我们姑且假设一次，假设中国的历史在明朝的时候，我们持续和西方互动，沿着黄宗羲、顾炎武、王夫之、方以智的思考往前走，包括对君主专制独裁的反思和批判；包括对众治，对大家参与政治的思考；包括对人类正常需求的尊重；包括对天下兴亡人人有责的呼吁；包括要正确地看待中西文化，正确地看待自然科学的作用；等等。如果能够沿着这些思想去思考，主动把中国融入全球化的背景，去选择或者说创造中国自身的发展之路，中国就会是另外一个样子了。即便是近代以来中国和西方相比有一点落后，但是在我们和西方互动的过程中，或者在西方社会发展比较快的刺激下，我们可以迅速地找到自己的问题，相信中国近代的发展，不至于如此多的苦难和血泪。可惜历史不能假设，恰恰是历史走了一条弯路，就是清政府建立之后，走上了闭关锁国的道路，在某种程度上隔绝了中华民族与世界的联系与互动。当西方的工业革命把西方社会推到了迅速发展的快车道的时候，我们仍然在原有的框架里面踽踽独行，使得明末清初四大家对时代的总结，对未来新时代文明曙光的描述，隐没了在了两百多年清朝统治的阴暗里面。

我们要吸取在走弯路过程中得到的教训，包括近代以来我们落后的原因，和西方文明碰撞交流过程中遭受的苦难，要深刻地反思和检视。近代史让我们喝了一杯苦涩的酒，但是这杯苦酒没有白喝。中华民族在近代的这杯苦酒面前，该反思的彻底反思，该改进的坚决改进，该学习的努力学习，在这个基础上，团结一心，众志成城，共同努力，来创造中华文明的新辉煌。

(后)(记)

在延续中华文化血脉中不断前行

　　人类最鲜活的经验和教训，来自人类的历史和历代先贤的深刻思考。阅读过往的人类思考，也是为了把未来之路走得更好。

　　历史虽然是过去发生的事，但无论是过去、现在，还是将来，都是人性在某种时空条件下的展开和体现，从这个意义上说，我们阅读历史，也是在阅读人性，阅读人类自己。历史上的所有经验、智慧，都是我们前行途中无比宝贵的财富；所有的挫折、苦难，都在提醒我们要对自己的过失进行反思并加以改正。

　　五千多年以来，中华民族、中华文化之所以能够绵延不息、历久弥新，是因为有伟大的民族精神和博大的中华文化智慧——这是我们勇敢前行、开拓进取的精神支撑与智慧、力量之源。当然，中华民族在历史上也得到了无数个教训，这些教训告诉我们自己有哪些弱点和不足，我们应该且必须有勇气进行深刻的反思，勇敢地自我改正。

每一个人都要有自己的独立人格，人一生的学习，不能邯郸学步、东施效颦，而是要成为更好的自己。任何一个伟大的国家都要有文化的主体性，无论怎么样海纳百川、学习和融汇，都不能做其他国家的传声筒和复制品，而是要在融汇天下文化的过程中，以我为主，为我所用，成就更加优秀、更加伟大壮阔的自己。人类的文明，正是在不同文化的交相呼应、互相学习及借鉴中不断革新和成长，关键看哪一个文化体系有更好的学习能力和纠错能力。

"道"和"真理"在不同的时空有不同的具体显现。我们学习历史、学习中华文化，根本的方法是通过学习历史故事和经典作品，领悟历史和文字背后的大智慧，并结合当下的实际需要，创造性地将其运用到我们的实际生活中，真正做到既符合人生正道，又能切合人民和社会的实践需要，实实在在地给人民以帮助和启发。

回望历史，伟大的中华文化滋养了伟大的中华民族；向前看，不断升华和发展的中华文化，也一定会成为中华民族不断前行、创造新辉煌的强大精神力量。

人能弘道，非道弘人。我们在学习中华经典、提升自己的同时，也会更加深刻地领悟到，"小我"的福祉与"大我"的福祉是有机统一的。没有中华文化的智慧润泽，我们的慧命何以开启？没有国家的强大富庶和安稳，我们的幸福又如何谈起？无论是传承与发展中华文化，还是推动中华民族的永续繁荣，我们每一个中华儿女，都责无旁贷。我们要将"小我"融入到"大我"中去，共同努力，在服务人民的过程中，成就自己。

郭继承

2024 年 1 月 9 日

图书在版编目（CIP）数据

中华文化经典课 / 郭继承著. —成都：天地出版
社，2024.4
ISBN 978-7-5455-7608-5

Ⅰ.①中… Ⅱ.①郭… Ⅲ.①中华文化—通俗读物
Ⅳ.①K203-49

中国国家版本馆CIP数据核字（2023）第069256号

ZHONGHUA WENHUA JINGDIAN KE
中华文化经典课

出 品 人	陈小雨　杨　政
作　　者	郭继承
责任编辑	郭　明　武　波　王加蕊
责任校对	马志侠
装帧设计	左左工作室
责任印制	王学锋

出版发行　天地出版社
　　　　　（成都市锦江区三色路238号　邮政编码：610023）
　　　　　（北京市方庄芳群园3区3号　邮政编码：100078）
网　　址　http://www.tiandiph.com
电子邮箱　tianditg@163.com
经　　销　新华文轩出版传媒股份有限公司

印　　刷　北京文昌阁彩色印刷有限责任公司
版　　次　2024年4月第1版
印　　次　2025年1月第4次印刷
开　　本　880mm×1230mm 1/32
印　　张　31.25
字　　数　572千字
定　　价　148.00元（全三册）
书　　号　ISBN 978-7-5455-7608-5

咨询电话：(028) 86361282（总编室）
购书热线：(010) 67693207（营销中心）

如有印装错误，请与本社联系调换

从声音到文学，分享人类知识

天喜文化

中华文化
经典课

郭继承

著

天地出版社
TIANDI PRESS

目录

第八讲

《论语》

一生颠沛流离的孔子，是一个怎样的人？

孔子是最具代表性的中国文化符号之一。

孔子是商王室的后裔。西周灭商之后，把商代的那些王族分封到了宋。后来，宋国的宫廷发生内乱，孔子的祖上为了逃避仇人的追杀，逃到了鲁国昌平乡陬邑（今山东曲阜），在那里定居下来。经过几代人的传承，到了孔子这一代，家道已经非常败落了。

孔子的父亲叫叔梁纥，他与正妻施氏有九个女儿，没有儿子；与妾有一个儿子，这个儿子脚有残疾。在重男轻女的传统社会，只有儿子才能继承父业，叔梁纥虽然是个没落贵族，但在乡间还是有一定地位的，他觉得脚有残疾的儿子让他有失体面，希望有个健康的儿子继承自己的家业。于是，他到颜家求婚，和一个叫颜徵在的姑娘结了婚。据历史记载，当时孔子的父亲六十多岁，颜徵在不满二十岁。结婚以后，他们为了要孩子，就到当时的尼山去祈祷，后来怀孕生了孔子。在孔子三岁的时候，他的父亲就去世了，到了孔子十七岁的时候，他的母亲也去世了。孔子身世凄苦，他的少年时代十分艰难。但无论是在司马迁的《史记·孔子世家》，还是其他的孔子传记中，我们都看不到关于孔子抱怨、指责、不满的描写，他非常乐观、积极地面对人生。因为家庭条件很不好，为了养家糊口，孔子放过牛羊，做过财会。孔子说自己"吾少也贱，故多能鄙事"，翻译过来就是："我小的时候生活非常贫贱，所以普通劳动人民能做的事我都能做，那些谋生的手段我都会。"这一点，对孔子的成长特别重要。一个吃过苦的人，人生体悟往往会更深刻一些，一个真正和老百姓打过交道的人，对老百姓的感情也会更深。

历史记载，有一次孔子带着学生经过泰山的时候，在山脚下碰到一个妇人在哭，孔子就上前询问她为什么哭。妇人说："我的孩子被老虎吃了。"孔子说："那你不要住在这里了，搬到没有老虎的地方去吧。"妇人说现在其他地方的税收太高了，她宁肯冒着被老虎吃掉的风险继续住在这里，也不愿意搬到税收特别高的地方去。孔子听了以后深受触动，对他的弟子说："苛政猛于虎也。"这个故事相信很多人都听过，孔子感叹的"苛政猛于虎也"，体现了他对老百姓的深切同情。这种感情从哪里来？一个高高在上，不食人间烟火，不和劳动人民打成一片的人，很难体会老百姓的喜怒哀乐。正是少年的凄苦生活，让孔子成长为一个能体会到民间疾苦的人。

孔子从小就特别爱学习，他利用一切机会学习。孔子说："三人行必有我师焉，择其善者而从之，其不善者而改之。"孔子认为三人同行，一定有可以做他的老师的人，看到别人的优点便向其学习，看到别人的缺点则借鉴改正。这体现了孔子学习的自觉，他利用一切机会学习。生活中，不免有高傲自大的人，他们觉得自己高人一等，关闭了向别人学习的大门。如果我们善于挖掘别人的优点，就会发现哪怕是再平凡的人，也有比我们强的地方，也有值得我们学习的地方。有了这样的学习意识，我们每一天都会获得新的成长。

据说，有一次，孔子去向老子请教，回来之后说："我以前只是听说过龙，但是没见过，见过老子之后，我觉得老子就像龙——拥有大智慧，遨游于天地之间。以我的智慧，很难琢磨老子的智慧之大。"此后，孔子好长时间都沉浸在被老子的智慧震撼的情绪里。

孔子特别喜欢音乐，他不仅欣赏音乐，遇见喜欢的音乐就去学习。他在和齐国的太师谈论乐理时听到了韶乐，就跟人学习，学得非常入迷，三月不知肉味。孔子还曾向师襄子学琴。有一首曲子，师襄子觉得孔子已经弹奏得很好了，建议他学习新的曲子。孔子认为自己虽然知道了弹奏那首曲子的技巧，但是还没有学精、学透，因此坚持反复弹奏。终于，孔子在弹琴的过程中有所悟，不仅领会了乐曲的含义，还理解了乐曲所描绘之人的为人，让师襄子大为惊叹。

另外，孔子还特别有使命感。他"十有五而志于学"，也就是说，在十五岁的时候，就把学当作自己的使命。学的内涵非常丰富，高层次的学包括学道、悟道、践行道、证悟道、传道，基础层次的学则包括学习各种知识和技能。孔子教育学生的时候，教学内容包括射箭、骑马、书法、数学等。他的教育内容非常广泛，倡导学生全面发展，身心健康。

一个人，只有具备很强的使命感、担当感，才能立得起来。人来到世间是干什么的？生命即将终结的时候，应该怎样对自己的人生做交代？如果一个人不知道自己的使命和方向是什么，一生的时光可能就蹉跎过去了——每天浑浑噩噩、无所事事，最终一事无成。一个人如果知道自己这一辈子的追求是什么，知道怎么规划自己的人生，他就会把时间与精力都用在刀刃上，把自己的人生过得非常精彩、有意义。孔子"十有五而志于学"，他把学习道、领会道、证悟道、弘扬道当成了自己毕生的使命。正是因为有这种使命感和大志向，孔子才从一个家庭败落、经历坎坷的少年，最终成为了不起的千古一圣。

孔子这一生吃了很多苦，他被刁难，被打压，被看不起，但是从来都没有放弃过自己的使命，坚持生命不息，奋斗不止。

孔子到宋国的时候，在树林里给学生讲课。宋国的司马听说孔子来了，特别不高兴，就派一些人去骚扰，把孔子身边的大树砍掉了。生命的威胁就在眼前，孔子的学生都非常紧张，孔子却镇定自若。孔子说："老天给我的使命和责任就是弘扬道，道就在我身上，司马能杀得了我吗？如果他真杀得了我的话，那这道统恐怕就会断掉。"这个故事一方面体现了孔子的自信，另一方面也体现了孔子不屈的精神。无论遇到多大的艰难险阻，孔子都不轻易退缩。孔子把自己的人生看作一把刀，把所有的苦难都看作磨刀石，正是因为有磨刀石的不断磨砺，这把刀才变得锋利无比，孔子的人生才变得清亮。这种态度永远值得我们学习。

孔子是一个真实的人。关于孔子的身世，比如生于哪一天，去世于哪一天，他经历过什么，史书上都有明确的记载。孔子作为一个平凡的人，不断地学习、自我超越、自我升华，最终成为千古一圣。他清楚自己这一生要干什么，清楚自己在中国历史上的使命是什么，也清楚自己这一辈子该怎么活，这是一种了不起的人生的自觉。孔子之所以能在五十六岁的时候放下高官厚禄，开始周游列国，是因为他知道中国当时的社会状况，不是他能改变的。他认为，最重要的是要把文脉留下来，把道统留下来，把一个民族的精神留下来。所以他在周游列国的过程中，包括他六十八岁左右回到鲁国去整理《诗经》、整理《尚书》等，这一系列作为都为中国的文脉留下了种子。

我们要向孔子学习，做一个觉者。人都有缺点，生命都不完美，但是我们至少应该知道自己这一辈子为什么而活着，应该为自己的国家做什么，为社会做什么，为人民做什么，为自己的父母做什么……把自己该做的事情都做好，在生命即将终结的时候回望自己的人生，才不会后悔。

近代以来，孔子遭到了很多批判，原因何在？中国历史悠久而绵长，到了近代，在遭受到较大冲击的时候，社会必然要有从传统到现代的一个转型。转型的时候有一个任务，就是对历史做出全面的剖析，在剖析的基础上，吸取精华，同时把不符合时代潮流的东西剔除掉。在这个转型过程中，孔子始终是大家分析的对象，在某种程度上也是批判的对象。我们一定要分清楚什么是真实的孔子，什么是符号化的孔子。真实的孔子，从一个贫贱的少年，成长为千古一圣，他的奋斗精神，他的使命感，他给中国文化留下的财富，值得我们去敬重、去爱护、去学习。但是，在历史上还有一个符号化的孔子。历代的统治者为了维护自己的统治，给孔子附加了很多不属于他的东西，那是符号化的孔子，历史上叫"孔家店"，代表的是旧道德，在某种程度上，这是需要我们反思并扬弃的地方。但是真实的孔子是一个伟大的人，曾鲜活地活在中国历史上，他用自己凄风苦雨的一生，为我们留下了宝贵的精神财富，永远值得我们学习，永远是我们的人生榜样。

如何正确理解《论语》的核心概念"仁"？

    《论语》是孔子的弟子和再传弟子辑录而成的，是孔子思想的集大成之作。"仁"是《论语》的核心概念。《论语》有二十章，讲"仁"的地方有几十处，每处讲得都不一样。在不同的地方、不同的时间、面对不同的人时，孔子对"什么是仁"的回答都不一样，这是为什么？

    19世纪的德国著名哲学家黑格尔读了《论语》之后非常迷惑，以他的哲学思维和领悟能力，他没办法理解孔子，甚至认为孔子是一个不懂逻辑、不懂概念的人。他认为，一个学术概念，首先要清晰、准确，如果连这都做不到，不能称其为概念。这说明黑格尔的哲学习惯限制了他的认知能力，使得他没有能力跨领域、跨文化地去理解孔子的智慧。仁义道德的"仁"，讲的是一个人的修为到了一定程度以后呈现的状态，勉强地用语言来解释，"仁"其实就是一个人把人性里的污点抹掉之后所呈现的状态。那个状态包含的内容极其丰富，任何一个词语都无法准确地描述它。在这种情况下，孔子用了一个非常好的方法，就是针对不同的学生，在不同的场合、不同的时间提出的问题给出了不同的回答。比如一个人的修为到了一定程度以后，我们称其为得道的人、获得了大觉悟的人、有大智慧的人。假如他遇到一个病得很严重的人，这个病人问他："我的身体怎么样？我现在很担心。"他会照顾病人和家属的感受，告诉病人要好好养病，多调养，没事的。这种我们称为善意的谎言，是为了让这个得病的人稳定住情绪，不要因为过度恐慌而使病情恶化。在这种场合下讲善意的谎言就是"仁"的一种体现，但是这个善意的谎言本身，和得道、获得了大觉悟、有大智慧不是一回事。

如果换一个场合，可能就不一样了。比如，一个得了道、获得了大觉悟、有大智慧的人被问道："怎么治理国家？怎么解决老百姓遇到的困难？如何增进人民福祉？"这个时候他就不会再说一些善意的谎言，而是会推心置腹，非常真诚地提出自己的建议。

为什么在不同的场合，回答问题的方式不一样？这是因为，"仁"本身就不是一个概念，而是一种状态。处于这种状态的人，在遇到不同的事、不同的问题时，该怎么说、该怎么做，都能随机反映出"仁"来。孔子的做法我们称为因材施教、对症下药，其实这就是"仁"的状态在不同场合的具体展现。

黑格尔理解不了"仁"的状态，而是用有局限性的文字概念去描述一个人得道的境界，因为西方哲学更多的不是讲"仁"的状态。西方的求知传统使得他们有一套清晰的逻辑，在知识上去钻研，所以很多西方的哲学家、艺术家在专业领域成就很大，对人性的净化却有不同的态度。但是，中国传统文化特别强调人的修为，是向内求境界的升华。一个处于西方哲学语境下，强调清晰的概念和逻辑的人，不太容易理解中国哲学的特质。所以黑格尔在《哲学史讲演录》一书中，对孔子的评价并不客观公正，导致很多人误解中国哲学。很多学西方哲学的人，读了黑格尔的作品以后，往往先入为主地对中国哲学产生了很多偏见，甚至认为孔子浅薄，连概念都讲不清楚，认为孔子的书没有逻辑。其实这都是他们被西方的哲学框架束缚之后得出的武断的结论，这是一种文化与认知上的偏见。

中国哲学是讲境界的，孔子讲的"仁"，不是一种逻辑，不是一个概念，它是一种状态，是一个人的修为到了一定的境界之后所呈现出的圆融周到的智慧。所以，我们说一个人具备了一种或者几种美德，但是他未必达到了"仁"的境界。一个人的修为如果达到了"仁"的状态，他在人生的每一个场合，在和每一个人打交道的时候，都知道自己该怎么说、怎么做，在别人请教他的时候，他也知道该怎么指导，完全能做到胸有全局。

所以，《论语》里所说的"仁"，是一个中国哲学的概念。任何一个民族的文化，都有自己的逻辑和脉络，都有自己的特点，我们不能简单地从西方哲学的角度来看中国哲学，更不能武断地用西方哲学的概念和逻辑框架来评价中国哲学。因此，我们在主张跨文化交流的同时，应尽可能在对方的文化背景下去理解对方。比如，学中国哲学的时候，就站在中国哲学的框架和逻辑角度去理解；学西方哲学的时候，就站在西方哲学的框架和逻辑角度去理解。比如，中医和西医，中医有中医的逻辑和框架，西医有西医的逻辑和框架，可是近代以来西医在资本的推动下在临床治疗中占据主导地位，掌握了话语权，甚至有人用西医的逻辑和框架批评中医、打压中医，这种现象特别值得我们反思。我们应该用中医的逻辑和框架来看待中医，培养中医人才；用西医的逻辑和框架看待西医，培养西医人才。中医和西医互相补充，互相学习，还可以互相批评，在这个过程中，共同促进人类医学的发展，这才是人间正途。

客观上，近代以来西方文化对整个人类文化的学术框架的建构起到了主导作用，也给东方国家实现精神上的自强自立带来了巨大的压力。

那么，我们应该怎么看这个问题？我认为，产生于西方社会历史背景下的经济学、法学、哲学等学术框架有其合理性，我们可以借鉴。但是，中华民族有几千年的历史文化传统，我们的社会发展和学术的发展，绝对不能盲目地照搬西方的框架，而是在接续自身文脉的基础上，在新的时代创建中国自身的学术体系，真正实现精神上的自强自立。

我们要有面向世界、海纳百川的胸怀，能吸纳人类一切美好的东西为我所用，但是一定要有文化自觉和文化自信，清醒地知道自己的使命是什么，把自己的责任更好地承担起来。

"学而时习之"：《论语》的文眼

　　每一篇文章、每一本书都有文眼，我们只有把握了文眼，才能真正理解它们的内涵。那么，《论语》这本书的文眼在哪里？

　　《论语》分为二十篇，篇名都取自开篇第一句话中的两个字或三个字，按照从《学而》到《尧曰》这样的顺序排列。《学而》篇的第一章就是我们所熟知的孔子的三句话。

　　　　子曰："学而时习之，不亦说乎？有朋自远方来，不亦乐乎？人不知而不愠，不亦君子乎？"

　　　　　　　　　　　　　　　　　　（节选自《论语·学而》）

　　孔子的弟子之所以这样安排，有非常深刻的考量。这三句话鲜明地表现了孔子的精神和《论语》的智慧特色，是《论语》这本书的文眼，也是我们解读孔子智慧的关键。

　　"学而时习之，不亦说乎"，"说"通"悦"，意为高兴，在学习的过程中将理论与实践相结合，不是很愉悦吗？学习是一件有乐趣的事，让人发自内心地喜悦。

"有朋自远方来，不亦乐乎"，有志同道合的朋友从远方来，不是很快乐吗？以学习为乐，会让自己更优秀，会交到朋友，还会有人从四面八方慕名而来。

那么，如果有人不理解自己怎么办呢？

"人不知而不愠，不亦君子乎"，有人不理解我，我也不生气、不懊恼，这不就是真正的君子吗？

而且这三句话之间有清晰的逻辑。"学而时习"，代表了自己变得优秀。"有朋自远方来"，意味着当自己优秀的时候自然吸引更多的人认可、拜访。不管一个人多优秀，总是有人不理解，面对误解，能够"人不知而不愠"，这是君子风范。

什么是"学"？这个字上面是"觉"字的上半部分，下面是"子"，意味着真正让人走向觉悟，让生命得到升华才叫学。"而"表示逻辑的深入。"习"是践习，是做，比如，你问一个学武术的人："兄台你是做什么的？"人家一抱拳："我是习武之人。"大家一听就知道，这个习绝对不是讲空道理。所谓"习"，就是真干、真练，是践习、实践的意思。

"学"是让人在理论上觉悟，它不仅包括技能的教育、知识的教育，还包括品格的教育、心灵的教育、智慧的教育、德行的教育。"学"之后就是"习",就是去做,这就把中国文化的特色表达了出来——知行合一。"习"的前面有一个字"时",书本上讲的道理哪怕再好,真正落实在实践中的时候,一定要掌握"时"。一个人的智慧高低、境界高低、觉悟高低、能力高低,决定了他能不能掌握"时"。如果一个人把时间、时空把握好了,他就能够灵活地把所学的东西恰如其分地运用在每一个场合。

如果一个人能够把"学""习"和"时"这三者有机地统一起来,他一定是一个非常出色的人。

"君子务本"：每个人成就的根基

《论语·学而》中有一段话非常好：

> 有子曰："其为人也孝弟，而好犯上者，鲜矣；不好犯上，而好作乱者，未之有也。君子务本，本立而道生。孝弟也者，其为仁之本与！"
>
> （节选自《论语·学而》）

孔子的学生冉求，字冉有，被尊称"有子"。"其为人也孝弟，而好犯上者，鲜矣"，"弟"通"悌"，意为敬顺兄长，一个人如果能做到孝和悌，在家里孝敬长辈，对兄弟姐妹非常友爱，一般不会触犯在上位的人。"不好犯上，而好作乱者，未之有也"，如果一个人不好犯上，不随意顶撞上级，那么这个人几乎不会作乱。"君子务本，本立而道生"，君子行事致力于根本，确立了根本，道也就产生了。"孝弟也者，其为仁之本与"，孝和悌这两种美德是一个人的品质的起点，是仁道的根本。

"君子务本，本立而道生"，这句话可以作为我们的座右铭。所有想要做出一番成就的人，都应该找到自己的"本"在哪里，并且在自己的"本"上好好经营，这样人生才立得起来，才能成为真正有智慧的人。这个"本"，不同的人有不同的解释。那么，人这一辈子需要务的"本"有哪些？

第一个是智慧的"本"。人的智慧从哪里来？从自性里来。对中国传统文化不了解的人可能不太理解什么是自性。禅宗的六祖惠能大师听《金刚经》悟道的时候，说了几句话："何期自性本自清净，何期自性本不生灭，何期自性本自具足，何期自性本无动摇，何期自性能生万法。"我们本身具有的智慧就叫自性，我们要减少自己的私心杂念和欲望，让自己的智慧涌现出来。

第二个是人生的"本"。人生的"本"就是德。厚德载物，一个人在这个世界上能够做成一番事业的根基就是德，也就是德行。德行就是大楼的地基，如果地基薄弱，楼盖得越高，就越容易轰然倒塌。有些人只顾着想方设法让自己的职位快速获得提升，却没有打牢自己人生的地基，抗拒不了诱惑，导致自己功亏一篑。

第三个是德行的"本"。德行的"本"是孝。尊重别人、乐于助人、甘于奉献、任劳任怨，这些美德都源于孝。如果一个人对父母特别好，他对别人也不会太差。如果一个人连对父母都不懂得感恩，就更不会懂得感恩别人，其他美德也缺少基础。

第四个是事业的"本"。每个人都想做一番事业，功成名就，那么，事业的"本"是什么呢？事业的本，是自己所要专注的领域，是自己的根据地。在自己的根据地上持之以恒地耕耘，才有可能取得成就。很多成功的人都是在自己的领域里努力了十几年、几十年，才做出一点成绩的，没有哪一个人可以轻易地成功。比如，袁隆平先生致力于研究水稻品种的改良，他努力了一辈子，成为一位伟大的科学家；冯友兰先生一辈子都在研究中国哲学，成为一位知名的哲学家。很多年轻人得陇望蜀、患得患失，这山望着那山高，从来都没有在一个领域深耕，自然无法成功。

第五个是交往的"本"。很多人希望自己有很多朋友，那么什么样的人更容易交到朋友呢？善良、诚信的人。善良的人与人交往的时候懂得体谅别人、尊重别人、爱护别人、不伤害别人，人们愿意与他交朋友；不善良的人，往往投机取巧、耍奸偷懒，甚至坑蒙拐骗，没有人愿意与他交朋友。一个诚信的人，答应了别人的事情，就一定会办到，而且会尽量办好，别人就会信任他、感激他。善良和诚信是吸引朋友最基本的品质，一个人如果没有善良和诚信，很难交到真朋友。

　　"君子务本，本立而道生"，这句话告诉我们，做任何一件事、思考任何一个问题，都要先把"本"抓住。只有把自己的"本"立起来了，做好了，人生的意义和价值才能体现出来。

"巧言令色，鲜矣仁"：什么是真正的修为？

很多人都喜欢口才好的人，认为这样的人语言表达流畅，与他们交流起来也比较顺畅。那么，孔子对那些口才好的人持什么态度呢？

子曰："巧言令色，鲜矣仁！"

（节选自《论语·学而》）

孔子说："花言巧语，装出和颜悦色的样子，这种人很少有仁德。"孔子真正欣赏的人是什么状态呢？

子曰："君子欲讷于言而敏于行。"

（节选自《论语·里仁》）

"讷"，指言语迟钝。孔子认为，君子说话要慢，行动要敏捷、迅速。孔子说："真正的君子不会夸夸其谈，而是会在听到一个道理之后，迅速落实在自己的实际行动上，说到做到，知行合一。"

> 子曰："刚、毅、木、讷近仁。"
>
> （节选自《论语·子路》）

孔子认为一个人最高的境界是仁。什么样的人能够接近这个境界呢？孔子说："刚、毅、木、讷，具备这四者的人接近于仁。"刚，意味着一个人有原则，有内在的力量。毅，有对美好品质的坚守。讷，木讷，绝不夸夸其谈，出言稳重。

那么孔子是怎样教导弟子的呢？

> 子曰："弟子入则孝，出则弟，谨而信，泛爱众而亲仁。行有余力，则以学文。"
>
> （节选自《论语·学而》）

孔子告诉学生："入则孝"，在家里一定要孝顺长辈；"出则弟"，出门要敬顺兄姐，友爱弟妹，兄弟姐妹之间互相帮助，互相体谅；"谨而信"，与别人打交道的时候，要谨慎而有信用，做人不能轻飘，不能胡乱承诺；"泛爱众而亲仁"，要用一颗慈悲的心对待世界上的任何一个人，同时要亲近有仁德的人；"行有余力，则以学文"，做到这些以后，如果还有余力，可以去学文章典籍。

孔子说"巧言令色，鲜矣仁"，并不是表达他对口才好的人的厌恶，他的意思是，一个人的修为不是表现在语言上，而是表现在行动上。

善于夸夸其谈的人往往存在两个问题：第一，他们只在语言上下功夫，而不付出实际的行动；第二，他们在受到别人批评的时候，只会为自己辩解，无理也得辩三分，而不进行自我反省，不愿诚恳地接受批评，也不敢正视自己的错误，因此阻碍了自己的进步。

我们应谨记孔子的教导，不要夸夸其谈、口若悬河，不断标榜自己，而是要通过实际行动来表现自己的修为，力争做到言行一致。

"君子不器"：只有突破局限，才能不断成长

　　每个人都有自己的天花板，这是成长的局限，会限制人的发展。如果不能打破自己的天花板，我们事业的高度、人生的境界就无法获得突破。所以，打破自己的天花板，是我们这一生必须解决的一件大事。在如何看待天花板的问题上，孔子有非常精彩的说法。

　　　　子曰："君子不器。"

（节选自《论语·为政》）

　　"器"就是器皿，是用来装物品的物件的总称。每一种器皿都有其专门的用途，比如，杯子是用来喝水的，不能用来烧水；锅是用来煮饭做菜的，不能用来耕田。某种器皿一旦形成，用处就会非常受局限。

　　"君子不器"是什么意思呢？有的人认为，孔子想表达的是，君子不能像器皿一样，只具备一种才能，而应该具备

多种才能。实际上这种说法是表面化的，如果往深层次上理解，"器"其实指的是人生的局限。比如，陶瓷杯子是用泥烧的，泥在烧成杯子之前，能做什么？能做壶、做碗、做艺术品等，有很多种可能性。一旦被烧成杯子了，变成器物了，它的功能就被局限住了。

孔子的这个意思，在《论语》的其他篇章也有所体现。

　　子绝四：毋意，毋必，毋故，毋我。

（节选自《论语·子罕》）

"子绝四"，就是孔子杜绝了四种毛病——不主观臆断，不武断绝对，不固执己见，不自以为是。"意""必""固""我"代表的是什么？就是局限。一个人一旦主观臆断、想当然、固执、自以为是，他的思维就会被局限，很难听得进别人的意见，他人生的高度也好、境界也好，就被束缚住了。孔子讲的"君子不器"，就是要我们打破自己的天花板，不断地突破局限，从而不断提升人生境界。

我们在自己这一生中，需要突破哪些局限呢？

第一个是人性的局限。我们作为肉体凡胎，饮食男女，本性中难免会有一点贪财好色。很多人功成名就之后，却毁在了贪财好色上。所以我们一定要提升自己的修养，突破这个局限。

第二个是特定性格的局限。比如，项羽刚愎自用，很难听进别人的建议，最终自刎乌江。有的人特别自我，有的人特别不自信，都是特定性格的一种局限。我们要打破这种局限，否则就会自毁长城。

第三个是时空的局限。比如，袁世凯，他生活在封建时代，满脑子的帝王将相，被旧的时空局限了，在新的时空里就很难审时度势，他做出了一个错误决定，非得做皇帝，结果做了83天就倒台了。

第四个是家庭环境的局限。比如，有的人生活在单亲家庭，或者父母感情不和睦，经常吵架，受家庭环境影响，他们不愿意结婚，或者不敢结婚。有的人则能从父母不和谐的婚姻中吸取教训，倍加珍惜婚姻，超越了原生家庭，突破了家庭环境这个局限。

第五个是人生阅历的局限。每个人的人生阅历，都很容易限制自己的发展。有的人总是用以前的经验来指导现在的工作，这是经验主义。实际上，曾经的经历，现在是否适用、是否应该有所变化，都是需要研究的，而绝不能拿来就用。

第六个是学习经历的局限。有的人本科、硕士、博士学的都是法学，结果就认一个字——"法"，自己的思维也被这个"法"字紧紧地困住了，看问题变得片面，对法治与德治的关系缺少全面理解。社会治理需要的不仅是法律法规，还有道德、信仰、习俗等，只要善于利用，每一种力量对社会的和谐稳定发展都能起到积极的作用。有的人学哲学多年，一开口就是一套理论，虽然有道理，但是社会要想发展得好，除了理念，还得有实实在在的好措施、好办法。每个人都应该多了解其他学科，认可其他学科的价值，不要被自己的学习经历局限。

每个人都有自己的天花板，人这一辈子能取得多大的成就，取决于能否打破天花板，不断地突破自己的局限。我们要深刻领悟孔子讲的"君子不器"的道理，勇于打破自己的天花板，不断提升自己事业的高度和人生的境界。

"朝闻道，夕死可矣"：价值观决定人生的选择

人这一辈子最高的追求是什么？这恐怕比生命还重要，有人甚至可以牺牲生命去捍卫自己所追求的理想。孔子对这个问题有非常精彩的回答。

子曰："朝闻道，夕死可矣。"

（节选自《论语·里仁》）

这句话我们都很熟悉，它在我们的教材里出现过。"朝"可以代表时间，指早晨；"闻道"，听说道，也可以是听说、证悟、领会。"夕死可矣"有两层意思，第一层意思是当我这一辈子听说了大道后，哪怕即刻死去也不遗憾。孔子认为，比生命还重要的就是道。还有一层意思是，一个真正悟了道、证了道的人，已经超越了生死，这个叫了生脱死。死亡对很多人来讲是恐惧的，而一个了生脱死的人，在死亡面前，他知道生从何来死向何去，所以死亡也就不算什么了。

无论哪一种解释，都可以总结出孔子的价值观。从"朝闻道，夕死可矣"这句话中我们可以领悟到，在孔子的生命价值序列里，有一种比生命还重要的东西，那就是道。

子曰："志士仁人，无求生以害仁，有杀身以成仁。"

（节选自《论语·卫灵公》）

生命诚可贵，道——追求道义——的价值更高，在生命和道义发生矛盾的时候，应该怎么做呢？孔子说："志士仁人，绝不会因为贪生怕死而损害仁，只会牺牲生命而保全仁。"

这句话生动地体现了孔子的价值序列。我们应该向孔子学习，把自己的价值序列排好，这样我们就明确了自己终生的目标、阶段性的目标，当面临重大选择的时候，才能减少困惑。最高价值是人生的指路明灯，在任何时候，都会指引我们前进的方向。

不论做什么事，我们都要记住自己的终生目标。比如，很多年轻人大学毕业、研究生毕业之后想考公务员。有的人对人民、对国家充满了感情，考公务员是为了用一生的努力和打拼，为人民去做实实在在的事；有的人就是把公务员当作一个职业，一种谋生的方式。这两种人之间的差别在什么地方呢？初心扭曲的人，必走邪路、歪路，终将害人害己；初心端正的人，才能行稳致远。考上公务员后，被派到偏远山区，这两种人会有什么样的表现呢？第一种人会对老百姓负责，踏踏实实地为人民做好事、做实事；第二种人会觉得生活很不方便，感觉非常痛苦。哪一种人能更好地完成工作，就显而易见了。

人的一生，不管获得了多少物质财富，拥有怎样的地位与权力，到了一定的时节因缘，都有可能会失去。那有没有能留下来的东西？这取决于我们能不能找到值得我们终生追求的东西。当我们明确地知道了自己这一辈子追求的目标是什么以后，不仅会活得更有意义，而且在面临选择的时候，会少很多纠结。

在面临矛盾和冲突的时候，每个人都会纠结，这是因为很多事情"此事古难全"，有些事情本来就不能兼顾，是必须割舍的。既然不能兼顾，我们就把次要的东西舍弃掉。最不能割舍的、最放不下的、最不能失去的东西，我们要把它保护好。这样，在面临考验或者失落的时候，我们就能调节自己，就更容易找到人生的幸福。

"君子和而不同"：不同文明形态的生存之道

　　当今时代，整个世界格局已经发生了非常大的变化，国与国之间、民族和民族之间、不同文化形态之间的交融与碰撞在加速。在这种情况下，就产生了一个非常现实的问题：在经济全球化的时代，不同的文明、不同的文化形态之间，应该怎样相处？中国传统文化对这个问题有非常智慧的回答。

　　子曰："君子和而不同，小人同而不和。"

（节选自《论语·子路》）

　　孔子说："君子求的是和，而不是同；而小人恰恰相反，是求同，而不是追求和。"

　　我认为，在当今时代，这个"和而不同"有三层意思。

　　第一，在多元的文明面前、在不同的观点面前，我们要承认差别、承认多元。我们生活的天地宇宙之间，有的民族和我们想得不一样，这是很正常的。孟子有一句话叫"物之不齐，物之情也"，世界上的事物千差万别，这是世界的自然状态。只有百花争艳才是春天，只许一花独放，其他的花都不允许存在，那这是霸王花、土匪花。世界是多元的，所以要承认差别、承认多元，这是"和而不同"的第一个含义。

第二，它表达的意思是向对方学习。你的观点为什么和我不一样？你的价值观、思维方式、思考路径等，哪一点值得我学习？哪一点对我有所启发？凡是对我们有用的或者有重要价值的，我们都要敞开胸怀去学习。

第三，向对方学习绝对不是完全模仿和照搬，也不是简单地复制，而是在学习的过程中，将自己原有的智慧升华至更高的层次，学习之后是一种新的生成。阅读就是一种思想的再生成，而不是像照镜子一样原封不动地去反映所读之书表达的内容。比如，每个人读《道德经》的收获肯定都跟别人不一样，甚至和老子的原意也有出入。阅读的价值就在这里，每一个人都从自己的视角、带着自己的体验、用自己的生活方式和生命阅历去读书，那么一千个人的眼中就有一千本《道德经》，一千本《论语》、一千个哈姆雷特，阅读的过程就是思想生成的过程。

"同"意味着否定多元，不承认差别，也不向对方学习。我们主张"和而不同"，承认差别、承认多元，向对方学习。"和而不同"和"同而不和"不仅是君子和小人的区别，"和而不同"更是不同文明形态相处的智慧之道。总结人类社会进化的规律，我们就会发现，正是不同的文明形态互相碰撞、互相交流、互相学习、互相启发，实现了人类文明的螺旋式发展和不断地升华。如果说这个世界上只有一种文明形态，失去了文明多样性，就违背了它的自然状态，就失去了前行的动力。从这个意义上讲，孔子讲的"和而不同"、反对"同而不和"，并不局限于君子和小人之别，而是指出了人类文化不断前进的规律。

所以，我们要向全世界呼吁，主张世界文明的多样性，主张不同的文化形态在碰撞、交流、融会的过程中互相启发、互相启迪、互相学习、互相尊重、互相包容，在这个过程中，共同促进人类的文明向更高的层次发展。

"见贤思齐"：正确看待自己的嫉妒之心

嫉妒是人性的诸多弱点之一。嫉妒有很多种表现，最典型的就是看到比自己优秀的人会非常痛苦。嫉妒会为我们人生的发展带来什么样的障碍？我们应该以什么样的态度来看待嫉妒？

子曰："见贤思齐焉，见不贤而内自省也。"

（节选自《论语·里仁》）

孔子说："见到优秀的人就向他学习、向他看齐，见到有问题的人、有毛病的人、有缺点的人或者不如自己的人就反思自己。"

孔子的这句话为我们提升自己提供了一种很好的方式。如果从更深刻的角度来讲，这句话其实对我们如何应对自己的嫉妒之心也产生了一些启示。

嫉妒是人天生的弱点，几乎人人都有，每个人遇到比自己优秀的人的时候，可能都会有一点点醋意，或者有点不自在，这是天性。那么嫉妒之心对一个人有哪些害处呢？一个人一旦有了嫉妒心，就会封闭自己的心胸，不愿意承认别人的优秀，会找各种理由来证明别人不出彩、水平不高。实际上这是一种掩耳盗铃、自欺欺人的做法。这就是一个人成长路上的大障碍，它会阻碍人向优秀的人学习，导致自己越来越落后，与别人的差距越来越大。

"思齐"，就是见到优秀的人不应该嫉妒，而应该好好地向他学习。曾经有一个女中学生，她父母陪着她见我的时候，我就问她："孩子，你上几年级了？"她说上初三。我说："遇到比你优秀的人时，你有什么看法？"这个女孩很率直，她说她会很嫉妒，心里不舒服。我就对她讲："你遇到优秀的人时心里不舒服，其实是证明你需要提升智慧和认知，因为你再不舒服，别人也照样优秀。可是因为你自己不愿意承认别人优秀，使得你不愿意向别人学。这样一来，你就越来越落后。遇到优秀的人时，我们应该做的不是嫉妒他们，而是应该抓住机会向他们学习，促进自己成长。这样的人不正是上天送给我们的很好的礼物吗？"

所以，我们不要把比自己优秀的人当作嫉妒的对象，而是要近距离地观察他们怎么思考、怎么说话、怎么做事、怎么选择、怎么处理各种问题，在这个过程中我们虚心地向他们学习，让自己逐渐变得与他们一样优秀。

那么"见不贤而内自省也"是一种什么样的智慧呢？"不贤"就是有缺点的人。这个世界上，几乎不存在没有任何缺点的人，所以我们发现别人的缺点时，绝不能嘲笑和讽刺他们，而是要反思这样的缺点自己有没有。比如，当我们看到一个人有点嘚瑟的时候，我们就得想，当自己有了地位、有了权力、有了名声的时候，会不会嘚瑟；如果看到一个人举止不雅，马上就得反思，自己是不是也有这样的行为；当看到有人在电梯里抽烟的时候，马上就得想自己有没有做过这种不文明的事……看到别人的缺点，一定要反思自己是不是有类似的问题，这就是"见不贤而内自省也"。这句话也告诫我们，要认识到人都有缺点，所以对人不要求全责备、不要苛求别人。当我们看到别人的缺点的时候，要从中反思自己、升华自己、提高自己。

"攻乎异端，斯害也已"：表达言论的边界

我们有表达的自由，但这个自由是有边界的，尤其是在公众场合发表言论，既不能违背法律，也不能违背公序良俗，只有这样，才能真正享有言论自由。

　　子曰："攻乎异端，斯害也已。"

（节选自《论语·为政》）

孔子说："攻击那些不正确的言论，祸害就可以消除了。"也有另一种解释："专门说一些极端的话，必然害人害己。"

对这句话，不同的人有不同的理解。我从这句话中得到一个启示，那就是我们一定要注意，不要在公开场合言辞失当。那么，在公众场合说话需要注意哪些事情？什么样的话能说？什么样的话不能说？我们表达言论的边界在哪里？

第一个边界是法律政策。比如，国家统一和民族团结是

我国宪法规定的基本内容之一，我们的言论一定要在法律和政策允许的范围内。容易引起民族不团结、勾起民族的仇恨，对国家的统一、社会的稳定不利的话一定不要说。经常在公开场合发表言论的人，一定要把法律和政策研究透彻，发表的言论一定要符合法律和政策的规定。

第二个边界是公序良俗。公序良俗是一个民族历经几千年形成的对维护老百姓的正常生活非常有利的一些生活观念、价值观念和生活方式，这些东西是老百姓约定俗成的，对社会稳定有重大的作用，我们一定要充分尊重。比如，近代以来中国人追求妇女解放，如今男女平等的观念已成为我们的共识。在这个时候，如果有人片面地理解"女子无才便是德"，就会使女性朋友特别不舒服，这就违背了公序良俗。所以，我们在发表言论的时候，一定要注意不要违背公序良俗。

第三个边界是政治环境。政治环境包括大的政治环境和小的政治环境，我们都要有所了解，不要进行盲目的批判和情绪的宣泄。中华民族实现复兴，正在一步一步地走向世界舞台的中心，我们面临的内外压力会越来越大。我们要了解国际大环境，注意我们国家的立场是什么，我们应该站在哪个角度思考问题，这很重要。凡是不利于内部团结、不利于国家的话都不要说。当然，并不是说我们不能批评社会现象或者提意见，我们可以提建设性的意见、提出自己的看法，希望国家变得越来越好。

第四个边界是文化底蕴。当我们在某一方面文化底蕴不够深厚的时候，如果轻易发表观点，就很容易让别人看出自己的浅薄，甚至可能会让错误的观点传播开，危害社会。比如，有一次开会的时候，有一个人说他不喜欢道家。我问他："你为什么不喜欢道家？"他说："道家的思想太消极。"我一听就明白了，他根本不懂得道家的思想。道家的思想不是消极，而是反对盲目行动，主张的是尊重真理。无为绝不是消极，老子强调的是顺道而为，按照大道规律去做事，绝对不是消极。从这个意义上讲，在文化底蕴不够深厚，对很多问题的认识不够深刻的时候，就要少发表自己的观点，因为我们发表的观点很可能是错误的，错误的观点传播开来会危害社会，自己要负责任，害人害己。

孔子讲的"攻乎异端，斯害也已"给我们指出了在公共场合说话的注意事项，如果我们全部做到了，不仅有利于社会的进步、人民的福祉，而且能保护好自己。

"不迁怒，不贰过"：做到这六个字就是贤人

在现实中，有的人在外面工作不顺利、遇到让自己不舒服的事情，回到家后就莫名其妙地发脾气，把自己的情绪发泄在家人身上；还有的人受了委屈以后，会无缘无故地指责别人，把委屈的情绪迁移到其他人身上……这样的做法有百害而无一利，我们应极力避免。孔子的学生颜回做到了"不迁怒，不贰过"，受到孔子的赞赏。

> 哀公问："弟子孰为好学？"孔子对曰："有颜回者好学，不迁怒，不贰过。不幸短命死矣。今也则亡，未闻好学者也。"
>
> （节选自《论语·雍也》）

鲁哀公问孔子："你的学生那么多，谁最好学？"孔子说："我有一个学生叫颜回，这是一个真正好学的人。他不会把怒气迁移到其他人身上，同样的错误不会再犯第二次。

颜回不幸去世得早，他去世以后，在我的学生中，再没有像颜回那么真正爱学习、学得那么好的人了。"

孔子说颜回"不迁怒，不贰过"。"不迁怒"，说的是当颜回产生不好的情绪时，他马上就能止住，而不会将其迁移给别人。"不贰过"，说的是颜回有极强的反省能力和改过能力，这一点超乎常人，普通人很难做到。普通人犯了错误可能当时会自责几句，将来还会犯同样的错误，颜回的厉害之处就在于发现自己犯了错误一定会改正。

孔子的很多学生都很优秀，但是颜回尤其突出。

子曰："贤哉，回也！一箪食，一瓢饮，在陋巷，人不堪其忧，回也不改其乐。贤哉，回也！"

（节选自《论语·雍也》）

孔子说："颜回是个贤人啊！吃的是一竹篮饭，喝的是一瓢水，住在简陋的小巷里，别人都吃不了这种苦，颜回却不改变他的快乐。颜回是个贤人啊！"

颜回住的地方非常简陋，吃得也很不好，有的时候甚至不能烧热水，只能喝凉水，一般人在这样的环境里早就怨天尤人了，但是颜回非常高兴。由此可见颜回品质的高洁，以及境界和智慧之高。他不像一般的庸人一样沉湎于物质层次的快乐，而是内心里有非常让他欢喜的事情，是精神之乐，智慧之乐。

颜渊死。子曰：“噫！天丧予！天丧予！”

（节选自《论语·先进》）

颜渊就是颜回。颜回去世的时候，孔子大哭，说：“这是老天要我的命啊！这是老天要我的命啊！”

颜回比较好地传承了孔子的心法和智慧，可惜年纪轻轻就去世了，没来得及在社会上做出一番事业来证明自己。

通过对颜回的评价，孔子告诉我们，一个文明的人、一个有教养的人、一个有修为的人应该具备怎样的状态。我们不仅要体会到颜回内在的境界和层次，还要力争成为“不迁怒，不贰过”的人。人人都会犯错，犯错以后要敢于自我反省，不断改进。这样，我们的人际关系就会越来越好，朋友会越来越多，人生的境界也会越来越高。

"鸟兽不可与同群"：孔子为什么要周游列国？

　　孔子从鲁国的中都宰一直做到大司寇、代理国相。他五十多岁的时候，突然放下高官厚禄去周游列国。在春秋乱世，诸侯国之间互相征伐、互相杀戮，人一旦离开自己的父母之邦，真的是危险重重。孔子不知道周游列国会遇到很多危险吗？他为什么坚持去周游列国，推行仁义道德于天下？这体现了孔子什么样的人生追求与价值观？

　　　　长沮、桀溺耦而耕，孔子过之，使子路问津焉。

　　　　长沮曰："夫执舆者为谁？"

　　　　子路曰："为孔丘。"

　　　　曰："是鲁孔丘与？"

　　　　曰："是也。"

　　　　曰："是知津矣。"

　　　　问于桀溺。

　　　　桀溺曰："子为谁？"

曰："为仲由。"

曰："是鲁孔丘之徒与？"

对曰："然。"

曰："滔滔者天下皆是也，而谁以易之？且而与其从辟人之士也，岂若从辟世之士哉？"耰而不辍。

子路行以告。

夫子怃然曰："鸟兽不可与同群，吾非斯人之徒与而谁与？天下有道，丘不与易也。"

（节选自《论语·微子》）

孔子在周游列国的时候，碰到两个人，一个是长沮，一个是桀溺。长沮和桀溺在耕地，孔子从旁边经过，让子路去问长沮和桀溺过河的渡口在哪里。长沮问子路坐在车子上的那个人是谁，子路回答是孔丘。长沮问是不是鲁国的孔丘，子路说是。长沮说，他不是什么都懂吗，他自己就知道渡口在哪里。子路没问到答案，就问桀溺渡口在哪里。桀溺问子路是谁，子路说自己是仲由。桀溺问子路是不是鲁国孔丘的学生，子路回答说是。桀溺说："现在天下乱糟糟的，都是这样一个局面，谁能改变呢？子路你与其跟着你的老师躲避那些不喜欢你们的人，还不如像我们一样，找个安静的地方种上几亩地，边耕地边生活，来躲避乱世，求得一个清净。"

桀溺说完之后就继续耕田，不理会子路。

子路把情况告诉孔子，孔子听了以后怅然若失，表情不可名状。孔子说："鸟兽往往是只顾自己，它们抓到猎物以后，都是自己霸占着。人和鸟兽不一样，人不能只追求自己过得清净、过得安稳，人应该有仁爱天下、利济天下苍生的情怀和使命。正因为这是乱世，老百姓那么苦，我如果不出来拯救这个时代，谁来拯救？人和动物不一样的地方，就在于人有'大我'，能够把自己融入天下苍生，对天下苍生负有责任，有自己的使命和担当。如果天下太平，老百姓安居乐业，每个人都生活得很幸福，很安逸，我何必出来周游列国，在风风雨雨中推行仁义道德于天下呢？"

通过这个故事，一方面我们要理解孔子，另一方面我们要学习孔子。一个人活在世上，应该对自己的国家、人民有所担当，不能只沉浸于自己的小生活、小情调。超越"小我"，心中有家国，有对国家、人民深切的责任感，这是中华民族最宝贵的精神之一。面对各种各样的社会问题，我们要少一点抱怨，因为抱怨对解决问题几乎没有正面的意义。我们应该学习孔子"吾非斯人之徒与而谁与"的精神，大喝一声："这是我的责任！"如果我们都这样想、这样做，人人都是国家的建设者、参与者，我们的国家一定会越来越好。

孔子说的"天下有道，丘不与易也"体现了人生的另外一种大境界，就是当国家需要的时候，能够为了维护国家安全、保护人民的利益，义不容辞地承担起责任，付出自己的一分力量。出完力、尽完自己的责任，就功成身退，潇潇洒洒，"功成不必在我"。当然，在国家强盛，没有外敌敢欺负、社会制度好、社会风气好、人民过得幸福而有尊严时，我们好好地过自己的生活就很好。这当然是理想的状态，现实是任何社会都会有各种各样的问题，只有人人尽心，人人出力，人人参与，才能将社会治理好。反之，人人牢骚满腹，情绪宣泄，作壁上观，只会让社会更糟。

君子有三戒、三畏：修身之道与"怕"的哲学

《论语》中有很多孔子对我们的告诫，如果我们能够正确理解并且落实在言谈举止中，我们的人生就会少一些坎坷，少一些挫折。

> 孔子曰："君子有三戒：少之时，血气未定，戒之在色；及其壮也，血气方刚，戒之在斗；及其老也，血气既衰，戒之在得。"
>
> （节选自《论语·季氏》）

"君子有三戒"，这三戒是孔子对我们善意的提醒，我们要有所启发，尽可能少犯错。

第一戒叫"少之时，血气未定，戒之在色"。人在年少的时候，还没有发育成熟，性格、价值观等都还没有定型，缺乏克制力。这个时候，我们一定要注意"戒之在色"，不要在这方面栽跟头。这个色，我们可以狭义地理解它，把它

看作色情。如果从广义上理解"色"，意味着切不可玩物丧志。年少之时血气未定，还不太具备自控力，一定要警戒迷恋女色，避免色情给人带来的伤害。

第二戒叫"及其壮也，血气方刚，戒之在斗"。到了壮年，血气旺盛了，身体发育好了，要警戒争强好斗。在这个阶段，人往往很喜欢攀比，好勇斗狠，总是想证明自己比别人强。处于这个阶段的人，应该心胸宽广，少一点虚荣，少一点攀比，用更多的精力去提升自己。

第三戒叫"及其老也，血气既衰，戒之在得"。到了老年，血气衰弱，容易得个毛病叫贪心，越是生命走向衰败的时候，越想紧紧地抓住。迷恋保健品的人，老年人居多，因为他们的身体已经走向衰败了，于是想多吃一些保健品来延缓这种衰败，这在某种程度上讲也是贪。有一种"五十九岁现象"，有些人当官，为官清廉，开始的时候雄心壮志、有抱负、很自律，结果临近退休的时候犯下了严重的错误，晚节不保，甚至身陷囹圄。

孔子的这些告诫非常生活化，非常亲民，如果我们听从了孔子的告诫，就能够身体健康、精神饱满，更好地去工作、生活。

君子不仅有三戒，还有三畏。

孔子曰："君子有三畏：畏天命，畏大人，畏圣人之言。小人不知天命而不畏也，狎大人，侮圣人之言。"

（节选自《论语·季氏》）

人这一生一定要有敬畏之心，否则是非常危险的。孔子说："君子有三种敬畏：敬畏天命，敬畏高官大人，敬畏圣人的言语。小人因不懂得天命而不敬畏，对高官大人不尊重，轻侮圣人的言语。"

"天命"，就是人来到这个世界上，都是带各自的使命的。"畏天命"，就是要知道自己这一生应该怎么过。人如果对天命缺少敬畏，就很容易浑浑噩噩、患得患失、优柔寡断，在茫然不知所措的时候，任生命的大好时光溜走，最终一事无成。孔子就是我们学习的榜样，他这一生为国家做贡献，为往圣继绝学，致力于把中华民族的文脉和道统传承下去，这是他的天命。

"大人"，指高官大人，"畏大人"，就是敬畏高官大人。敬畏高官大人并不是膜拜官员，而是指要尊重在维护社会秩序方面起着重大作用的人。每一个好的时代都有伟大的领导者，他们是整个社会的组织者，是核心人物，对整个社会发挥着重大作用。如果一个人不懂得敬畏他们，不懂约束自己，难免会犯错。

"圣人之言"代表了人类中最有智慧的那批人的思考，"畏圣人之言"，就是敬畏规律、敬畏大道。在规律面前，任何猖狂、嗫嚅都会遭到惩罚，甚至会有灭顶之灾。我们要认识规律、尊重规律、顺应规律，没有第二种选择。

　　此生有敬畏，做到"畏天命，畏大人，畏圣人之言"，我们才能活得更主动，更好地把握自己的人生。

　　君子的三戒和三畏，是孔子对我们善意的提醒，让我们更有觉悟，更自在。

"唯女子与小人为难养也"：不要误解孔子的话

《论语》中有一些话常常被人们误解，我们需要澄清。比如，"唯女子与小人为难养也"这句话，就被很多人当作孔子歧视女性的一个铁证，实际上这是对孔子极大的误解。

我们在理解任何一句话时，都不要简单地从表面上去看，而是要还原当时的情境，了解说话的人是在什么场合说的，他为什么这么说。只有这样，才能真正理解句子的内涵，否则就是望文生义，非常武断且不负责任。

> 子曰："唯女子与小人为难养也，近之则不孙，远之则怨。"
>
> （节选自《论语·阳货》）

这句话中的"女子"和"小人"，其实是指孔子宅子里的用人。孔子为什么说这些人难养呢？"难养"是指难打交道、难相处。"孙"通"逊"，逊从。如果对他们好，他们就不知道分寸；如果疏远他们，他们就会怨恨。

孔子主张"仁者爱人"，他把家里的用人当作家人一样对待。可是孔子一对这些用人表示友好和亲近，他们就产生错误的理解，行为举止就开始变得乖张、不恰当。孔子开始疏远这些人，他们又开始在背后说闲话，说孔子装模作样、高高在上，对他们一点都不体谅。我们把这个场景还原之后，就能体会到孔子这句话的真意，明白他并不歧视女性。

孔子说"仁者爱人"，他没有说只爱一部分人，而是什么人都爱，他怎么会歧视女性呢？孔子三岁的时候父亲去世，十七岁的时候母亲去世，父亲去世以后，陪着孔子成长、照顾他生活的就是他的母亲。这样的成长环境，可以说他母亲是他生命中最重要的一个人，说他歧视女性，这是讲不通的。所以，在读文章的时候，一定要在理解之后再发表评论，千万不要望文生义。

在《论语·颜渊》里，有一段话也常常被人们误解。有人认为，如今是一个自由、平等、民主的时代，孔子的思想已经过时了，理由之一就是孔子提出"君君，臣臣，父父，子子"，有强烈的等级观念。

> 齐景公问政于孔子。孔子对曰："君君，臣臣，父父，子子。"公曰："善哉！信如君不君，臣不臣，父不

父，子不子，虽有粟，吾得而食诸？"

孔子到齐国去考察，齐景公问孔子怎样管理国家。孔子回答说："国君像个国君，臣子像个臣子，父亲像个父亲，儿子像个儿子。"齐景公说："如果君不像君，臣不像臣，父不像父，子不像子，即使有粮食，我恐怕也吃不到啊！"

怎样才能治理好国家？每一个国家具体的情况，面临的困难和问题都不一样，治理方法也是不一样的。齐国当时是什么状态呢？齐景公贪财好色，作为一个君王没有承担君王的责任。君王应该仁爱天下、利济苍生，为人民着想，维护社会的公平正义，可是齐景公没有做到，君不像君。很多臣子身居高位、尸位素餐——占着位置不为人民做事，臣不像臣。整个社会的基本伦理也出现了紊乱，在很多家庭里面，父不像父，子不像子。孔子看到了齐国这样的情况，给齐景公开出药方：君王要像君王，利济苍生；臣子要像臣子，承上启下，为官一任，造福一方，恪守本分，兢兢业业为人民谋福利；父亲要像父亲，养家糊口，好好打拼；孩子要像孩子，好好读书，好好成长。孔子说"君君，臣臣，父父，子子"，并不是单纯地讲等级观念，而是指每个人都应该符合自己的角色定位，言行要和角色定位保持一致。在任何一个时代，人处在某个位置上，都要承担那个位置的使命。比如，作为老师，要弘扬正能量，为孩子送去好的精神食粮；作为工人，要好好做工；作为农民，要好好种田；作为科研工作者，要好好研发对人民有用的科技产品……只有这样，社会才能正常运转，人民才能安居乐业。孔子当时四十多岁，已经是一个文化名人了，他给出的建议，获得了齐景公的认可与赞赏。

孔子之所以说出这样的观点，是缘于当时的时代背景与齐国的实际情况。任何一个人在时空的局限里，都很难提出超越那个时代的话语体系。我们既要有科学精神，敢于追求真理，同时也应该实事求是，客观地看圣贤之言，在这个基础上做出自己的评价。这也是孔子的教导，叫"知之为知之，不知为不知，是知也"。

"以德报怨"：圣人之言，不可断章取义

《论语》里有很多话，如果不了解背景的话，就会做出错误的判断。有很多人认为孔子是替统治阶级说话的，比如孔子讲"民可使由之，不可使知之"，似乎是在倡导愚民。实际上不是这样的。

> 子曰："民可使由之，不可使知之。"
>
> （节选自《论语·泰伯》）

古时是没有标点符号的，"民可使由之，不可使知之"，这是现代人的断句。对于这句话的断句，有很多学者持不同意见。我比较认同的是另一种断法："民可，使由之；不可，使知之。"

按照这种断句方法，这句话就好理解多了：老百姓认为好，认同这件事，就让老百姓去做；老百姓认为不好，不认同这件事，就让老百姓懂得来龙去脉，让老百姓在全方位了

解情况的前提下，选择做还是不做。孔子不是倡导愚民，而是比较平和的，甚至是倡导平等的。

前几年，有学者针对《论语》中的一段话，对孔子和儒家思想进行了比较尖锐的批评。这段话是：

> 叶公语孔子曰："吾党有直躬者，其父攘羊，而子证之。"孔子曰："吾党之直者异于是。父为子隐，子为父隐，直在其中矣。"
>
> （节选自《论语·子路》）

叶地的一个忠厚长者对孔子说："我们这个地方有一个非常直率的人，他父亲偷了羊，他就到法庭里去证明是他父亲偷的。"孔子听了以后是怎么回应的呢？他说："我们老家和你不一样，真正坦诚直率的人是儿子偷了羊之后，父亲替儿子去隐瞒；父亲偷了羊之后，儿子替父亲去隐瞒。这种互为隐瞒，恰恰是我们当地人的直。"这一番话，就被一些学者抓住了，认为孔子不讲法治、公义，又引用西方哲学的概念，对中国哲学、对儒家进行了尖锐的批评。

那么，孔子讲的"父为子隐，子为父隐"，它反映的是什么呢？

站在正常的家庭伦理与人情的角度，谁会盼着自己的家人出事？在一个有亲情的、和睦的、正常的家庭里，儿子盼着父亲出事、父亲盼着儿子出事、丈夫盼着妻子出事、妻子盼着丈夫出事，可能吗？不可能。所以，当父亲做出一些不恰当的行为时，儿子很自然地会想帮父亲做一点隐瞒，这是再自然不过的事情，虽然这样做是不恰当的，但这是人的天性，如果不这样去做，恰恰是违背天性的。但是，如果是社会的管理者，就不能停留在人的天性的层次，而是要站在整个社会公正的角度，维护社会公道，维护社会公众的利益，即便是面对自己至亲的人，也要做出公正的判断。孔子所讲的"父为子隐，子为父隐"，是从人的天性的角度来讲的，并不是从社会公道的角度来讲的。

还有一个词叫"以德报怨"，就是你怎么伤害我，我都能宽容，这也是被很多人误解的。

或曰："以德报怨，何如？"子曰："何以报德？以直报怨，以德报德。"

（节选自《论语·宪问》）

有人问孔子："用恩惠来回报怨恨，怎么样？"孔子回答说："那用什么来回报恩惠呢？应该用正直来回报怨恨，用恩惠来回报恩惠。"一个人心胸宽广，无论别人怎样辱骂、攻击，都能放下怨恨，像对待亲人一样对待他，从个人修为的角度来讲，这是因为你的心中装着整个世界，装满了美好，所以能够把怨恨放下。但是从社会管理、维护社会公正的角度讲，谁蛮横、谁盗窃、谁伤害了社会与别人，谁就要付出代价。"以直报怨"意味着以公道之心对待不公平的行为，以公道、正直的方式来惩罚那些做出不公正行为的人。

还有一句常被断章取义的话，叫"言必信，行必果"，很多人以此自勉。

　　曰："言必信，行必果，硁硁然小人哉！抑亦可以为次矣。"

　　　　　　　　　　　　　　　　（节选自《论语·子路》）

孔子说："说话一定要有信用，行动了就一定要有结果，这是不管是非曲直的固执小人！不过也还可以算作次一等的士吧。"

我们倡导的价值观不就是"言必信，行必果"吗？可是孔子认为，一个人有大原则是对的，更重要的是，将原则和底线落实在不同的场合时，一定不能僵化和拘泥。在某些特定的场合，如果不懂得权变，往往会因为自己的固执和僵化酿成大错。

讲诚信是我们人生的大原则，是我们永远要坚持的。孔子说这句话并不是让我们不讲诚信，而是在告诉我们要与时俱进，在不同的场合、不同的时空、针对不同的人，不固执、僵化、拘泥地去执行原来的决定，而应随着形势的变化，经过多方协商找出一种更适合彼此的操作方法。

"从心所欲，不逾矩"：孔子一生的修行之路

孔子曾经对自己的一生做了总结，是我们学习与参考的一面镜子。

> 子曰："吾十有五而志于学，三十而立，四十而不惑，五十而知天命，六十而耳顺，七十而从心所欲，不逾矩。"

（节选自《论语·为政》）

孔子说："我十五岁就立志学习，三十岁能立身于世，四十岁遇见事情不再困惑，五十岁懂得什么是天命，六十岁能听得进各种不同的意见，七十岁可以随心所欲，却不会违反规矩。"

从孔子的"十有五而志于学"，我们受到一个启发：在教育孩子的时候，一定得把立志当成重中之重。"志"就像种子，种下种子，老师、家长等外部的力量给它浇水施肥，

种子才能发芽，破土而出。如果没有种子，无论有多少外部力量的帮助，都不会有什么效果。人这一生，至少要立两个志。第一个要立的志是阶段性的目标，比如上什么小学、中学、高中、大学，读什么研究生、读什么博士、找什么工作，等等。第二个要立的志是终生要为之奋斗的目标，就是要清楚自己有生之年的主线是什么。有了阶段性的目标，就会知道自己每一个阶段该怎么活；有了终生为之奋斗的目标，无论取得多大的成就、无论取得什么样的阶段性成果，都不会懈怠、不会僵化，永远有忧患意识。立好这两个志，人就有了内驱力，无论遇到什么样的艰难险阻，总是能够想办法去战胜困难不断前行。

很多孩子学习不主动，自己没有目标、没有追求，不知道怎么安排自己的人生，无论老师与家长怎么引导他们、帮助他们，都收效甚微。如果孩子有理想、有抱负、有使命感、有担当、有情怀，不需要老师、家长施压，成绩也会很好，也能度过不错的人生。

十五年之后，"三十而立"。一般人认为，三十而立就是成家立业。实际上孔子关心的不是个人成不成家、结不结婚。孔子所说的"三十而立"，指的是他内在的修为所达到的一种状态。"十有五而志于学"，在实践中学、向老师学、向朋友学……孔子广泛地学了十多年，有了自己独立的价值系统、思维系统、分析方法等，这个时候他就有了自己观察问题的独立的立场，对事情有了比较全面而圆融的看法。

实际上，孔子指出了一个大问题：有的人读了很多书，满肚子都是别人的观点和看法。有一些学者讨论起问题来，一开口就是哈耶克怎么认为、波普尔怎么认为、罗尔斯怎么认为、柏林怎么认为、胡塞尔怎么认为，那我就想问："你怎么认为？"有没有自己的观点和看法，是考验一个人学习的成果很重要的一个方面。当然，在学习的初期，很多人还不能形成自己独立的看法，往往是借用别人的，这很正常。但是我们内在的心灵和智慧有加工功能，使我们得以对自己所学习的内容进行整合、再创造，产生自己独立看问题的角度和智慧，达到"三十而立"的境界。

"四十而不惑"，"惑"，迷惑，就是有很多事想不明白、看不清楚，"不惑"，意味着这个时候孔子对整个宇宙存在的基本规律有了清楚的理解，什么问题都能得到解释，没有什么困惑了。那么，人类社会和宇宙运行的基本规则是什么呢？任何事情的背后都有一个因果。因是努力所创造的条件，果是条件具备以后发生的事。因果规律在自然界、宇宙、人类社会中普遍存在。

"五十而知天命"，"知天命"是什么状态？就是知道自己活在这个世界上，这一辈子应该做些什么，应该怎样度过自己的人生。孔子五十多岁时，放下高官厚禄、优越的物质生活条件，毅然决然周游列国，推行仁义道德于天下，一点都不后悔，原因就是他知道自己的天命。

"六十而耳顺"，孔子六十岁的时候，对于听到的一切都深明其义。他在看世界的时候、听到任何话的时候，都不会从"小我"的角度去考虑，这个时候他自然能耳顺。别人说什么都听得进去，有则改之，无则加勉，闻者足戒。

"七十而从心所欲，不逾矩"，孔子到了七十岁的时候，想做什么就做什么，随心所欲，但是做什么都符合道，都不违背规矩。孔子把人性里所有的弱点都去掉了，剩下的都是人性里最纯美的东西，学术上称之为"道心"，我们叫至善之心、纯美之心。

孔子通过一辈子的努力，不断地打破"小我"、打破我执、去除自己人性的弱点，剩下的是人性里最光亮的部分。在这种状态下，孔子就是道，道也就是孔子，孔子已经和道融为一体。

"我欲仁，斯仁至矣"："仁"离我们远吗？

孔子的学说以及追求，有一条一以贯之的主线——怎么去追求"仁"，怎么去证悟"仁"。达到"仁"的状态以后，面对各种事情的时候，就能处理得非常恰当。

"仁"怎样才能实现？孔子的回答非常清楚。

子曰："仁远乎哉？我欲仁，斯仁至矣。"

（节选自《论语·述而》）

孔子说："'仁'离我们远吗？只要我想去追求，总是能够实现。""仁"这种状态，能够让我们的人生有幸福感、有喜悦感、有成就感、有价值感、有意义感……人生种种美好的品德，其实都是"仁"这种状态的外在呈现。"仁"让我们说话得体，做事有智慧，能够把各种关系都处理好，犯的错误越来越少，更容易实现人生的价值。"仁"不是一个学术的概念，是每个人都应该追求的一种状态，这种状态的实现不能靠外部力量来推动，也不能靠神秘的力量来救赎，要靠我们自己不断地自我超越。

从学术的观点来看，这个超越表现为道心越来越强大，人性弱点越来越小；从普通人的观点来看，这个超越表现为一个人的优点越来越多，缺点越来越少，这就是内在超越。在现实生活中，有些人遇到问题时总是喜欢从外部找理由，但是孔子却善于反思，从自己身上找原因，并找到解决问题的方法。

那么，从自己的角度反思问题与找外在的理由，哪一种做法更有智慧呢？毫无疑问是前者，孔子是有大智慧的人。我们生活在天地之间，唯一能改变的就是我们自己。当我们改变自己、调整自己的时候，外在的环境也会逐渐地有所改变。

子曰："君子求诸己，小人求诸人。"

（节选自《论语·卫灵公》）

孔子说："君子凡事都要求自己，小人凡事都要求别人。"君子遇到问题时第一反应是反思自己的问题，通过自我改进、自我升华找到解决问题的方法。小人则总是从外部找原因，指责社会不好、单位不好、领导不好、同事不好，甚至有的人埋怨自己的父母不好，等等。在孔子看来，很多时候这无助于问题的解决。

　　子曰："不患无位，患所以立。不患莫己知，求为可知也。"

（节选自《论语·里仁》）

　　孔子说："不要担心没有职位，而应该担心自己胜任其位的能力。不要担心没人知道自己，而应该做一些可以使人知道自己能力的事情。"

　　很多年轻人都希望自己发展得好，有权力、有地位，备受瞩目。孔子认为，我们不应该急躁，不要总想着一定要有多高的职位，而是要扪心自问，有没有能力胜任。如果没有能力，就要努力提升自己的能力。

　　子曰："克己复礼为仁。一日克己复礼，天下归仁焉。为仁由己，而由人乎哉？"

（节选自《论语·颜渊》）

　　孔子说："约束自己而合于礼，这就是仁。只要有一天做到这一点，天下的人就会称许你是仁人。实行仁德在于自己，哪在于别人呀？"一个人想做仁人，是自己想做，由自己来做，而不是别人要求他做或者外部的力量推动他做的。

我们可以把孔子讲的"我欲仁，斯仁至矣"和《易经》中讲的"天行健，君子以自强不息"放在一起来看。"自强不息"更多的是强调人生境遇或者生命过程中遇到外在的困难时所表现出的一种态度。而"我欲仁，斯仁至矣"侧重的是内在追求。对人性中的贪财、好色、虚荣、攀比、自私、狭隘等弱点，我们要去征服、去超越、去净化。自强不息是向外的，是面对人生所有的困难敢于前进的力量；"我欲仁"是向内的，不断地让道心加以扩展、让道心更加强大，从而让人性的弱点逐渐萎缩。

一个向外，一个向内，二者其实也是一体的。"我欲仁，斯仁至矣"是"自强不息"这种精神的另外一种表达方式。"自强不息"是"我欲仁，斯仁至矣"这种内在修为的外在表现。当一个人真正把"小我"放下之后，在面对困难的时候，才能真正做到自强不息。反过来说，一个真正做到自强不息的人，也一定能够把小我超越，把自己的功名利禄、荣辱得失放下，进而为天下的黎民苍生求一个安稳。孔子希望我们面对各种困难勇往直前，成为志士仁人。

第九讲
《孟子》

孟子生平及思想学说

　　孟子是战国时期的哲学家、思想家、教育家，儒家学派的代表人物之一，是孔子之后儒家思想的集大成者，被尊称为"亚圣"。孟子继承了孔子的思想，并加以完善和创新，形成了一套完整的思想体系，孟子与其弟子万章、公孙丑等人共同编纂了《孟子》一书，书中记载了孟子及其弟子的政治、教育、哲学、伦理等思想观点和政治活动。唐代的韩愈把孟子列为继承了孔子道统的人物，孟子的地位开始逐渐提高。到了宋代，朱熹把《孟子》与《论语》《大学》《中庸》并称为"四书"，"四书"成为科举考试选拔人才的重要文本依据。

　　在儒家传统中，总是"孔孟"并称，而且孟子继承和发展了孔子的思想。孟子出生于公元前约372年，去世于公元前289年，孟子出生的时候，孔子已经去世快100年了（孔子去世于公元前479年），所以孟子不可能是孔子的学生。关于孟子的老师是谁，研究者们的看法历来有分歧，比较可信的一种说法是，孟子是孔子的孙子孔伋的再传弟子。

孟子的经历和孔子相似，他也到过许多地方宣扬自己的主张，希望诸侯王能够吸纳自己的建议，对他们治理国家有些帮助，但没有得到积极回应。一个伟大的思想家看到的东西往往是超前的，他对社会的透视极为深刻，能把人性中永恒的事情看清楚，往往能看到几百年、几千年后的事，他提出的解决方案往往不仅仅在几十年内有用，几百年、几千年后仍然闪烁着智慧的光芒。但是当时的很多诸侯王眼光有局限性，他们只看重眼前的功利和霸权。

孟子与孔子并称为"孔孟"，那么孟子的思想和孔子的思想有什么样的联系与区别呢？孔子的思想，核心特点是关注"仁义道德"的"仁"，是怎样让人具备仁这种品质、德行和修为。孟子不仅关注到人性的现实，而且基于他对人性的观察，在孔子的"仁"的基础上，提出了一个非常重要的理念，叫"仁政"。孔子更多关注的是个体提升修为的哲学，而孟子聚焦于对社会政治问题进行探索和思考。战国时期，中华大地分裂割据，诸侯国之间争夺、杀伐不断。梁惠王曾经问孟子，天下怎样才能安定。孟子的回答是"定于一"。要想解决诸侯国之间征战和杀伐的问题，就要实现大一统，建立一个统一的中央集权的国家，这样才能避免生灵涂炭。

那么，在孟子看来，什么是仁政？

五亩之宅，树之以桑，五十者可以衣帛矣。鸡豚狗彘之畜，无失其时，七十者可以食肉矣。百亩之田，勿夺其时，数口之家可以无饥矣。谨庠序之教，申之以孝悌之义，颁白者不负戴于道路矣。

（节选自《孟子·梁惠王上》）

孟子描述了自己最向往的社会。每个家庭都有五亩左右的宅子可以住，旁边种上桑树，五十岁的人可以穿丝织品。家里养鸡、猪、狗，七十岁的人就可以有肉吃。如果家里有百亩左右的田地，按照农时，该种什么种什么，几口人的家庭就可以有饭吃了。而且无论是乡里还是国家的层面，都应该办好教育，把孩子培养得彬彬有礼，懂得孝悌，懂得仁义，这样年长者就不必出去谋生了。因为通过教育，尊老爱幼、老有所养、老有所乐已经成为整个社会的共识。

孟子讲的仁政，如果简单地讲，就是人人都得到照顾，人尽其才；领导者特别爱护老百姓；老百姓都生活得很殷实、很快乐；社会各个机构、各个阶层井然有序，各安其本。

孟子的思想对中国社会产生了极大的影响，孟子之后儒家学派就把仁政当作最高的理想。在儒家知识分子看来，中国传统社会最好的状态就是领导者像圣贤一样，把老百姓当作自己的家人，老百姓都彬彬有礼、互相谦让、尊老爱幼，老人都得到照顾，孩子都得到教育，每个人都按照自己的本分各司其职、各安其本，在其位谋其政，整个社会井然有序。

孟子的思想与智慧，包括他对人性的看法，对社会理想的看法，以及他的修为，他在成长过程中产生的诸多人生的体悟等，直到今天，都闪耀着光芒。

"求则得之，舍则失之"：孟子对人性的看法

在孟子的思想里，有一个基础性的概念，就是人性善。我们一般认为人性本善是孟子思想的重要内容，如果把孟子的思想当作一个大厦，其根基就是孟子对人性的看法。那么，人性本善是孟子思想的真实内涵吗？

公都子曰："告子曰：'性无善无不善也。'或曰：'性可以为善，可以为不善。是故文、武兴，则民好善；幽、厉兴，则民好暴。'或曰：'有性善，有性不善。是故以尧为君而有象，以瞽瞍为父而有舜，以纣为兄之子且以为君，而有微子启、王子比干。'今曰'性善'，然则彼皆非与？"

（节选自《孟子·告子上》）

公都子说："告子认为人性无所谓善无所谓不善。也有一种观点认为人性可以为善，也可以为恶，是不定的，比

如，在周文王和周武王的统治下，老百姓都安分守己；在周幽王和周厉王的统治下，老百姓就作乱犯上。还有一种观点认为，有的人本性就善良，有的人本性就不善良，比如，尧做君主的时候也有象这样的暴民；瞽叟不怎么样，他儿子舜却很了不起；纣不怎么样，但是他的叔叔微子启、比干，都是了不起的人。"

公都子讲了这几种观点，并且举了例子。最后他问孟子："你说'人的本性是善良的'，难道上面讲的那几种人性的观念都是错的吗？"

孟子曰："乃若其情，则可以为善矣，乃所谓善也。若夫为不善，非才之罪也。恻隐之心，人皆有之；羞恶之心，人皆有之；恭敬之心，人皆有之；是非之心，人皆有之。恻隐之心，仁也；羞恶之心，义也；恭敬之心，礼也；是非之心，智也。仁义礼智，非由外铄我也，我固有之也，弗思耳矣。故曰：'求则得之，舍则失之。'或相倍蓰而无算者，不能尽其才者也。"

（节选自《孟子·告子上》）

孟子说："我说的人性善，指的是就人的本性来讲，是可以使他善的，不是说他已经是个善良的人了，而是可以通过教养而使他成为善良的人。"言外之意，如果教育不当、教化不当、引导不好，人也可以成为不善良的人。孟子说的人性善，其实是一种可能性的判断。

人可以为善，依据是什么？孟子讲了人性中有四个"心"。第一个是恻隐之心，讲的是仁爱。比如，看到一个小孩掉到河里去了，你非常心疼；看到一个老人不小心滑倒了，你心里一哆嗦，都是恻隐之心使然。第二个是羞恶之心，讲的是义。比如，很小的孩子会随地大小便，到了一定年龄以后，上厕所的时候一定会把门关上，是羞恶之心。第三个是恭敬之心，讲的是礼，有恭敬之心者对人彬彬有礼。第四个是非之心，讲的是智，指能够辨别清楚什么是对，什么是错。人性里本来就有恻隐之心、恭敬之心、是非之心、羞恶之心，通过教育、启发、引导，使之发扬出来，一个人就能成为善良的人。人性里有善端，有成为善良的、伟大的人的可能性，只有我们真正地去追求，才能成为志士仁人。如果我们不去追求，也可能成为坏人。

孟子更多的是强调人性中善的一部分，也就是人性中光亮的部分。但人性里还有很多弱点，对人性中的弱点，我们一定要高度清醒，不要成为贪欲的奴隶。人性的弱点客观存在并极难消除，所以，必须加强法治制度建设，让任何做出伤害别人、妨碍社会正常运转、损害国家利益行为的人，都付出惨痛的代价。

　　孟子的思想启发我们，人性中本具有积极光亮的力量，优秀的文化会激发人性中积极向上的部分，浸润和教化人们，引导人们做有道德、有智慧、有担当、有使命感的人，使得人类社会越来越好。

"有天爵者，有人爵者"：功名利禄从何而来？

好的物质条件、较高的职位、受人尊重的地位、较好的名声等，是大多数人所追求的。历史上，有些人可能短暂地追求到一些功名利禄，但没过多长时间，就因为自己行为不当或者德不配位，又失去了。想拥有好的物质生活条件，地位高一点，受人尊重，有好的名声等，都是人之常情，但我们也需要思考这样的问题：怎样才能拥有自己想要的一切？拥有之后，怎样才能不失去？

> 孟子曰："有天爵者，有人爵者。仁义忠信，乐善不倦，此天爵也；公卿大夫，此人爵也。古之人修其天爵，而人爵从之。今之人修其天爵，以要人爵；既得人爵，而弃其天爵，则惑之甚者也，终亦必亡而已矣。"
>
> （节选自《孟子·告子上》）

孟子提出两个概念，一个是"天爵"，一个是"人爵"。

"仁义忠信，乐善不倦，此天爵也"，仁、义、忠、信，愿意做善事而不知疲倦，这是天赐的爵位。仁，就是我们心里的慈悲，内心有仁，我们就会发自内心地同情别人、爱护别人、体谅别人、尊重别人，帮助别人做事，为别人服务。义，就是辨别是非的能力。忠，就是诚心诚意的态度。我们做任何一件事，如果三心二意，患得患失，得陇望蜀，就永远都干不成。信，是对别人承诺的一种兑现。仁、义、忠、信，这是一个人最宝贵的品质，是上天送给一个人最宝贵的礼物。

"公卿大夫，此人爵也"，公、卿、大夫，这是人赐的爵位，是经过奋斗，社会给予的肯定和认可。绝大多数人追求的都是人爵，希望自己地位高、收入高、有尊严、有名声。

"古之人修其天爵，而人爵从之"，古代有智慧的人，首先把天爵修好，把人性之中的宝贵品质发扬光大，让自己的优良品质越来越多，结果收入、地位等也跟着提高了。

"今之人修其天爵，以要人爵；既得人爵，而弃其天爵，则惑之甚者也，终亦必亡而已矣"，现在的人大多很功利，他们培养自己的优良品质，是为了得到功名利禄。也就是说，现在的人，表现为有优良的品质，这其实不是他们的本质，他们装作有优良的品质，是为了得到社会和组织的认可，从而让自己快速获得提拔。他们一旦得到社会和组织的认可，有了功名利禄，往往就会丢掉自己人性里那些优良的品质，开始放任自己。这种人实际上是非常不清醒的，结局往往都不太好。

一个人的功名利禄是靠什么托起来的？只有天爵在，才能托得起人爵。天爵就是优良的品质和智慧，它不仅包括德，还包括慧。德和慧是每个人功名利禄大厦的根基。那些做出一番事业，在人类历史上经得起考验，永远被我们缅怀和尊重的人，靠的基本上都是天爵。

在现实生活中，有一些企业家事业很成功，他们的企业可以在世界同类行业里占据半壁江山，但他们生活上不讲究吃穿，而且每年都拿出若干的钱去做慈善事业。他们有了一定地位以后，仍时刻记得要对自己的民族、自己的国家负责，这样的人受人尊重也是必然的。

我们一定要提高自己的修养，珍爱自己的天爵。有智慧，有德行，自然就能够获得别人的认可，收入、地位等才能获得提升。有德有慧，内心充实，这才是我们要追求的境界；既有天爵又有人爵，才是我们期待的祥和圆满的人生。

"何必曰利"：孟子怎样看利益和仁义的关系？

《孟子》这本书里有很多处讲到仁义和利益的关系。那么，孟子到底怎么看仁义和利益的关系呢？

> 孟子见梁惠王。王曰："叟，不远千里而来，亦将有以利吾国乎？"
>
> 孟子对曰："王，何必曰利？亦有仁义而已矣。王曰：'何以利吾国？'大夫曰：'何以利吾家？'士庶人曰：'何以利吾身？'上下交征利，而国危矣！万乘之国，弑其君者必千乘之家；千乘之国，弑其君者必百乘之家。万取千焉，千取百焉，不为不多矣。苟为后义而先利，不夺不餍。未有仁而遗其亲者也，未有义而后其君者也。王亦曰仁义而已矣，何必曰利？"
>
> （节选自《孟子·梁惠王上》）

孟子拜见梁惠王，梁惠王说："老先生，您不远千里而来，能给我的国家带来什么利益呢？"

孟子回答说："大王为什么一张口就谈利？只要仁义就可以了。如果一个国家只谈利益，大王说：'怎么样有利于我的国家？'大夫说：'怎么样对我的家好？'士和百姓说：'怎么样对我个人有利？'整个国家，上上下下都追逐私利，这个国家就危险了。一个有一万辆战车的大国，能把它的君王给杀了的，就是拥有千辆战车的那个诸侯。而一个拥有千辆战车的国家，能够把它的国君杀掉的，就是拥有百辆战车的那个卿大夫。在一万辆兵车的国家中就拥有一千辆，在一千辆兵车的国家中就拥有一百辆，他们拥有的不算不多。如果他们不讲道义，而只求利，不把国君的财产全部夺走是不会满足的。没有哪一个人强调仁义道德，而把自己的亲人给忘了的；也没有哪一个人强调仁义道德，而不厚待自己的君王的。大王您只讲仁义就够了，为什么一定要讲利呢？"

从这段话可以看出，孟子的辩论水平很高，说话非常犀利，看问题也非常深刻。孟子指出，一个国家如果没有正确的价值导向，忽视了精神引领，全体国民都追求利益最大化，这个国家就没有高远的精神追求，是不可能持续发展的，也不可能有竞争力、向心力和凝聚力。

孟子还提出，君王一定要讲仁义，以仁为自己执政的立足点。举天下财富为自己所有者，不配为君王。君王要做到心系天下黎民苍生，做到独乐乐不如众乐乐。

　　孟子见梁惠王。王立于沼上，顾鸿雁麋鹿，曰：
"贤者亦乐此乎？"

　　孟子对曰："贤者而后乐此。不贤者虽有此，不乐
也。《诗》云：'经始灵台，经之营之。庶民攻之，不日
成之。经始勿亟，庶民子来。王在灵囿，麀鹿攸伏。麀
鹿濯濯，白鸟鹤鹤。王在灵沼，于牣鱼跃。'文王以民
力为台为沼，而民欢乐之，谓其台曰灵台，谓其沼曰灵
沼，乐其有麋鹿鱼鳖。古之人与民偕乐，故能乐也。《汤
誓》曰：'时日害丧？予及女偕亡！'民欲与之偕亡，
虽有台池鸟兽，岂能独乐哉？"

　　　　　　　　　　　　　（节选自《孟子·梁惠王上》）

　　还有一次，孟子见梁惠王，梁惠王站在水池旁边，看着
他的麋鹿、大雁等珍贵动物。梁惠王炫耀地对孟子说："有
德行、有道德修养的人是不是也喜欢养这么多珍稀的动物
取乐？"孟子回答说："真正有贤德的人才能享受这种快乐，
那些没有贤德的人，即便有这些东西，也感受不到乐趣。"
梁惠王听了以后很不理解。孟子说："《诗》上说，周文王就
建了这么一个池子，养了很多珍贵的动物，他不据为私有，

而是让天下的人同乐。老百姓特别高兴，称周文王的台为灵台，称周文王的沼为灵沼。老百姓和周文王的心就贴在了一起，老百姓盼着周文王好，周文王看到老百姓高兴，这个状态就是君王与老百姓同乐。夏桀自私专权，把很多好的山地、林地据为己有。老百姓恨死他了，都说夏桀什么时候才能灭亡，要和夏桀一起灭亡。夏桀这样的人，即便有非常好的风景，他哪里享受得到？"

还有一个故事，讲的是"五十步笑百步"这个典故。

梁惠王曰："寡人之于国也，尽心焉耳矣。河内凶，则移其民于河东，移其粟于河内。河东凶亦然。察邻国之政，无如寡人之用心者，邻国之民不加少，寡人之民不加多，何也？"

孟子对曰："王好战，请以战喻。填然鼓之，兵刃既接，弃甲曳兵而走。或百步而后止，或五十步而后止。以五十步笑百步，则何如？"

曰："不可。直不百步耳，是亦走也。"

曰："王如知此，则无望民之多于邻国也。"

（节选自《孟子·梁惠王上》）

梁惠王对孟子抱怨说："我治理国家是很尽心的，你看，我对老百姓很不错，河内发大水，年景不好的时候，我就把河内的老百姓移到河东，把河东的米调到河内去赈灾。当河东有灾的时候我也这么办。周围的邻国，很多国家的国君都没有我用心，但是为什么邻国的老百姓不见减少，而我国的老百姓不见增多呢？"

为什么梁惠王特别盼着老百姓增多？在两千年以前的冷兵器时代，人口数量是一个国家国力的重要标志。梁惠王认为，自己对老百姓那么好，别的国家的老百姓应该都来投奔自己，自己国家老百姓应该越来越多才对，但实际上并不是这样的。

孟子说："大王你喜欢打仗，那我就用战争给你作比喻。如果战鼓擂起来，兵刃相接，打起来了，这个时候有的士兵害怕了，不敢去打仗，就丢下兵器逃跑了。有一个人跑了一百步，想一想不合适，停下来了；有一个人跑了五十步，停下来了。那么，这个跑了五十步的士兵笑话跑了一百步的士兵合适吗？"梁惠王说："跑了五十步的士兵是没有资格嘲笑跑了一百步的士兵的，因为无论是跑了一百步还是跑了五十步，都是逃兵，都没有承担自己的责任。"孟子说："你既然知道这个道理，就不应该期待自己国家的百姓比邻国多。"实际上，梁惠王也好，邻国的国君也好，如果是真的仁爱天下的老百姓，真的实行仁政，老百姓自然就会来投奔。梁惠王吹嘘自己对老百姓多好，只不过是五十步笑百步，并没有真正做到仁政。

还有一个关于仁义与利益关系的成语故事，叫率兽食人。

> 梁惠王曰："寡人愿安承教。"
>
> 孟子对曰："杀人以梃与刃，有以异乎？"
>
> 曰："无以异也。"
>
> "以刃与政，有以异乎？"
>
> 曰："无以异也。"
>
> 曰："庖有肥肉，厩有肥马，民有饥色，野有饿莩，此率兽而食人也。"

（节选自《孟子·梁惠王上》）

梁惠王这次谦虚了，他说："老人家，我特别想听你的指教，想听你对我的批评。"孟子说："用木棍杀人和刀剑杀人，有区别吗？"梁惠王说："没什么区别，都是杀人。"孟子又说："用刀剑杀人和用政治手段杀人有什么区别吗？"梁惠王说："也没有区别，都是把人给害死了。"孟子就严厉地说："有的人餐厅里肥肉挂得满满的，马厩里马吃得非常肥壮；可是老百姓都面黄肌瘦，路边上都有被饿死的人，没有人管。这就相当于带领着野兽一起把人给吃了。"有一些领导者罔顾民意，不顾天下苍生的疾苦，只顾着满足自己的口腹之欲，厨房里面全是肉，连自己养的畜生都很肥壮，却不管老百姓的死活。这也是典型的缺乏仁义的表现。

那么，仁义和利益有什么关系呢？第一，孟子特别强调仁义，他认为仁义和利益是有先后的。仁义具有根本性，利益是仁义的附属品。如果一个人把仁义尽到了，那么他得到利益也是自然而然的了。比如，企业家或者想创业的人，如果读了《孟子》，对利益和仁义之间的关系有了清醒的认知，就会知道做企业就是为了给社会服务，在为社会服务的过程中才能赚到钱。反过来讲，如果一个人把最高的价值定义为赚钱，他就可能会唯利是图、坑蒙拐骗、以次充好，他所经营的事业也不会走得长远。

第二，仁义不是空头支票，不是一个用来宣传的口号，是有落脚点的，这个落脚点就是人民至上。我们永远不要空谈仁义，要将仁义落实下来，踏踏实实地为老百姓做一点好事。

第三，现今国际社会、国际形势非常复杂，我们谈仁义的时候，对人性的恶，对国际形势的复杂要有清醒的认识。任何不希望我们发展得好的力量，无论他们用什么样的手段，我们都要识得破，都要能够能拿出对策来，从而确保我们的国家能够长久发展。

"不失其赤子之心"：守住本心，方成大事

在大学工作期间，每年9月开学的时候，我都会问大一新生一个问题："你们有自己的理想吗？有理想的同学请举手。"基本上每个同学都把手举得很高。我接着问道："如果大家的理想是临时起意，而不是这一辈子无论遇到什么样的考验，经历什么样的苦难和挫折，都不会放弃的，请把手放下。"这个时候，有很大一部分学生就会把手放下。为什么？因为他们所谓的理想，大多是临时起意，是梦幻泡影，经不起考验。

现在有一些人喜欢说大话，比如，"我要怎么怎么样"，一会儿想当这个家，一会儿想当那个家，还有可能失恋了，要出家。豪言壮语说起来容易，但是用一生的时间和心血去实现自己的理想就很难了。就算经历千难万险，也不会放弃自己的理想，这也是孔子讲的"君子固穷"。有一些人可能这一辈子都没有理想，都立不起来一个大志。有没有一个无论如何都去捍卫、去坚守、去践行的理想，对一个人的成长

影响非常大。

孟子曰："有为者辟若掘井，掘井九轫而不及泉，犹为弃井也。"

（节选自《孟子·尽心上》）

孟子说，做人做事，就像挖井一样，挖得很深，但是没有挖到水，仍然是一口废井。

很多人雄心壮志，就像挖井一样，挖三十米才能见到水，可是有的人挖到两米没水，算了，再换一个地方；挖了一米没水，算了，再换一个地方；挖了八米没水，再换一个地方，结果是挖了无数口井，始终没有泉水汩汩涌出。当代一些朋友的通病，就是东戳一戳，西戳一戳，始终不能制心一处，这实际上是个大问题。

如果从正面来讲，应该怎么做？

孟子曰："大人者，不失其赤子之心者也。"

（节选自《孟子·离娄下》）

这句话我们可以当作座右铭，用一生去汲取、践行。大人就是真正了不起的人，高尚的君子。那些真正高尚的君子，这一生无论经历多少艰难险阻，经历什么样的考验，都不会丢掉赤子之心。

《尚书》中有一句话叫"如保赤子"，一个人内心里光亮的利国利民的心就是赤子之心。为国家、为大众去谋福的这样一颗心，在任何场合都不能丢。我们不要做浑浑噩噩的人，要做有抱负的人，抱负和追求绝不是一时兴起，一时冲动，而是深思熟虑之后，要对自己的人生做的交代。往大一点说，这个交代能不能放在国家历史长河里去看，这个想法，是不是深深地刻在自己的灵魂和每一个细胞里面。我相信有这种理想和抱负的人，用一生的时间去耕耘、去践行、去经营，一定不会辜负自己。

"人有不为也"：把精力用在重要的事情上

现实生活中，有很多年轻人浑身是劲，什么事情都想做，但我们都不是三头六臂，时间有限、精力有限，机会也有限。如果在二三十岁最该打拼的时候，东一榔头，西一棒槌，从来没在一个点上做累积，最终往往会一事无成。

> 孟子曰："人有不为也，而后可以有为。"
>
> （节选自《孟子·离娄下》）

孟子说："人要有所不为，然后才会有所作为。"人这一辈子不是什么事情都能做的，要搞清楚有哪些事情是自己不能做的，才能确定自己能做什么事情，然后集中去发力。有些大人物用一生的精力去做几件事，尚且有一些事并不如意。我们作为普通人，能量没那么大，这一辈子能够把一件事情持续地做下去，有点成就，就很了不起了。我们一定要懂得自己的边界在哪里，这一辈子发力的点在哪里。比如，有一个老师，课讲得特别好，在全国各地都很有名气。但是，他想当领导。后来，他如愿当上了学校领导，又开始抱怨自己太忙了，以至于没有时间做学问了。当老师的时候羡慕别人手中的权力，当上领导了，本该踏踏实实地为学生服务、为老师服务、为教育服务，却抱怨自己没有时间做学问。这个人没有弄清楚，自己要把精力放在哪一个点上，有哪些东西是自己不要去追求的。人的时间和精力都是有限的。贪求过多，只会适得其反。

由此我想到了我自己。我是一名普通的知识分子，可以研究的课题其实有很多。但是，如果这辈子要想有点成就的话，也应该是有所不为、有所为的，我若是这也想做，那也想做，把精力分散了，可能哪一个课题都做不好。所以，我给自己立了一个规矩，我一生思考的中心点就是中国哲学，如果再聚焦一下，就是我要在"四书五经"，《老子》《庄子》等中国文化经典作品上下功夫，这是我要专注的点。在这个基础上，我可以回应的问题其实也很多，比如时代的挑战，人类的命运问题，现代文明的困境问题，等等。但是我的主线是非常清楚的，我相信用一生的时间去积累，才有可能取得一点体会。

孟子曰："无为其所不为，无欲其所不欲，如此而已矣。"

（节选自《孟子·尽心上》）

孟子说："不做那些不该做的事，不要那些不该要的东西，这样就可以了。"

不该做的事不要做，比如违法乱纪的事，一旦做了就会身败名裂，甚至身陷囹圄。不要贪图不该要的东西，不属于自己的权力、名利、钱财、机会，都不要贪图。贪图了不该要的东西，恐怕会给自己招大祸，悔之晚矣。

所以，我们一定从孟子这里得到启发，找到自己这一生的方向，然后持之以恒地去累积，我相信每个人都一定会有所成。

"人之所以异于禽兽者几希"：人和动物的区别

人和动物的区别到底是什么？古今中外的哲学家做出了很多回答。亚里士多德等西方哲学家认为人是有理性的，动物是没有理性的；马克思、恩格斯认为人是能制造、使用工具的，动物是不能制造、使用工具的……孟子对人和动物的区别也有非常简明的表述。

> 孟子曰："人之所以异于禽兽者几希，庶民去之，君子存之。舜明于庶物，察于人伦，由仁义行，非行仁义也。"
>
> （节选自《孟子·离娄下》）

"人之所以异于禽兽者几希"，孟子说，人和动物的不同之处很少。人的很多行为都和动物相似。所以，我们不能人为地拔高人，如果把每个人都当作圣人，忽视人基本的物质需求和身体的需求，就是把孟子讲的一部分内容忽略了。

"庶民去之，君子存之"，一般的百姓把人和动物的区别给模糊了，而真正的君子，把人和动物的区别保留下来了，而且使它发扬光大。

"舜明于庶物，察于人伦"，舜对世间万物的道理都很清楚，把人情世故看得很清楚。舜看到禹治水以后，就知道大致的规律是什么；舜到田野里考察，一看土壤情况，就知道这块土地适合种什么。在三四千年前的社会，一个领导者要想得到人民的尊重，就要有让老百姓活下去的本事。

"由仁义行，非行仁义也"，遵照仁义行事，而不是在表面上施行仁义。禽兽是不会遵照仁义行事的，它们饿了就去抢，打不过就跑，找到食物了就自己吃。而人是会与人分享的，是有尊卑老幼的观念的。孟子为什么讲到了舜？因为舜内心到了这个境界，他会自然而然地去做符合仁义的事。

关于人和动物的区别，西方人的说法很少涉及人的德行，而孟子是从德行的角度讲人和动物的区别的。"人之所以异于禽兽者几希"，"几希"到底是什么？

　　孟子曰："人之所不学而能者，其良能也；所不虑而知者，其良知也。孩提之童，无不知爱其亲者；及其长也，无不知敬其兄也。亲亲，仁也；敬长，义也。无他，达之天下也。"

（节选自《孟子·尽心上》）

"人之所不学而能者，其良能也；所不虑而知者，其良知也"：有些事情，人不学就能做到，因为人有良能；有些事情，人不思考就知道，因为人有良知。良能是人天生就有的，指是非之心、羞恶之心、礼让之心。良知，也叫自性。良知良能被蒙蔽的时候，需要通过一系列的教育、修行和修正，把良知良能开启出来，实际上这也是教育的目的之一。

"孩提之童，无不知爱其亲者；及其长也，无不知敬其兄也"，孩子很小的时候，没有不知道爱自己的父母的，长大了没有不知道敬重自己的兄长的。知道跟谁亲，跟谁近，这是人的本性。

"亲亲，仁也；敬长，义也。无他，达之天下也。"爱父母，是仁；敬重兄长，是义。仁义之心，是天下人都有的。

人类之所以有人性的光辉，有文明的光环，就是因为人和动物有不一样的地方。所以在生活中，我们看电视剧、打游戏、看各种文学作品的时候，要看它们是在宣扬人和动物一样的东西，还是在宣扬人和动物不一样的东西。真正伟大的文学作品，真正对人身心有益的游戏等，一定是在人和动物不一样的地方下功夫的，因为只有这样，才能把人逐渐地引导得更像一个人。反过来讲，如果宣扬人和动物一样，鼓吹欲望、色情等内容，实际上就相当于把人降低到了动物的层次。看到并尊重人性的弱点，与鼓吹人性的弱点不是一回事。

人类之所以有文明，就是因为人和动物有不一样的地方。我们既要正视人和动物一样的地方，也要努力去保护、发扬人和动物不一样的东西，在道德修养上下功夫，一步一步地提升自己，才能越来越有修为。这实际上也是人立在社会上的基础。

"仁民而爱物"：中国人的境界与格局

近代以来风行"小我至上"的价值观，对于个人与他者、个人与家庭、个人与社会等关系缺少全面的认知。只看到"小我"，而看不到"小我"与他人、社会的关联，更无从谈起超越"小我"，这种"小我至上"的价值观已经暴露了严重问题。从孟子的一句话里，我们能够比较清晰地总结出中国人传统的价值观。

> 老吾老，以及人之老；幼吾幼，以及人之幼，天下可运于掌。

（节选自《孟子·梁惠王上》）

爱自己家的老人、孝敬自己家的老人，慢慢推广开来，敬爱、尊重、爱护天下的老人；爱自己的孩子，照顾自己的孩子，推广到照顾、呵护、培养天下的孩子。如果做到这些，治理天下就会非常容易。这句话体现了中国人价值观的一个特点：从"小我"出发，拓展到整个社会，把一个人放在整个社会中、放在自己和他人的关系中来看。

中国人还不仅是"老吾老，以及人之老；幼吾幼，以及人之幼"，比这个境界还要大，甚至把人放在宇宙万物中来看。

　　孟子曰："君子之于物也，爱之而弗仁；于民也，仁之而弗亲。亲亲而仁民，仁民而爱物。"

（节选自《孟子·尽心上》）

"君子之于物也，爱之而弗仁"，意味着君子对万物是爱护的，会根据它们的生长规律去培养、爱护它们，而不是滥用仁义之心。比如爱护一棵树，培育它，让它好好地长大。如果有根树枝长得不好，就必须用刀把它砍下来，而不是觉得树枝被砍太痛苦了，就不去砍了。爱护万物，但不可滥用仁义之心。"于民也，仁之而弗亲"，君子有仁爱之心，爱护老百姓，却没有偏爱，对老百姓一视同仁地去照顾、去呵护。

"亲亲而仁民，仁民而爱物"，从爱自己的亲人推广到爱天下的人，从仁爱百姓推广到爱惜万物。中国人的价值观不是单独谈"小我"，而是把"小我"放在天地万物中来看，这反映了中国人对世界万物的洞察。我们需要父母的呵护，需要老师的教育，需要朋友的帮助，需要和别人做生意，需要种庄稼，需要阳光的滋润，需要雨露的滋养……我们只有和宇宙万物联系起来，才能好好地生存下去。我们不能单纯地爱人，而是要爱宇宙万物。人是万物的灵长，那只是人自己认为的，生命在天地面前没有高低贵贱，都是平等的。如果坚守人类中心主义，认为人类的价值是最高的，不尊重其他生命，那最后可能会戕害人类自己。

当然，说到和做到是两码事。近代以来，很多中国人对自己的文化不自信，既不阅读自己的经典，也不阅读自己的文献，对中国的历史和文化根本就不了解，就以为其他文化有多博大，多了不起，进而轻贱自己的文化。一个民族，如果在精神上立不起来，没有自己的心灵家园，不可能成为伟大的民族。

我们一定要看到"大我"的价值，在这个基础上，也要尊重"小我"的价值，将二者有机结合起来，这才是真正的智慧。认清历史的潮流，理解国家的需要，将"小我"的命运融入为民族、国家奋斗的历程，既能体现"大我"的价值，也能体现"小我"的价值。

"君子有三乐"：怎样拥有喜乐人生？

人生在世，每个人都有自己的追求，有人追求基本的物质条件，有人追求在社会上受到尊重，等等。有一种东西是每个人都应该有的，那就是喜悦。我们怎样才能拥有一个喜乐的人生呢？孟子认为，人这一生，最值得高兴的事情有三件。

> 孟子曰："君子有三乐，而王天下不与存焉。父母俱存，兄弟无故，一乐也。仰不愧于天，俯不怍于人，二乐也。得天下英才而教育之，三乐也。君子有三乐，而王天下不与存焉。"
>
> （节选自《孟子·尽心上》）

"君子有三乐，而王天下不与存焉"，君子有三件乐事，不包括称王天下。孟子说的快乐，不是指一个大人物纵横捭阖、治理天下，做了一番惊天地、泣鬼神的事业，而是从志在成为传道的知识分子的角度说的。

"父母俱存，兄弟无故，一乐也"，父母身体健康，兄弟没有夭折，这是第一件乐事。几千年来，中国人基本的生存环境就是家庭，有一个健全的家庭，是一大乐事。对此，很多年轻人体会并不深刻。很多人年轻的时候体会不到父母健在、兄弟姐妹团聚的幸福，等人到中年，父母不在了，想起那些曾经的场景，内心非常伤感。一定要对自己的父母好，要讲孝道，而且要从心灵深处去爱惜自己的父母，珍惜和父母在一起的宝贵时光。

"仰不愧于天，俯不怍于人，二乐也"，抬起头来觉得自己无愧于天，低下头去，觉得自己无愧于人，这是第二件乐事。汉代有一个名将，战功卓著，但是他这一辈子都没有封侯。后来别人就问他为什么，他自己反思，曾经有一次带兵打仗的时候，对手投降了，既然对手已经投降了，做了俘虏，就应该优待，结果他把俘虏都给杀了。后来他讲，他这一辈子打仗那么厉害，都没有封侯，其原因就是他做了伤天害理的事。我们绝不能做伤天害理的事，犯一些小错误没关系，只要改正就行，但是伤害别人、坑蒙拐骗的事绝不能做。

"得天下英才而教育之，三乐也"，得到天下优秀的人才并教育他们，这是第三件乐事。孟子讲的是教育的快乐。教育为什么使人快乐呢？首先，一个国家强盛的基础在于教育，教育培养出什么样的人，某种程度上决定国运。教育不光是教给孩子技能，实际上是为国育才。其次，教学相长，教育是一种非常重要的自我提升的途径，老师在教育学生的过程中，也能够提升自己。南怀瑾先生曾经说，读禅宗的时候，禅宗讲"布施、持戒、忍辱、禅定、精进"，真的是度来度去，实际是把自己给度了。所以教育的乐，也只有从事教育工作的人才能体会到。教育工作者在帮助别人的时候，也是在帮助自己。

我们有各自的职业、各自的生活，我们的乐事可能和孟子讲的不一样，但我们都在追求生命中的喜乐。我们作为普通的老百姓，不一定要像大人物那样挥斥方遒、指点江山，做一番惊天动地的事业，但我们要重视家庭，珍惜和父母、兄弟姐妹在一起的时光，多对父母尽孝，多和兄弟姐妹谈谈心，这是人生最美好的时光。我们这一辈子一定不要做坑蒙拐骗、伤天害理的事，有一些小错误可能难以避免，大的错误不要犯。要敬业乐群，热爱自己的职业，从自己所从事的工作中体会到独特的快乐。希望每个人都能拥有自己的喜乐人生。

"德、慧、术、知"：成功者必备的四要素

  《孟子》给我们提供了成就一番事业的路径，值得每个人学习。可是，什么样的人才能功成名就？什么样的人才能承担大使命？什么样的人才能做出一番利国利民的事业？

  孟子曰："人之有德、慧、术、知者，恒存乎疢疾。独孤臣孽子，其操心也危，其虑患也深，故达。"

（节选自《孟子·尽心上》）

  "人之有德、慧、术、知者，恒存乎疢疾"，有德行、智慧、谋略和才智的，是那些经常处在灾患中的人。"德"，指德行，厚德载物，德行是成就一番事业的基础；"慧"，指智慧，有大智慧的人，在乱世纷纭中能够看清楚事情的来龙去脉，能够"不畏浮云遮望眼"，看清问题的实相。"术"，指方法、谋略。"知"，通"智"，指才智。有德有慧，没有方法也是不行的。如果只有方法而没有才智，也是做不成事的。

一个人若想成就一番事业，"德、慧、术、知"，四者缺一不可。人没有德，就像大楼没有根基；没有慧，就看不清问题的实相，就没办法拿捏进退得失；没有术，没有方法、技巧，就无从下手；没有才智，就无法把智慧和方法体现出来。

那么"德、慧、术、知"从哪里来？孟子的回答是"恒存乎疢疾"，来自灾难和困难的考验。"疢疾"，指灾患。一个人只有在灾患中，才能培养出"德、慧、术、知"，成为大才。古往今来，大多数成大事的人，都曾经历无数的磨难和考验，不断磨炼自己的心智，从而淬炼出智慧和能力。

"独孤臣孽子，其操心也危，其虑患也深，故达"，"孤臣"，指失去国家的臣子，"孽子"，指庶子，那些失去自己国家的臣子和不受待见的庶子，那些被疏远的不受待见的人，往往是用心的，能够考虑得非常深远，对很多问题的洞察极其深刻，对人情世故很通达。

这个道理，孟子在《告子》篇里说得更清楚。

故天将降大任于是人也，必先苦其心志，劳其筋骨，饿其体肤，空乏其身，行拂乱其所为，所以动心忍性，曾（增）益其所不能。人恒过，然后能改；困于心，衡于虑，而后作；征于色，发于声，而后喻。入则无法

家拂士，出则无敌国外患者，国恒亡。然后知生于忧患
而死于安乐也。

（节选自《孟子·告子下》）

这段话的意思是：

上天要安排重大使命在这个人的身上，一定会使他的心
智得到磨砺，使他的筋骨感到劳累，使他感受饥饿，使他身
体空虚，扰乱他做事的心绪，从而使他心理承受震动，性格
变得坚韧，增加他所缺少的才干。一个人，常常是有了错误
才去改正；内心困惑、思路阻塞，然后才会奋发，显露于形
貌，流露于言谈，才会被人了解。一个国家，如果在国内没
有执行法度的大臣，在国外没有能与之抗衡的国家，这个国
家常常会灭亡。由此就知道忧患使人生存、安乐常使人死亡
的道理。

苦难会培养人的坚韧、包容，也容易让人产生慈悲和仁
爱。各种诱惑、扰乱、破坏等，都是考验，通过了便"增益
其所不能"，使自己的能量、智慧、德行、方法、知识得以
提高。

孟子讲的真是万古箴言，永远值得我们学习。想成就一
番大事业，必得经历千难万苦、万般考验、万般烈火的淬
砺。有人说，有的人也会偶然得到好运啊！可是，好运来

了，如果想把握住，仍然要经历这个过程。人往往是在犯了很多过错以后，才会痛彻心扉地去改正；内心有很多的纠结和挣扎，经过无数的思考，辗转反侧，然后才能有所启发，不断地在思考和实践的过程中有所领悟。

第十讲 《大学》

"大学之道，在明明德"：人生的终极追求

《大学》是中国古代典籍名篇之一，原是《礼记》中的一篇，是在太学（中国古代的大学）里讲授的修身、政治学方面的作品。宋代的朱熹把它从《礼记》中抽出来，与《论语》《孟子》《中庸》合称为"四书"。《大学》的作者是谁，历史上没有明确的记载，朱熹经过研究，认为是曾子。

《大学》第一句话，非常清楚地指出了其要义和宗旨，被称为"三纲领"。

> 大学之道，在明明德，在亲民，在止于至善。
>
> （节选自《大学·第一章》）

《大学》讲的最核心的道理是"明明德"。仁爱、慈悲、正直、善良、勇敢、奉献等积极向上的品质，叫"明德"；继承、发扬这些品质，就叫"明明德"。"大学之道，在明明德"，这句话告诉我们，大学的宗旨就在于弘扬光明正大的

品德。"明德"不仅表现为德，其实也是慧。真正有智慧的人，必是有道德的人。真正的大德，是按照世界的秩序和规则去做事，这恰恰又是大慧。

"明明德"不容易，需要我们下大功夫。在日常生活中，如果我们善于反省、善于体察，就会发现自己的缺点。比如，有的时候一听别人说话就发急，这叫嗔心；有的时候遇到好处了马上就想占便宜，这叫贪心；有的时候看到朋友比自己发展得好，心里就酸溜溜的，这是嫉妒……我们的缺点非常多，但我们的优点也很多，比如，正直、善良、勇敢，等等。有时候人会对自己的缺点有所依赖，我们要把自己的缺点找出来改掉，并且把内心对缺点的依赖斩断。而且我们要勇敢地把自己的优点展现出来，勇于承担责任，敢于承受压力，敢于呐喊、敢于直言。

"在亲民"，朱熹有一个解释，说"亲民"是"新民"，认为"亲"与"新"是通假字。但我认为，《大学》里有"新"字，在这句话中作者没有用"新"字，而用了"亲"字，那就是"亲"。亲近老百姓，敬爱老百姓，帮助老百姓，成全老百姓，这就是"亲民"。为什么"明明德"之后是"亲民"？它们之间的逻辑关系非常清楚。如果一个人的大德和大慧没有被开发出来，满心的是非、自私、虚荣、攀比，他是不可能真正重视老百姓的。所以只有"明明德"之后，才能"亲民"。

"在止于至善"，意思是在于使人的道德达到完美的境界，并稳定在这样的状态里。"至善"是我们道德修养的目标。净化自己、革新自己、超越自己，这是一个永恒的过程。我们对人要宽容，不要求全责备。如果以圣贤、道德完人的标准去看，世界上几乎没有完美的人。我们要宽以待人，严于律己，对自己的要求要高一些，要有勇气承认自己的缺点，并敢于去改正。

"明明德""亲民""止于至善"集中代表了《大学》的核心目标。如果我们做到了"明明德""亲民""止于至善"，我们就会境界越来越高，能力越来越强，越来越会做事，事业越来越好，人际关系越来越和谐。在这个过程中，由于大智、大德被开发出来，我们能够更好地看世界，更圆融地处理各种关系，人生更喜悦，更自在。

"知止而后有定"：开发人类智慧的捷径

《大学》开宗明义，点出宗旨"明明德"，就是把慧和德都开发出来。

每个人都希望自己有智慧，可是智慧从哪里来？在"明明德""亲民""止于至善"之后，怎样开发智慧？《大学》做了非常深刻而且全面的回答。

知止而后有定，定而后能静，静而后能安，安而后能虑，虑而后能得。

（节选自《大学·第一章》）

"知止而后有定"，一个人不被外在的各种事物诱惑的状态就是定。"知止"是人生的大学问，有一本书叫《止学》，讲的就是怎样知"止"。很多人都有不知足的毛病，这是一个极大的问题。"知止"包括两个层面。第一个层面是很肤浅的一些欲望，如贪财、贪色等，要知止，否则就是贪得无厌，会导致大祸临头。第二个层面是在很隐秘的地方，就是念头，要止。比如，一个人听课的时候，表面上他一动不动，眼睛盯着老师，但是心里一会儿想到食堂的排骨，一会儿想到自己的车有没有充电……他看似在听课，但效果极差，因为他一个念头接着一个念头，就像大浪翻滚一样，而没有真正去听老师讲的内容。

"定而后能静"，内心的躁动要减弱，内心向外追逐的力量慢慢平息下来，那个状态就是静。"静而后能安"，当一个人的心能安住在当下，外部的因素，或者外部的各种诱惑、扰动、干扰来到面前的时候，他内心就不会轻易被搅动。反之，如果一个人的内心能够轻易地被外在的诱惑搅动，那么这个人是很难有智慧的。比如，有的人，一句话刺激到他，他就勃然大怒，他就没有安住在当下，就是缺乏智慧。

"安而后能虑"，"虑"指用心灵去观照。安住在当下，然后才能启用心灵的观照能力。"虑而后能得"，这个时候我们才能够有更深的洞察力，才更容易看到事情的真相。用马克思主义哲学的观点说，就是透过现象看到本质；用老百姓都能理解的话说，就是不被假象所迷惑，能够看到事物的真实状态，把来龙去脉看得很清楚。当我们把事情的真实状态看清楚了，前因后果都弄清楚了，就会变得睿智、通达、深刻、周到，再说话、办事的时候，就表现出智慧的状态了。

"知止而后有定，定而后能静，静而后能安，安而后能虑，虑而后能得"，这句话给我们哪些启发呢？

第一，我们知道了怎样才能拥有智慧。一个人要想拥有智慧，内心要能够平复下来，不要轻易地被外部的力量扰动。《孙子兵法》讲，如果我们想战胜对手，就要想办法把对手内心搞得强烈起伏。这样对手就容易战略失误，露出破绽，被我们抓住战机。

第二，我们要找到自己的修炼方向。我们要观察自己，把自己内心的状态看清楚。我们做过的傻事、说过的错话，大多数是在心情剧烈起伏的时候做出来、说出来的。内心特别平静的时候，办傻事、说错话的概率就低很多。所以，我们要观察，什么东西最容易搅动自己的心，什么就是我们修炼定力的方向。比如，有的人一见到钱就特别想得到，那他恐怕就会毁在钱上；有的人贪色，可能就会因此栽大跟头。

第三，我们要培养自己的自我反省能力。孔子的学生曾子说过，"吾日三省吾身"，我们也要常常反省，当心剧烈起伏的时候，提醒自己，面对诱惑时就不会丧失理智。

降伏自己的心性是需要大智大勇的。这个过程很难，但极其重要，也极其有意义。一个人要让自己变得越来越好，就一定要把困扰自己多年的不良习气改掉。

"知所先后，则近道矣"：切勿本末倒置

《大学》开篇指出明明德，一个明明德的人，应该是懂道的，能够把握规律的，是真正的觉者，命运的主动者。这个世界运行的规律是什么？

物有本末，事有终始。知所先后，则近道矣。

（节选自《大学·第一章》）

"近道"不是说这就是道，或者说这种状态已经得道了，如果我们懂得了"物有本末，事有终始"，基本上就离大道不远了，或者说是已经领会了世界运行的规律，进入了一个比较自觉的状态。不可能每个人都像圣贤一样能够领会大道，我们都应该近道，都应该懂得规律、尊重规律，遵循规律去做事，然后在生活和工作中，尽可能掌握主动，这样才不会四处碰壁，这是大多数人都能达到的状态。

"物有本末"，本和末在自然界和社会现象里普遍存在。

什么是本？什么是末？以一棵根深叶茂的树为例，如果没有根做支撑，枝叶是不可能茂盛的。根就是本，枝叶就是末，根深才能叶茂。很多种庄稼的人有"蹲苗"的经验，春夏之交，玉米苗长出来了，如果遭遇干旱，叶子会有点儿蔫，但这时候先不要急于浇水。为了活下去，玉米苗会拼命地扎根，完成扎根以后，如果还没有下雨，就去浇水，这样玉米苗会长得更粗壮，对将来的长势和收成有非常好的影响。蹲苗就是把"根深"这个"本"给固好，"收成"这个"末"才能更好。

这有助于我们更好地观察社会现象。比如，经济上，实体经济是本，虚拟经济是末，不能本末倒置。虚拟经济像藤蔓一样缠绕在实体经济上，为实体经济服务。

"事有终始"，"始"就是初心和开局，有了初心和开局之后，经过谨慎的努力，一步一步地开拓局面，那么"终"就是自然而然的。初心和开局在某种程度上决定了这个"终"，所以叫"事有终始"。一个人要想做出一番宏大的事业，初心是很重要的。比如，有的人目标就是多赚一点钱，他也就很难成为对社会有较大影响的人物。当然，只有初心是不够的，措施、路径、方法等，都必须符合初心，而且要时时检视自己、反省自己、改正自己，沿着正确的道路前行。

"知所先后"，在做事之前一定要把事情先后的逻辑搞清楚。只有这样，我们才能顺利地把事情做成、做好。比如，吃苦在前，享乐在后；努力在前，成功在后。我们经常说"台上一分钟，台下十年功"，舞台上那些光环背后不知道有多少努力；那些领袖在历史上的丰功伟绩，其背后不知道经过了多少的历练。

"则近道矣"，懂得了本和末、始和终、先和后，就接近事物的发展规律了。当然，懂得道理和做到之间，还有一定距离。我们要克服自己主观的因素，改正自己的弱点和缺点，这样才能提升自己的境界和层次。

"明明德于天下"：如何实现"内圣外王"？

《大学》指出"三纲领"之后，又提出了"八条目"：格物、致知、诚意、正心、修身、齐家、治国、平天下。修身、齐家、治国、平天下，体现的是外王的能力，就是在做一番利国利民的事业的过程中展现自己的能力。

"八条目"有它的逻辑，《大学》里有非常清楚的说明：

> 古之欲明明德于天下者，先治其国；欲治其国者，先齐其家；欲齐其家者，先修其身；欲修其身者，先正其心；欲正其心者，先诚其意；欲诚其意者，先致其知；致知在格物。

（节选自《大学·第一章》）

在中国文化的逻辑里，一定要从"格物"开始，最终才能"明明德于天下"。中国文化的初心，就是明明德于天下，让天下的人都有像圣人一样的德行，彬彬有礼，知书达理，懂得礼让，等等。

"古之欲明明德于天下者，先治其国"，古代那些想要承担整个人类文明引导者的责任的人，先要把自己的国家治理好，做出表率。如果连自己的国家都治理不好，就没办法给世界人民做表率，也没办法来印证自己的理想。

"欲治其国者，先齐其家"，为什么这样说？这与我国独特的文化逻辑和生活方式有关。我国是农耕文明的典型代表，如果没有战乱和自然灾害等，人们不需要迁徙，"子又生孙，孙又有子，子子孙孙，无穷匮也"，这样就形成了一个个大家族。经营好一个家族，把家族中的各种关系协调好，需要很高的修为与很强的能力。齐家实际上是对一个人全方位的考验和历练，有了齐家的能力，才有可能具备治国的才能。

"欲齐其家者，先修其身"，在一个大家族中，如果一个人德行、品质不好，不可能把各种关系处理好，所以说修身是齐家的一个基础，我们只有提高自己的修为，才有齐家的能力，才能承担责任，处理各种事情。

"欲修其身者，先正其心"，修身首先心念要正。正心，就是让自己变得正直、慈悲、谦卑，平和，等等。只要把正心的功夫做好了，身就修好了，因为行为是心灵的外化，一个人外在的行为基本上反映了他内在心灵的状态。

"欲正其心者，先诚其意"，要做到正心，要先诚其意。

我们对这个世界的是非曲直是有判断能力的。比如，看到地上有个钱包，里面有很多钱，据为己有的念头会悄悄升起来，但几乎每个人心里都知道，这不是自己的钱包，不该要。但是为什么有人要了呢？就是因为他内心正直的力量没有起到主导作用，从而让欲念的力量占据了自己的内心。诚意是听从内心的召唤，不要自欺欺人，心里知道这件事不对，就不要去做了。

"欲诚其意者，先致其知"，要想诚其意，要先致知。致知，就是保护我们内心的判断能力。比如，很多孩子看到小动物被杀就会很心疼，这其实就是他们天生的良知，对是非曲直有正确的判断力。所以要想正心，就要保持我们的良知和做出正确判断的能力。

"致知在格物"，致知的前提是要格物。格物的解释有多种，最常见的有两种：其一，格物就是在和世界打交道的时候，从万事万物中领会真理、领会智慧；其二，格物就是在与万事万物打交道的过程中，把我们内心的欲念——也就是蒙蔽我们的良知、让我们做出错误判断的那些东西——除掉，就是格除物欲。

有了正确的判断能力，我们才能不自欺欺人，才能在面对诱惑的时候做出正确的判断，保持正确的想法，这叫正心。每时每刻都能正心的时候，我们的行为也不会出现大的偏差，这就叫修身。我们修好身，才能齐家。我们能把家族的各种关系平衡好、协调好，才有能力处理社会事务。我们把一个国家治理好了，才能吸引更多的国家向我们学习，在这个过程中，才能"明明德于天下"。

在古代的大家族环境里，格物、致知、诚意、正心、修身、齐家、治国、平天下之间的逻辑比较严密。如今环境有些变化了，这个基本逻辑仍然没有错，但是我们也需要与时偕行，不要僵化。

"苟日新，日日新"：正确理解修身的含义

前面说的"八条目"，如果用一句话来概括，最核心的主旨思想是什么？《大学》做了一个非常清楚的说明：

> 自天子以至于庶人，壹是皆以修身为本。其本乱，而末治者否矣。其所厚者薄，而其薄者厚，未之有也。
>
> （节选自《大学·第一章》）

"天子"，指最高的领导人；"庶人"，指最普通的老百姓。"自天子以至庶人，壹是皆以修身为本"，从天子到庶人，立身之本都是修身。修身为本，就意味着一个人全方位地提高，有了本，才能承担责任，在工作、生活中面临各种考验和难题的时候，才能立得住，处理得好。至于有地位了，有钱了，受人尊重了，那都是末。那些都是修好身后，在打拼的过程中，一步一步地积累起来的。

"其本乱，而末治者否矣"，一个人没有修好身，就

想承担大使命，想拥有地位、钱财、名声等，那是不可能的。

"其所厚者薄，而其所薄者厚，未之有也"，没有看重应该看重的，不该看重的反而特别看重，比如特别看重名利、金钱、地位，这种人如果想成功，《大学》的结论是"未之有也"，从来不会出现这样的事情。

我们一定要注意本和末。修身是本，我们修好了身，遇到机会的时候，才能把握得住。人们常说"机遇偏爱那些有准备的头脑"，这句话也是说修身是前提。修好身，就是做好了准备，哪怕是一个很普通的机会，也会让你一步一步地被认可，迈上一个又一个台阶。

修身，我们不要简单地把它理解成修养德行、道德，那样就狭隘了。修身是全方位的，要德、智、体、美、劳全面发展，这是修身的本来含义。

在修身方面，《大学》中有一个非常重要的观点，有力地驳斥了某些人说中国人保守、中国文化保守等类似的偏见。中华民族是个保守的民族吗？是个不创新的民族吗？绝不是。

汤之《盘铭》曰："苟日新，日日新，又日新。"《康诰》曰："作新民。"《诗》曰："周虽旧邦，其命惟新。"是故君子无所不用其极。

（节选自《大学·第三章》）

　　成汤是商代的开国君王，他为了勉励自己，在生活用具上刻了这样几句话："苟日新，日日新，又日新。""苟日新"，任何一个人，如果希望长进、提升，一定要不断地革新自己，"日日新"，每天都要这样，"又日新"，就是永不满足，永远都不要停止革新自己。这句话表达了中华民族的一种精神，就是面对日新月异的社会，面对天天变化的生活，不保守、不僵化、不满足，永远随着时代的变革，随时调整自己、超越自己。

　　《康诰》说"作新民"，意思是，随着时代的发展，老百姓的思想观念也要有所变化，统治者不仅要跟得上时代，跟得上人民的需要，还要引导人民自我革新。

　　《诗经》里说"周虽旧邦，其命惟新"，意思是周在建立王朝之前，就已经存在很长的时间了，它有一个极大的特点，就是能够随着时代的发展，随着老百姓价值观的变化，不断地调整自己、变革自己，这是对周的歌颂。中华民族的精神中有一个基因，就是自我革新。无论是《易经》里讲变，还是《大学》里讲的日新又新，都体现了这一点。

"是故君子无所不用其极"，有品德的人无时无刻不在尽最大可能来完善自己、提高自己。如果我们把握每一个细节、抓住每一次机会，把生活中的每一次遭遇，都当作成长的机会，就会成长得非常快。

"听讼，吾犹人也"：如何真正减少诉讼？

如果问一个法律行业的从业人员："你希望案件越来越多，还是越来越少？"恐怕有些人的回答是希望案件越来越多，因为这样可以给他们带来更多的收益和机会。那么，我们的先圣对诉讼到底持什么态度？

子曰："听讼，吾犹人也，必也使无讼乎！"无情者不得尽其辞。大畏民志，此谓知本。

（节选自《大学·第五章》）

孔子说："判案的时候我和别人的想法差不多，我也希望天下没有诉讼。""必也使无讼乎"其实有两种解释：一种是"我希望天下没有诉讼"，虽然孔子是大司寇，但是他希望天下的人没有找他判案的，老百姓都很和睦，社会井然有序，人人知书达理；另一种是"我希望不需要法律的判决，让他们没有争议地回去"，意思是当诉讼的人来了，比如夫妻吵架，或者邻里之间有纠纷，孔子希望不用法律判决就能把矛盾调节好。无论是第一种解释还是第二种解释，都是让老百姓平息诉讼，这应该成为所有法律工作者的价值导向。如果案子越来越多，某种程度上说明社会治理存在着不足的地方。在一个教养和文化渗透到每一个细节的社会，案子就很少发生，甚至不会发生了。如果文化教育、道德教育跟上了，人人都尊重别人、体谅别人，家人之间的纠纷、邻里之间的纠纷等就会减少很多，诉讼也会越来越少。真正的好法官不是盼着案子越来越多，而是希望无讼。我们应该好好地从孔子的教育里吸收智慧。

孔子讲的"听讼，吾犹人也，必也使无讼乎"，给每一个法律工作者提出了要求，就是我们应该从社会的角度、从国家的角度来看待诉讼问题。从社会的角度，尽可能地减少诉讼，让老百姓之间少发生一些纠纷，应该成为我们努力的方向。从国家的角度，应该从文化着手，让老百姓受到文化教育和道德浸润，从而心胸更加豁达，有正确的价值观，社会矛盾就会变得很少。

"无情者不得尽其辞。大畏民志，此谓知本"，引用完孔子的话，曾子表达了自己的观点：无情者不得尽其辞。在审判的时候，有的人颠倒是非、巧舌如簧，无理也能辩三分，这种人孔子一定会识破他，绝不给他机会。

"大畏民志"是什么意思？实际上这里讲了两层意思：一层意思是，老百姓要对国家的公权力有敬畏之心，假如老百姓把政府的话不当回事，这个社会恐怕已经有很大的问题了；另一层意思是，政府不能在老百姓面前耍威风，要重视民心、敬畏民心，把老百姓的声音、把民意置于最高的位置，老百姓有诉求的时候要及时回应。

　　"此谓知本"，这就是抓到了根本。政治管理的根本其实就是民心，就是民意。倾听民意，把老百姓的声音听进去、通过好的政策反映出来，就是抓到了根本。

"絜矩之道"：处理人际关系的法宝

人际关系是一个重要的人生课题，一个人要想发展得很好，重要条件之一就是要有良好的人际关系，人生的很多快乐和欢喜来自友谊，很多进步来自领导的提携。如果一个人处理不好人际关系，不仅个人发展受限，内心也会比较痛苦。如何有好的人际关系，怎样处理人际关系，就成为摆在每一个人面前的难题。

《大学》里给我们提供了一种处理好人际关系、结交朋友的方法，叫絜矩之道：

> 是以君子有絜矩之道也。所恶于上，毋以使下；所恶于下，毋以事上；所恶于前，毋以先后；所恶于后，毋以从前；所恶于右，毋以交于左；所恶于左，毋以交于右。此之谓絜矩之道。

（节选自《大学·第十一章》）

这里有几个关键的词——上下、前后、左右，讲的是人际交往中的几种关系。上下，指上下级的关系，是领导者和被领导者的关系。前后，指岗位的变动。左右，指同事的关系。如果一个人把这些关系都处理好了，他的人际关系就会是圆融的。怎么才能处理好？用《大学》教给我们的方法，学会换位思考。

"所恶于上，毋以使下"，如果讨厌上级的某些做法，就不要这样对待下级。比如，讨厌上级做事不公正，自己就要公正地对待下属；讨厌上级假大空，说空话，不做实事，自己就要真抓实干；讨厌上级不体恤下属，自己就要爱惜下属……讨厌什么样的上级，就不要做这样的上级，这样你的下属才会喜欢你、尊重你。"所恶于下，毋以事上"，讨厌什么样的下属，就不要做这样的下属。比如讨厌下属不诚实，当面一套背后一套，自己对领导就要诚实，做到表里如一。

"所恶于前，毋以先后；所恶于后，毋以从前"，讨厌前任什么样子，就不要做那样的前任。比如有的人离岗时工作交接做得一团乱麻，让接任这个岗位的人收拾烂摊子，我们特别讨厌这种行为，那我们以后调离岗位的时候，就要把工作上的各种事情交代得清清楚楚，不给别人留后患。那反过来讲也一样，讨厌后面接班的人是什么样子，自己就绝对不做那样的人。

"所恶于右，毋以交于左；所恶于左，毋以交于右"，左、右讲的是同事关系，讨厌什么样的同事，自己就不要做那样的同事。比如，做出了一点业绩就有同事很嫉妒，说风凉话，让我们觉得很不高兴，那我们自己在同事做出业绩的时候就不要嫉妒；比如，遇到困难的时候同事不肯帮忙，我们很伤心，那在同事遇到困难的时候，我们就要伸出援手。

如果说我们把上下关系、前后关系、左右关系都处理好了，我们做领导的时候，就会得到下属的认可；我们做下属的时候，就会得到领导的认可；我们在进行工作交接的时候，就会受到前任或后任的赞赏；我们的同事，也会从心底尊重我们、理解我们。我们会越来越得到大家的认可和尊重，朋友会越来越多，人际关系会越来越好，心情也会越来越舒畅。

"君子必慎其独也"：要慎什么样的"独"？

《大学》里有一个很重要的词，就是"慎独"。这个词我们在生活中也比较常用，比如，当有人胡思乱想时，我们就会半开玩笑地告诉他："你要慎独，独处的时候，一定要管好自己。""慎独"这种思想对我们有哪些启发呢？

> 所谓诚其意者：毋自欺也。如恶恶臭，如好好色，此之谓自谦。故君子必慎其独也！小人闲居为不善，无所不至，见君子而后厌然，掩其不善，而著其善。人之视己，如见其肺肝然，则何益矣。此谓诚于中，形于外，故君子必慎其独也。
>
> （节选自《大学·第七章》）

"所谓诚其意者：毋自欺也"，所谓使意念真诚，就是不要自欺欺人。看了不该看的东西，说了不该说的话，听到了不该听的内容之后，我们内心都会产生一个念头——这样做不对。很多人往往是内心知道自己做得不对，但会找理由给自己辩护，替自己开脱。这种行为其实就是自欺欺人。

"如恶恶臭，如好好色，此之谓自谦"，人有判断是非的能力，就像我们天生就讨厌臭的东西，天生就喜欢好看的东西一样。如果能恒常地保持这样的真实情感，内心就会产生满足感。

"故君子必慎其独也"，因为我们有这样一种能力，所以，在没有任何外在的约束、监督的时候，也要按照内在的良知和内心的正确判断去做。

"小人闲居为不善，无所不至，见君子而后厌然，掩其不善，而著其善"，小人独处的时候，因为别人看不到，可能行为就不那么检点了，甚至会干一些坏事。见到君子以后，小人又把自己做坏事的状态掩饰起来，装出一副正人君子的状态。

"人之视己，如见其肺肝然，则何益矣"，那些小人自己觉得隐藏得很好，其实别人看得很清楚，藏也没有用。

"此谓诚于中，形于外"，真正的君子，会把内在的德行和良知保持得非常好，内心非常干净，这叫"诚于中"，外在的表现就是做人做事非常经得起检验，值得我们称赞，这就叫"形于外"。"故君子必慎其独也"，所以君子一定要慎独，千万不要放纵自己。

其实很多明白人是看得清楚的。"慎独"最核心的就是要在失去外部约束的时候管好自己。一个人，只有真正发自内心地自律，不依赖于外在的强制作用而能管好自己，才是可靠的修为。管好自己，从自我的力量来看，它包括三个层次：第一个层次是觉醒，很清楚什么是正确的，什么是错误的；第二个层次是观照，任何一个念头产生之后，自己都能觉察得到是不是符合价值标准，是不是符合做人的要求，所有言行都在自己的观照之中；第三个层次是自律，不符合价值观、不符合做人要求的事情一律不去做，只做符合价值观、符合做人的要求的事情。

当然，特别要提醒的是，我们也不要因为强调慎独走向偏颇，忽视舆论的监督、刚性制度的约束等外在力量的作用。近代以来，我国在走向现代化的过程中，有一个很重要的理念就是强调法治，这有深刻的道理。无论是治理社会还是管理企业，仅靠人内在力量的觉醒和自我观照、自律是远远不够的，还必须有刚性的约束，使得人不敢以身试法，这样才能维持一个社会正常的秩序。将内在力量和外部的力量结合起来，让每个人都管好自己，对整个社会的正常运行和个人的幸福、自由都非常重要。

"德者，本也"：人人都适用的生财之道

《大学》里有一个很重要的思想，就是如何拥有财富，怎么使用财富，这是每个人都很关心的问题。

> 有德此有人，有人此有土，有土此有财，有财此有
> 用。德者，本也；财者，末也。

（节选自《大学·第十一章》）

"有德此有人"，有德行的人，才能够真正地会聚人才。一个人以德行作为基础，才能感召更多的人和自己一起努力。德行并不是一个空洞的道德名词，它有非常具体的含义。一个有德行的人，能设身处地地替别人着想，而能够替多少人着想，代表了德行的厚重程度。比如，有的人替整个国家着想，德行就非常高；有的人替朋友、员工着想，也很了不起。

德行还表现为面对欲望、诱惑的时候，有抵制能力。当

一个人能够设身处地地替别人着想，而且在面临诱惑的时候能把持得住，很自然地就能够让更多的人去钦佩他、亲近他，愿意和他一起努力。有德行的人就像一个磁场的中心，人们靠近他的时候，就会被他吸引。

"有人此有土"，这里的"土"指事业，当有无数的人会聚在自己身边，一起奋斗，一起打拼，假以时日，就会做成一番事业。

"有土此有财"，我们的事业不断发展，就会有很多财富聚集过来。比如，有一个网络企业为中小企业提供了一个电商平台，很多企业进驻平台，财富就可能进来了。

"有财此有用"，有了财富以后，要正确地发挥财富的作用。正确地使用财富，既能让自己过得好，生活舒心，又对社会、他人产生好的影响，这体现了一个人的智慧、德行和修为。有的人有了钱以后，把钱用在不该用的地方，就会导致一些不好的事情发生。比如，有的人将钱供孩子挥霍、攀比，导致孩子没有正确的人生观、价值观，甚至会走上违法犯罪的道路。

"有德此有人，有人此有土，有土此有财，有财此有用"，这几句话把中国人对财富的看法说得比较全面了。《大学》更多的是强调德行，德行是什么？德行是干成一番事业的必要条件，但不是充分条件。有德行的人是不是就一定能干成一番事业？不是这样的，有的人大家都觉得他人很好，待人接物很诚恳，但是做事的能力却很一般。要做成一番事业，德行无比重要，除此之外，能力、格局、专业知识等等也缺一不可。所以我们在强调德行的时候，不能忽视专业知识、专业技能，比如，管理、组织、运筹、驾驭等能力，都很重要，少了哪一个，我们在成就事业这件事上都很难心想事成。

"德者，本也；财者，末也"，德行是本，财富是末，这句话进一步强调了德行的重要性。德行是事业和人生的根基，财富是一个人有德行、有能力之后，经过努力自然而然得到的东西。

每个人都很期待拥有财富，但财富只是获取幸福的一个条件。如果一个人的财富来路不正当，使用财富的路径和方向不正确，财富反而可能带来灾祸。有了正确地认识财富、拥有财富、使用财富的能力之后，我们才能真正获得幸福。

"财散则民聚"：企业与国家的管理之道

《大学》讲道理的目的、落脚点是我们怎样去承担社会责任，在社会上做一番利国利民的事业。

> 是故财聚则民散，财散则民聚。是故言悖而出者，亦悖而入；货悖而入者，亦悖而出。
>
> （节选自《大学·第十一章》）

一个真正的管理者，无论是企业家还是政治家，不管是哪一个层面的管理者，都要懂得"财聚则民散，财散则民聚"的道理。如果搜刮民脂民膏，把财产据为己有，员工、人民就会离你而去；如果把财富用于为员工和人民谋福利、帮助他们实现个人成长，就能够吸引更多的人来帮助自己，促进事业的发展。

"是故言悖而出者，亦悖而入"，一个说话故意让别人难受的人，不懂得尊重别人，有些场合他自己一定会面临同样的处境。如果一个人说话的时候多体谅别人的感受，说的话很温和，那么别人会听着舒服，也爱听。如果你说话像刺猬一样扎人，让别人不舒服，经常不尊重别人，别人也会不尊重你。

"货悖而入者，亦悖而出"，钱的来路不正，最后一定会还回去。比如，某些官员的钱来自权钱交易、贪赃枉法，最终难免会东窗事发、人赃俱获，连人身自由也失去了。

关于一个国家应该怎样生财，《大学》也进行了指导：

生财有大道：生之者众，食之者寡，为之者疾，用之者舒，则财恒足矣。

（节选自《大学·第十一章》）

一个国家怎样才能始终是富足的？"生财有大道"，生产财富是有正道的。"生之者众，食之者寡"，要让生产财富的人多，消费财富的人少。如果一个社会有相当多的食利阶层，他们在海滩上晒着太阳钓着鱼，就有大把的利润，而那些普通老百姓流着汗水去赚钱却生活困难，就会出问题。《大学》提倡的是，人人都是劳动者，每个人都靠自己的努力去赚钱，能力大的赚大钱，能力小的赚小钱，不要不劳而获。

"为之者疾"，创造财富的时候要勤奋、要用心。"用之者舒"，用财富的时候要节俭。这样国家的财富才能够不断流，"则财恒足矣"。

针对怎样治理国家，《大学》提出了正确的价值导向：

国不以利为利，以义为利也。

（节选自《大学·第十一章》）

一个国家不应该以财富为利益，而应该以道义为利益。

为什么国家管理者不能单纯地从利益角度去看问题？因为如果人人都只讲利益而不讲道义，人人都从利益多少去看问题，真诚、善良等优秀品质就会被侵蚀。一个民族真正的伟大在于气节，在于精神高度，在于道德修养，而这些实际上都是道义。一个国家、一个民族、一个社会强调道义，有好的精神风貌与正确的价值观，就知道怎样创造财富、使用财富，能够驾驭财富。反过来讲，如果一个国家、一个民族、一个社会不重视正确的价值观，把财富看作最高的价值，人与人之间不讲情分，不讲真诚，不讲信用，不讲原则，所有人都以利益为重，我相信这个国家、这个民族、这个社会是不会有任何希望的。重视道义，重视正确的价值观，重视正确的导向，这是对中华优秀文化的继承，同时也是一个民族真正走向富强的精神保证。

第十一讲

《中庸》

《中庸》的核心思想是什么?

　　曾经有一些西方的学者批评中国哲学缺少形而上的思考，认为中国哲学更多的是伦理道德的说教，缺少抽象、深刻的洞察和富有逻辑的论证。实际上中国哲学有非常深刻的形而上的思考，绝不限于道德说教，它背后有非常深刻的理论基础和学术论证，《中庸》就是其中一个证明。

　　《中庸》和《大学》一样，也是《礼记》的一篇，同时也是"四书"之一。《中庸》的作者，学界一般认为是孔子的孙子，子思。子思的学生教了一个著名的学生叫孟子。从这个意义上讲，孔子和孟子之间是通过子思有机地联系在一起的。孔子去世以后，后世的弟子总是从自己的角度和立场理解孔子的思想，所以儒家学说就分为不同的派别，叫作"儒分八派"。其中一个是思孟学派，就是子思和孟子这个学派。但是分化并不影响他们主旨的一致性。

　　《中庸》告诉我们两个层面的东西。

　　第一个层面是"中"，是实用层面，在《中庸》第六章里有专门的说明，就是"执其两端，用中于民"。学过物理学的人都知道，一根棍子，如果想用一根手指托住某个位置，让棍子两边平衡不倾斜，就一定要找到重心，这个重心不一定是这根棍子的中点，而应该是两种力量的平衡点。如果治理国家过于重视经济，忽视了文化，就会导致经济和文化的失衡，这就不是"中"了。如果一个国家缺少文化建设，人们的价值观就会出现重大的问题，从而引发社会的混乱。所以，既要重视经济发展，又要重视文化建设。

什么是"中"？"中"其实就是让事物的各个要素之间保持动态的平衡。这个要素，指的不仅是内部要素，还包括外部的要素。在经济全球化的时代，国内的情况和国际的情况一定要保持一个动态的平衡。比如，国内有了紧急的情况，国外的舆论也在不断地搅动民意，这时候我们不仅要处理好内部的情况，还要重视外部的力量。再比如，中医和西医，中医治疗瘟疫的思路和西医是不一样的。中医从形而上的角度，让人的心、肝、脾、肺的各个功能得到恢复，互相协调，共同抵抗疾病。西医的特点是重在微观，用显微镜看看细胞是什么，冠状病毒是什么，病毒是怎样侵蚀细胞的，它实际上是对病毒本身进行一个微观化的观察。我们既要重视中医的作用，也要重视西医的作用，不能偏，一旦偏了，就会出问题。重视中医不代表就认为西医不好，西医与中医都很重要，联合起来，这就是"中"！

《中庸》这本书，其实是告诉我们"中"这个智慧非常有用。当你过得比较好，生活比较安逸，身心健康的时候，都是各种要素比较"中"的时候。无论是个人的生活，还是国家的管理，都要保持各个要素之间的动态平衡。这样我们的小生活、国家的大生活，都会变得安定有序。如果我们违背了"中"，就会出现混乱，身体就会患疾病，国家就会出现大的问题，这是《中庸》的核心思想。

当然，从更深刻的角度看，一个人怎样才能把握圆融中道，才是问题的根本。《中庸》不仅从方法上讲述了"用中于民"的智慧，而且深入地分析了如何才能达到中道背后的境界与修为。因此，《中庸》不仅讲了"中道"，而且论述了"何以中道"的背后支撑，这是《中庸》深刻的地方。

"率性之谓道，修道之谓教"：古代教育的真谛

《中庸》希望我们有中道的智慧，能够使各个要素、各种力量保持平衡。这个平衡不是一个固定的点，是动态的。在不同时期、不同阶段、不同状态下，当我们掌握了平衡，就把握了事物发展的最佳状态。《中庸》开篇就告诉我们怎样开启这种能力。

> 天命之谓性，率性之谓道，修道之谓教。
> 道也者，不可须臾离也，可离非道也。是故君子戒慎乎其所不睹，恐惧乎其所不闻。

（节选自《中庸·第一章》）

"天命之谓性"，每个人都有上天赋予的东西，就是天性，结合《大学》来看，其实就是明德。所以"大学之道，在明明德"，就是告诉我们要把内心本来就有的德行和智慧开发出来。就像孟子讲的，人天生就有恻隐之心、是非之心

等良知良能，就是所谓的天性。

在生活中，后天的很多熏染，会使得人的天性被蒙蔽。比如，有的孩子本来没有那么多坏心眼，可是在别人的教唆下，在不良社会风气的熏陶下，就慢慢变坏了。这就是他的天性受到了蒙蔽。

"率性之谓道"，"率性"就是找到老天赋予的东西，让它发挥作用。真正的修道，就是把被蒙蔽的恻隐之心、是非之心、礼让之心、羞恶之心，那种良知良能开启出来。

"修道之谓教"，修道即为教育。中国古代所讲的教育，重在德行、修为和内心。《中庸》讲的教育只有一件事，就是修道，即开启人内在的智慧和德行，让人有健全的人格，德、智、体、美、劳全面发展。有一个孩子身体有一点儿残疾，不愿意见人，整天闷在家里。我告诉他，真正阻碍他的不是他的一点小残疾，而是他的心。一个人真正值得自信的不是美好的外貌，也不是四肢健全，而是智慧、德行和能力。张海迪身体残疾，可是她的精神照亮千千万万人，她学针灸，既治疗自己，也帮助别人，丝毫不会因为自己身体残疾而不愿意见人。

"天命之谓性，率性之谓道，修道之谓教"，这句话很清楚地告诉我们，一个人内在的智慧和能力是从哪里来的——把内在的天性、良知良能开发出来以后，自然就会拥有智慧和能力，所以我们不要舍本逐末。如果只是强调说人要取中道，那这个中道其实还是末，而"本"就是"率性之谓道，修道之谓教"。当我们把内在的智慧开发出来之后，自然就有了平衡各种力量的能力。

"道也者，不可须臾离也，可离非道也"，这样一种内在的智慧，我们丝毫不能离开它，如果可以离开，那就不是道了。我们能与人打交道、能吃饭、能思考、能工作等，都是因为内在的智慧在起作用，它是让我们随时能够展现出生命价值的一种能力。

"是故君子戒慎乎其所不睹，恐惧乎其所不闻"，所以真正有修为的人，时时刻刻都想把自己内在的智慧开发出来，唯恐它受到污染。

真正有智慧的君子，唯恐内在的智慧和德行被蒙蔽，那就要时时地明明德，时时地走在止于至善的路上。如果我们也能这样，我们就能在人生的各种考验面前气定神闲。

"喜怒哀乐之未发"：掌控情绪才能掌控人生

《中庸》告诉我们，把各个要素的"中"把握住，就能够有效地防止各种偏差。这个偏差主要表现为"过"和"不及"。可是在现实中，很多人把握不住这个"中"。

> 喜怒哀乐之未发，谓之中；发而皆中节，谓之和。中也者，天下之大本也；和也者，天下之达道也。致中和，天地位焉，万物育焉。
>
> （节选自《中庸·第一章》）

"喜怒哀乐之未发，谓之中"，那个地方就是心，就是大智慧能够呈现的地方；"发而皆中节，谓之和"，就是说喜怒哀乐可以有，但是不要有极端的情绪，把每一种情绪都发挥得非常恰当，这个状态就是"和"。"中也者，天下之大本也；和也者，天下之达道也"，"和"就是一个人经过修炼之后，每种情绪都发挥得非常恰当，既有人情味，又不走向极端。

"致中和，天地位焉，万物育焉"，到了这个状态，那就如太阳的智慧朗照乾坤。我们处理任何事情的时候都不走极端，都能恰如其分地把握分寸，就是做到了中道。

每个人都应有一种能力：看到一件事情就知道怎样是对的，怎样是错的；看到一个人，就知道这个人好不好打交道，等等。这个能力，实际上就是认知能力，儒家、道家、佛家很大程度的指向都是开发这种能力。这种能力是无形无相的，看不到、摸不着，是通过各种情绪感知的。喜怒哀乐是心的表象，反映的是心理的状态。情绪一旦发泄出来，如果不是很得体，它就像乌云一样把心灵的太阳遮蔽了，所以需要把乌云吹散，就是把各种情绪去掉。

很多时候，人们做事不恰当、不得体，就是因为他们已经被某种情绪把控了。比如，情绪剧烈起伏的时候，人最容易上当，所以有的诈骗犯会用一种激烈的情绪，激发出人的狂喜之心，进而让人一步一步地进入圈套；还有的诈骗犯会利用人的恐惧让人丧失判断力。什么东西能让人产生极端情绪？是人性的弱点，比如，贪心、自私、虚荣心、爱攀比，等等。如果一个人没有这些弱点，或者弱点很少，他产生巨大情绪的可能性就会小很多，他做事时往往就能够保持沉着冷静，这也是一种人生智慧。

"君子素其位而行"：安住在当下是一个人的大修为

在现实生活中，有很多人能够守在普通的位置上生活、工作，安住在当下，踏踏实实、兢兢业业，在平凡中创造伟大，这是非常了不起的状态。也有很多人忍受不了平凡，一定要到聚光灯下走一遭，东折腾西折腾，往往会因为其智慧、能力、德行和格局与所处的环境不匹配而出现大问题。

君子素其位而行，不愿乎其外。素富贵，行乎富贵；素贫贱，行乎贫贱；素夷狄，行乎夷狄；素患难，行乎患难。君子无入而不自得焉。

在上位，不陵下；在下位，不援上。正己而不求于人，则无怨。上不怨天，下不尤人。故君子居易以俟命，小人行险以徼幸。

子曰："射有似乎君子，失诸正鹄，反求诸其身。"

（节选自《中庸·第十四章》）

"君子素其位而行"，君子安于处在自己的位置上，做自己应该做的事。安住在当下，不是没有斗志，更不是没有大追求，而是在任何状态下都能安心做好当下的事。现实中有很多人是不能安住在当下的状态里的，比如，一个普通的老师，非要去当校长；一个小商小贩，非得想成为马云那样的人。这种超出当前状态的想法，是不是完全不可以有？未必。但问题是很多人对未来的憧憬和设想，严重地超出了自己的实际能力，结果折腾来折腾去，把自己的家底折腾没了，生活越来越落魄。

"素富贵，行乎富贵；素贫贱，行乎贫贱"：如果过着富贵的生活，就做富贵者应该做的事；如果过着贫贱的生活，就做贫贱者应该做的事情，吃着粗茶淡饭也可以很高兴。

"素夷狄，行乎夷狄；素患难，行乎患难。""夷狄"，指偏远的地方。即使生活在偏远的地区，也不羡慕大城市的繁华；即使处于患难，也不抱怨。从长远来看，山清水秀的乡村才是更宜居的地方。

"君子无入而不自得焉"，一个真正的君子，无论生活在哪个状态里都很快乐。真正的君子，不是一定要住多好的房子，一定要有多少钱，一定要有多大名声，一定要有多少光环，而是在生活中无论遇到什么事情，都能保持快乐的心态。

"在上位，不陵下；在下位，不援上"：当自己发达了，有了比较高的职位，绝对不欺负弱小的人；当自己发展不好的时候，也不要刻意地巴结、攀附别人。

"正己而不求于人，则无怨"，遇到任何事情都先反思自己，解决自己的问题，而不是苛求别人，这样就没有什么好抱怨的。人这一生，过得落魄也好，荣光也好，所有的处境，多半原因都在自己身上。

"上不怨天，下不尤人"，遇到任何事情，不抱怨外部的环境，也不抱怨家庭不好、父母不好、领导不好等，而是从自己身上找原因，并积极寻找解决问题的办法。

"故君子居易以俟命"，所以一个真正的君子，每天安住在当下，快快乐乐的，在这个时候一旦有了机会肯定会抓住。小人则不是，小人是"行险以徼幸"，他没有能力和操守，总是不满足，带着一种侥幸心理，企图迅速改变命运，但往往适得其反。

"子曰：'射有似乎君子，失诸正鹄，反求诸其身。'"孔子说："射箭和君子的品质有得一比。如果没有射到，不埋怨靶子放得不好，而是认为自己的射箭技术不够高。"这就是君子之风，遇到任何问题，都先从自己身上找原因，而不是苛求别人。

"君子素其位而行"，我要把这句话送给所有的人。如果自己是平凡的人，就安安稳稳过好一生，平凡的人也要快快乐乐；如果自己是能力特别强的人，就要努力干成一番事业。无论上天给了我们什么，我们都不要消极，该努力的努力，该储备的储备，高高兴兴地活，这样一旦机会来了就能抓住它。

"大德者必受命"：什么样的人能发展得好？

　　每个人都希望自己发展得好，有地位，受人尊重，这是人之常情。那么，什么样的人才能实现这样的心愿呢？《中庸》的结论是真正的大德之人。

　　　　子曰："舜其大孝也与！德为圣人，尊为天子，富有四海之内，宗庙飨之，子孙保之。故大德必得其位，必得其禄，必得其名，必得其寿。故天之生物，必因其材而笃焉。故栽者培之，倾者覆之。"

　　　　……

　　　　故大德者必受命。

　　　　　　　　　　　　　　　（节选自《中庸·第十七章》）

　　孔子说，"舜其大孝也与"，意思是舜是一个大孝的人。"德为圣人"，从德行上讲，舜就像圣人一样，没有"小我"，像天地一样去承载万物。"尊为天子"，他取得的这个位置，是部落首领，一国的国君。"富有四海之内"，四海的财富都是他的，而且他去世以后，还有专门的庙去供养他，这叫"宗庙飨之"。由于他的功德，他的子子孙孙也受到别人的尊敬，这叫"子孙保之"。

"大德必得其位"，大德之人一定能得到他的位置。中国文化讲的德，包含了智慧、能力、见识、才能等，是一个综合的概念。大德之人就是特别有修为的人，这样的人一定是德才兼备、身心健康、全方面发展的。这里的"位"指的不仅仅是高官厚禄，还包含历史给的定位、人民群众给的定位。孔子周游列国的时候什么官都不是，在栖栖惶惶之间，颠沛流离了十四年，可他是圣人。"必得其禄"，一定能得到他的财富。"必得其名"，一个人的修为达到了一定程度，为国为民做事也到了一定层次了，一定会有一个机会，使得天下的人知道他、尊重他、敬佩他。"必得其寿"，《道德经》说"死而不亡者寿"，他的肉体消亡了，但是他的精神，他的风范，永远被我们缅怀。

"大德必得其位，必得其禄，必得其名，必得其寿"，这句话实际上是讲了一种因果关系。一个人的修为与他为社会做的贡献就是"因"。如果一个人修为不够，没有为国家做出多少贡献，可能就是"盛名之下，其实难副"，会非常危险。就像一栋楼一样，即使它上边的第三层、第四层富丽堂皇，但是地基是豆腐渣工程，恐怕这个建筑物也是非常危险的。真正得其位、得其禄的，第一是综合素质够，第二是实实在在干到那个份上了，为国家做贡献到了那个程度了，这个时候的果，是必得其位、其禄、其名和其寿。

"故天之生物，必因其材而笃焉"，上天生养的任何一个事物，都有它自己发展的能力和机会。如果别的人在某方面比自己强很多，也不要羡慕；如果自己在某方面比别人有优势，也不要嘲笑谁。上天为每个人都安排了出路。

"故栽者培之，倾者覆之"，如果努力，好好珍惜自己的能力，就会有所成就，反之就是咎由自取了。

《中庸》的结论是"大德者必受命"。一个真正想做出一番事业、成就一番事业的人，一定要做个大德的人。伟大的事业和使命，不会平白无故地来到一个人身上。所有想成就一番事业的人，首先综合素质一定要高，其次一定要在生活中接受各种的磨难和考验，把能力、胸怀、格局、心智都开出来，这样才能承担使命，做出为国为民的事业。

"知、仁、勇三者"：通达之人必备的三种素质

《中庸》里把"知""仁""勇"这三种素质称为天下之达德。人若是具备了这三种素质，就会变得很通达，做任何事情都比较容易成功。

> 知、仁、勇三者，天下之达德也。
>
> （节选自《中庸·第二十章》）

"知""仁""勇"这三方面，是一个人能够做成一番事业的必备素质和基本品德。

"知"通"智"，指对客观世界和客观事物的了解。"知"是我们做好事情的一个前提，如果没有对客观事物和客观世界的准确了解，我们是没办法采取正确的措施的。比如，年轻人去一家公司面试前，对这家公司的经营理念、企业精神、企业文化，乃至企业领导的用人风格都要有所了解，这样才更容易被录取。

"仁"，在中国文化的语境中，指仁爱之心、慈悲之心、正直之心，等等。简而言之，就是有正确的价值观，知道什么是好的，什么是坏的，什么是对的，什么是错的，并且能够正确地运用自己的知识和智慧。现在社会上有一些精致的利己主义者，他们的"知"没有问题，但是没有正确的价值判断，更没有正确的价值选择，这就是"知""仁""勇"中的"仁"出了问题。

"勇"，在古代表现为勇敢，在今天则表现为有社会责任感，有担当。把属于自己的责任甩给别人，遇到事情以后，认为都是社会的错、领导的错、同事的错、父母的错……这种爱甩锅的人，不会有什么大的成就。

如果我们具备了"知""仁""勇"这三种素质，我相信是能够做出一番事业的。

> 或生而知之，或学而知之，或困而知之，及其知之，一也。

（节选自《中庸·第二十章》）

有的人天资较高，天生就有这几种素质，有的人是在学习的过程中具备了这些素质，有的人是经历一些磨难以后才具备的，但只要最终具备了，都是一样的。

《中庸》还进一步告诉我们，怎样才能拥有这三种素质。

子曰："好学近乎知，力行近乎仁，知耻近乎勇。"

（节选自《中庸·第二十章》）

"好学近乎知"，爱好学习就接近知了。学习是我们拥有知识、了解世界的一个重要渠道，比如，我们想了解宇宙，那就去学习天文学；我们想了解人心，就去学习哲学，等等。

"力行近乎仁"，努力实行就接近了仁。美好的品质绝对不是通过耍嘴皮子表现出来的，一定是通过行为、实践表现出来的。所以判断一个人的素质到底好不好，不要听他说了什么，要看他做出了怎样的行动。

"知耻近乎勇"，知道羞耻就接近了勇。一个人的知耻之心会为他注入一种力量，让他时时自我警醒，勇于承担自己的责任。

"凡事豫则立，不豫则废"：如何更好地学习？

《中庸》里有一句话，告诫我们如何更好地学习和吸纳有用的东西，为我所用。

> 凡事豫则立，不豫则废。言前定则不跲，事前定则不困，行前定则不疚，道前定则不穷。
>
> （节选自《中庸·第二十章》）

"凡事豫则立，不豫则废"，"豫"亦作"预"，指准备，如果我们预备好了，把一切都筹划好了，事情就容易做成；如果我们慌里慌张，在没有精心准备的情况下仓促地去做事，就会遇到各种各样的考验，恐怕就会出大问题。

"言前定则不跲"，"跲"，指说话的时候吞吞吐吐，不知道说什么好。说话的时候，如果有所准备，就会表达得很流畅，而不会出现不知道说什么的情况。《中庸》里的这句话，实际上为我们提出了一个很好的提升演讲水平的技巧——提前做好准备。假如有一个演讲的机会，演讲前一定要了解清楚这是个什么场合，听众是谁，演讲的主题是什么，听众喜欢听什么，能接受什么，什么样的话题对听众是没有意义的，哪些话是正好符合这个主题的，哪些话是与这个主题没有关系的等，然后有针对地去准备，这样表现得会比较得体。

"事前定则不困"，做事的时候，事先有所准备，想清楚如果出现预想不到的情况该如何应对，就不容易遭遇困境。

"行前定则不疚"，采取行动之前有所准备，就不会后悔。如果在做事之前很多细节没有想清楚，仓促上阵，可能就会有一些不得体的言谈举止，事后非常后悔。

"道前定则不穷"，就是做任何事的时候，一定要看清楚自己选择的道路，这样在实践的过程中无论遇到什么情况，总是有路可走。如果一门心思认定某一条路，一旦客观情况与自己的预期不符，往往就会栽跟头了。所以我们做事的时候，一定要把各种可能的情况和应对的方法都想清楚。

在对学习的态度上，《中庸》则告诉我们：

博学之，审问之，慎思之，明辨之，笃行之。

（节选自《中庸·第二十章》）

"博学之"，学习要广泛，千万不要被自己的思维限制。有的人陷在儒家文化里走不出来，有的人陷在西方文化里走不出来，他们对不同文化形态缺少海纳百川的大度，这就不是博学。真正的博学表现为，凡是对人类文明有益的文化，我们都敞开胸怀去学习。

　　"审问之"，并不是当各种文化来到面前的时候，都要一股脑地接受，而是要审慎地探问，问一问它有没有道理、符合不符合逻辑、是否经得起检验。

　　"慎思之"，就是要深刻地思考，我们学的理论，来龙去脉是什么，有没有道理，等等。

　　"明辨之"，要以国家的进步、人民的福祉等作为根本尺度来检验一个理论，最终决定是否接受它。有些理论讲得冠冕堂皇，但我们要分辨清楚，它们到底是否符合全人类的共同利益，是不是利国利民的。

　　从"博学之""审问之""慎思之"到"明辨之"，都是理论层面的。我们接受了好的文化、知识，但只停留在理论层面是不行的，还要"笃行之"，一定要落实到行动中。

　　中国文化绝不是封闭的、小格局的文化，但是，对于任何文化、知识，我们都不会盲目地接受，而是会运用我们的理智、思辨和批判思维进行辨别、思考、选择，然后接受有益的文化、知识，并落实在自己的行动中。

"诚者，物之终始"：成就一番事业的不二法门

"诚"这个字在《中庸》中占有核心地位。人性虽然有很多弱点，但也有很多积极向上的优点，"诚"代表着人性里积极向上的、光亮的，能够自我净化、自我升华、自我完善的能量或者能力。中国文化认为这种力量或者能力来自自我的认知、自我的努力和自我的追求，这是止于至善的一种表现。

> 诚者，自成也；而道，自道也。诚者，物之终始，不诚无物。是故君子诚之为贵。诚者，非自成己而已也，所以成物也。成己，仁也；成物，知也。性之德也，合内外之道也。故时措之宜也。
>
> （《中庸·第二十五章》）

"诚者，自成也"，追求卓越，追求止于至善，追求不断地自我净化，这种能力来自谁？来自自己。

"而道，自道也"，就像宇宙的道，它之所以这样运行，之所以有这样的规律，并不是一个外部的力量让它这样，是它本来就这样。

人类的自我净化能力、自我升华能力来自人类自己，而道的运行规律也来自道自身，也就是说，人类的这种自我净化、自我升华的能力和能量，和宇宙大道的道法自然，是一致的。

"诚者，物之终始，不诚无物"，想做成任何一件事情，贯穿其中的一定是"诚"这种状态，如果我们做不到诚，这一生就会一事无成。"诚"表现为什么呢？就是做任何事的时候，都心无旁骛、专心致志、制心一处，集中心智去做。如果一个人三心二意、得陇望蜀、患得患失，那就不是"诚"的状态。

"是故君子诚之为贵"，所以君子一定有一种状态，就是"诚"，追求自己的净化，做一件事情的时候就全神贯注地去做。

"诚者，非自成己而已也，所以成物也"，一个人追求这种升华或者净化，不仅仅是为了自己。不仅要成就自己，还要成就谁？中国文化的气魄就出来了，"所以成物也"，还要成就万物。

"成己，仁也"，成就自己的是"仁"。当把我们人性的弱点消掉或弱化以后，光亮的自性就被开发出来，自然就有以天下兴亡为己任的胸怀。

"成物，知也"，成就万物是有方法的，这个方法就是智慧。我们这一生不仅要成己，而且要成物，成物一定要注意方法。实际上历代的圣贤书都讲得很清楚，任何一个事物都有它本身的道，要成就一个事物，一定要懂它的规则。比如，一个钻研农业的科学家，就要懂得农作物的习性，知道它们适合在什么土壤里生长，它们适宜的温度是多少，它们患病虫害的时候要怎么治疗等，否则，就不能成为一个农业的好手。

"性之德也，合内外之道也"，成己和成物，一个是仁，一个是智，我们无论是追求自己的完美，还是成就天下的万物，实际上都符合本性，都要尊重各方面的规律。

"故时措之宜也"，无论是成己还是成物，一定都要掌握时节因缘。比如老师帮助学生，如果掌握不好契机，可能就会适得其反。

如果我们做事没有诚的态度，不热爱自己的工作、热爱自己的事业，没有把自己的选择和事业融会在自己的血液和生命里，我们这一辈子很难成就一番事业。

"尊德性而道问学"：明哲保身，方可进退自如

　　《中庸》的最后几章对君子的境界和内在的状态进行了概括，对于我们如何过好当下的生活，以及怎么提高自己，都有借鉴意义。

　　　　故君子尊德性而道问学，致广大而尽精微，极高明而道中庸，温故而知新，敦厚以崇礼。是故居上不骄，为下不倍。

（节选自《中庸·第二十七章》）

　　"故君子尊德性而道问学"，君子一定会在心灵的净化和内在品格的提升方面下功夫的，并且在知识层面也会不断提升自己。我们做出一番事业，依靠的是两种能力，一种是内在的修为，这就是"尊德性"；一种是对外在的世界一定要了解清楚，这就是"道问学"。

　　"致广大而尽精微，极高明而道中庸"，胸怀广大，格局

很大，也能在细微之处做得很好；智慧极大，却不在生活中刻意显示自己的聪明，在处理各种事情的时候不走极端，让各种要素、各种力量都维持动态的平衡。

"温故而知新"，重视、敬重历史上的好东西，同时还要开启对未知世界的探索。我们要对历史有敬意，因为历史上的很多事情虽然已经过去了，但是它们给我们的教训和智慧对我们永远有用。同时，我们也要知新，对未来的展望和对未知世界的探索一定不能落下。

"敦厚以崇礼"，一个人非常敦厚，非常有修为，绝不轻薄、轻视别人，对所有人都彬彬有礼，就会让人觉得特别舒服。

"是故居上不骄，为下不倍"，"倍"通"背"，背弃，身居高位不张狂，不觉得自己了不起，身居低位不背弃，即便内心对别人不服气，也会诚恳地做好自己分内的事。

万物并育而不相害，道并行而不相悖。

（节选自《中庸·第三十章》）

"万物并育而不相害"，万物之间是相互支撑、相互滋养的，任何一个生命都有它独特的价值。人类是个命运共同体，人和其他生命也是一个共同体，如果不懂这个道理，比如，某些国家穷兵黩武去征伐别的国家、肆意地伤害其他生命，最终的结果都是会伤害自己。

"道并行而不相悖"，各种文化之间不应该是互相伤害、互相打压、互相摧毁的关系，每一种文化都有自己的道理，而且这些道理本身是并行的。每一种文化都不能妄自菲薄，也不能自以为天下第一。各种文化之间最好的状态就是"和而不同"，互相学习、互相尊重、互相包容，在这个过程中，互相碰撞和交流。反过来讲，如果人类的文化只有一种状态，没有了其他文化的观照，缺少了对不同文明的思考，就可能走到某一个陷阱里而不自知。

中国文化有极大的胸怀，作为中国人，我们既要看到自己的优点，要自信，也要看到自己的不足，要清醒；既要看到其他文化的优点，并有学习精神，也要看到其他文化的缺点，不盲目崇拜。

"万物并育而不相害，道并行而不相悖"启发我们，无论是看待文化，还是处理国际关系和人与人的关系，命运共同体的理念都应该成为未来人类社会的发展方向。

中国人为什么重视孝道？

几千年以来，中国人最重视的伦理规范是什么？我相信，很多人的答案是"孝道"。中国人之所以重视孝道，与我们的生存环境和生活方式有直接的关系。中华民族最早形成了农业文明，生活在长江中下游和黄河中下游，因为这两个流域土地比较肥沃，适合农业耕种。农业文明基本上不需要迁徙，只要没有大的战乱或者自然灾害，在一个地方可以生存几百年，甚至几千年。在这个过程中，就会形成一个个大家族，最终形成家族社会。维护家族社会最基本的伦理规范是什么？实际上，在这个家族社会中真正起作用，或者说最好起作用的就是孝道。大家想想，在现实生活中，孩子吃的食物从哪里来？孩子穿的衣服从哪里来？孩子是怎么一点一点长大的？在孩子成长的过程中，父母的作用无可替代。孩子生存所需的物质条件需要父母来供给，孩子的生活经验需要父母来传授，孩子待人处事的能力需要父母来培养，孩子的心灵世界、精神家园也需要在父母的帮助下建立起来……在这个过程中，孩子对父母的尊重、爱戴、孝敬、孝顺，都是自然而然地产生的。

中国人讲的孝道，绝不是形而下的一些具体的规范。实际上，中华民族特别关注一件事，就是怎样让人成为有美德的人。美德是怎么养成的？这个问题是古今中外的思想家和哲学家都在思考的，中国人对这个问题的回答非常深刻。中国人认为，美德不是无缘无故就有的，也不是天生的，而是一个人在生活中，在和各种人打交道的过程中，在社会实践中，一步步地积累、培养和生成的。

孝道是一切美德的根本。如果一个人各方面都让人钦佩、尊重，那么这样一棵美德的大树，它的根就是孝道。中国人强调孝道，不是简单地让人孝敬父母，其深层意义是让人成为真正有德行、有教养的人。德行和教养不是凭空产生的，是以孝道为凭借和依据的。在孝道这个根上，经过生成、迁移、教化、养成之后，一个人才能成为有德行、有教养的人。比如，在一个家庭里，吃饭的时候，孩子要给长辈拿筷子，要帮长辈盛饭；孩子平时会照顾父母的感受，不对父母说难听的话，哪怕父母真的做错了，也是用一种父母能接受的方式，委婉地提醒父母……这都是孝道的规范。一个孩子在成长的过程中，经过孝道的熏陶，会养成设身处地替别人着想的习惯。一个尊重自己父母的人，进入社会以后，就会自觉地尊敬、体谅所有的长辈。一个对父母讲究孝道的人，对天下的老人也会抱有同理之心。《资治通鉴》中有一句话叫作"求忠臣必于孝子之门"，著名的岳飞精忠报国的故事就证明了这一点。岳飞小的时候，他的母亲在他背上刺了字。岳飞三十九岁的时候，被冤枉通敌卖国而被逮捕，听到这个罪状的时候，岳飞肝胆欲裂，当时就把衣服撕掉了，背上的"精忠报国"（也有一种说法是"尽忠报国"）四个字显露出来。岳飞就是用背上的这四个字告诉别人，他从小就把精忠报国当作自己毕生的追求。岳飞用自己的一生践行母亲对他的要求，其实就是孝的一种表现，孝和为国为民就有机地统一了起来。

我经常在与一些管理者交流的时候提议，在重用干部的时候，要把孝道考虑进去。如果一个人对父母不尊重、不感恩，他会对国家感恩吗？他会对人民感恩吗？他会对企业感恩吗？他会对领导感恩吗？他会对客户感恩吗？所以提拔干部的时候，应该重视孝道，一个真正孝敬父母的人，做了管理者之后，才有可能会想着为社会服务，给社会做贡献，因为这是对父母教导的最好的回报。

什么是"大孝"和"小孝"？

中国人非常重视孝道，那么孝道的内涵是什么？孝道这个概念有形而上和形而下两个层面。在形而上的层面，它代表的是我们对父母应该持有什么样的态度，比如要尊重父母、理解父母、体谅父母，等等。在形而下的层面，它不是空洞的说教，而是要体现在具体的行为方式上，有具体的规范和要求。

《孝经》集中地阐释了儒家的伦理思想，孝道在中国文化史上和中国社会中起着很独特的作用。当然，几千年前讲的孝道与今天讲的孝道，在内容方面和表现方面都会有所不同。《孝经》成书于秦汉之际，它代表的是那个时代的人应该怎样去行孝。如今，社会发生了翻天覆地的变化，我们肯定不能把《孝经》里讲的那套东西简单地搬过来，但是《孝经》里所表达的对父母的敬爱、尊重、体谅，是我们永远要遵循的。无论如何，这种美德都永远不能丢，在新时代我们同样要重视孝道，重视自己的文化符号。

《孝经》里是怎么讲孝的？

> 身体发肤，受之父母，不敢毁伤，孝之始也。立身行道，扬名于后世，以显父母，孝之终也。
>
> （节选自《孝经·开宗明义章》）

先看"身体发肤，受之父母，不敢毁伤，孝之始也"。人的身体、毛发、皮肤，都是从父母那里得来的，我们不能去毁伤，要爱护自己的生命，这是孝的开始。是父母含辛茹苦把我们养大，无论我们遇到多艰难的事，都要挺过去，好好地活着，不要做危险的事情，让自己保持身体健康，好好生活，这是孝的开始。当然，我们也要理解一些特殊的情况，比如，为了国家、为了人民献出生命的人，永远值得敬重。谭嗣同为了救亡图存，与康有为等人一起发动戊戌变法，失败后有人让他逃到日本去，他没有逃。他说："不有行者，无以图将来；不有死者，无以召后启。"对谭嗣同的这种行为我们应该肃然起敬，他是我们民族的丰碑。

我们要尊重生命，不要因为遇到一点困难和挫折就放弃自己的生命，这种行为极不负责任，非常不可取。但是对那些为国为民、杀身成仁、舍生取义的行为，我们要肃然起敬，那是非常高尚的行为。

再看"立身行道，扬名于后世，以显父母，孝之终也"。中国人讲的孝道，不仅是爱惜生命、孝顺父母，还包括行道、悟道，还要在这个基础上，从"小我"走向"大我"，将个体融入为国为民的洪流中，做一番利国利民的事业，通过自己取得的成就来显扬父母的名声，把父母对自己的教育显示出来，这是"孝之终也"，是大孝。

《孝经》里面其他的内容，比如讲天子应该怎样行孝的，叫《天子章》；讲诸侯应该怎样行孝的，叫《诸侯章》；讲卿、大夫应该怎么行孝的，叫《卿、大夫章》；讲老百姓应该怎么行孝的，叫《庶人章》，等等。对于不同身份的人应该怎么去行孝，是有不同的要求的。

在今天来看，《孝经》给我们的最大启发，就是每个人都应该尊敬父母、体谅父母，在物质生活和精神生活两个方面把父母照顾好。这个孝不同于愚忠、愚孝。愚忠、愚孝是缺乏自己的独立思考，父母说什么是什么，真正的孝不是这样的。每个人都有自己独立的生活，和父母发生分歧之后，通过沟通、协商，得到父母的理解和支持，这就是孝的一种表现。《孝经》成书于两千多年前，我们不能简单地恢复书中所讲的孝道，因为其中有一些内容可能在今天并不适用，孝在今天应该有新的表现形式。

第十三讲

《孙子兵法》

"兵者，国之大事"：中国人的大战争观

人类历史上最有名的兵书有两本，一本是德国军事理论家克劳塞维茨著的《战争论》，另一本是我国春秋时代末期吴国将军孙武著的《孙子兵法》。《战争论》首次出版于1832年，它揭示了战争从属于政治的根本性质，对整个人类关于战争的思考有很大影响，但缺少对战争的宏观考察。《孙子兵法》是世界上现存最古老的兵书，它更注重对战争的宏观理解，以及对战争的各个要素之间的关系的把握。

《孙子兵法》8世纪传入日本，18世纪又传入欧洲，在世界上有很大的影响力。《孙子兵法》所讲的智慧不仅可以用在战争上，也可以用在其他事情上，我们应该从战争的角度跳出来，探索《孙子兵法》中可以用在社会方方面面的智慧。

《孙子兵法》的作者孙武出生于约公元前545年，去世于约公元前470年，出生地是齐国乐安（今山东惠民，一说博兴，或说广饶），和孔子算是同时代的人。当时齐国宫廷内斗，尔虞我诈，十分混乱，孙武非常厌恶政治的腐败，18

岁左右就离开齐国到了吴国。

吴国有一个非常了不起的军事家，叫伍子胥。伍子胥通过孙武的言谈举止，判断他是个非常了不起的人，多次向吴王举荐孙武。吴王召见了孙武，孙武将自己写的《孙子兵法》呈给吴王看，吴王觉得孙武写得不错。

《孙子兵法》对战争的思考，有一个非常宏大的格局，这个格局和中国人对社会的观察有关。中国人观察问题的时候，总是从整体看问题，甚至把问题放在天地宇宙里看，这就很容易产生整体性的哲学。所以《孙子兵法》在谈战争的时候，绝对不是就战争谈战争。

孙子曰："兵者，国之大事，死生之地，存亡之道，不可不察也。"

（节选自《孙子兵法·计篇》）

孙子说："战争是国家的大事，关系着民众的生死、国家的存亡，不能不认真地观察。"战争是与国家的生死存亡、兴衰荣辱联系在一起的，不能单纯地考虑战争打得赢还是打不赢。有些时候形势所迫非打不可，有些时候是不可以轻率打的。究竟打与不打，《孙子兵法》给出的指导就是，要结合国运、整个国际形势来权衡它的得失，判断它的可能性、必要性、正当性，在这个基础上做出决断。

如果更进一步，怎样判断到底要不要打？

> 故经之以五事，校之以计，而索其情：一曰道，二曰天，三曰地，四曰将，五曰法。道者，令民与上同意也，故可以与之死，可以与之生，而不畏危；天者，阴阳、寒暑、时制也；地者，远近、险易、广狭、死生也；将者，智、信、仁、勇、严也；法者，曲制、官道、主用也。凡此五者，将莫不闻，知之者胜，不知者不胜。

（节选自《孙子兵法·计篇》）

"故经之以五事，校之以计，而索其情：一曰道，二曰天，三曰地，四曰将，五曰法"，一场战争要不要打，要从五个方面进行分析，经过考察之后，才能做出决定：一是道，二是天，三是地，四是将，五是法。

"道者，令民与上同意也，故可以与之死，可以与之生，而不畏危"，如果将士和老百姓愿意与国家生死与共、风雨同舟，可以共生死、同患难，这个仗就可以打。孙武说的这个"道"，讲的是战争的合法性和正当性，以及是不是得民心。1931年，日军在中国东北发动九一八事变，掀开了侵华战争的序幕。这次战争，日本进行的是侵略战争，是非正义的；中国进行的是反侵略战争，是正义的。所以中国不仅得到了老百姓的广泛支持，而且得到了国际友人的支持。

"天者，阴阳、寒暑、时制也"，"天"指的是昼夜、阴晴、寒暑、四季变化等自然现象，这些因素对战争的影响也是非常大的。赤壁之战中，周瑜想到了用火攻，可是冬天刮的风都是北风，如果用火攻，不仅烧不了曹操的战船，反而会把自己的战船给烧了。但是诸葛亮懂得二十四节气，他知道冬至一阳生，冬至以后东南风会出现，所以他才能成功地"借"东风。

"地者，远近、险易、广狭、死生也"，指的是战场位置的远近、攻守的险易、战场的广狭、战场环境有利与不利。以平型关伏击战为例。平型关两边都是山，中间是一条狭小的通道，适合打埋伏，林彪和聂荣臻就命令八路军战士在山上做了埋伏。下雨了，滴滴答答的雨点落在地上，溅起泥浆来，战士们身上溅满了泥浆，一个个都成了泥人，分辨不出谁是谁了，别人更是丝毫看不出来山上有埋伏。这场雨其实是帮了八路军战士。

"将者，智、信、仁、勇、严也"，"将"是军队的领导者，应该具备智慧、威信、仁德、勇敢、严格这五种素质。俗话说"兵熊熊一个，将熊熊一窝"，将如果不行，这个军队是很难打胜仗的。在打仗的时候，识将特别重要。比如，长平之战后，秦、赵两军僵持不下，赵国撤了不肯主动出击的将领廉颇，而以赵括为将，但赵括只会纸上谈兵，根本没有实际指挥战争的才能，最终赵军全军覆灭，赵国国力日渐衰弱，最终被秦国吞并。管理企业也是一样，一定要识人，把人用在最合适的地方，人尽其才。

"法者，曲制、官道、主用也"，"法"指管理的方法。通过一系列的制度和管理方法，让整个队伍纪律严明、令行禁止、整齐划一，这样整个部队的力量才能显示出来。

孙武最后给出的结论就是"凡此五者，将莫不闻，知之者胜，不知者不胜"。作为一支军队的统帅和领导者，要对这几个因素仔细地权衡、考量，才能在战争中取胜。

通过《孙子兵法》我们可以看出，孙武不仅是一个伟大的军事理论家，而且是个实干家，他不局限于战争本身，而是站在宏观的角度去考量战争，因此才能更好地看清战争、把握战争，从而通过战争达到自己的战略意图。

"兵无常势，水无常形"：因敌变化而制胜

《孙子兵法》共十三篇，其最核心的思想，能够提纲挈领地把这本书的智慧做一个总的概括和总结的话是：

> 故兵无常势，水无常形。能因敌变化而取胜者，谓之神。

（节选自《孙子兵法·虚实篇》）

这句话的意思是："军队没有固定不变的态势，水也没有固定不变的形态。能根据敌情的变化机动调整战术而获得胜利的，可以称作神。"不管你说得多还是说得少，不管你讲哪些理论，最终不得不打仗的时候，你能打得赢，就是你有本事。这就是《孙子兵法》最核心的秘密。

《孙子兵法》也讲了很多技巧，首先是练好内功。不论是打仗，还是做企业，都是一样的道理。比如做企业，你的产品就是你的内功，如果企业的产品不行，服务不行，管

理也不行，那么市场环境再好也没用。不论做什么事情，企业自己都得有真功夫。所以不管决策者有多少奇计良谋，有多少技巧，最根本的都是战士精神抖擞、英勇无畏、令行禁止。在中国历史上，所有能打胜仗的部队，基本上都是基础打得好，队伍建设好，部队纪律严明，将领有智慧、有德行，爱兵如子。比如说，岳家军，金国对他的评价是"撼山易，撼岳家军难"。

在这个基础上，《孙子兵法》讲了几个办法，其中有一个是要找对方的漏洞。

　　故将有五危：必死，可杀也；必生，可虏也；忿速，可侮也；廉洁，可辱也；爱民，可烦也。

（节选自《孙子兵法·九变篇》）

这段话的意思是："有五种性格缺陷对将帅来说是很危险的：有的将帅一味拼死，那就设法杀掉他；有的将帅贪生怕死，那就俘虏他；有的将帅喜欢发怒，那就故意刺激他，使他暴跳如雷，他往往就会举兵轻率，给我方带来战机；有的将帅爱惜名节，那就侮辱他，以此扰乱他的心智；有的将帅特别爱惜老百姓，那就折腾老百姓，让他疲于奔赴、疲于应付，在这个过程中制造战机。"

行军打仗，切不可教条主义、僵化固执，要根据具体情况灵活处理。岳飞将军就是这方面的典范。宗泽发现岳飞是一个了不起的人，于是他就给了岳飞一本兵书，希望岳飞将来成为有名的战将。几个月后，宗泽再次见到岳飞的时候，询问他阅读兵书的情况。岳飞说："对不起老人家，我没有看。"宗泽很错愕，也有点生气，说："你为什么没有看？"岳飞说："老人家，现实中打仗遇到的情况，不会和兵书上讲的一样。有时候突然之间两军就遇到了，要在最短的时间内根据地形、天气等各种因素排兵布阵。两军对垒，靠的不是兵书，需要用我们的心，用我们的智慧，随着情况的变化做出调整。"宗泽听后特别赞赏。岳飞后来果然成了著名的大将军。岳飞的理念实际上就是"兵无常势，水无常形，因敌变化而取胜"。

　　《孙子兵法》讲了很多具体的计谋，但这些计谋并不适用于所有人，因为那都是对境智，而不是根本智，不是大智慧。我们既要听一些大道理，也要结合自己的生活实际，面临不同的人、不同的问题，到底该怎么处理，那就看我们的智慧，"能因敌变化而取胜"才是真本事。

第十四讲

《荀子》

荀子生平考略

荀子，战国末期赵国人，名况，字卿，既是一个伟大的教育家，也是一个集大成的思想家。荀子出生于约公元前313年，去世于公元前238年，是继孔子、孟子之后的又一位儒学大师，他一生的经历也与孔子和孟子类似。他的事迹，司马迁在《史记》里有专门记载。他生于赵国，50岁左右去了齐国。当时齐国有一个稷下学宫，是齐国供文人、学者进行研究和讨论的场所，类似于今天的一个大学。荀子曾经三次任稷下学宫的祭酒。祭酒是一个官名，就是稷下学宫的学长。有很多人慕名来向他学习，其中有两个非常了不起的人，一个是韩非子，一个是李斯。

荀子在治国、人性、礼法、社会管理等方面都有非常深刻的思考。荀子的这些思考如果用在治国上，那是可堪大用的。李斯向荀子学习到一定程度以后，就到秦国去了。实际上荀子也曾经去秦国考察过，他认为秦军是虎狼之师，秦王将来能够凭自己的武力和霸道称雄，有能力统一中国，但是秦王有一个致命的弱点，就是骨子里不重视仁义，不爱护人民，对老百姓的命运与苦难不够重视。所以荀子不想扶持这样的国君，他就从秦国回来了。实际上秦国建国时间不长，到了二世的时候，就亡国了，这也从某种程度上说明荀子的判断是对的。

荀子看问题非常深刻，他认为人这一辈子在开始做事时，发心一定要正，这样才能善始善终。发达也好，落寞也好，该做什么不该做什么，心中要有一个非常好的价值尺度，约束自己、指导自己，这样才能不招祸，才能避免灾难。

楚国的春申君听说荀子特别有水平，就请他去兰陵（今山东省兰陵县）做县令。有一次，兰陵很长时间没下雨了，楚王就让荀子求雨。可是，荀子认为天行有常，天的运行有规律，是否下雨是遵循气候变化的规律的，并不是举行求雨仪式就可以下雨。荀子不去求雨，而是带着人去找水源，打井挖水，要把山里的水引过来。他手下的一个县丞看他不肯求雨，就决定自己求雨，结果求着求着雨真的下起来了。当时楚国大臣曲润的孩子曲光强奸民女，被荀子抓了。因为天降甘霖，曲润受楚王的安排，向荀子表示感谢，意思是你一求雨，就下大雨了，那说明你有功劳。同时曲润也想借机会给他儿子求求情。曲润来了以后，荀子告诉他，这个雨不是自己求的，而是下属私下做的，然后趁机跟曲润讲"天行有常，不以尧存，不为桀亡"，讲了一番他的学术道理。曲润想给他儿子求情，荀子也不答应。曲润就回去在楚王面前捏造了荀子的种种不是，荀子就被革除了职务。荀子主张天地自然有客观的规律，自然有他的道理。但人类的心念对天地自然也会有影响，这也是现实。人与天地自然是互动的关系，而不是互相割裂的。

荀子被革除职务后，回到了赵国。他发现赵王非常不争气。一是赵王非常懦弱。当时秦国以屯田为名占领赵国的土地，为军队储备粮食，这就是找一个借口，实际明目张胆地抢夺赵国的土地。可是赵王不敢回击，表现得很懦弱。二是赵工的德行非常不好，这是荀子特别在意的一点。赵王曾经问荀子怎样才能治理好国家，荀子告诉他，首先要修身，必须发愤图强、励精图治，有德行，有理想，有抱负，才能把国家治理得欣欣向荣。可赵王确实不具备那样的德行。赵王的爱妃有病，有人说生长了三百年的灵芝可以治好她的病。正巧听说有一个寡妇为了给孩子治病，冒着生命危险在太行山上采了个几百年的灵芝。赵王就命人把灵芝从寡妇那儿抢了回来，给他的爱妃治病。通过这件事情，荀子得出个结论：如此失德之人，没办法做一个好大王，他也没有振兴国家的本领。荀子非常失望。这时，楚国的春申君到了赵国，向荀子请教，他知道荀子实际上是个很有能力的人。经过长谈，春申君把荀子请回了兰陵。

荀子在兰陵度过了余生。他晚年的时候，他的学生李斯帮助嬴政统一了全国，某种程度上也实现了荀子的愿望。荀子的理想就是国家统一，减少战乱，老百姓生活安定。可是在秦国实现统一后，秦国的统治者和管理者不懂得爱惜老百姓，严刑苛政，重税苦役，民怨沸腾。荀子对李斯心胸狭窄、追逐名利、没有大局、没有长远的历史观等，也极其了解。传说荀子在晚年整理诸子百家学说的时候，把很多竹简和材料交给他的弟子，交代他们要好好保存。把这些事做好，为中国文化保留了一个文脉和火种之后，他绝食三日，在95岁的时候去世了。

"人之性恶，其善者伪也"：荀子的人性论

在中国文化里，人性论是一个芽，无数思想家的思想之树，都是从人性论这个芽生发出来的。孔子说"性相近，习相远"，但是人性到底是什么，他没说。他只是说人的本性比较相近，是人的生活习惯、生活方式、生活环境、交的朋友等因素的不同，导致人与人之间的差别越来越大。孟子说"人性本善"，他认为人性有一个内在状态，就是良知良能，人本来是可以为善的，可是在与社会打交道的过程中，人的本性迷失了，所以要通过教育和后天的努力，把人本来就有的善良、纯美的天性开发出来。

荀子对人性的看法，也有非常鲜明的特点。

人之性恶，其善者伪也。

（节选自《荀子·性恶》）

在《荀子·性恶》中，荀子开宗明义，说人的本性是恶

的，善良的品性是通过教育而逐渐形成的。人性的美好状态不是天生的，而是通过教化得出来的。很显然，这和孔孟的思路出现了根本的分歧。荀子要建立一个"女有归，男有分"的大同社会，在目标与方向上，荀子与孔子、孟子一致，可是他们在论证的思路和逻辑上又有根本的不同。

荀子赞成讲礼乐，希望人人都彬彬有礼、人与人和睦相处，社会井然有序，可是怎样才能达到这个状态呢？

> 今人之性，生而有好利焉，顺是，故争夺生而辞让亡焉；生而有疾恶焉，顺是，故残贼生而忠信亡焉；生而有耳目之欲，有好声色焉，顺是，故淫乱生而礼义文理亡焉。
>
> （节选自《荀子·性恶》）

荀子说，人天生就有喜好利益之心，顺着这种本性，人与人之间会发生争夺，就不讲谦让了；人天生就有嫉妒憎恨之心，顺着这种本性，人们会互相残害而不讲忠信了；人天生就有耳目之欲，爱好音乐、美色，顺着这种本性，就会发生淫乱的事情，礼法就消失了。趋利避害是人的本性，依靠人的本性不可能建立良好的社会秩序。

故必将有师法之化，礼义之道，然后出于辞让，合于文理，而归于治。

（节选自《荀子·性恶》）

所以一定要有老师、法度的教化，礼义的引导，这样才能让人从谦让出发，行为合乎礼法，从而实现社会的稳定。

荀子的看法，就是要通过教育建立良好的社会秩序。与孔子和孟子相比，荀子的思想有一个开拓，就是讲礼法。孔子和孟子强调礼，却很少提法。礼更多的是作为人的规范方面，是出于人的自觉。比如，学生尊重老师，这是出于主动的，有主观的自觉。法则是不管你认为合理还是不合理，都必须接受，它是外在的强制性的规范。为什么荀子能提出法的概念？因为荀子看到了人性的恶，要想构建井然有序、人与人之间和睦相处的美好社会，单靠人的自觉，是不可能做到的。隆礼重法是荀子思想的重要特点，这一点在整个人类社会治理思想发展的进程中，也有非常重要的意义。人到底能不能自己管好自己？能够管好自己的人极少。要真正实现良治、善治，建立良好的社会秩序，一定要礼和法并重。

荀子提出人性之恶，是对孔孟思想的重大发展与转换。比如，孔孟认为，对人进行善的教育、让人恢复美好的德行是符合人的天性的，因为人性中本来就有这些东西。孔孟的思想逻辑是自洽的。荀子则认为贪财好色、趋利避害是人的天性，这使得荀子的思想本身就有一个逻辑漏洞，既然人性是坏的，你凭什么把他变为好人？把他变为好人，改变了他的人性之坏，还符合不符合他的人性？西方人对人性的判断和荀子有相通之处，休谟、霍布斯、洛克等思想家对人性的恶、贪、自私等也是肯定的。比如西方的法律、西方的宪政体系等，都体现了西方人对"小我"、自私的防犯，他们认为恶就是人性，所以要加强法治。西方社会一方面告诉人要尊重社会秩序，通过宗教等引导人们实现自我超越；另一方面又告诉人自私是正常的，是应该的，是合理的。这样就在社会治理方面产生一个巨大的悖论——所谓的理想社会状态与人性恶的假设之间有着根本的对立和冲突。

荀子人性论的优点体现在社会治理方面，他强调了外在规范的重要性，而不是简单地依靠道德的教化，这一点值得我们重视。通过教育让每个人都成为好人，这是一个理想，现实中一定需要通过各种制度的建构，给人性的恶围上篱笆，使得人性的恶尽可能不去扰乱社会秩序、伤害别人。

"不为尧存，不为桀亡"：荀子的天命观

　　中国人对天命的看法跟西方人有极大的区别。夏朝之前，中国人就隐约地知道，人要通过自己的努力改变命运，《诗经》里说"永言配命，自求多福"。商朝人重视神秘的力量对人的控制，商纣王暴虐无道，别人告诫说这样容易把国家给毁了，商纣王不听，说他当王是天命所归。周朝时，中国人仍然相信有天命，但把天命与人民的愿望有机地结合起来。《尚书》里说"天视自我民视，天听自我民听""民惟邦本，本固邦宁"，谁最能代表人民的利益，倾听人民的声音，天命就在谁那里，既没有否定天命，又把人民的重要性突显了出来。《易经》里说"天行健，君子以自强不息"，这个时候天命和神秘的力量被进一步弱化。孔子说"敬鬼神而远之"，就是我们要尊重鬼神，但要防止陷入狂热的迷信和盲目的崇拜，从而奠定依靠自己的力量来把握自己命运的基础。

　　荀子的天命观又有一个变化，就是把人和天之间的那一

丝联系切断了。孔子虽然说"敬鬼神而远之",但是仍然认为天命跟人之间是有联系的。《论语》里讲得很清楚,孔子虽然强调了人的主观能动性,但是也认为天是很重要的。天作为一种力量是存在的,但是这种力量发挥作用要通过人的努力。那么,荀子是怎么看的呢?

> 天行有常,不为尧存,不为桀亡。应之以治则吉,应之以乱则凶。

(节选自《荀子·天论》)

天有它自己的规律,跟人没什么关系,不因为有尧这样的明君,它就存在;也不因为有桀这样的昏君,它就不存在。如果人遵循这个规律,就可以顺利吉祥;如果人不遵循这个规律,就会倒霉。

荀子认为天的规律和人的规律之间没有联系,是独立的两种规律。这种思想更符合近代以来一些人的看法。去神秘化、祛魅之后,很多人就认为天就是天,人就是人,这在某种程度上,和近代以来西方哲学的"主客二分"有点相像。在去神秘化这方面,荀子走得比较远,也暴露了他的问题。如果完全切断了人和天之间的联系,就容易造成人类中心主义,而且人类在自我约束方面,就失去了一个强大的监督力量。德国哲学家海德格尔曾经专门写文章反对人类中心主义，他说近代以来人类病了，一个重要的表现就是人类中心主义，尤其是自然科学高度发达以后，人类认为自己是天的主人，可以驾驭自然界，一切都是为自己服务的。这种猖狂和自大给整个人类的处境带来了极大的危险。很多人看到，中国文化中天人一体、天人合一，把人放在天地之间的观点，对救治人类中心主义，避免自然科学的过度膨胀带来的各种弊端有重大启发。

荀子的天命观，是天人相分，天是天，人是人，但人类可以利用规律为自己服务。

> 从天而颂之，孰与制天命而用之？……故错人而思天，则失万物之情。
>
> （节选自《荀子·天论》）

与其跪在天的面前，对天歌功颂德，不如认识自然界的规律，然后利用规律去为自己谋福。天有天要干的事，人有人要干的事，人在天的面前不要迷信，如果想获得幸福，想过得好，就应该认识自然界的规律，发挥自己的主观能动性。

荀子反对人迷信、蒙昧地跪在天命面前，倡导把命运放在自己的基点上，通过自己的努力去改变命运。但是我们也应该清楚，人和天、人和宇宙的关联不能切断，我们既要重视人的作用，又要重视天的作用，人与天地宇宙之间相互影响，这种天人一体的思想，更符合世界的本来状态。

"学不可以已"：什么是真正的"成人"？

《荀子》的第一篇就是《劝学》，这篇文章系统地阐述了荀子的教育理念。下面我们就选择几个片段进行品读。

> 君子曰：学不可以已。青，取之于蓝而青于蓝；冰，水为之而寒于水。木直中绳，𫐓以为轮，其曲中规，虽有槁暴，不复挺者，𫐓使之然也。

（节选自《荀子·劝学》）

"君子曰：学不可以已"，君子说，学习是没有止境的。这跟孔子的观点一致，孔子说"发愤忘食，乐而忘忧，不知老之将至"。学习是贯穿一生的事，我们在学习的过程中不要自满。如果把我们学过的知识比作一个圆，圆的外部是我们还没有掌握的知识，那么这个圆越大，我们与未知的接触就越多，越觉得自己无知。很多修为很高的人都不会骄傲，不会觉得自己伟大，反而越来越觉得自己平凡。国学大师南怀瑾先生临终的时候，手写了"平凡"两个字。老先生博古通今，是一个儒释道兼通的大师级人物，仍然认为自己是平凡的。他写"平凡"还有一层含义，就是不被虚名所累，没有挂碍，这是一种修行的状态。

"青，取之于蓝而青于蓝；冰，水为之而寒于水"，靛青是从蓝草里提取出来的，颜色却比蓝草还深；冰是由水凝结而成的，却比水更寒冷。学生不一定不如老师。很多学生的学识与见解比老师要深刻得多、高远得多，这是很正常的。人一代比一代强，这样文化才能发展，社会才能进步。

"木直中绳，𫐓以为轮，其曲中规，虽有槁暴，不复挺者，𫐓使之然也"，木材直得可以符合拉直的墨线，把它烘烤弯曲做成车轮，它的曲度就符合圆规的标准了，即使再经过火烤日晒，也不会再变直了，是因为经过了加工，它才变成这样的状态。一个人如果想做成一番事业，就一定要遵守一些规矩。没有人天生就是圣人、大人物，我们要重视教育、重视学习，要把成才的规矩学到手。

故不登高山，不知天之高也；不临深溪，不知地之厚也；不闻先王之遗言，不知学问之大也。

（节选自《荀子·劝学》）

"故不登高山，不知天之高也"，所以不登上高山，就不知道天有多高；"不临深溪，不知地之厚也"，不临深渊，就不知道地有多厚；"不闻先王之遗言，不知学问之大也"，不聆听先代帝王的遗教，就不知道学问的博大。这句话其实讲出了人类的状态。孟子也有类似的观点："观于海者难为水，游于圣人之门者难为言。"一个人真正学到了一定程度，才能理解更深刻的道理，才能看到自己的浅薄。自己没有达到一定高度的时候，我们无法理解那些伟大思想家对人和社会深刻的体悟和洞察。所以，对于自己不理解的思想和文化，我们不要急于否定，要带着谦虚的态度去了解，在实践和生活中去验证，然后再得出结论，这是一种非常重要的学习态度。

吾尝终日而思矣，不如须臾之所学也；吾尝跂而望矣，不如登高之博见也。

（节选自《荀子·劝学》）

"吾尝终日而思矣，不如须臾之所学也"，我曾经每天冥思苦想，却不如片刻学习收获的知识多；"吾尝跂而望矣，不如登高之博见也"，我曾经踮起脚向远处望，却没有登上高处看得广。整天空想而不付诸行动，不会产生实际效果。荀子告诉我们，学习绝不是空想、乱想，而是实实在在地读书，实实在在地去做事、去践行、去证悟。

> 南方有鸟焉，名曰蒙鸠，以羽为巢，而编之以发，
> 系之苇苕，风至苕折，卵破子死。巢非不完也，所系者
> 然也。西方有木焉，名曰射干，茎长四寸，生于高山之
> 上，而临百仞之渊，木茎非能长也，所立者然也。

（节选自《荀子·劝学》）

这段话讲的是：

南方有一种鸟叫蒙鸠，它用毛发在芦苇上做巢，大风吹来的时候，芦苇被折断了，鸟蛋也碎了。不是巢没有做好，而是系巢的地方使它这样。西方有一种草，名叫射干，茎长四寸，长在高山上，俯临百丈深渊，不是它只能长这么高，是它生长的地方使它这样的。这启发我们，做人做事，必须确保根基正确。

我们花了心血去学习，究竟是学那些空花幻影、经不起历史检验的雕虫小技，还是学人生大道，这是必须要考虑的大事。谋生的手段要学，它能让我们活下去；人生的大道也要学，它是经得起检验的大智慧，能让我们的人生不偏废。如果我们学的只是经不起历史检验的雕虫小技，这一生可能会衣食富足，但是很难在人类历史上踩下自己的脚印，给人

类留下一些深刻的东西，而且很容易走邪路、岔路，误入歧途。所以，我们一定要学安身立命、经得起检验的真东西。

　　　故言有召祸也，行有招辱也，君子慎其所立乎！

（节选自《荀子·劝学》）

　　"故言有召祸也"，有些话可能会招来祸患，"行有招辱也"，有些行为可能招来耻辱，"君子慎其所立乎！"君子为人处世一定要谨慎。一个人是什么状态，就会吸引什么样的人。如果想让更多优秀的人赏识自己，那就让自己更优秀。如果希望有贵人相助，那自己就得有真本事，当自己的努力到了一定程度，得到很多人认可和仰慕的时候，才会有贵人相助。

　　　积土成山，风雨兴焉；积水成渊，蛟龙生焉；积善成德，而神明自得，圣心备焉。

（节选自《荀子·劝学》）

　　"积土成山，风雨兴焉"，泥土堆积在一起成了山，风雨就在这里兴起；"积水成渊，蛟龙生焉"，水流汇聚成为深渊，蛟龙就在这里生长；"积善成德，而神明自得，圣心备焉"，积累善良的行为，养成高贵的品德，就心智澄明，有了圣人的心态。学习需要持之以恒。任何一个人的成就，都不是一夜造就的，而是经过长期的积累获得的。我们一定不要有一夜暴富的想法，不要想着一夜之间光彩夺目，一定要一步一个脚印地去积累。我们的天资，可能不足以让我们成为大师，但通过一步一步的积累，一定可以成为受人尊重的人，至少可以在自己的行业里小有成就。

那么，我们到底应该学什么呢？

> 君子之学也，入乎耳，箸乎心，布乎四体，形乎动静，端而言，蝡而动，一可以为法则。小人之学也，入乎耳，出乎口。

（节选自《荀子·劝学》）

学了以后，君子是什么状态呢？"君子之学也，入乎耳，箸乎心，布乎四体，形乎动静，端而言，蝡而动，一可以为法则"，听在耳里，留在心里，表现在行动中，谨记圣人的教诲，绝对不乱说、不乱做，说出来、做出来的都和道相合，他的一言一行、一举一动都可以成为别人效法的准则。小人就不是了，小人学东西就是为了炫耀，"小人之学也，入乎耳，出乎口"，耳朵一听，嘴巴一说，炫耀炫耀就过去了，根本没有塑造自己的心灵，更没有表现在行动上，做不到知行合一。一个人修到一定程度以后，就会达到荀子讲的"君子之学"的状态，就能够做到知行合一。

> 生乎由是，死乎由是，夫是之谓德操。德操然后能定，能定然后能应，能定能应，夫是之谓成人。天见其明，地见其光，君子贵其全也。

（节选自《荀子·劝学》）

"生乎由是，死乎由是，夫是之谓德操"，一个真正的君子学到一定程度以后，无论是生是死，都要去固守的一种状态就是德操。内在智慧和德行的提升和完善，这叫德；外在行为可以成为人们的表率，就是操。

"德操然后能定"，一个人有德操之后就有大的定力，能安。"能定然后能应"，能定下来以后，在和万事万物打交道的过程中，不但有智慧，而且能够表现得非常得体，这就是应。"能定能应，夫是之谓成人"。什么叫成人？在荀子看来，能定、能应、有德操，才是真正的成人。

那么成人是什么状态？"天见其明，地见其光，君子贵其全也"，天空显现出它的光明，大地显现出它的广阔，君子贵在他的德行完美无缺。君子，其实就是我们所说的全人，用今天的话说就是德、智、体、美、劳全面发展，身心健康、德才兼备的人。

"凡人之患，蔽于一曲"：让智慧透出天窗

人有认识事物的能力和智慧，人之所以能思考、有智慧，就是因为有心。可是，很多时候，我们的心会被蒙蔽，从而弱化、丧失了正确认识世界的能力。《荀子·解蔽》里讲"凡人之患，蔽于一曲而暗于大理"，意思是所有的人都有一个毛病，就是总被一些偏见迷惑，从而不能体会大道。那么，是什么东西蒙蔽了我们？

> 故为蔽：欲为蔽，恶为蔽；始为蔽，终为蔽；远为蔽，近为蔽；博为蔽，浅为蔽；古为蔽，今为蔽。凡万物异则莫不相为蔽，此心术之公患也。
>
> （节选自《荀子·解蔽》）

"故为蔽"，"故"，通"胡"，意为"什么"，什么造成了蒙蔽？"欲为蔽"，欲望会造成蒙蔽。当我们有强烈的欲望的时候就容易被蒙蔽。现实生活中，有很多人买理财产品被

骗了，他们是不是贪心了？有一些为官之人看到钱、看到权力就想得到，这些极大的欲望就蒙蔽了他们的智慧，让他们对是非对错丧失判断能力，做出一些违法乱纪、贪赃枉法的事情。

"恶为蔽"，厌恶会造成蒙蔽。很多事情，我们还没有真正了解，就先入为主，妄加判断。比如，有些人不喜欢中医，他们其实并不了解中医，就武断地说中医的坏话；有人不喜欢某个人，对这个人的观点和文章即便不了解，也会觉得不好。所以千万不要因为讨厌一个人，就在不够了解的情况下妄加评论。

"始为蔽"，在事物刚刚发生，还无法看清楚它未来的发展趋势的时候，我们会被蒙蔽。比如，新型冠状病毒刚刚出现的时候，我们对它的了解就不够准确，后来通过研究才逐渐发现它的真面目。

"终为蔽"，当一件事情已经结束，我们只看到了结果，而对其过程不了解的时候，往往就被蒙蔽了。比如，领导把一个任务交给下属，结果下属没做好，领导就大发雷霆。实际上，下属做得非常用心，虽然没达到领导的预期，但并非一无是处，中间还有很多曲折的细节，如果简单地以结果来评判，就会失之偏颇。

"远为蔽"，有些事情离得太远，不了解，我们也容易被蒙蔽。有些人往往是并不了解细节就妄加判断。对自己不了解的事情，我们少发议论为好。

"近为蔽"，有些事发生在自己眼前，也容易被蒙蔽。有一个词叫"灯下黑"，说的就是这种情况。比如，领导特别喜欢一个下属，往往就看不到他的缺点，他又特别懂得领导的心思，故意做出一些能获得领导认可的言行，使得领导欣赏他，这就是领导被蒙蔽了。这种事情在历史上也非常多。比如，为什么我们经常说奸臣可恶？往往是因为他迎合君主的欲望，陪着君主吃吃喝喝，逗君主乐。君主只看到了眼前他做的这点好事，很喜欢他，这样就被蒙蔽了，从而不能做出正确的判断。

"博为蔽"，有的人知识广博，别人跟他说些什么，没等说完，他就说知道了，因此而被蒙蔽。他自以为知道了，以为自己什么都懂，其实对于别人说的这件事，他了解得并不清楚，却妄下结论。我们千万不要以为自己无所不通，而没有耐心听别人的话，更不要在别人没有说清楚的时候就做出主观判断。

"浅为蔽"，有些人更可笑，自己非常浅薄，根本没有听懂别人的话，就妄加判断，因此而被蒙蔽。庄子讲过"夏虫不可以语于冰""曲士不可以语于道"。有些人思想很浅薄，给他讲道家的修行之术，讲佛家的自性解脱之法，以他们的智慧，很难理解那么深刻奥妙的东西。

"古为蔽"，有些人对古圣先贤非常崇拜，因此被蒙蔽。比如，很多讲国学的人，一开口就是老庄孔孟，而不懂当今的发展大势。不要只讲古代的人和古代的学问，现当代也有非常智慧的人，他们对国学的领悟也很深刻。智慧是要活学活用的，中国文化的好多智慧，关键在于怎么运用，满嘴的之乎者也，却不会用于实践中，不就跟孔乙己一样是读死书了吗？

"今为蔽"，有些人只懂今天，对历史充满了鄙视，看不起历史上伟大的思想家，因此被蒙蔽。如今自然科学已经很先进，但关于人性的思考，对人修身养性的洞察，古代那些伟大的思想家比我们深刻得多。他们知行合一，用自己身心证出的学问，尤其值得我们肃然起敬。

荀子的结论是"凡万物异则莫不相为蔽，此心术之公患也"，万事万物各有各的特点，我们总是被事物的某一方面迷惑，因此就容易被蒙蔽，这是人类的通病。我们若是想拥有智慧，就要知道自己被什么蒙蔽了，然后把蒙蔽自己的东西揭开，看到事物的真相。

人何以知道？曰：心。心何以知？曰：虚壹而静。

（节选自《荀子·解蔽》）

"人何以知道？曰：心"，人怎样才能了解道？回答是：用心。"心何以知？曰：虚壹而静"，心怎样知？回答是：虚空专一，并且安静。所以看任何一个观点、一个人、一个事物的时候，都不要有先入为主的成见，而是要实事求是，认认真真把它的来龙去脉、前因后果都了解清楚，之后再做出判断，这样才能避免失误。荀子的这个观点和庄子、老子、孔子都是一致的。

第十五讲 《韩非子》

韩非子生平考略

韩非子是法家思想的集大成者，出生于约公元前280年，去世于公元前233年，出生地是韩国新郑（今属河南省）。韩非子天生口吃，但思考能力特别强，文采特别好。韩非子是荀子的学生，和李斯是同学，他表达能力不如李斯，但是在写作、思想和逻辑方面远远超过李斯。

韩非子对诸子百家的思想都有所吸纳，尤其是法家和道家。他认真地研读过老子的思想，专门写了两篇文章对老子的思想进行阐发，一篇是《解老》，一篇是《喻老》。他特别强调术，强调统治和管理的技巧、方法。他认为君王就像老虎一样，必须有威严，老虎一旦被拔了牙，就体现不出虎威，没办法去领导群臣、统治国家了。

评判一个人是否伟大，要看他有没有完成他的使命。人类在不同的时期，面临的任务是不一样的，谁是这个任务的提出者，谁是这个时代难题的回答者和解决者，他就永远留在了这个时代的痕迹里，被人们所纪念、所缅怀。

每个人都有缺点，我们看人不能求全责备，主要看两点：一是看他对时代的任务和难题认识得是否清楚；二是看他有没有对时代的任务和难题做出回答，如果做出了回答并推动了社会进步，那么一定会在历史上留下一笔。一个时代所面临的难题很多，有一些需要伟大的思想家、政治家来解决，有一些则需要科学家、发明家来解决。

在韩非子的时代，中国的时代任务是什么？春秋战国时期，经历了几百年的征战和杀戮，人民对战争厌恶透了。恢复国泰民安的社会环境，让老百姓安居乐业，就成了那个时代最急迫的任务。对这个任务，孟子、老子、孔子都有所体认，尤其是孟子，他提出"定于一"，就是要统一。可是怎样才能统一？孟子的回答就是行仁义。这从根本上讲是有价值的，但不能迅捷地完成历史任务。韩非子认为，要解决这个问题，必须得有一个伟大的领导者，他要有博大的智慧、摧枯拉朽的能力、吞吐天下的志向、纵横捭阖的权谋，才能完成使命。

在那个时期，把人民群众散落的力量汇集起来，真正完成使命，需要拓疆万里的大英雄，韩非子看得很对。韩非子去世后，后人搜集他的作品，并加入他人论述韩非子观点的文章，编成了《韩非子》一书。《韩非子》全书有10万多字，这些内容集中起来，就是在为这样一个能结束战乱的大英雄张目，从理论上为他的出现做出论证。

韩非子强调君王的权力、强调法、强调术、强调势，这与近代以来人们所形成的自由、平等价值观念有冲突的地方。因此有些人不赞同韩非子的思想。但是每个人都活在自己的时空里，都在自己的时节因缘里认识问题、解决问题，我们不能拿着今天这套理论去评价韩非子，也不能拿着今天这套理论去评价秦始皇。秦始皇专制、独裁，但是在那个时代，非得秦始皇这样的人物，才能以他的大开大合、吞吐天下的气魄实现国家统一。韩非子对这个问题看得很透彻，提出的解决方法也是合适的，从这个意义上讲，韩非子有其非常伟大的地方。

可是韩国的国君并不理解韩非子的思想，并且韩国的力量很薄弱，没有能力实现统一天下。所以，韩非子虽然是韩国的公子，但在韩国不可能实现他的理想。秦国攻打韩国时，韩国国君派韩非子出使秦国。在出使秦国之前，韩非子写的书已经传到了秦国，秦王嬴政非常钦佩韩非子，认为韩非子非常有思想，很想见见他，听一听他对治国理政、统一天下的想法。韩非子到了秦国以后，跟秦王交流得很愉快。当时韩非子的同学李斯在秦王手下任职，他认为如果韩非子被秦王重用，自己的地位就岌岌可危了。于是李斯跟秦王说，韩非子是韩国的公子，怎么可能为秦国着想呢？如果把韩非子放回去，秦国吞并韩国的时候就多了一个强大的对手。秦王听了李斯的话，就把韩非子囚禁起来了，韩非子最终死在了监狱里。

纵观韩非子这一生，他生在战国末期，对当时的时代任务和挑战，以及如何实现国家统一等问题进行了极其深刻的思考，他的判断是符合历史事实的。韩非子的思想在今天看来有很多问题，可是放在当时那个时节因缘里，他回应了那个时代的问题，对国家统一起到了一定的作用。

显学：洞察世事，看透人性

如何识别人才？怎样才能选拔出最优秀的人才？这应该是古往今来一直困扰着人们的问题。如果我们对人才的识别、选拔和任用出了问题，事业就会出现严重的问题。

在韩非子的时代，儒家和墨家两个学派最受人推崇，韩非子作了一篇文章，名为《显学》，通过对儒家和墨家的批评与分析，来提出他的观点。他说墨家和儒家的理论，比如兼爱、非攻、天下大同、仁者爱人，这套理论听起来是很好的，但是比较抽象，真正去实施的时候，就会出大问题。

韩非子举了个例子：

> 今世之学士语治者，多日："与贫穷地以实无资。"今夫与人相若也，无丰年旁入之利而独以完给者，非力则俭也。与人相若也，无饥馑、疾疚、祸罪之殃，独以贫穷者，非侈则堕也。侈而堕者贫，而力而俭者富。今上征敛于富人以布施于贫家，是夺力俭而与侈堕也，而

欲索民之疾作而节用，不可得也。

（节选自《韩非子·显学》）

当代学者谈论治理国家的事情时，很多人说对人要爱护，仁者爱人，要兼爱，照顾弱者，把土地分给贫穷的人，充实他们的财产。可是有些人，年景不好，又没有土地以外的收入，也可以自给自足，过得很好，这样的人，不是勤劳，就是节俭。可是有一些人，面临跟其他人差不多的情况，没有年景不好、久病、灾祸等，但就是受穷受苦，这样的人，不是奢侈，就是懒惰。奢侈懒惰的人受穷，勤劳节俭的人富裕。现在君主让富人拿出钱来帮助穷人，结果就是奖励了好吃懒做的人，惩罚了勤劳节俭的人。这样错乱的价值观，很难让人们努力耕作、省吃俭用。

这对我们如今的扶贫工作有很大的借鉴意义。真正从事一线管理工作的人会发现：很多人之所以穷，是因为他们好吃懒做，根本没有好好地为自己的人生和家庭负起责任；很多人之所以富，是因为他们勤奋、节俭，付出辛勤的汗水挣来财富，合理地利用自己的财富。照顾弱势群体是文明进步的标志，这个观点本身没错。可是，一定要调查清楚他们为什么没有致富，如果真的是因为好吃懒做，别人辛辛苦苦去打拼的时候，他们在打牌、晒太阳，游手好闲，那么，盲目地去帮助这种人，就真的是奖励了慵懒，树立了不好的导向。所以我们扶贫的时候，不仅要扶贫，更要扶心、扶志，要让扶贫对象树立正确的价值观。任何一个有劳动能力的人，若是不靠自己的努力获得财富，就应该感到羞耻。一个人可能在特殊情况下遇到了困难，这时候可以接受别人、政府的帮助，但是，一旦压力有所缓解，就要靠自己勤劳的双手和辛勤的汗水来改善自己的生活，这才是人间正道。

儒家特别强调德治，那么韩非子的看法是什么呢？

　　夫圣人之治国，不恃人之为吾善也，而用其不得为非也。恃人之为吾善也，境内不什数；用人不得为非，一国可使齐。为治者用众而舍寡，故不务德而务法。

（节选自《韩非子·显学》）

"夫圣人之治国，不恃人之为吾善也，而用其不得为非也"，圣明的君主治理国家，依靠的不是人们自觉地做好事，而是要禁止他们为非作歹。"恃人之为吾善也，境内不什数；用人不得为非，一国可使齐"，依靠自觉做好事的人，全国总共也不到十个；而禁止人们为非作歹，就能做到全国一致。"为治者用众而舍寡，故不务德而务法"，治理国家要采取对多数人有效的措施而放弃对少数人有效的措施，所以应选择法治而非德治。

韩非子的说法很有道理，不需要任何外在的约束就能自己管好自己的人是很少的。因此，只靠德治和法治都行不通，还得依靠德治与法治的有机结合。法治对国家统一、有效的社会管理非常重要。但是有一点韩非子没有看到，强调德治并不是说要完全依靠人的自律，而是要重视人性里自我管理的能力。虽然很少有人能完全靠自己管好自己，但是每个人心中多多少少都有管好自己的那种力量。不犯错是一种很难达到的理想状态，但德治可以通过文化、道德、教育让人尽可能少犯错。如果没有德治，没有教化，而只靠法治，治理社会的成本就太高了。所以韩非子的观点既有合理之处，也有偏颇。对于韩非子重视法治，我们要称赞；对于韩非子批评德治，我们就难以赞同了。

韩非子还为领导者选拔人才提供了建议。

　　故明主之吏，宰相必起于州部，猛将必发于卒伍。
　　　　　　　　　　　　　　　（节选自《韩非子·显学》）

明君手下的官吏，宰相一定是从基层的官吏中提拔上来的，真正的军事将领一定是从普通的士兵中挑选出来的。

对于治理国家而言，真正的人才，不会讲一番空道理，而是会了解这个国家，知道从基层到高层的运作状态是什么，问题是什么，弊端是什么，老百姓的状态是什么样的，国家的困难在哪里，能够提出解决这些问题的办法，给这个国家的人民带来帮助、增进人民的福祉。只有对基层足够了解的人，身居高位以后才能够做到通天通地。通天是大智慧，我们可以称为道；通地是了解人民，了解他生活的土地。能够结合老百姓的生活和需要，拿出最符合国家需要、最能增进人民福祉的好政策的人，才是我们需要的有用的人才。从事企业管理的人也是一样的，一个没有在市场、车间等基层部门历练过，对公司的运营不了解的人，突然当上了公司的高管，恐怕会产生很多不良的影响。

"宰相必起于州郡，猛将必发于卒伍"，这句话对我们今天培养人才和选拔人才特别有启发。年轻人不要总希望自己能高高在上地被人捧着，不要总是躲在机关大院里而切断了与人民、与社会基层的联系。一定要扎扎实实地落到基层，在具体的岗位上，在和老百姓打交道的时候，了解人民、了解基层、了解国家的运转，在这个基础上，才能一步一步、扎扎实实地建立起人生的万丈高楼。

当然，从国家培养人才的角度来讲，要用制度做出规范，反对脱离实际、脱离人民的用人之风，强调一个人基层的工作经历，重用那些真正走近人民、热爱人民并真正了解中国实际的人才。

韩非子：一个讲寓言故事的高手

中国古代的一些哲学家特别会讲故事，善于通过寓言故事来表达非常深刻的思想。韩非子就是一个讲寓言故事的高手，《韩非子》一书中记载了大量的寓言故事，在这里我选取几个有代表性的，与大家一起赏读。

第一个是故事是《守株待兔》：

> 宋人有耕田者，田中有株，兔走触株，折颈而死，因释其耒而守株，冀复得兔。兔不可复得，而身为宋国笑。今欲以先王之政，治当世之民，皆守株之类也。
>
> （节选自《韩非子·五蠹》）

有一次，一个宋国农民在种地的时候，忽然发现一只兔子撞到田中的树桩上，折断了脖子死掉了，他就很高兴地把兔子捡了回来。在当时的生产力条件下，吃肉是一件很不容易的事，这个宋国人这样白白捡了一只兔子，很高兴。从此以后，他就不干活了，整天在树桩边等着，希望再捡到兔子。他再也没有捡到兔子，而且被其他人耻笑。

这个故事说明了什么道理？把生活中一个偶然性的幸运事件当作人生的常态，想要以此建立自己的人生幸福，这是不现实的，也非常危险。我们要把人生幸福的基点放在勤恳、踏实、有安身立命的真本事上，用自己点点滴滴的奋斗来支撑起自己的人生。

第二个故事是《买椟还珠》：

> 楚人有卖其珠于郑者，为木兰之椟，薰以桂椒，缀以珠玉，饰以玫瑰，辑以翡翠。郑人买其椟而还其珠。此可谓善卖椟矣，未可谓善鬻珠也。
>
> （节选自《韩非子·外储说左上》）

楚国的一个人要把一颗珍珠卖到郑国去，他用名贵的木兰为这颗珍珠做了一个盒子，在盒子里面抹上檀香，还做了很多漂亮的点缀，郑国人看了以后特别高兴，把这个精美的盒子买了下来，把珍珠还给了楚国人。

这个故事中的楚国人只注重装珍珠的盒子是否完美，而忽视了珍珠本身，这其实就是只注重外在的形式，而忽视内在有价值的东西的一种表现。如果人人都这样做，就会形成一种浮躁的社会风气。当今社会上，也会发生这样的情况。现在有一些青年朋友，在找朋友的时候，特别强调"眼缘"，说穿了就是喜欢外在的漂亮、帅气。应该说这是一种正常现象，但一个人是否值得选择，是否真正可靠，并不是由颜值决定的，而是取决于他内在的品质。一段爱情或者婚姻能够走下去，真正的支撑是双方的品质、责任与担当。

第三个故事是《曾子杀猪》：

> 曾子之妻之市，其子随之而泣。其母曰："女还，顾反为女杀彘。"适市来，曾子欲捕彘杀之。妻止之曰："特与婴儿戏耳。"曾子曰："婴儿非与戏也。婴儿非有知也，待父母而学者也，听父母之教。今子欺之，是教子欺也。母欺子，子而不信其母，非以成教也。"遂烹彘也。
>
> （节选自《韩非子·外储说左上》）

曾子的妻子要到集市上去，孩子哭闹着要跟去，可是曾子的妻子不愿意带孩子去。于是这个母亲就骗孩子说："你不要跟着去，我回来以后给你杀猪吃。"孩子一听有肉吃，就不哭了，回去了。结果曾子的妻子从集市回来以后，曾子就要把猪杀了。当时猪是一种重要的财产，他妻子很心疼，就阻止曾子说："我跟孩子开玩笑呢。"曾子说："父母是孩子的第一任老师，孩子的品质都是受到父母的影响而形成的，你做出承诺了，却不兑现，孩子就会从你身上学会撒谎，延伸到其他不好的品质，也是一样的道理。所以承诺了就得做到。"于是就把猪杀了。

这个故事启发我们，父母对孩子应该言传身教，以身作则。学校教育固然重要，但家庭教育也绝对不可忽视。从某种程度上说，在孩子的人格塑造、心智培养方面，家庭教育比学校教育重要得多。

第四个故事是《郑人买履》：

> 郑人有且置履者，先自度其足而置之其坐，至之市而忘操之。已得履，乃曰："吾忘持度。"反归取之。及反，市罢，遂不得履。人曰："何不试之以足？"曰："宁信度，无自信也。"

（节选自《韩非子·外储说左上》）

一个郑国人要去买鞋，他先量好了自己的鞋码，放在座位上。他到了集市上，选好了鞋子，却发现忘了带鞋码，就匆匆忙忙地告诉摆摊的人，自己要回家拿鞋码去。等他返回集市，集市已经散了，他没买到鞋。别人听了就笑他说：

"你为什么不试穿一下呢？"他说："我宁可相信量好的鞋码，也不相信我自己的脚。"

听了这个故事，我们不免觉得这个买鞋的郑国人迂腐。实际上，这个故事告诉我们，做事应该以什么为标准。郑人量的鞋码相当于一套理论，理论再好，其合法性和正当性也是来自实际的验证。鞋码无论是42还是43，都是量脚得出的，实际上我们是根据脚的大小来买鞋，而不是根据鞋码来买。

我认识一位先生，他在欧洲待了几十年，60多岁的时候回到了中国。回来以后，他立志要促进中国的基层社会治理，就按照西方社会治理惯用的方法，到社区里给老百姓讲权利、边界、义务，等等。这个方法听起来很好，但是当他真正付诸实施的时候，发现老百姓之间的矛盾越来越多，这违背了他的初衷。

后来他学习中国文化，开始讲和谐、孝道、邻里关系、助人为乐，讲了一段时间以后，发现爱吵架的不吵架了，有矛盾的弱化了，夫妻之间和睦了，家庭更和谐了。他通过自己的社会实践，认识到一个国家的社会治理不可能直接套用一些不符合本国实际的理论和方法，一定要尊重传统。能不能解决问题，能不能减少矛盾，使社会和谐、家庭和谐、邻里和谐，这才是最重要的。

第五个故事是《自相矛盾》：

> 楚人有鬻盾与矛者，誉之曰："吾盾之坚，物莫能陷也。"又誉其矛曰："吾矛之利，于物无不陷也。"或曰："以子之矛陷子之盾，何如？"其人弗能应也。夫不可陷之盾与无不陷之矛，不可同世而立。
>
> （节选自《韩非子·难一》）

有一个卖矛和盾的楚国人，他说："我的盾最坚固，什么矛都刺不破。"他又拿起自己的矛，说："我的矛最锋利，什么盾都能刺破。"于是有人就问他："如果用你的矛刺你的盾，会怎么样？"这个楚国人一下子就陷入了尴尬，无言以对。

这个故事反映了一个逻辑问题。矛和盾是对立的双方，最坚硬的盾与最锋利的矛是不可能同时存在的，卖矛和盾的楚国人不懂得这个道理，他说的话就出现了漏洞，自相矛盾了。

第六个故事是《扁鹊见蔡桓公》：

> 扁鹊见蔡桓公，立有间。扁鹊曰："君有疾在腠理，不治将恐深。"桓侯曰："寡人无。"扁鹊出。桓侯曰："医之好治不病以为功。"居十日，扁鹊复见曰："君之

病在肌肤，不治将益深。"桓侯不应。扁鹊出。桓侯又不悦。居十日，扁鹊复见曰："君之病在肠胃，不治将益深。"桓侯又不应。扁鹊出，桓侯又不悦。居十日，扁鹊望桓侯而还走，桓侯故使人问之，扁鹊曰："疾在腠理，汤熨之所及也；在肌肤，针石之所及也；在肠胃，火齐之所及也；在骨髓，司命之所属，无奈何也。今在骨髓，臣是以无请也。"居五日，桓侯体痛，使人索扁鹊，已逃秦矣。桓侯遂死。

（节选自《韩非子·喻老》）

扁鹊拜见蔡桓公，站了一会儿。扁鹊对蔡桓公说："您有一点小病，在表皮，如果不治疗，恐怕会加深。"蔡桓公说："我没有病。"扁鹊就出去了。蔡桓公说："这些医生，就喜欢给没病的人治病，显示自己的医术高明。"过了十天，扁鹊又来拜见蔡桓公，说："您的病在肌肤，如果不治疗，还会加深。"蔡桓公没有理睬他。扁鹊出去了。蔡桓公又不高兴了。过了十天，扁鹊又来拜见蔡桓公，说："您的病已经发展到了肠胃，如果不治疗，还会加深。"蔡桓公又没有理睬他。扁鹊又出去了，蔡桓公又不高兴了。过了十天，扁鹊看见蔡桓公转头就跑了，蔡桓公派人询问原因，扁鹊说："疾病在表皮，用汤药熏洗就可以治好；疾病在肌肤，用针石可以治好；疾病在肠胃，用清热去火的汤药可以治好；疾病在骨髓间，那是主宰人的生命的神的领地，医生是无可奈何了。现在蔡桓公的病已经深入骨髓，我也没有办法了。"过了五天，蔡桓公身体非常疼痛，派人去找扁鹊，扁鹊已经逃到秦国去了。蔡桓公最后病死了。

这个故事给我们几个启发。第一个启发就是不要讳疾忌医。蔡桓公不认为自己有病，连医生都不想见，这样只能让病情越来越重。有些人身上有毛病，见到水平高的人，或者能帮自己的人，心里很胆怯，唯恐别人揭自己的伤疤，这个状态，对成长非常不利。每个人都有缺点，都会犯错误，但是不要因为想隐藏自己的缺点，而不敢见那些水平高、德行好的人，即便他们批评、指责了我们，也是对我们有帮助的。第二个启发是一定要未雨绸缪。事情都是一步一步发展的，在错误或者坏事刚露出苗头的时候就要采取措施，否则到了一定程度，尾大不掉，就很难解决了。我们做人也好、做事也好，在谋篇布局的时候，如果发现了一些细微的征兆，就一定要敏锐地捕捉到其背后所反映出的严重问题，及早地采取措施。

第七个故事是《纣为象箸》：

昔者纣为象箸而箕子怖，以为象箸必不加于土铏，

必将犀玉之杯；象箸玉杯必不羹菽藿，必旄、象、豹
胎；旄、象、豹胎必不衣短褐而食于茅屋之下，则锦衣
九重，广室高台。吾畏其卒，故怖其始。居五年，纣为
肉圃，设炮烙，登糟丘，临酒池，纣遂以亡。故箕子见
象箸以知天下之祸。故曰："见小曰明。"

（节选自《韩非子·喻老》）

商纣王有一次吃饭，嫌普通的筷子不好，非得要用象牙
做的筷子。一般的人不觉得这件事有什么不妥。可是当这个
消息传出去以后，箕子非常恐惧，因为他意识到，这个国家
要出问题了。商纣王现在想用象牙筷子，象牙筷子一定不会
与粗陋的陶制器皿一起使用，那他就会想要用犀牛角和玉制
的杯子，犀牛角和玉制的杯子一定不会用来盛豆类食品熬的
浓汤，一定要用来品尝牦牛、大象、豹子的幼体，吃这些东
西的人一定不会穿粗布短衣，住茅屋，就一定要穿多层的锦
衣，住宽敞高大的房子。箕子害怕这样的结果出现，所以对
商纣王用象牙筷子感到恐惧。过了五年，商纣王建了挂满肉
的园林，设置了炮烙，登上酒糟堆成的山丘，站在蓄酒的池
子边，后来商纣王的政权因此被推翻了。箕子通过商纣王用
象牙筷子知道天下将有灾祸。所以说："看清事物的萌芽状
态叫作明。"

人的精力是有限的，一个帝王一旦个人的欲望膨胀，就会走向骄奢淫逸的道路，无暇治国理政。而且，很多小人看到他贪图享受之后，会专门迎合他，这个国家就会岌岌可危。

第八个故事是《隰斯弥见田成子》：

> 隰斯弥见田成子，田成子与登台四望。三面皆畅，南望，隰子家之树蔽之。田成子亦不言。隰子归，使人伐之。斧离数创，隰子止之。其相室曰："何变之数也?"隰子曰："古者有谚曰：'知渊中之鱼者不祥。'夫田子将有大事，而我示之知微，我必危矣。不伐树，未有罪也；知人之所不言，其罪大矣。"乃不伐也。

> （节选自《韩非子·说林上》）

隰斯弥去见田成子，他陪着田成子站在他们家的房子上往四周看。田成子一看三面视野都非常开阔，唯独看隰斯弥家方向的时候，他停了一下。因为隰斯弥家的院子里有一棵大树，长得非常高。田成子觉得，像自己这么有权势的人，四周是不能有什么东西阻挡视线的，而隰斯弥家的大树正好挡住他的视线了，他嘴上虽然没有说，但心里是有想法的，隰斯弥都看在了眼里。回到家以后，隰斯弥就告诉自己的仆人赶紧把这棵大树砍掉，结果仆人砍了没几下，隰斯弥又对仆人说不能动，不要砍了。仆人不解其意。隰斯弥说："我今天陪着田成子在房子上向四处望，其他方向没有任何东西遮挡他的视线，只有咱们家这棵树，我就知道他其实不高兴了。如果我们今天把树砍了，田成子就知道我窥测到了他内心的变化。'知渊中之鱼者不祥'，看到了不该看到的，这不是一件吉祥的事，会惹大祸。田成子这个人非常有野心、有阴谋，这种人最怕别人知道他内心的变化，如果我把树砍了，田成子就知道我看破了他的想法，恐怕我连活命的机会都没有。不砍掉这棵树，就相当于我没有看出来他的想法。"

这个故事告诉我们，人这一辈子要有大智慧，心里要明白，但是有些话什么时候该说，什么时候不说，说到什么分寸，都是有讲究的，这种人情世故需要历练。什么都表露出来，把聪明写在脸上，那就不叫大智慧了，那叫卖弄聪明。一旦卖弄聪明，恐怕就会惹祸。

第十六讲 《管子》

管子思想综述

管子，名夷吾，字仲，姬姓之后，是中国春秋初期的军事家、政治家、经济学家，生年不详，卒于公元前645年。后人托管仲之名而成的《管子》一书体现了管仲的思想，在中国思想史上有特别重要的意义。

很多人在学习中国文化时进入了误区，一味片面地强调德行的重要性，的确，人这一生，如果要成就一番事业，没有德是不行的，但是，才也是不可或缺的。拥有良好德行是我们做出一番事业、完成自己此生的使命的一个基础条件，而不是全部条件。能够完成此生的使命，真正造福人民、造福国家的，一定是德才兼备之人。如果只讲一些技巧、方法，就很容易让人走偏，有才无德；如果单纯地强调德的重要性，也会有一些弊端，容易培养出有德无才的人，他们在社会上很难做成一些事情，让人觉得很可惜。这两种情况都不是我们愿意见到的。有德，面对诱惑的时候把持得住，内心非常干净，有大我的情怀，有利济天下苍生的气魄；有才，真正走到芸芸众生中的时候，面对非常复杂的局面，能分析得清楚，驾驭得住，干成一番事业，我们的目标，就是培养这样既有德又有才的人。管仲在这方面是一个杰出的代表，所以，喜欢中国哲学史、中国思想史的朋友，不妨读一读《管子》。

管仲在治理国家方面非常有才能。齐桓公称霸的时候，"九合诸侯，一匡天下"，使得天下诸侯都对齐桓公表示敬佩。齐桓公的成功实际上与管仲的辅佐脱不开关系。孔子曾经说，如果没有管仲，中国的文化和社会不知道会衰败到什么程度。

管仲姓姬，和周文王、周武王是一个姓，他的祖上和周文王、周武王应该是一家人。但是他的家族，到了他爷爷和他父亲那两代，就已经开始衰落了。家道败落以后，管仲是如何生活的呢？历史记载，他和他的朋友鲍叔牙一起经商。他们经商的时候，认识了很多人，可谓三教九流，各行各业的人都有。这样的经历，使得管仲得到历练、成长，使他对人生的体悟，比一般人都要深刻得多，而这就是他能够做出一番事业的资源和基础。

当时齐国的国君是齐僖公，他有三个孩子，一个是太子诸儿，一个是公子纠，一个是公子小白，后来齐僖公把王位传给了太子诸儿。管仲辅佐的是公子纠，鲍叔牙辅佐的是公子小白。太子诸儿继位之后，为齐襄公。齐襄公私生活非常混乱，他竟然和同父异母的妹妹文姜通奸乱伦，而且派人杀害了他的妹夫鲁桓公。这件事情发生以后，公子纠和公子小白认为，这个国家非乱不可，他们为了避祸，就离开了齐国。

实际上，齐襄公也引来了诸多大臣的不满。后来齐襄公被杀了。这对逃出去的公子纠和公子小白是个巨大的机会。于是鲁庄公就赶紧派人护送公子纠回国。管仲听说公子小白回来了，就告诉公子纠，他要帮公子纠除掉这个强有力的竞争对手，去把公子小白杀了。结果管仲射杀公子小白的时候，箭正好射在了他的衣服钩上，那是个铜钩，公子小白因此没有死。管仲以为公子小白死了，就轻轻松松地回来了，公子纠也以为公子小白已经被管仲杀了，行程就慢了下来。可是公子小白在鲍叔牙的保护下，日夜兼程，提前到了首都淄博（今山东临淄），继承了王位，称齐桓公。齐桓公本来是想让鲍叔牙做丞相，可是鲍叔牙非常有智慧，他说自己能力不够，真正能做丞相的，是曾经跟他一起做生意的管仲。管仲这个人，能力、格局、胸怀，都足以做丞相，所以一定要把他请回来。齐桓公用了一个计谋，他告诉鲁庄公，必须把公子纠杀了，而且必须把管仲交出来，因为管仲曾经差点杀掉他，他要亲自杀了管仲。

鲁庄公手下有一个大夫叫师伯，看出了齐桓公的意图。他告诉鲁庄公，千万不要把管仲交出去，管仲的智慧在鲍叔牙之上，如果管仲回去以后受到重用，鲁国非衰败不可。可是鲁庄公已经听不进去了，他杀了公子纠，并把管仲绑起来交了出去。管仲一看这种情况就知道了，是鲍叔牙在救他，不然他就和公子纠一起被处死了。他告诉押解他的人，不要耽误行程，立即把他带到齐国去，他怕鲁庄公突然醒悟过来，再把他给杀了。鲍叔牙告诉齐桓公，一定要好好地迎请管仲。齐桓公真的是胸怀很大，他不计前嫌，非常庄重地穿上王的衣服，到城外去迎接管仲，而且授予管仲丞相之职。历史证明，这次任命非常正确。

"管鲍之交"是历史上非常著名的一段故事，也是一个成语，形容朋友之间关系好。为什么会有"管鲍之交"这个说法？管指的是管仲，鲍指的是鲍叔牙。管仲曾经说，他跟鲍叔牙一起做生意的时候，他总是占点小便宜，比如两个人赚了十块钱，拿七块八块的总是管仲，剩下的那两三块钱，就给了鲍叔牙。但是鲍叔牙一点儿也不介意，因为他知道管仲家里困难，他养家不容易。打仗遇到强敌的时候，管仲开小差逃跑，鲍叔牙也不嘲笑他，因为鲍叔牙知道管仲是个有大志向的人，冲冠一怒死在战场上，那就没有机会为国家做大事了。鲍叔牙力荐管仲做相，管仲特别感动。这样一个不被表象所困扰而能理解自己内心的朋友，值得深交一辈子。管仲说的"生我者父母，知我者鲍叔也"这句话，也成了历史名言。

国之四维：礼义廉耻，四者缺一不可

在中国思想史上，《管子》是很有标志性的一本书，每一个学习中国文化、对中国文化感兴趣的人，都应该读一读。《管子》的第一篇是《牧民》，讲述了一些治国安民的基本原则，就是怎么治理国家，怎么为老百姓服务，其中有很多句子值得我们深入学习，我挑选一些重要的来讲一讲。

仓廪实则知礼节，衣食足则知荣辱。

（节选自《管子·牧民》）

这句话的意思是：仓库充实人们就应懂得礼仪，丰衣足食人们就逐渐重视荣誉。对于物质财富和精神财富之间的关系，很多人的理解有些偏颇。有一些人特别强调文化的重要性，而忽略了物质层面。实际上，物质是一个人的生存基础，如果一个人连饭都吃不饱，基本的生存需要都得不到满足，你给他讲怎样建设精神家园，他能听得进去吗？有一些人注重发财致富，却忽略了精神生活，这样也是不合适的。衣食富足，不一定就精神高尚，但物质富裕却为人们追求更高层次的精神境界打下了基础。所以，"仓廪实则知礼节，衣食足则知荣辱"这句话，实际上是给我们提供了一个观察问题的角度，它让我们看到，进行社会治理，一定要将物质建设与文化建设联动起来。比如要让年轻人知道，既要提升自己的物质生活水平，但也绝对不要忘了提升自己的精神境界和德行修为。

> 四维不张，国乃灭亡。
>
> （节选自《管子·牧民》）

"四维不张"，"维"本义是指系物或者结网的绳索，引申为稳固事物的条件。四维得不到高扬，"国乃灭亡"，国家就会灭亡。我们可以把四维当作四根柱子，如果这四根柱子不能立起来，国家这栋大楼就会倒塌。

> 国有四维。一维绝则倾，二维绝则危，三维绝则覆，四维绝则灭。倾可正也，危可安也，覆可起也，灭不可复错也。何谓四维？一曰礼，二曰义，三曰廉，四曰耻。
>
> （节选自《管子·牧民》）

"国有四维"，维系一个国家的稳固，有四个条件。"一维绝则倾"，少一个条件国家就会倾斜；"二维绝则危"，少两个条件国家就很危险了；"三维绝则覆"，少三个条件国家就会倾覆；"四维绝则灭"，少四个条件国家就会灭亡。"倾可正也，危可安也，覆可起也，灭不可复错也"，倾斜可以扶正，危险可以挽救，覆灭可以再起，彻底灭亡就不能挽回了。"何谓四维？一曰礼，二曰义，三曰廉，四曰耻"，这个"四维"，指的就是礼义廉耻。实际上管子在强调一个社会的可持续发展，一定要有维系社会向心力、凝聚力的核心价值观。

人和动物的区别是什么？为什么我们是人而不是动物呢？在管子看来，人和动物的区别就在于人有礼义廉耻，而动物没有。如果我们没有了礼义廉耻，就如同禽兽，不要说一国之国民的精神状态了，整个人类的文明都会出问题。

礼不逾节，义不自进，廉不蔽恶，耻不从枉。

（节选自《管子·牧民》）

"礼不逾节"，"礼"，指的是规范。做任何事都要讲程序，要遵守规范，知道什么事情是必须要做的，什么事情是不能做的。比如，孝敬父母、爱护自己的国家、在国家需要的时候为国家去奋斗、依法纳税等，这些是我们必须做的。伤天害理、违法乱纪的事一定不能做。礼就是告诉我们做事的基本的边界在哪里。

"义不自进"，"义"，指的是正确的价值判断与导向。如果一个人有正确的价值观，他就不会妄自求进。如果把每个人比作一辆车，方向盘就是价值观，如果想不翻车，不发生大的车祸，就一定要把握住方向盘。

"廉不蔽恶"，"廉"，指一个人的生活作风风清气正，不铺张浪费，不骄奢淫逸。

"耻不从枉"，"耻"，就是知道羞耻。一个人，如果做了坏事或者不太合规矩的事之后，心里觉得很羞耻，他以后就会改。如果他不以为耻反以为荣，那他就不可救药了。

国之四维，实际上是礼义廉耻合起来，代表了一个国家内部的精神状态。一个国家不管多么繁荣，如果人民的精神状态已经开始堕落了，那这个国家一定会堕落。如果一个国家盛行骄奢淫逸、铺张浪费之风，已经没有礼义廉耻了，它一定会衰败。反过来讲，如果一个国家虽然很穷，但是风清气正，众志成城，上下同心，艰苦奋斗，发奋图强，它一定会走向富强。

在历史上，中华民族也有一些需要反思之处，但我们一直有为国家奋斗、发奋图强的劲儿，这是崛起的重要的力量。如今，我国改革开放四十多年了，已经取得了很多成就，但我们一定要警惕，绝不可忽视价值观的建设，不能浑浑噩噩、铺张浪费、贪图享受。我们要懂得，民族的精神状态往往预示了未来发展的前景。无论发展得多好，都要永不懈怠，永不满足，永远能够自我反省，在这个基础上永远向前迈进，这才是我们这个民族的福祉。

分清本末，抓住要害：管子为何能打赢贸易战？

管子不是书斋里的学者，而是一个非常有实战经验的管理者，是个大才。《管子》中的《轻重戊》这篇文章记载了管仲经略的智慧、管理的智慧。

桓公曰："鲁梁之于齐也，千谷也，蜂螫也，齿之有唇也。今吾欲下鲁梁，何行而可？"管子对曰："鲁梁之民，俗为绨。公服绨，令左右服之，民从而服之。公因令齐勿敢为，必仰于鲁梁，则是鲁梁释其农事而作绨矣。"桓公曰："诺。"即为服于泰山之阳，十日而服之。

管子告鲁梁之贾人曰："子为我致绨千匹，赐子金三百斤。什至而金三十斤。"则是鲁梁不赋于民，财用足也。鲁梁之君闻之，则教其民为绨。十三月，而管子令人之鲁梁。鲁梁郭中之民，道路扬尘，十步不相见，绁绣而踵相随，车毂齺骑连伍而行。管子曰："鲁梁可下矣。"公曰："奈何？"管子对曰："公宜服帛，率民去绨。闭关，毋与鲁梁通使。"公曰："诺。"

后十月，管子令人之鲁梁，鲁梁之民饿馁相及，应声之正无以给上。鲁梁之君即令其民去绨修农。谷不可以三月而得。鲁梁之人籴十百，齐籴十钱。二十四月，鲁梁之民归齐者十分之六。三年，鲁梁之君请服。

（节选自《管子·轻重戊》）

鲁国的南梁盛产细粮，对齐国盛产的粗粮价值不利，齐桓公想要攻下鲁国的南梁，问管仲该怎么办。管仲发现南梁有一种特产，是一种粗厚光滑的丝织品，叫绨，南梁的百姓有纺绨的习俗，管仲就利用这个习俗，兵不血刃而瓦解鲁国。他让齐桓公和大臣们带头穿绨做的衣服，就这样，在王宫贵族的带领下，齐国兴起了穿绨服的浪潮。管仲让齐桓公下令禁止齐国人织绨，齐国人只能从鲁国的南梁买。

管子鼓励鲁国南梁的商人来齐国做生意，凡是把绨卖到齐国的，税收降低，提供一切方便，而且还给重金补贴，甚至鞍马费、住宿费都打折。鲁国南梁的封君就让百姓都去织绨，十三个月之后，管仲派人去鲁国南梁，发现他们的田地都荒芜了，人们都热衷做绨的生意，道路上人多得走路都会扬起灰尘，车来车往，好不热闹。管子说，到了可以拿下鲁国南梁的时候了。他让齐桓公下令，齐国上下都不再穿绨做的衣服，关闭城关，不许再和鲁国南梁来往。十个月后，鲁国南梁有很多百姓成了饥民，鲁国南梁的封君下令让百姓不再织绨，改回务农。但粮食可不是三个月就可以收获的，鲁国南梁只好花高价向齐国购买粮食，鲁国南梁卖绨布赚的钱，迅速向齐国回流，国库逐渐被掏空。二十四个月之后，鲁国南梁的百姓有十分之六归附了齐国。三年之后，鲁国南梁的领导人对此局面无可奈何，只能低下头，请求臣服于齐国。

管子生活的时代比孔子早了上百年，到了孔子生活的时代，鲁国的地位已经远不如齐国，严重衰败了。这次管子打的其实就是一场贸易战。实际上，不仅是对鲁国，管仲对楚国也用过这个办法。《轻重戊》也记载了齐国买鹿制楚的故事。

楚国是齐国的对手。当时楚国八百里的云梦地区，就是湖北的沼泽，盛产麋鹿。麋鹿浑身是宝，鹿肉可以吃，鹿茸是贵重的药材，鹿皮做成衣服穿在身上非常保暖。

桓公问于管子曰："楚者，山东之强国也，其人民习战斗之道。举兵伐之，恐力不能过。兵弊于楚，功不成于周。为之奈何？"管子对曰："即以战斗之道与之矣。"公曰："何谓也？"管子对曰："公贵买其鹿。"

桓公即为百里之城，使人之楚买生鹿。楚生鹿当一而八万。管子即令桓公与民通轻重，藏谷什之六。令左司马伯公将白徒而铸钱于庄山，令中大夫王邑载钱二千万，求生鹿于楚。

（节选自《管子·轻重戊》）

齐桓公问管子："楚国是华山以东的强国，那里的百姓都熟知战斗之道。如果出兵攻打它，恐怕是不能取胜的。兵败于楚国，又不能为周天子建功立业，怎么办呢？"管仲回答："那就用智慧谋略对付他们。"齐桓公说："此话怎讲？"管仲说："您用高价购买他们的鹿。"齐桓公就建了百里鹿苑，派人去楚国买生鹿。楚国的生鹿原本是八万钱一只。管仲让齐桓公通过民间买卖储藏了十分之六的粮食，还让左司马伯公带领没有任何铸钱经验的士兵在庄山铸造钱币，让中大夫王邑带着两千万钱去楚国买生鹿。

楚王闻之，告其相曰："彼金钱，人之所重也，国之所以存，明王之所以赏有功。禽兽者，群害也，明王之所弃逐也。今齐以其重宝贵买吾群害，则是楚之福也，天且以齐私楚也。子告吾民，急求生鹿，以尽齐之宝。"楚人即释其耕农而田鹿。管子告楚之贾人曰："子

为我致生鹿，二十赐子金百斤。什至而金千斤也。则是
楚不赋于民而财用足也。"楚之男子居外，女子居涂。
隰朋教民藏粟五倍，楚以生鹿藏钱五倍。

（节选自《管子·轻重戊》）

　　楚王听说这件事情后，非常高兴，告诉宰相说："那些
钱币是人民看重的，国家储存它，贤明的君主用它来赏赐有
功之人。禽兽不过是人们的祸害，贤明的君主放逐它们。现
在齐国用人人都看重的钱币购买楚国的群害，这是楚国的福
分啊！这是上天要把齐国送给楚国啊！你快去让我国的百姓
去求取活鹿，把齐国的钱币都换过来。"于是楚国的百姓都
不耕种了，都去捉活鹿了。管子告诉楚国的商人："你们如
果为我运来二十只活鹿，我就赏赐你们一百斤钱币；运来十
倍活鹿，赏赐一千斤钱币。这样楚国即使不向百姓征税，采
用也充足了。"楚国的男子在外狩猎捕鹿，女子在路途上接
应。隰朋让齐国百姓贮藏五倍的粮食。楚国靠卖出生鹿存了
五倍的钱币。

　　管子曰："楚可下矣。"公曰："奈何？"管子对曰：
"楚钱五倍，其君且自得而修谷。钱五倍，是楚强也。"
　　桓公曰："诺。"因令人闭关，不与楚通使。楚王果自得

而修谷，谷不可三月而得也，楚籴四百。齐因令人载粟处芊之南，楚人降齐者十分之四。三年而楚服。

（节选自《管子·轻重戊》）

管子说："这回可以降伏楚国了。"齐桓公问："怎么做呢？"管子回答说："楚国贮存了五倍的钱币，他们的国君肯定开始自鸣得意地经营农业了。五倍的钱币，是楚国的强势之处。"齐桓公说："好。"于是他下令关闭城关，不再与楚国通使。楚王果然开始自鸣得意地经营农业了，但是粮食不是三个月就可以收获的，楚国粮食的价格达到了每石四百钱。齐国便派人运粮到楚国靠近齐国的地方出售，楚国人投降齐国的有十分之四。三年之后，楚国就降服了。

管仲为什么能打赢贸易战？实际上管仲会打贸易战只是一种表象，更深层次的问题是，齐桓公为什么能让鲁国和楚国折服？在齐桓公的那个时代，一个国家想立足的话，它的国本是什么？农业！

在中国历史上，农业发达的时代，国力基本上都比较强盛。为什么？冷兵器时代的战争，是人与人之间的直接搏击。如果一个国家有三千万人，另一个国家只有两百万人，哪怕这三千万人不一定人高马大，但只有两百万人的国家也难以打赢。人口非常重要，而人口靠粮食养活。几千年以来，中国一直都特别重视农业。中国古代的社会职业划分为士、农、工、商，农人的地位还是很高的。刘邦、李世民等帝王建国以后都奖励农耕，这是必然的战略选择。贸易战的背后，实际上是管仲通过计谋、方法，让鲁国南梁和楚国丧失了自己的国基，动摇了立国之本，所以他们非输不可。一个民族，无论在什么时代，粮食都要掌握在自己手里，这叫"自己的饭碗自己端"。

17世纪以后，一个国家的立国之本，除了农业，又增加了工业化。西方国家通过两次工业革命率先实现了工业化，而中国错失了这个机会。而且由于我们闭关锁国，没有积极地向别人学习，还在农业文明里踽踽独行。19世纪鸦片战争爆发，我们这个拿着木棒和弓箭的民族，在与一个工业文明、船坚炮利的民族对抗的时候一败涂地。新中国成立以后，我们走工业化道路，实施了第一个五年计划、第二个五年计划……我们的工业化持续到今天，已经成绩斐然。现在，面对国际上的贸易战，中国的底气是什么？中国目前是世界上最大的制造业大国，这是一个难以取代的地位。一些国家想成为制造业大国，但国基动摇之后，往往积重难返。因为它们发展金融产业的时候，实业已经空心化，很多小的零部件，都得到中国来进口，因为它们已经不具备整个配套的工业化体系了。

"治国之本"也是在随着时代的发展而变化的。20世纪以后，信息化、人工智能也是本。我国已经有了一些有技术研发能力的企业，在工业化、信息化等方面，中国在某种程度上已经具有领先优势。

　　管子的贸易战给我们的深刻教训就是，一个国家如果失掉了根本，失掉了国基，这个国家的大厦就会轰然倒塌。我们要吸取这个教训，任何时候都要敏锐地观察世界大势，农业、工业、制造业、信息化、人工智能，所有能把未来的国运支撑起来的东西，都要把根基打牢，打牢之后国家才有尊严，才有实力，才能在任何打压面前不惧风浪，才能赢得挑战。"国本"动摇，国家必然衰败。治国理政务必要打牢国家强盛的根基，不可"空心化"。

　　对于个人的成长而言，也是同样的道理。一个人要想在社会上立足，就要有自己赢得尊严、过好生活的根本。有了这个根本，才有了证明自己、成就自己的基础。而有些人患得患失、瞻前顾后，从来没有在支撑自己命运的根本上下苦功夫，最终一事无成。投机取巧，看似聪明，实则愚蠢；脚踏实地，看似笨拙，实则大智若愚。

心与九窍：窥见"天机"的核心秘密

我们经常用"不忘初心，方得始终"这句话勉励自己，实际上这句话是一个人成就事业的不二法门：初心要好，要时时念起初心，做任何事都不要违背初心。

《管子·心术》这篇文章中，将人类的认知结构分成了心和九窍两部分，我们内在的认知能力就是心，称为君；心发挥功能的通道就是九窍，就像君王要发挥作用，必须得有下属，要通过各个官员才能把君王的职能发挥出来。

> 心之在体，君之位也；九窍之有职，官之分也。心处其道，九窍循理；嗜欲充益，目不见色，耳不闻声。故曰：上离其道，下失其事。
>
> （节选自《管子·心术》）

"心之在体，君之位也；九窍之有职，官之分也"，心在整个人身上，就像皇帝一样，它是君；心要通过九个下属发挥功能，这九个下属叫作九窍，它们就像百官一样有不同的职能分工。九窍就是人的两只眼睛、两只耳朵、两个鼻孔、一个嘴巴，再加上大小便的器官，总共九孔。"心处其道，九窍循礼"，如果心在正道上，就是我们的内心是干净的、清净的，九窍就会各司其职，形成非常规范的秩序。如果"嗜欲充益"，内心里有各种欲望，喜欢金钱，喜欢美色，喜欢名利，这九个下属就会失职，不能正确发挥作用了，叫"目不见色，耳不闻声"。比如，一个小偷，看到别人的钱包，抓心挠肝地就想偷，就算有人告诉他有警察、有法律，偷东西要被惩罚，他也听不进去了，这些提醒对他已经很难起作用了。再比如，一个官员，如果他动了贪心，贪赃枉法，徇私舞弊，即使旁边有人告诉他要"为官一任造福一方"，千万要恪守红线，不要做违法乱纪之事，这种声音他也是听不进去的。所以心是君王，只有君王是清净的，九个下属才能各司其职。反过来讲，如果一个人内心不清净，"上离其道""下失其事"，九孔就开始犯错误了。

人这一生犯的很多错误，从表象上看是九窍没有各司其职，妄作妄为，实则是内心不正，背弃正道。如果我们心正且把九窍管好了，不该说的不要乱说，不该听的不要乱听，不该看的不要乱看等，就可以少犯很多错误。

我们怎样才能增长智慧呢？管子为我们提供了几种方法。

第一种方法叫"毋先物动，以观其则"。

　　毋先物动，以观其则。动则失位，静乃自得。

（节选自《管子·心术》）

　　"毋先物动，以观其则"，不要先于事物而行动，要观察其规则。"动则失位，静乃自得"，躁动就会失去本位，沉静就自然掌握其规律了。

　　要想得到智慧，就一定要掌握事物的规律，要想掌握事物的规律，就一定要静心观察，不要被扰动。在生活中，要少去让我们不清净的地方，就像《论语》中讲的那样："非礼勿视，非礼勿听，非礼勿言，非礼勿动。"

　　讲一件我自己的往事。在准备研究生考试的时候，离考试还有两个星期，我在图书馆看书，本来内心是比较平静的，但我离开图书馆的时候，突然听到一阵音乐，循着声音走去，发现是我们学校正在开元旦晚会。我不自觉看了半个多小时，然后回去继续看书了。结果从九点多一直到十点半图书馆关门，我的心都不在书本上，脑海被大礼堂里那些男孩女孩唱歌跳舞的画面所占据。当时我就意识到在临近考研的关键时期，心被扰动，对集中精力复习不是好事。因为我没有"百花丛中过，片叶不沾身"的定力，我看到花红柳绿后，内心里没有如如不动的本事。结果这件事干扰了好几天，让我心生悔意。从那以后我就特别注意，定力比较低的时候一定要远离诱惑。因为面对诱惑的时候心就会被扰动，就很难集中精力做好事情。

第二种方法叫"虚其欲"。

> 道，不远而难极也，与人并处而难得也。虚其欲，神将入舍；扫除不洁，神乃留处。

（节选自《管子·心术》）

"道，不远而难极也，与人并处而难得也"，大道离我们不远，就在我们身边，可是我们很难真正去感受它、领悟它。我们的生活起居中就有道，可是真想把握道并非易事。那怎么办？"虚其欲，神将入舍"，降低欲望，智慧就会来临。如果一个人内心的欲望很大，他的神就丢了，这个神可以称为智慧。所有违法乱纪的人，内心都有极大的欲望，对什么该做、什么不该做已经丧失了基本的判断力。就像灯泡一样，外面全是灰尘的时候灯光是照不出来的，把灯泡上的灰尘都洗干净了，灯光就照出来了。"扫除不洁，神乃留处"，一个人把内心里面的欲望打扫干净，智慧才能涌现。

第三种方法叫"无以物乱官，毋以官乱心"。

无以物乱官，毋以官乱心，此之谓内德。

（节选自《管子·心术》）

这句话的意思是：不能让外物扰乱了我们的感官，也不能让感官扰乱了我们的内心，这叫"内德"。"以物乱官"的例子有很多，比如，一个小姑娘原本穿衣吃饭都很朴实，到大城市打了几年工，就开始讲究吃穿，喜欢攀比，养成一堆坏毛病，实际上是因为她"以物乱官"了。"毋以官乱心"，如果你看了不该看的，比如看了一些色情东西，心就可能被极大地扰动，做什么事情都会受到影响，这实际上就是"以官乱心"。我们这一生，一定要清楚哪些地方可以去，哪些地方要尽可能少去，因为外在的环境会扰动我们的感官，如果我们不会分辨，我们的心就会被污染。

第四种方法叫"必以正"。

凡民之生也，必以正乎！所以失之者，必以喜乐哀怒。

（节选自《管子·心术》）

"凡民之生也，必以正乎"，普通人的生活，一定要依靠中正。"所以失之者，必以喜乐哀怒"，如果失去了中正，一定是因为受到了喜怒哀乐的影响。内心里一旦有了主观偏见，有一点的不公正，做出的判断就可能会谬以千里。所以一个人处理事情时，一定要有正平之心，客观冷静地把事情了解清楚，在这个基础上，提出一些正确的对策。

我相信，我们如果能在生活中做到以上几点的话，智慧就会有所提升。近年来，人们常常提及"闭关"这个词，一般人都以为闭关就是找一个安静的地方，比如，深山老林或者寺院里，与外界断开联系，待一段时间之后再出来。读了《管子·心术》之后，我们就会明白，闭关其实就是一种形式上的独处，是排除外在干扰修养身心的重要方式，它最重要的意义不在于独处，而是九窍不为外界所扰。希望每个人都能在工作、生活和社交活动中，不让自己的感官受到污染，保持公正的判断力，尽可能地让自己的智慧涌现。

第十七讲

《列子》

列子思想综述

列子，名御寇，战国时期郑国人，是道家的代表人物之一。列子生活的年代比庄子稍早，具体出生年月不详。列子有很多老师，据记载，关尹子、壶丘子、老商氏、支伯高氏等，都是列子的老师，由此可见他非常好学。

列子对整个宇宙和人类生存的环境进行了思考，并对这个世界进行了划分，他认为整个宇宙有两部分，一部分是我们看到的这个世界，其实是表象，是大道的显现；另一部分是表象世界背后的本体，中国文化中叫道。大道本身是无形无相的，但它不是静止在那里，它要在生生灭灭、流动不居的过程中体现出来，这就是我们所看到的世界。这个世界常生常化，无时不生，无时不化，但这是表象，在这个表象背后，就是不生不灭、不垢不净、不增不减的大道。列子虽然把这个世界分成了两部分，可是这两部分其实是有机统一的，大道不是孤零零地存在，它通过我们生活的世界体现出来。我们生活的世界本身也不是杂乱无章，而是有内在的规律，有道隐在其中。如果我们说不生不灭、不垢不净、不增不减的道的本体，是个大全，那么它一旦显现，就会有所偏失。就像孔子讲的仁一样。孔子并没有对仁下定义，但是我们可以说善良、勇敢、正直、慈悲、仁爱等，这些美好的品质都是仁这个状态的显现，但是它们都不等同于仁本身。因为大道是完美的，可是它一旦显现出来，就会表现为这样的优点，那样的短处，它就不完美了。

所以列子又说：

> 天地无全功，圣人无全能，万物无全用。故天职生覆，地职形载，圣职教化，物职所宜。

（节选自《列子·天瑞》）

"天地无全功，圣人无全能，万物无全用"，天地其实也不是什么事情都能做；圣人在教化人的时候，也得顺应人的天性，也不是什么事情都能做；宇宙中的万物，用途都是某一种或者某几种，不可能什么用途都具备。那么天地的职能是什么呢？"天职生覆"，天可以把整个宇宙覆盖，就像太阳一样可以普照万物。但是它不能承载，谁来承载呢？"地职形载"，大地像母亲一样，它可以承载它生养的谷子、玉米、水果、树木，等等。但是它的能量是从天那里来的。大地可以承载万物，但是大地没办法教育人。那么谁来教化人呢？"圣职教化"，圣人在这个宇宙空间有一个重要的责任，就是按照道去教化人。"物职所宜"，每一个事物存在于宇宙空间，都有它特定的用途和职能，它不是全能的。我们懂得这个道理以后，就会知道人类的很多毛病出在什么地方。由于人们都是生活在大道显现的这个世界里，极容易被大道显现的表象所迷惑或拘束，人们的通病就是容易将特定环境下的知识绝对化。大道实际上是变动不居的，在这里是这样显现，在那里是那样显现，我们在认识世界、了解世界的时候，一定要注意这一点。

列子还探讨了心与物的关系。心与物的关系在中国哲学和西方哲学里都是一个非常重要的问题。心和物，其实就是精神和物质。恩格斯曾经说，近代哲学最核心的问题就是物质和精神的关系问题。心和物到底哪个重要？在不同的时空环境有不同的结论。实际上就像列子说的"无时不生，无时不化"，在不同的场合，结论不一样。举个例子，一个人一直不吃饭就会饿死，什么重要？饭最重要。一个人已经有吃有喝了，这个时候没有精神、没有灵魂就不行。红军长征的时候，精神特别重要，内在的理想和信念特别重要。所以不能抽象地说心和物哪一个重要，中国哲学的表达就是心物一元，心会影响物，物会影响心。所以在列子的书里，有些地方会讲到修行人，当他的内心产生变化以后，强大的意念会改变他的身体。比如，列子御风而行。从一般的道理来讲，人怎么飞得起来呢？这个故事本身，反映了中国哲学中的心物关系，就是心修证到一定程度以后，整个身体的结构也会跟着变化。

此外，列子还讲了很重要的一点，既然我们活在一个现象的世界里，一个大道显现的世界里，那我们能不能去认识道？列子在书里讲了很多，而且他通过周穆王的故事告诉我们，人不要总迷恋于这个现象的世界，与大道相契合的世界才是更美好的，那才应该是我们的精神家园。

列子的思想强调修证，西方哲学更多的是知识性的推理，和身体的修证关系不是很大。西方的很多哲学讲的是知识体系、逻辑体系，和生命体系不是一回事。中国哲学讲的这些东西实际上是真修实干的。

列子讲的很多故事，你说那些故事是真的假的？我认为，当我没有去修证的时候，没有去验证的时候，我不能武断地说是真的，也不能说是假的。比如列子说的那些状态，一个人要真是按照他说的状态去修了，真做到了，做了以后发现他讲得不好，就可以批评、否定他；如果自己做了以后，觉得他讲的是对的，我们就可以支持他。这种态度叫实事求是，也是最科学的态度，叫实证。如果说我们还没有去做，就说那是神话故事，这就不免浅薄、无知、武断。

《列子》这本书的很多内容都是讲身心的修证，告诉我们怎么去做，不是单纯地讲所谓的逻辑系统和话语体系、知识体系，而是讲要真修实干，这是中国哲学的重要特点。所以读了《列子》这本书以后，不妨适当地去做一做，只有真正去做了，才能得出对列子的正确评价。

歧路亡羊：走失的道心如何追回？

　　学习《列子》，主要是从小故事里领悟大道理。通过故事来说明道理，比抽象的逻辑、框架、理论、体系更生动，更能让人醒悟，而且适合普通人。本篇中，我们通过三个故事学习列子的思想。

　　第一个故事是《歧路亡羊》。

　　　　杨子之邻人亡羊，既率其党，又请杨子之竖追之。

　　　　杨子曰："嘻！亡一羊何追者之众？"

　　　　邻人曰："多歧路。"

　　　　既反，问："获羊乎？"

　　　　曰："亡之矣。"

　　　　曰："奚亡之？"

　　　　曰："歧路之中又有歧焉，吾不知所之，所以反也。"

　　　　杨子戚然变容，不言者移时，不笑者竟日。

　　　　　　　　　　　　　　　　　（节选自《列子·说符》）

杨朱的邻居丢了一只羊，于是带着他们家族的人去找，找的时候嫌人不够多，还要请杨朱的僮仆一起去找。杨朱就问："找一只羊需要那么多人吗？"他的邻居说因为歧路太多。杨朱就问："你们找到羊了没有？"邻居说没找到。杨朱就问为什么没有找到。邻居说因为追着追着遇见岔路了，人就分开了，分开以后又遇到岔路了，每个岔路都又有岔路，根本不知道羊往哪个方向跑了，所以就回来了。杨朱听后，十分忧愁，在家里面待着，很长时间不说话，脸上也没有笑容。

　　《孟子》里提到过杨朱，而且对杨朱进行了非常尖锐的批评。孟子说杨朱"拔一毛而利天下不为也"，杨朱在孟子眼里是极端自私、极端自我的一个人物。可杨朱在《列子》里不是这种人。杨朱认为，在这个世界上，人修到了一定程度，根本不需要仁义这些东西来标榜自己，也不必刻意地做好人，每个人都能把自己照顾得特别好，也不需要帮忙，人与人之间更没有伤害和欺骗，每个人都生活在自足、快乐、欢喜的状态里。

　　《歧路亡羊》这个故事启发我们，每个人都应该守护好自己最重要的东西，如果丢了，一定要赶快找回来。一个人丢了羊，竟然发动全家族去找，自己家族的人不够还要请邻居帮忙去找，可见羊在他心中的重要性。人身上有一种非常重要的东西，就是心。一个人如果没有了心、没有了好的品质、没有了好的德行，这一辈子可能就白活了。心丢了的时候，哪一个人去追了？所以，孟子说做学问就是"求其放心而已"，把流放的心、散漫的心、在各种欲望追逐中放荡的心找回来。

在成长的过程中形成的好的生活习惯、思维方式，以及我们内心美好的东西等，都不要丢。如果丢了，要急迫地把它们找回来。人这一辈子，树立正知正见，能够不被岔路所迷惑，看问题有正确的立场、态度，处理事情有合适的方法，非常重要。很多人已经走上了歧路，还振振有词，自以为很正确，那就是把自己的心丢了而不自知。

在这个多元化的时代，各种学说迸发，有太多的观点、太多的视角、太多的标新立异之举，我们一定要树立正知正见，我们的言论、观点一定要引导和启发人性里积极向上的东西，避免把人性里最黑暗的那些内容激发出来。只有这样，才能做出正确判断，走好人生道路。

第二个故事是《九方皋相马》。

秦穆公谓伯乐曰："子之年长矣，子姓有可使求马者乎？"

伯乐对曰："良马可形容筋骨相也。天下之马者，若灭若没，若亡若失，若此者绝尘弭辙。臣之子皆下才也，可告以良马，不可告以天下之马也。臣有所与共担缨薪菜者，有九方皋，此其于马非臣之下也。请见之。"

穆公见之,使行求马。

三月而反报曰:"已得之矣,在沙丘。"

穆公曰:"何马也?"

对曰:"牝而黄。"

使人往取之,牡而骊。

穆公不说,召伯乐而谓之曰:"败矣,子所使求马者!色物、牝牡尚弗能知,又何马之能知也?"

伯乐喟然太息曰:"一至于此乎!是乃其所以千万臣而无数者也。若皋之所观天机也,得其精而忘其粗,在其内而忘其外;见其所见,不见其所不见;视其所视,而遗其所不视。若皋之相者,乃有贵乎马者也。"

马至,果天下之马也。

(节选自《列子·说符》)

秦穆公对伯乐说:"您年纪大了,您的子孙中有没有水平高,能寻求好马的人呢?"

伯乐回答说,良马可以通过它的一些特征来判断识别。天下无双的宝马则不能用同样的方法去鉴别。伯乐说自己的子孙水平都不是很高,只能教他们识别良马,没法教他们如何识别天下之马。但他有一个一同挑担劈柴的朋友,名叫九方皋,是一个真正懂得相马的人,本领不在他之下。于是伯乐为秦穆公引荐了九方皋。

秦穆公就派九方皋去寻找天下之马。三个月后，九方皋回来了，他对秦穆公说找到马了，就在沙丘，是一匹黄色的母马。秦穆公赶紧派人去找。结果到了沙丘，发现是一匹黑色的公马。秦穆公非常不高兴，把伯乐找来，说他推荐的人水平也太低了，连马的毛色、公母都分不清楚。结果伯乐赶紧去看这匹马，看完肃然起敬，告诉穆公，九方皋的水平比他高多了，他相马还要根据毛、蹄子、腿上的肌肉等外形来判断，但九方皋能够切入到马的神韵，抓住马内在的精气神，所以把马外在的东西都忘掉了。这是黄色的母马还是黑色的公马都不重要，因为它就是一匹好马。秦穆公将信将疑，叫人骑上去一试，果不其然，那真是天下少有的好马。

这个故事告诉我们，千万不要被表象迷惑。人类生活在大道显现的世界里，往往会被显现的表象所困惑，对内在的精神实质缺少了解。看人也好，看事物也好，学习不被表象所迷惑，看清其内在的本质，是我们一生的功课。

第三个故事是《施家二子和孟家二子》。

鲁施氏有二子，其一好学，其一好兵。好学者以术干齐侯，齐侯纳之，以为诸公子之傅。好兵者之楚，以法干楚王；王悦之，以为军正。禄富其家，爵荣其亲。

施氏之邻人孟氏同有二子，所业亦同，而窘于贫。羡施氏之有，因从请进趋之方。二子以实告孟氏。

孟氏之一子之秦，以术干秦王。秦王曰："当今诸侯力争，所务兵食而已。若用仁义治吾国，是灭亡之道。"遂宫而放之。

其一子之卫，以法干卫侯。卫侯曰："吾弱国也，而摄乎大国之间。大国吾事之，小国吾抚之，是求安之道。若赖兵权，灭亡可待矣。若全而归之，适于他国，为吾之患不轻矣。"遂刖之而还诸鲁。

（节选自《列子·说符》）

鲁国的施家有两个孩子，一个孩子学问特别好，研习的主要是儒家的学问；另一个孩子爱好兵法，在军事方面特别有见解。施家家庭条件不是很好，于是两个孩子就出去谋生。学问特别好的孩子到了齐国。齐国首都有一个稷下学宫，召集天下的学士辩论学问。施家喜欢学问的孩子到那里后大放异彩，齐侯让他担任公子们的老师，给他很多赏赐。爱好兵法的孩子到了楚国，楚王喜欢征战，十分赏识他，让他担任了主管军务的官，他也生活得特别好。施家的生活很快就好起来，他们的职位让亲戚们感到荣耀。

施家的邻居孟家看了以后就很羡慕，他们家也有两个孩子，也是一个孩子爱好兵法，一个孩子喜欢学问。孟家人想，既然施家能过得好，孟家也能过得好。于是，向施家讨教经验后，孟家的两个孩子就出去了。

孟家喜欢学问的孩子给秦王讲仁义以求取录用，结果秦王说："各诸侯国之间互相征伐，当务之急是准备好充足的兵马、粮草，如果用仁义来治理秦国，秦国早就灭亡了。"秦王将这个孩子处以宫刑后驱逐出了秦国。

孟家爱好兵法的孩子到了卫国，用兵法游说卫侯，大讲用兵之道。卫侯说："你是不是想害死卫国？卫国国力早就衰败了，我们在几个大国中间，天天怕其他国家攻打我们，所以整天表现出仁义道德，以求和周边的国家搞好关系。如果现在表现出对军事的兴趣，可能没几天我们的国家就被消灭了。"于是卫侯将这个孩子处以刖刑后放回鲁国去了。

孟家的两个孩子垂头丧气地回到家里。问题出在什么地方呢？任何一套理论都有它适用的范围和界限。牛顿定律伟大不伟大？可是它在宏观世界适用，到了微观量子力学领域就不适用。如果一个人用牛顿定律去看夸克、微粒子之间怎么运行，是没用的。施家的两个孩子，喜欢学问的孩子去了齐国，喜欢军事的孩子就去了楚国。两个孩子的特点正好符合齐国和楚国的实际，因此都得到了好结果。而孟家的孩子呢？喜欢军事的恰恰去了不喜欢军事的卫国，喜欢学问的恰恰去了不喜欢学问的秦国，所以下场都不好。

杞人忧天：溯本求源，解读"忧"之深意

《列子·天瑞》，讲的是天地运行的规律、阴阳的规律，表达了道家的一种智慧，就是人生活在天地宇宙之间，最大的规制就是人的行为一定要符合天地宇宙的大道。

第一个故事是《子贡倦于学》。

> 子贡倦于学，告仲尼曰："愿有所息。"
>
> 仲尼曰："生无所息。"
>
> 子贡曰："然则赐息无所乎？"
>
> 仲尼曰："有焉耳。望其圹，睪如也，宰如也，坟如也，鬲如也，则知所息矣。"
>
> 子贡曰："大哉死乎！君子息焉，小人伏焉。"
>
> （节选自《列子·天瑞》）

有一天子贡学习感觉到累了，就找到他的老师孔子，说自己想休息一下。但是孔子回答说，只要你还活着，就谈不

上休息，不要有这种想法。子贡听了很失落，学习那么辛苦，难道这一辈子都不能休息吗？

孔子就半开玩笑地告诉他，有的，看那空旷的原野，一个一个墓穴散落在各处，与世隔绝，那里边的人就在休息。

子贡听了以后说，死亡真是一件壮阔的事，君子完成使命以后在那里休息，小人生命终结之后埋葬在那里。

很多人在工作、学习的时候，都会感觉累，但是按照孔子的精神，我们生活在天地宇宙中，"生无所息"是我们应该有的人生态度。当我们的生命即将终结的时候，我们想对自己的人生做出什么交代？想对自己的家庭，自己的国家做出什么交代？这是我们必须思考的问题。"得其大者可以兼其小"，把大的问题思考清楚以后，对于很多细节上的事情，自然就会有一个清楚的判断。孔子讲的"生无所息"，其实就是告诉我们，这一生是为了承担一种责任，或者完成一种使命。我们有了这种觉悟之后，一生都走在奋斗的路上，感觉不到疲惫，不会总是想要休息。往往是外部的力量加到我们身上的任务让我们感觉累，比如，老师布置的作业，家长交代的任务，这些事情本身可能并不是我们从心底里想去做的，所以在完成的过程中就会感觉累，甚至到了一定程度就会不堪重负。只有将生命的乐趣、志向、使命与工作有机结合起来，才能充满干劲，不觉疲累。

无数的大科学家、大政治家、大思想家，他们在完成自己的使命的过程中，很少有"我累了""我想休息"的想法，他们将点滴的时间都用在生命的自我实现上。每一个生命都是有使命、有担当的，使命不是任何外部力量强加给我们的，而是我们觉悟之后对自己生命的安排。明白了这一点以后，我们就会懂得什么叫"天行健，君子以自强不息"，什么叫生命不止，奋斗不息。

第二个故事叫《杞人忧天》。

杞国有人忧天地崩坠，身亡所寄，废寝食者。又有忧彼之所忧者，因往晓之，曰："天，积气耳，亡处亡气。若屈伸呼吸，终日在天中行止，奈何忧崩坠乎？"

其人曰："天果积气，日月星宿，不当坠耶？"

晓之者曰："日月星宿，亦积气中之有光耀者，只使坠，亦不能有所中伤。"

其人曰："奈地坏何？"

晓者曰："地积块耳，充塞四虚，亡处亡块。若躇步跐蹈，终日在地上行止，奈何忧其坏？"

其人舍然大喜，晓之者亦舍然大喜。

（节选自《列子·天瑞》）

这是我们从小就耳熟能详的故事。杞国有一个人，担心天会掉下来，地会崩塌，那样人就身无所寄，就会消亡了。他害怕得睡不着觉，吃不下饭。有一个人很心疼他，就前往这个人的住处，给他讲道理，说天不过是气，哪里都有气。人无论是行走、呼吸，都是在天的气里边，根本不用担心它崩坠。这个杞国人就说天即便是气，日月星宿难道不会掉下来吗？于是这个明白人又劝他，日月星宿，也是在气中发光，实际上它也是气。所以气掉下来就像我吹一口气到你的脸上，是没有危险的。

这个杞国人听了以后，感觉天塌下来这件事能够解决了。于是他又问，那地崩坏怎么办呢？这个明白人又告诉他，地就是土块、石块堆积起来形成的，哪里都有，他不会掉下去，根本不用担心。这个杞国人听了以后非常高兴，不再困惑、忧虑了。这个明白人帮助杞国人解开了困惑，消除了忧虑，也很高兴。

在一般人看来，一个人担心会天塌地陷，那是自寻烦恼。杞人忧天，其实他关注的是什么？是天地宇宙。如果一个民族有一些人持续地关注天地宇宙，关注自己生活的环境，一定会出现很多物理学家、天文学家、生物学家等，只有我们真正尊重那些对天地宇宙进行思考的人，我们的自然科学才不会出现严重落后的局面。

自然科学的突飞猛进，也不是突然形成的，是有一个积累的过程的。近代以来，西方的科学也是经过培根、莱布尼兹、牛顿等一代又一代科学家的累积和思考才会突飞猛进地发展，从而发生了工业革命，实现了理论到技术的转化，带动了整个西方社会的急剧变化。希望今后中国也能出现无数这样的精英，去关注天地宇宙，从而产生更多伟大的科学家、物理学家、生物学家，等等。只有这样，我国的文化才更完整，国力才能更强，才能更好地屹立于世界民族之林。当然，这就需要我们的文化和价值观超越官本位，真正尊重、欣赏各个学科的人才，鼓励人们对天地宇宙、对人类社会的思考和探索。

第三个故事是《国氏之富与向氏之贫》。

> 齐之国氏大富，宋之向氏大贫。自宋之齐，请其术。
>
> 国氏告之曰："吾善为盗。始吾为盗也，一年而给，二年而足，三年大穰。自此以往，施及州闾。"
>
> 向氏大喜。喻其为盗之言，而不喻其为盗之道。遂逾垣凿室，手目所及，亡不探也。未及时，以赃获罪，没其先居之财。
>
> 向氏以国氏之谬己也，往而怨之。
>
> 国氏曰："若为盗若何？"向氏言其状。

国氏曰："嘻！若失为盗之道至此乎？今将告若矣。吾闻天有时，地有利。吾盗天地之时利，云雨之滂润，山泽之产育，以生吾禾，殖吾稼，筑吾垣，建吾舍。陆盗禽兽，水盗鱼鳖，亡非盗也。夫禾稼、土木、禽兽、鱼鳖，皆天之所生，岂吾之所有？然吾盗天而亡殃。夫金玉珍宝，谷帛财货，人之所聚，岂天之所与？若盗之而获罪，孰怨哉？"

（节选自《列子·天瑞》）

齐国有一户姓国的人家很富有，宋国有一户姓向的人家很贫穷。于是宋国的向氏就跑到齐国，向国氏请教怎样才能致富。

国氏告诉向氏："我为什么能致富呢？因为我善于偷盗。一年我就能养活自己；到第二年，不仅养活自己了，还变得比较富足了；到了第三年，我的财富已经积累得相当可观，能接济周边的人了。"

向氏听了以后大喜，觉得自己找到了致富的秘诀。于是他就赶紧回去践行这个秘诀。实际上向氏只是理解了国氏说的"善为盗"的表面意思，并没有懂得背后的真实含义。他回到家里以后，矮的墙他就翻墙，高的墙他就掏一个洞，凡是手目所及的东西，都偷到自己家里。结果，官府把他偷的所有东西都没收了，归还给了被偷盗的人家，而且惩罚了他。

向氏非常生气，觉得国氏骗了他。他又到了齐国，指责国氏，说自己按照国氏教的方法去做，下场很惨。

国氏问向氏是怎么做的，于是向氏把自己怎么翻墙，怎么掏洞，都告诉了国氏。国氏听了以后长叹一声，说向氏又可怜又糊涂，根本没听明白他讲的致富道理。国氏说的偷盗，意思是天有春夏秋冬四时，而地呢，每一个地方都有长处，比如，哪个地方产矿，哪个地方种庄稼可以丰收，哪个地方盛产鱼鳖，等等。懂了这个道理以后，就根据一年四季的变化，该种什么种什么，该收什么收什么，种庄稼都能丰收；根据哪个地方有鱼鳖，哪个地方有鸟兽，去抓鱼鳖、鸟兽，抓的鱼鳖鸟兽不可胜数。没有不是偷盗来的。天地四时运行有自己的规律，鱼鳖庄稼都是天地养出来的。根据天地四时运行的规律去劳动，把天地养出来的东西拿到自己家里，不是偷盗吗？但是国氏偷盗自然之物却没有灾殃。向氏不是利用天地的规律去劳动，用天地生养的东西来养活自己，而是把别人家的财富直接拿回来，难道不该受到惩罚吗？

读完这个故事我们就明白了，国氏说的偷盗，只是借用了"偷盗"这个词而已，并不是说要去偷盗别人的东西。国氏的意思是，人活在天地中间，应该利用天地的规律和自然界中的事物，让自己过得更好。向氏没懂国氏的意思，没有真正理解国氏利用自然界、和自然界融为一体的智慧，而是把国氏口中的"偷盗"简单地理解为盗取别人家的财产，进而去偷盗别人已经获得的财富，违背了法律，必然会受到惩罚。

我们这一生要想让自己过得好，就要遵循规律，保持身体健康，努力发展生产，当自己的能力更大以后，所获得的东西不仅可以满足自己的生活消耗，还可以让家人过上富足的生活，这和天地的精神是一致的。人道符合天道，才是中国人所推崇和赞赏的人生态度。

心一而已：至信之人可以感动天地

黄帝是中华民族的祖先，他不仅是一个部落的领袖，而且以自己的修为和天地万物融为一体，用老百姓的话说就是得道成仙了。《列子·黄帝》就告诉我们，一个人领会了天地的大道以后，按照这个道去修行，才能真正得道或者成为真人。

> 范氏有子曰子华，善养私名，举国服之；有宠于晋君，不仕而居三卿之右。目所偏视，晋国爵之；口所偏肥，晋国黜之。游其庭者侔于朝。子华使其侠客以智鄙相攻，强弱相凌。虽伤破于前，不用介意。终日夜以此为戏乐，国殆成俗。
>
> （节选自《列子·黄帝》）

晋国的一个大家族范氏有个孩子叫子华，他善于养宾客。在春秋战国时期，大户人家养宾客是一种风气。养宾客一方面可以显示自己家族的高贵，另一方面对提高自己的政治地位有莫大的帮助。子华养了很多宾客，全国的人都很佩服他，晋国的国君也非常宠爱他，他虽然没有做官，但是比很多大官还有地位。他认为谁好，晋国的国君就会重用谁；他要说哪个人不怎么样，晋国的国君就会罢黜哪个人。因此很多人都来投奔他。子华让投奔他的人互相打架、辩论，子华就坐在大厅里，让宾客们打得头破血流，吵得面红耳赤，把宾客之间的互相争斗、互相辩论当作一种游戏。

> 禾生、子伯，范氏之上客。出行，经坰外，宿于田更商丘开之舍。中夜，禾生、子伯二人相与言子华之名势，能使存者亡，亡者存；富者贫，贫者富。商丘开先窘于饥寒，潜于牖北听之。因假粮荷畚之子华之门。
>
> （节选自《列子·黄帝》）

有两个人，一个是禾生，一个是子伯，是子华家里的上客，比较受尊重。有一次禾生和子伯出差经过一个荒凉的地方，借住在了商丘开的家里。到了晚上他们就聊起了子华的名势，说他能让活着的人死，能让死了的人活过来；能让富贵的人一夜之间一贫如洗，能让贫困的人富起来。禾生和子伯对子华的虔诚溢于言表，说得绘声绘色。商丘开正好听到了这些话，他饥寒贫穷，对财富十分渴慕，于是把家里安顿好之后，就直接投奔到子华的门下。

子华之门徒皆世族也，缟衣乘轩，缓步阔视。顾见商丘开年老力弱，面目黎黑，衣冠不检，莫不眮之。既而狎侮欺诒，挡拟挨扰，亡所不为。商丘开常无愠容，而诸客之技单，惫于戏笑。

（节选自《列子·黄帝》）

子华的门徒都长得很体面，身材高大、相貌堂堂，而商丘开家庭贫寒，且其貌不扬。子华没有当场呵斥他，也没有拒绝他，只是让他先和其他宾客在一起，等以后发现他有什么本事再重用他。其他宾客看到这个人"年老力弱，面目黎黑，衣冠不检"，都嘲笑他、看不起他，但商丘开一点也不恼怒，宾客们的伎俩都使完了，懒得再嘲笑他。

遂与商丘开俱乘高台，于众中漫言曰："有能自投下者，赏百金。"众皆竞应。商丘开以为信然，遂先投下，形若飞鸟，扬于地，骹骨无毁。范氏之党以为偶然，未诅怪也。
因复指河曲之淫隈曰："彼中有宝珠，泳可得也。"

商丘开复从而泳之。既出，果得珠焉。众昉同疑。子华
昉令豫肉食衣帛之次。

（节选自《列子·黄帝》）

有一次，这些宾客和商丘开站在一个高台上，有一个人
就开玩笑说谁能够跳下去，就给谁一百金。这句话本来是开
玩笑的，商丘开却当真了，立即从高台上跳下去了，像小
鸟一样很轻盈地落到地上，毫发无伤。其他宾客觉得这是偶
然，没觉得奇怪。

又有宾客指着河道弯曲处水特别深的地方说，那个地方
有宝珠，游过去就能得到。商丘开听了，就跳入水中游到了
他们指的地方，果然找到了宝珠。宾客们觉得很不可思议。
子华让商丘开进入了"肉食衣帛"的上等宾客的行列。

俄而范氏之藏大火。子华曰："若能入火取锦者，
从所得多少赏若。"商丘开往无难色，入火往还，埃不
漫，身不焦。

范氏之党以为有道，乃共谢之曰："吾不知子之有
道而诞子，吾不知子之神人而辱子。子其愚我也，子其
聋我也，子其盲我也。敢问其道。"

（节选自《列子·黄帝》）

又有一次，子华家里放东西的仓库着火了，大火熊熊。子华说，仓库里的东西马上都要被大火烧了，谁能冲进去把东西抱出来，不管抱出来多少东西，就都是他的了。商丘开立即推开众人，面无难色，一次一次地冲到火里，从火里往外抱东西，毫发无伤。

曾经嘲笑他的那些宾客看到以后，心里有点紧张了，一个其貌不扬的老人，像小鸟一样从高台上跳下去，毫发无伤；跳进深水里取宝珠，毫发无伤；从熊熊大火中来来回回地拿东西，又是毫发无伤。大家都觉得商丘开不简单，应该是个得道之人。于是宾客们向商丘开赔罪，说之前不知道他是神人而愚弄了他，请求他原谅，并向他请教修行的秘诀。

商丘开曰："吾亡道。虽吾之心，亦不知所以。虽然，有一于此，试与子言之。曩子二客之宿吾舍也，闻誉范氏之势，能使存者亡，亡者存；富者贫，贫者富。吾诚之无二心，故不远而来。及来，以子党之言皆实也，唯恐诚之之不至，行之之不及，不知形体之所措，利害之所存也。心一而已。物亡迕者，如斯而已。今昉知子党之诞我，我内藏猜虑，外矜观听，追幸昔日之不焦溺也，怛然内热，惕然震悸矣。水火岂复可近哉？"

（节选自《列子·黄帝》）

商丘开回答："我其实没得道的概念，我也不知道我为什么能这样，但是你们既然问起来了，我就把我没有受伤的原因告诉你们。我来到咱们这一群人中间，就是因为禾生和子伯出差的时候找不到地方休息，在我那个穷家田舍里住了一晚上。当天晚上他们聊及子华，把他说得出神入化，无所不能，而我正好就躲在门后边全听到了。我穷，我是多么想致富，我听到禾生和子伯讲到主人有这么大的能力，我就信以为真，不惜远道而来。到了这里，我对你们的话绝对地信任，顾不上自己的处境。我只是心境专一罢了，所以外物才伤害不了我。可是你们今天告诉我，你们都是骗我而已，这让我心生恐惧，以后再有高台，我肯定不跳了，再有大火，我也不敢进去了。"

商丘开之所以表现出了得道之人才有的素质，原因很简单："心一而已。"为什么很多年轻人希望自己有成就，却往往事与愿违？就是没有做到"心一"。集中心智，心无旁骛，才能产生强大的力量。当一个人有抱负、有追求、有使命感的时候，如果他的内心有一股强大的力量，他就会用一生的时间、精力去做这件事，经历多少考验都不懈怠、不抱怨、不反悔，而是会吸取经验，反思自己的不足，一步一步地踏踏实实地往前走。做到了这一点，就很容易取得成功。只是很多人得陇望蜀、患得患失，冲动的时候说出一番豪言壮语，冲动过后立下的志向烟消云散，在这种情况下，谈成功、谈抱负，都是笑话。

迷罔之疾：怎样看待那些与众不同的人？

《列子·周穆王》中讲了一个迷罔之疾的故事，对于我们如何看人、看事很有启发。

> 秦人逢氏有子，少而惠，及壮而有迷罔之疾。闻歌以为哭，视白以为黑，飨香以为朽，尝甘以为苦，行非以为是：意之所之，天地、四方，水火、寒暑，无不倒错者焉。
>
> 杨氏告其父曰："鲁之君子多术艺，将能已乎。汝奚不访焉？"
>
> 其父之鲁。过陈，遇老聃，因告其子之证。
>
> 老聃曰："汝庸知汝子之迷乎？今天下之人皆惑于是非，昏于利害。同疾者多，固莫有觉者……"
>
> （节选自《列子·周穆王》）

秦国逢氏的孩子小时候很聪明，可是大了以后患了迷糊的病。他听见唱歌了以为是哭，看见白的以为是黑的，闻到香的以为是臭的，尝到甜的以为是苦的，摸到干的以为是湿的，做错事他觉得是对的。他对很多事都分辨不清楚，天地、四方、水火、寒暑，没有不颠倒错乱的。

有个姓杨的人对逢氏说，鲁国人读书多，比较有才能，也许能把他孩子的病治好。

于是逢氏就带着孩子去鲁国，经过陈国的时候，遇到老子，他就把孩子的病情告诉了老子，满心以为老子会给孩子治病。

结果老子却问他："你怎么知道你的孩子有病？"逢氏说："他和别人的看法都不一致。"老子说："现在的人都有病，现在的人都是非不清、利害不清，有病的人多了，几乎没有几个能真正看到实相的。"

实际上，我们说一个人有精神疾病的时候，往往是在用自己的认知标准去看别人。其实，只要我们没有认识到实相，没有认识到宇宙本来的面目，就都是在拿着自己的错觉来评判别人。当这个错觉被绝大部分人认可的时候，仿佛就是真理了。在生活中曾有这样一个学生，他看事物的角度跟别人不一样，穿衣风格也与别人不一样，说的很多话、表达的很多观点也很另类，他有没有精神疾病呢？有人认为他有精神疾病，但是我不这么认为。我认为，一个人只要生活能够自理，不伤害别人，也不扰乱社会，只是视角和观点很独特，思想和行为异于常人，我们就不应该戴着有色眼镜去看他们，更不应该把他当作精神疾病患者。

《列子·仲尼》中有一段孔子和子夏的对话，对做老师的人特别有启发。

　　子夏问孔子曰："颜回之为人奚若？"

　　子曰："回之仁贤于丘也。"

　　曰："子贡之为人奚若？"

　　子曰："赐之辩贤于丘也。"

　　曰："子路之为人奚若？"

　　子曰："由之勇贤于丘也。"

　　曰："子张之为人奚若？"

　　子曰："师之庄贤于丘也。"

　　子夏避席而问曰："然则四子者何为事夫子？"

　　曰："居！吾语汝。夫回能仁而不能反，赐能辩而不能讷，由能勇而不能怯，师能庄而不能同。兼四子之有以易吾，吾弗许也。此其所以事吾而不贰也。"

（节选自《列子·仲尼》）

子夏问孔子："颜回怎么样？"

孔子说："颜回的仁爱精神超过我。"

子夏又问："子贡怎么样？"

孔子说："子贡的辩论能力、表达能力比我强。"

子夏问："子路怎么样？"

孔子说："子路的勇敢超过我。"

子夏又问："子张怎么样？"

孔子说："子张的庄重、严肃超过我。"

这个时候，子夏站起来说："既然如此，那为什么这四个人认您当老师呢？"

孔子说："坐下。我来告诉你。颜回仁爱心很强，但是该严厉的时候他不严厉；子贡能言善辩，但是有些该闭嘴的时候，他不懂得保持沉默；子路确实勇敢，但是不懂得退让；子张是很严肃，但是见到老百姓时不能随和地与他们相处。这就是他们的缺点。把他们四个的优点合在一起与我交换，我也不会答应，他们有的缺点我都能克服，所以他们认我当他们的老师。"

真正的老师不需要什么都比学生强，而是要真正有大智慧，懂得圆融中道，把各种能力和才能表现得非常得体、恰如其分，这是最关键的。老师就像中草药的甘草，它能中和各种药，每一种药材的性能都有所偏，或者有所长，但是甘草可以把各种药材的效能综合起来，避免它们的缺点，发挥它们的长处。教育学生，就是要把他们的优点保持住，把他们的缺点消灭掉，让学生成长得更加中正、中和，这就是老师应该做的。

《列子·汤问》中有两个故事我们都很熟悉，一个是《愚公移山》，一个是《夸父追日》。我们先来看《愚公移山》。

太形、王屋二山，方七百里，高万仞；本在冀州之南，河阳之北。

北山愚公者，年且九十，面山而居。惩山北之塞，出入之迂也，聚室而谋，曰："吾与汝毕力平险，指通豫南，达于汉阴，可乎？"杂然相许。其妻献疑曰："以君之力，曾不能损魁父之丘，如太形、王屋何？且焉置土石？"杂曰："投诸渤海之尾，隐土之北。"遂率子孙荷担者三夫，叩石垦壤，箕畚运于渤海之尾。邻人京城氏之孀妻有遗男，始龀，跳往助之。寒暑易节，始一反焉。

河曲智叟笑而止之，曰："甚矣汝之不惠！以残年余力，曾不能毁山之一毛；其如土石何？"北山愚公长息曰："汝心之固，固不可彻，曾不若孀妻弱子。虽我之死，有子存焉；子又生孙，孙又生子；子又有子，子又有孙：子子孙孙，无穷匮也，而山不加增，何苦而不平？"河曲智叟亡以应。

操蛇之神闻之，惧其不已也，告之于帝。帝感其诚，命夸蛾氏二子负二山，一厝朔东，一厝雍南。自此，冀之南、汉之阴无陇断焉。

（节选自《列子·汤问》）

太行、王屋两座山，方圆七百里，高万仞，原本在冀州的南面，河阳的北面。

北山脚下有一个叫愚公的人，九十岁了，面对山住着。大山挡住他家门前的路，交通非常不方便，愚公就把家里人召集在一起，建议大家一起把这两座险峻的大山挖走，使道路通到汉水南岸。众人纷纷表示赞同。只有他的妻子有一个疑问："凭你的力气，连魁父这样的小山都铲不平，能把太行、王屋这两座大山怎么样呢？况且，能把挖出来的土和石头放到哪里去呢？"众人说："把它们扔到渤海的边上，隐土的北面。"于是，愚公就率领家里能挑担子的人开始挖山了，他们凿石头，挖土，用簸箕把土石运到了渤海边上。邻居家太太有个遗腹子，才刚到换牙的年纪，也蹦蹦跳跳地去帮助他们开山。他们挖山非常努力，一年又一年，天气冷了热，热了冷，一年只回家一次。

黄河弯曲的地方有一个聪明的老头，嘲笑愚公说："你这是何必呢？你可太不聪明了！以你的残年余力，连山上的一棵草都损毁不了，能把土石怎么样呢？"愚公长长地叹了一口气，说："你的思想真是顽固啊，连寡妇小孩都不如。挖山是很困难，可是我这一辈子挖，我死了还有我儿子，子又生孙，孙又生子，子子孙孙，没有穷尽。我们一直不停地挖，山又不会增高，怎么会挖不平呢？"

山神听说了愚公移山的事情，报告了天帝。天帝深受感动，派夸蛾氏的两个儿子把两座大山背走了，一座放在朔方以东，一座放在雍州以南。从此以后，冀州南部到汉水南岸再也没有高山阻隔了。

愚公看起来愚，其实是不愚。做事业的过程，就是愚公移山的过程。越是伟大的事业，越是需要一代人接着一代人做。我们做事的时候，其实需要两种力量，一种是自己的努力，一种是外部的帮助，叫助缘。虽然很艰难，但是我们抱着诚意，带着赤子之心做，在这个过程中，就会感召别人来帮助我们。

下面我们来看《夸父追日》。

　　夸父不量力，欲追日影，逐之于隅谷之际。渴欲得饮，赴饮河渭。河渭不足，将走北饮大泽。未至，道渴而死。弃其杖，尸膏肉所浸，生邓林。邓林弥广数千里焉。

　　　　　　　　　　　　　　　　（节选自《列子·汤问》）

夸父自不量力，想要追上太阳，一直追到了太阳落下的地方。他非常口渴，就喝黄河、渭河的水，黄河、渭河的水不够他喝了，他就往北走，想去喝北面的大湖里的水，还没走到，就渴死在半路了。他扔掉的手杖化成了一片桃林，方圆数千里。

夸父追日，可以说他自不量力，但另一方面，他的行为展示了一种精神——坚持不懈，为理想而奋斗。

对于应该做的事情，我们只要努力去做就好，成功不必在我，功成必定有我，如是而已。

力命之争：努力与命运，究竟哪个更重要？

　　《列子·力命》讲到两个概念，一个是人力，另一个是天命。这里有一场力与命的对话：

　　　　力谓命曰："若之功奚若我哉？"

　　　　命曰："汝奚功于物而欲比朕？"

　　　　力曰："寿夭、穷达、贵贱、贫富，我力之所能也。"

　　　　命曰："彭祖之智不出尧舜之上，而寿八百；颜渊之才不出众人之下，而寿十八。仲尼之德不出诸侯之下，而困于陈蔡；殷纣之行不出三仁之上，而居君位。季札无爵于吴，田恒专有齐国。夷、齐饿于首阳，季氏富于展禽。若是汝力之所能，奈何寿彼而夭此，穷圣而达逆，贱贤而贵愚，贫善而富恶邪？"

　　　　力曰："若如若言，我固无功于物，而物若此邪，此则若之所制邪？"

　　　　命曰："既谓之命，奈何有制之者邪？朕直而推之，

曲而任之。自寿自夭，自穷自达，自贵自贱，自富自
贫，朕岂能识之哉？朕岂能识之哉？”

（节选自《列子·力命》）

人力对天命说："你的功劳没法和我比。"

天命说："凭什么这样说？你对万物有什么功劳来和我
比较？"

人力说："长寿、短命、过得好与不好，尊贵与贫贱等，
这些是我能够决定的。"

天命说："你太不自量力了。彭祖的智慧不如尧、舜，可
是他活到了八百多岁；在孔子的学生中，颜回的才能很高，
但是他只活到了十八岁（实际上据历史记载，颜回活到四十
岁左右）；孔子的德行比当时的诸侯都高得多，但是他一辈
子穷困潦倒；殷纣王的品行远不及微子、箕子和比干，但他
就是高居国君之位；季札是一位贤者，在吴国却没有得到封
爵；田恒满腹尽心计，却在齐国专权；伯夷、叔齐在首阳山
饿死了，季孙氏却比柳下惠还富有。如果这是你人力能决定
的，为什么你让好人早夭，让圣人困顿，让贤者卑贱呢？"

人力说："就算我对万物本没有功劳，但万物之所以这
样，是你控制的吗？"

天命道："既然称作命运，又何谈控制呢？我只是遇上

正直的事，就推动一下；遇上歪曲的事，就放任不管。世间一切事物，长寿与短命、困厄与显达、尊贵与卑贱、富有与贫穷，都是自然发生的，我又怎么能知道呢？我又怎么能知道呢？"

读了这个故事，我不禁开始思考一个问题：个人的努力和命运到底哪个重要？

命运，可以理解为生命的轨迹。生命的轨迹是由什么决定的？一个人在上一个生命阶段种了什么"因"，在这个生命阶段就会体现出来什么"果"，这就是他的命运，也就是生命的轨迹。个人的努力有没有用？有用，而且特别有用。所有我们曾经做过的事情，都会在当前的生活中对我们产生影响，所有我们做过的事我们都得承担后果，所有我们该兑现的承诺，我们都得兑现。可在当下，我们怎么努力，我们怎样改变自己，则是由我们自己决定的。所以生命的轨迹就有两种力量：一个是以前我们是怎么努力过的，今天我们应该承受什么样的果，这是一种力量；第二个就是当下，我们应该怎么做，这就是个人的努力，这又是一种力量。最好的生命态度是什么呢？就是既要认命，又要通过自己的努力，让自己越来越好。我们要尽人事，听天命，也就是说但行好事，莫问前程，该承受的我们承受，但是在当下我们要力所能及地去改变能改变的，让自己的命运越来越好，这是我们努力的方向。

　　　　宋人有好行仁义者，三世不懈。家无故黑牛生白
犊，以问孔子。

　　　　孔子曰："此吉祥也，以荐上帝。"

　　　　居一年，其父无故而盲。

　　　　其牛又复生白犊，其父又复令其子问孔子。

　　　　其子曰："前问之而失明，又何问乎？"

　　　　父曰："圣人之言先迕后合。其事未究，姑复问
之。"其子又复问孔子。

　　　　孔子曰："吉祥也。"复教以祭。

　　　　其子归致命。其父曰："行孔子之言也。"

　　　　居一年，其子又无故而盲。

　　　　其后楚攻宋，围其城；民易子而食之，析骸而炊
之；丁壮者皆乘城而战，死者太半。此人以父子有疾皆
免。及围解而疾俱复。

（节选自《列子·说符》）

　　宋国有一个人，好行仁义，而且"三世不懈"，就是这
家三代人都做善事。他们家里一头黑牛无缘无故地生了一头
纯白色的牛犊，家里人都很奇怪，于是这家的父亲就让儿子

去问孔子。孔子说"这是一个很吉祥的象征，可以用它祭祀天帝。"过了一年多，这家的父亲眼睛无缘无故地瞎了。后来，他家的牛又生了一头白犊，父亲又让他的儿子去问孔子。儿子说："上次去问了，你的眼睛就瞎了，为什么还要去问呢？"父亲说："圣人说的话，往往是先与现实相反，后来才会应验。还是再去问问吧。"于是儿子又去问孔子。孔子说："这是一件很吉祥的事。"孔子又让他们用白色的小牛犊祭祀天帝。儿子回家后对父亲说了，于是他们又按照孔子说的去祭祀了。又过了一年多，儿子的眼睛也瞎了。

这时候，有一些人就开始怀疑了：做好人有什么用？他们家三代人都乐善好施，结果父亲的眼睛瞎了，儿子的眼睛也瞎了。

后来，楚国攻打宋国，把宋国的城都围起来了，老百姓为了活下来，把自己的孩子给别人，把别人的孩子拿过来，互相换着孩子吃，做饭时没柴烧就用人的骨头当柴烧，非常惨烈。所有能劳动的壮丁都被押上战场去战斗，结果一大半的人都死了，而这个家里的老子和儿子眼睛都瞎了，根本没办法上战场，因此得以幸免。这个城市被解围之后，恢复和平生活的时候，父亲和儿子的眼睛忽然又恢复视力了。这虽然是一则故事，但对我们的启发很有价值。有些事情，需要更长远地来看其中的"因"与"果"，而不是急于做出判断。

"积善之家，必有余庆。"以慈善之心乐善好施的人，都会越来越吉祥顺利。很多人做一点好事，就希望马上有回报。比如，帮助别人了，或者捐了一点钱，就希望自己第二天能有个大单，一夜之间改变命运。这样急功近利地做善事称不上真正纯粹的"善"。做善事，到底有没有好报呢？"善有善报，恶有恶报"，这是真理。但是，做了善事什么时候能得到回报？做了恶事什么时候遭到报应？有的时候是当下，有的时候是几年，甚至更长时间以后。人有一本账，天有一本账。天道无亲，常与善人，这是经过历史验证的话，值得尊重和敬畏。

第十八讲 《墨子》

墨子思想综述

墨子出生于约公元前468年，去世于公元前376年，是春秋战国之际的思想家、政治家、军事家、科学家，墨家的创始人。墨子在科学研究领域的很多成就，比如，小孔成像、杠杆原理等，在当时都处于世界领先水平，他的书里面就包含了很多探讨科技的内容。

墨子是鲁国人，出身微贱，家庭条件不好，他早期学习儒家学说，但是在学习的过程中，他发现儒家学说有一些弊端。比如，特别强调礼节与规范，要去见谁，穿什么样式的衣服；人去世了，棺材买多厚的尺寸；结婚的时候戴什么头冠等，都有专门规定。但是，这一套礼节与规范，需要有财产与社会地位的支撑，让生活贫困的老百姓讲究这些礼节、遵守这些规范就非常不合时宜了。墨子站在普通老百姓的角度，对儒家的很多主张表示不赞成，并在这个基础上，提出了他自己的主张，即墨家的思想，走出了一条具有独创性的道路。

墨子的思想有什么特点呢？儒家思想倡导"老吾老，以及人之老；幼吾幼，以及人之幼"，从爱自己的家庭推广开来，到对他人、对宇宙万物都要关爱。可是现实情况是怎样的呢？在一个宗法制的农业社会，很多人这一辈子坚持的理念就是家族至上。儒家讲的天下大同、仁者爱人等精神境界和道德追求很少有人能做到。如果一个国家的人只爱自己、只爱自己的家族，可以为了自己和家族的利益不惜一切代价，这个国家一定是混乱的，整个社会风气会越来越差。墨子指出，如果真的想实现儒家讲的大同社会，选贤与能，讲信修睦，人不独亲其亲，就一定要"兼爱"，人绝对不能只爱自己的家庭、只爱自己的亲人。爱谁呀？爱天下人。墨子提出"兼爱"的主张，其实是为了解决儒家强调宗法制社会的孝道所带来的只爱自己家族的弊端。我们一定要超越"小我"，超越家庭的利益，对他人负责，对整个社会负责。春秋战国时期，给老百姓带来最大苦难的，其实就是战争。大的可见记载的战争有上百次之多，几乎每年都有战争，对于老百姓来说，安安稳稳地过日子是一件很奢侈的事。所以墨子的思想中还有一个很重要的内容，就是"非攻"，他对战争非常厌恶，认为战争带给人民太多的苦难。

　　我在上中学的时候读过一篇文言文《公输》，讲了公输盘和墨子之间的故事。楚国为了扩大自己的地盘，彰显自己的威风，准备攻打宋国。当时楚国以现在的湖北为中心，是一个比较强大的国家，而宋国作为原来殷商后裔的分封地，力量比较弱小。墨子听说这个消息以后，就从齐国起身，到了楚国的首都郢，想劝说楚国不要去攻打宋国。墨子找到楚国所依赖的一个军事专家，这个人叫公输盘。公输盘替楚国制造了非常好的攻城器械——云梯。古代的城墙比较高，将士需要爬着云梯上去。公输盘制造这样一个先进的军事装备，就是为楚国攻打宋国做准备。于是墨子就跟公输盘谈判。

墨子是一个逻辑性很强的人，他对公输盘说："先生，我有一个仇人，我给你十金，你帮我把这个人杀掉。"公输盘听了以后马上就告诉墨子："对不起，我们是有道义的人，我和人家无冤无仇，凭什么你给我钱我就杀别人呢？"墨子说："让您杀一个无辜的人您都心疼，您都觉得不符合道义，可是您现在造的这个云梯，楚国可以用它杀掉无数无辜的人，您觉得这样合适吗？"这一说公输盘马上就反应过来，他说："墨子先生，这件事情我做得不好，可是云梯造好了，而且楚王已经做决定了。"墨子说："你带我去见楚王。"

于是两个人见了楚王，楚王告诉墨子："你不要跟我说这些，攻打宋国的谋略已经定了。"墨子表达非常有逻辑，非常有技巧，他说："大王，如果有一个人，他穿着貂皮大衣，但是就喜欢偷别人家的麻布片；他吃饭用金碗，就喜欢偷别人家的陶罐，大王您觉得这是一个什么样的人呢？"楚王听了觉得很好笑，他就告诉墨子："你说的这种人，一定是有偷窃的毛病，穿着貂皮大衣，非得偷人家的破麻布片；用着金碗，非得偷别人的陶罐，这不是有盗窃的病吗？"墨子说："大王，楚国有五千里江山，而宋国只有五百里的地方，这也相当于您穿着貂皮大衣非得偷别人家的麻布片，用着金碗却偷别人家的陶罐。"

楚王听了以后，说："你不要跟我说这些，即便你说得我理屈词穷，我照样去攻打宋国。"于是墨子就亮出自己的真本事了，说："大王我不光是跟您讲一番道理，公输盘攻城的方法我也能破。"楚王一听，说："你俩演示一遍。公输盘，你造的那个云梯怎么攻城？墨子你有本事，你怎么破解？"于是两个人就像小孩玩积木一样，在楚王面前开始两军对垒。结果一场厮杀下去，果不其然，公输盘的攻城方法都被墨子给破解了。这时候，公输盘说了一句话："我还有一个办法，但是我不愿意说。"墨子笑了，他说："我也有一个办法，我也不想说。"楚王一下子就愣了："你们俩都给我说出来，不要在我面前搞这种猜谜的游戏。"墨子说了："大王，公输盘的意思是，我不是有破解攻城方法的妙诀吗，那把我杀掉就行了，楚国再去攻打宋朝的首都，就可以长驱直入。可是我的几百个学生，早已经把我的方法演绎得非常娴熟，就在宋国首都的城墙上等着你们，杀了我也没有用。"最后，墨子成功地阻止了一场战争。

总体来讲，墨子是站在广大老百姓的角度思考问题，所以墨家思想在春秋战国时期影响非常大。孟子曾经说，在他那个时代最有影响力的学派，一个是杨朱学派，另一个就是墨家学派。它们跟儒家一样，都是显学。与其他学派不同的是，墨家学派有严密的组织，这个组织对墨家思想的传播既有正面作用，也有负面作用。

先说正面作用。墨家的这个社会组织，结构非常严密，纪律非常严明，它的领导者叫作巨子，由德行非常高的人担任。有一任巨子叫腹䵍，曾做出一件令人非常震撼的事情。腹䵍当时居住在秦国，他的儿子杀了人。秦国的国君秦惠王考虑到巨子年龄大了，没有别的子女可以照顾他，就想赦免他的儿子。结果巨子自己把孩子处死了。巨子以身作则，率先垂范，这种组织性对墨家的思想传播有非常积极的作用。

再说负面作用。实际上，这种严密的社会组织在政治上是一个极大的危险因素，在任何一个朝代，对有严密组织的行为都非常警惕。因此墨家的思想在秦统一六国以后，由于各种因素的影响，逐渐走向衰微。中国更多的人在讨论心性，在讨论内求，导致自然科学也逐渐走向衰微。

另外，墨子讲的"兼爱"思想对中国的农业文化、中国现实生活来说有点儿拔高。人的天性是首先关爱自己、关爱自己的家庭，在这个基础上才能超出自己的"小我"而对社会进行关注，这是一个自然的进程。墨子忽视了中国的农业文明和人性里关注自己的天性，直接提出"兼爱"的主张，让人们不要去关注"小我"，要有世界大同的思想。从某种程度上，他的思想缺少一个台阶，在这一点上，应该说儒家尤其是孟子的思想，更符合中国实际。儒家倡导老吾老、幼吾幼，然后老人之老，幼人之幼，在这个基础上一步一步地从"小我"走向"大我"，循序渐进，让人成为道德高尚的人。这样既符合人性，也符合中国社会的实际情况。

　　虽然在历史演变的过程中，墨家思想走向衰败，但它在中国的历史上有它的价值，墨子从儒家思想中走出来，走出一条具有独创性的道路，他的很多话都闪耀着智慧的火花。

《墨子》经典的十三句，透视人性

我们从墨子思想的大海里，择出一些珠贝，为我们所用。

第一句：

> 仁人之所以为事者，必兴天下之利，除去天下之害，以此为事者也。

> （节选自《墨子·兼爱》）

志士仁人的标准是什么？墨子给出的标准非常清楚，叫"必兴天下之利，除去天下之害"，就是要做对天下有好处的事，对天下没有好处的事情他不仅不做，而且要除去。如果每个人都能做到这一点，社会上的很多弊端都能够被清除，社会风气会越来越好，社会运转井然有序，整个人类的文明程度都会有大的提升。

第二句：

> 官无常贵，而民无终贱，有能则举之，无能则下之。
>
> （节选自《墨子·尚贤》）

这句话对我们选拔人才和建立淘汰机制很有启发。"官无常贵，而民无终贱"，当官的人不是永远能当官，而老百姓也不会一直贫穷，一直没有地位。什么样的人能走到历史的前台？"有能则举之，无能则下之。""能"，指能力和修为。有能力、有修为的人，就选拔他做官，没能力、没修为的人，就罢免他的官职。这实际上是社会的一种公平。任何一个人，获得某种地位以后，并不是这一辈子就是这样了，如果这样的话，获得地位的人就会慵懒，就会怠政，而那些没有获得地位的人，无论多勤奋都没有机会，这就违背了社会的公正，不利于人才的涌现，更不利于社会的进步。

第三句：

> 心无备虑，不可以应卒。
>
> （节选自《墨子·七患》）

"卒"通"猝"，指突然的情况。如果我们没有充分的准备，千万不要慌里慌张地应对突发的情况。因为很多问题没有预见到，很有可能陷自己于被动，甚至陷自己于险境。"心无备虑，不可以应卒"这句话告诫我们，做任何一件事情，都一定要未雨绸缪，拿出一些很有预见性的措施，当问题出现的时候，才能从容应对。

第四句：

　　志不强者智不达，言不信者行不果。

（节选自《墨子·修身》）

"志不强者智不达"，一个志向不远大的人，他的智慧往往也不够高远。人的智慧不是天生就有的，而是在历练的过程中，一步一步开发出来的。所以，我们要胸怀大志，以天下兴亡为己任，为人民打拼、为国家奋斗，在这个过程中，智慧就会被开发出来。

"言不信者行不果"，一个人如果不讲信用，他的行动也不会有什么好的结果。很多年轻人非常轻率地把自己的志向说出来，最后的结果却是不了了之。一个人如果特别讲信用，一旦做出承诺，就会用尽全力去兑现。

一个人只有真正重视自己诺言、讲诚信，他的行为才可靠，才会有结果，他才值得托付。

第五句：

事无终始，无务多业。

（节选自《墨子·修身》）

一个人做事应该善始善终，不可贪多躁动，超出自己的实际能力。现实中有很多这样的人，兴趣爱好特别多，职业也经常换，从来都没有在一个领域进行累积，所以很难获得成功。"事无终始，无务多业"这句话是告诫我们，要树立一个目标，确定一条人生的主线，并用一辈子的时间和精力去经营，这样才能真正做出一番事业。

第六句：

君子自难而易彼，众人自易而难彼。

（节选自《墨子·亲士》）

君子总是自己做困难的事，而让别人做容易的事。真正的君子对自己要求很严格，但是对别人宽容，而一般的人恰恰相反，对自己懈怠，但是对别人很苛刻。我们应该严于律己，宽以待人。一个人对自己严格要求，才能对自己的成长有帮助，才能服众，才能更好地去领导众人、团结众人。

第七句：

圣人者，事无辞也，物无违也，故能为天下器。

（节选自《墨子·亲士》）

"圣人者，事无辞也"，真正的圣人，不推辞难事，只要是利国利民的事，就都去做，不会挑三拣四。因为做事情不是为了出风头，不是为了赚取名利，只要对国家好、对人民好的事情，他都会去做。

"物无违也"，尊重万事万物的规律，不违背事物的天性。这个是一个得道的人应该有的状态。在规律面前，任何人都不能猖狂，只有去认识规律，遵循规律，才能获得主动，赢得成功。

"故能为天下器"，做到"事无辞也""物无违也"这两条，才能成为天下的大人物，被人们所赞扬，成为众人学习的典范。

第八句：

名不可简而成也，誉不可巧而立也，君子以身戴行者也。

（节选自《墨子·修身》）

"名不可简而成也"，好的名声，不是随随便便就能得到的。比如，不是唱了几首歌，就是德高望重的艺术家了，真正的大艺术家要德艺双馨，不仅是艺术上有成就。

"誉不可巧而立也"，好的名声不是靠投机取巧、坑蒙拐骗得到的，因为那样是立不住的，一旦东窗事发，就会身败名裂。好的名声和社会的认可，是要踏踏实实地以自己的德行、修为，以及为社会服务到了一定程度以后才能得到并保持住的。

"君子以身戴行者也"，真正的君子，就应该从身心两个层面去行道，其实就是王阳明讲的知行合一。在这个过程中，才能赢得社会的尊重。

第九句：

> 置本不安者，无务丰末。
>
> （节选自《墨子·修身》）

根基不牢固的，就不能希望枝繁叶茂。当我们没有努力到一定程度，事业的基础没有打扎实，没有老老实实地给社会做贡献的时候，就想着收入高、社会地位好，那是痴心妄想。

第十句：

> 万事莫贵于义。
>
> （节选自《墨子·贵义》）

这句话类似于儒家讲的"君子喻于义，小人喻于利"。君子的第一追求是道义，它表现为利国利民。很多事情对个人有好处，但是伤害别人、伤害社会，最终也会出大问题。可是很多人看不了那么长远，是否做一件事取决于对自己有没有利，这就是一种小人心态。墨子说"万事莫贵于义也"，其实就是指出一个人最高的价值，或者第一价值就是义，一件事该不该做，首先就要看它符合不符合道义。

第十一句：

> 利之中取大，害之中取小也。
>
> （节选自《墨子·大取》）

"利之中取大"，一定要找哪一个利是最大的，去追求它。每个人都想做对自己有利的事，关键是不要只对自己有利，而是要对大家都有利。如果一件事利国利民也利自己，那就大胆地去做，成全国家、成全人民，也成就自己，多好。"害之中取小也"，趋利避害是人的天性，每个人都不希望发生坏事，如果做事不得不付出代价，就选择伤害最小的方式。总结起来就是，利之中要学会取最大，害之中要学会取最小。

第十二句：

> 彼人者，寡不死其所长，故曰：太盛难守也。
>
> （节选自《墨子·亲士》）

墨子说很多人死于自己的长处，结论就是：太兴盛了就难以保全。社会上有这么一种现象，很多人靠自己的长处获得名声、得到尊重，事业上取得进展。结果站得高了，也获得了鲜花与掌声，很多人就开始飘飘然、嘚瑟猖狂，最终盛极而衰，大祸临头。

有了自己的长处应该怎么办？应该更加谦卑，更加随和，更加自律，更加知道自己有很多毛病和缺点，如果不这样，结果往往是盛极即衰，可能一夜之间就会身败名裂。

第十三句：

> 王德不尧尧者，乃千人之长也。

> （节选自《墨子·亲士》）

"王德"，指能够成为王的德行，具备成为领导者的素养。"不尧尧者"，就是不彰显、不张狂、不炫耀。"王德不尧尧者，乃千人之长也"，有领导的才能，也做到了厚德载物，而且非常谦卑，非常低调，这种人，才配成为大众的领袖。

我们不妨把自己的胸怀、格局变得更大一些，不管自己多优秀，都不要让别人觉得自己的光芒刺眼，也不要让别人因为自己的优秀和成就觉得不舒服。如果我们的修为真达到这个程度，也就配得上做一个领导者了。

从古老石刻文字，分享人类智慧

天喜文化